モダン・エコノミックス 13

所得と富

石川経夫

岩波書店

はしがき

　本書は，所得と富の形成と分配という経済学の中でもっとも基本的な分野のひとつをめぐる既存の研究成果の整理と新たな理解の枠組の提供を目標としている．

　この研究分野は，経済の進歩，効率性，そして公正さという面で経済社会の基本的な制度の評価にかかわる部分を多く含んでいる．実際，日本における近代経済学とマルクス経済学，あるいは欧米における新古典派経済学と制度派経済学のように，具体的な分析対象や対象への接近方法にきわだった相違を見せつつ研究が進められてきた．本書の執筆にあたっては，異なった考え方の貢献がそれぞれどこにあるかを可能な限り共通の分析枠組のうえに位置づけ，評価するよう心がけた．

　この研究分野のもうひとつの重要な特徴は，単に理論仮説の提示にとどまらず，それぞれの仮説の実証的な説明力がつねに問われてきたことである．そしてそのために実際おびただしい数量の実証作業が繰り返されてきた．しばしば激しい言葉の行き交う論争もまきおこった．そのため，本書の執筆にあたっては過去繰り広げられた理論と検証との間の往復過程を著者自身が再構成する必要にせまられた．また，少なからず著者自身の実証的努力も必要になった．

　本書には2つの主題がある．第1に，労働市場における雇用と所得の決定の理論，第2に，物的な富の蓄積と，その分配の時間的推移をめぐる理論である．

　前者については，市場の競争に信頼をおいた（人的資本理論を含む）新古典派理論と，市場の不完全性を強調する（二重労働市場理論，急進派理論を含む）制度派理論とをそれぞれ説明した上で，両者が (i) 理論的にどのように相互連絡するか，(ii) 現実の稼得所得分配の説明の中でどのような位置を占めるか，を論じている．その結果，両者を相互排他的に捉えるのではなく，むしろ (a) 労働市場の異なる横断面で異なる理論的枠組が妥当する，(b) 同一の断面内でも，市場における需要の大きさ（外部要因）あるいは分業形態のあり方など労働意欲を規定する内部組織要因のいかんによって異なる理論的枠組が妥当する，とい

う点で相互補完的な関係にあることを指摘している．さらに，そのような理解の枠組が実証的にも有効である可能性を日本の労働市場をめぐる実証分析を通じて示している．

　後者については，従来から研究の中心におかれた家計の貯蓄行動および世代から世代への富の伝達行動の理論的分析の整理と実証的成果の検討を行なうとともに，いわゆるマクロ的な所得と富の分配の理論との連絡をつけた．さらに，従来議論の少ない，企業部門の蓄積行動，あるいは資産市場における価格変動と優れた情報力を利用した蓄積行動などの要因が富の分配の推移を理解するうえで重要であることを指摘している．

　本書の執筆過程にほぼ同時並行して，国外・国内双方から日本経済の仕組み，あり方に対する反省を求める動きが広がっている．国外からの批判は，競争のルール，情報の開示など手続き面，制度面の透明性，公平性を求める動きが中心であり，それはしばしば冷静，緻密な実証的調査を踏まえた形でなされている．実際，この間の海外の経済学者による日本研究の進行にはめざましいものがある．

　国内からの批判は，量的な豊かさにもかかわらず，質的，精神的にいっこうに豊かにならない矛盾に向けられている．その原因として頻繁に指摘されるのは，労働時間の長さ，そして教育，環境などの基本的な生活保障や住宅や開放空間，交通など生活上のゆとりを支える公共的資源配分の貧困さであろう．たしかに私的な分配領域と公共的な分配領域間の不釣合いが人々の私的な支出の必要度をいっそう高め，それが所得の補塡のための悪条件下での労働を一層助長するといった悪循環を生ぜしめている側面が少なくない．また，本来そのような不釣合いを正すべく期待される政治のプロセスについても，緊密に張りめぐらされた既得権の体系の調停に阻まれ，自由度を発揮できない貧しさに直面している．こうした問題への即答を期待された読者にとっては本書は余りに縁遠い内容に終始していると映るだろう．

　しかしながら，著者にもひとつの意見がある．それは，人々の豊かさの感覚を規定する要因としては基本的な生活保障や生活上の余裕を支える物的環境の質——広い意味での所得の水準と言いかえてもよい——だけでなく，そもそも

所得を生みだすプロセス，あるいは人々が労働する過程自体の質もあるのではないかということである．人間は，生活時間の主要な部分を労働にあてているからである．所得の水準の高さと所得を生みだすプロセスの貧困さの間の不釣合いも，前記の要因と並んで，あるいはもしかするともっと重要な要因として存在するのではないだろうか？　労働のプロセスの豊かさをどのように概念規定するか，それは本書の全体を流れる伏線的主題である．

　本書を準備する過程で，著者は数多くの先輩や同僚から刺激や助言を受けた．そのような優れた先輩や同僚に恵まれたことを幸せに思っている．ここでは，研究学徒としての著者を導き，本書の成立に計り知れない影響を与えた数名の方のお名前を記すことにとどめさせていただきたい．著者が学部学生の時代に経済学の研究とはいかなるものであるかを示して下さったのは，小宮隆太郎教授，蠟山昌一教授，宇沢弘文教授である．ジョンズ・ホプキンス大学では，ピーター・ニューマン教授とユルク・ニーハンス教授に Ph. D. 論文の指導をいただいた．とくに本書の研究分野へ著者が足を踏み入れるきっかけを作って下さったのは，ニーハンス教授の演習であった．Ph. D. 論文とそれに引き続く本書の分野での研究活動に対しては，ケネス・アロウ教授から懇切な批評，助言と励ましをいただいた．さらに最近に至るまで，著者はレスター・サロウ教授，青木昌彦教授，スティーブン・マーグリン教授，サミュエル・ボウルズ教授およびハーバート・ギンタス教授との交流から多大な刺激を受けた．また，スコット・ボーマン教授とデール・ジョーゲンソン教授は，著者の研究の意義を理解して下さり，さまざまな助言と便宜を図って下さった．また，とくに尾高煌之助教授からは長年月にわたって著者の研究への親身の助言と批評，叱咤激励を受けた．以上の方々に心から感謝の意を表わしたい．

　さらに，共同研究の成果を本書の一節(5.5節)に取り入れることを快諾されたギンタス教授，そして著者の実証仮説の検証(6.2節)にあたってデータの準備や仮説の改善の面で協力して下さった東大大学院の玄田有史君に深く感謝したい．また，著者の既発表の論文を原型に近い形で本書の一節(6.1節)に収録することに同意された東京大学出版会にも謝意を表わしたい．

本書を準備する過程では，私の学部演習生や講義の聴講生，そして大学院生の人たちとの討論から実に多くのことを学んだ．さらに東大大学院の神戸伸輔君(現スタンフォード大学大学院)，玄田有史君，そして松村敏弘君は，本書の草稿の一部を丹念に読んで下さり，論理の不十分な点を数々指摘して下さった．本書にいくぶんでも読み易いところがあるとすれば，それは彼らのおかげである．私の研究室の荒木厚子さんと久保伸子さんには，原稿の浄書や統計資料の収集，計算などお手伝いいただいた．また，学部演習生の出島敬久君と太田亘君には索引作成にあたって協力いただいた．以上の方々に心からお礼を述べたい．

　また，本書は長い間におけるさまざまな機関から受けた研究助成の成果でもある．松永記念科学振興財団，日本経済研究センター，東京経済研究センター，数次にわたる文部省科学研究補助金，そして著者の米国滞在(1982-84年)を援助された American Council of Learned Societies に謝意を表したい．

　岩波書店の竹田行之氏と杉田忠史氏は，実に忍耐強く著者を励まして下さった．岩波書店から最初に書物の刊行のお約束をいただいたのは，著者が Ph. D. 論文を完成させて，それをもとに最初の論文を発表しつつあった頃である．それ以来，毎年竹田氏から年賀状をいただくたびに，著者は身の引き締まる思いをしてきた．今までいただいた励ましにわずかでもやっと報いることができたと著者は安堵するとともに，ご両名への感謝の気持ちでいっぱいである．

　最後に，著者を育み，つねに暖かく見守ってきてくれた両親，そして辛抱強く本書の完成に協力してくれた著者の家族に心から感謝したい．

　　　1991年2月28日　東京久我山の自宅にて

石　川　経　夫

目　　次

はしがき

第1章　序　　論 ……………………………………… 1
　1.1　本書の目的と構成 ………………………………… 1
　1.2　日本の所得と富 …………………………………… 5
　　　国民所得と国民純資産の構成　富の構成の国際比較　家計間の
　　　所得分配　就業構造と所得分布　家計間の富の分配

第2章　分配の公正概念──平等化を支える思想 ……… 23
　2.1　市場機構の分配機能とその公正性 ……………… 25
　　　限界生産力原理
　2.2　さまざまな公正規準 ……………………………… 27
　　　機会の平等　貢献に応じた分配と必要に応じた分配　努力に応
　　　じた分配　より高次な原理の必要性
　2.3　功利主義と物的厚生学派 ………………………… 33
　　　J. S. ミルの功利主義　物的厚生学派　物的厚生学派に対する
　　　批判と今日の意義
　2.4　ロールズの公正原理 ……………………………… 38
　　　功利主義批判　社会契約とオリジナル・ポジションの概念　基
　　　本財の概念　ロールズの公正原理　ロールズの格差原理に対す
　　　る批判　基本財としての自尊
　2.5　要約と結論 ………………………………………… 52

第3章　労働市場と所得分配──新古典派的接近 ……… 61
　3.1　多様な能力と多様な嗜好のもとでの労働市場均衡 …… 63
　　　複数の仕事を含む二部門一般均衡モデル　能力の多様性と比較優
　　　位の原則　能力に多様性のある経済の一般均衡　要素間所得分
　　　配の決定要因　能力の多様性と個人間所得分布　仕事に対する
　　　嗜好の多様性と均等化差異の原則

3.2 教育・訓練投資と所得分配 ·················· 78
　教育投資水準の決定　結合交換としての一般訓練　一般的な最適人的投資径路　遂行学習と使用者費用アプローチによる人的投資概念　企業に特有な熟練　不確実性の影響　人的投資と所得分配

3.3 情報非対称性下のシグナリング均衡 ············· 103
　情報の非対称性下の労働市場　シグナルの作用する均衡　単一の仕事のもとでの情報分離均衡　複数の仕事を含む情報分離均衡　情報分離均衡の均衡概念としての限界　結語

3.4 情報的学習と保険契約 ···················· 121
　情報的学習の意味　情報的学習と仕事のマッチング　仕事特有の能力の存在する場合　多期間モデルへの拡張　リスク回避と保険契約

第4章　学歴と労働所得の分配——実証研究の展開 ······· 157

4.1 教育投資の内部収益率の測定 ················ 158
4.2 人的投資と所得分配——ミンサーの実証研究 ········ 161
　教育機会利用をめぐる均等化差異　職場訓練機会利用をめぐる均等化差異　学歴・職場訓練の回帰方程式　ミンサーの実証研究の評価

4.3 稼得収入関数——本源的能力・家庭の社会経済的背景
　　 と所得分配 ························ 173
　稼得収入決定の実証モデル　経済的能力としての認知能力　家庭の社会経済的背景要因　潜在変数アプローチ　結語

4.4 教育の社会統合化機能と対応原理 ·············· 186

第5章　労働市場と所得分配——二重労働市場的接近 ····· 201

5.1 競合する労働市場観 ···················· 203
　新古典派理論に対する実証的批判　新しい分析枠組の必要性

5.2 分業と技術体系 ······················ 212
　スミスの分業論に対する批判　仕事の細分化・専門化と労働者管理仮説　労働者管理仮説をめぐる歴史的研究　仕事の拡大と再設計の試み　結語

5.3 二重労働市場仮説 ····················· 222

ピオーリの二重労働市場仮説　二重労働市場仮説の統計的検証

5.4 二重労働市場と学歴パラドックス ・・・・・・・・・・・・・230
モデルの枠組　所得分配の長期的決定要因　制約された長期均衡　結語

5.5 生産性誘因と労働者の交渉力 ・・・・・・・・・・・・・・・243
効率賃金仮説　一般化された誘因依存交換仮説　労働市場の均衡の定義とその種類　労働契約および雇用量の決定と比較静学的性質　労働市場均衡の諸局面とその規定要因　保証金の競争による完全雇用達成の可能性　誘因依存交換と雇用・所得の分配

5.6 労働市場と所得分配：結論 ・・・・・・・・・・・・・・・・261

第6章 二重労働市場仮説と日本の労働市場 ・・・・・・・・・281

6.1 企業規模間賃金二重構造 ・・・・・・・・・・・・・・・・・282
真の賃金格差の定義　二重構造論と二重労働市場仮説　真の賃金格差発生の根拠　企業規模間賃金格差　能力差仮説に対する留保点　結語

6.2 参入料・保証金メカニズムをめぐる実証分析 ・・・・・・・・300
観察される年齢-所得曲線と純粋の年功賃金勾配との関係　賃金勾配方程式　分析対象とデータ　データの相関関係　推定結果の含意　高校卒・大学卒労働市場間の構造的差異　労働供給構造の変化　交替的な解釈の可能性　参入料・保証金効果とクロス・セクション効果の分離　結語

第7章 富の形成と分配 ・・・・・・・・・・・・・・・・・・329

7.1 家計貯蓄と世代間の富の伝達 ・・・・・・・・・・・・・・・331
ライフ・サイクル貯蓄　予備的動機と遺産動機　生涯の長さの不確実性と完全な年金保険　年金保険市場の不完全性と予備的動機による家計貯蓄　慈愛心からの遺産動機　家族内の暗黙の契約にもとづく遺産　世代間の富の伝達　ライフ・サイクル貯蓄の規模をめぐる実証研究　遺産の弾力性をめぐる実証研究　結語

7.2 富の伝達手段としての教育 ・・・・・・・・・・・・・・・・351
非負の物的遺産の制約　最低消費の制約　人的資産を含む富の伝達のダイナミックス　親の富と子供の教育との相関：再論　結語

7.3 収益率の決定と長期的な富の分配 ……………………… 362
　　マクロ経済の枠組　マクロ定常成長均衡　パシネッティの定理
　　二階層の完全雇用定常成長均衡　単一階層の完全雇用定常成長均
　　衡　非自発的失業を含む定常成長均衡　階層内の富の分配
　　経済全体としての長期的な富の分配　要約と結語

7.4 資産価格の変動と情報力の分配 ……………………… 377
　　株式市場と大きな価格変動の発生理由　情報力の分配　拡張さ
　　れたグロスマン・モデル　個別情報のもとでの市場均衡　価格
　　を通ずる情報の学習と効率的資本市場仮説　株価変動のランダ
　　ム・ウォーク仮説　効率的資本市場仮説に対する留保点　要約
　　と結語

第8章 結　論 …………………………………… 421

参照文献 …………………………………………… 431
人名索引 …………………………………………… 456
事項索引 …………………………………………… 461

第1章 序　　論

1.1　本書の目的と構成

　所得と富．それは人間の経済活動の成果であり，また将来の経済活動の基盤となるものである．また，それらを生みだす過程に苦労や喜びのある人間の生きた姿がある．本書は所得や富がどのようにして形成され，分配されるか，経済学の中でもっとも古典的な主題のひとつについて理論的に説明することを目的としている．

　所得と富の分配は市場経済の中で価格形成の一環として決定される．人々が保有する多様な能力や多様な意欲・嗜好，物的資源の分布を所与とすれば，所得は市場における需給一致のなせる業として決定され，それ以上の議論を要しないと言えるかもしれない．それにもかかわらず経済学の中で古くから独立の研究テーマとして成立した背景には，われわれが日常生活の中で発する次のような素朴な質問に経済学としての答えを出したいという研究者の願いがあるといえよう．

○同じように努力する人たちの間でなぜ所得が異なるのだろうか？　そのような違いを公正だと評価することはできるだろうか？

○人々の間で努力の違いはどうして生みだされるのだろうか？　単なる嗜好の問題だろうか？　それとも人々の努力をかきたてるような仕事とそうでない仕事というように，仕事の内容の差異が問題となる部分はないだろうか？

○労働過程には働きながら新しい知識・技能を学び自己の力量を磨く側面，自分自身が何であるかを発見する側面，社会的な責任を行使することで自己に対する自信を深め，他人からの信頼と尊敬を獲得する側面など多くを期待することができる．そうした期待に応えられる仕事を市場経済はどのように供給するのだろうか？　また，そのような仕事への接近の機会が市場で均等に与えられないということはないだろうか？

○経済の効率性は，そのような好ましい性質をもつ仕事を人々の間で偏在させることを必然的に要請するだろうか？

○経済の効率性および経済の成長と所得分配のあり方との間にはどのような関係があるだろうか？

○働く人間どうしが市場の競争を離れて協調的・集団的に行動することがあるとすれば，その根拠は何だろうか？　また，そのような行動は，経済の資源の配分や所得の分配にどのような影響を与えるだろうか？

○人々はなぜ貯蓄するのだろうか？

○所得の多い人が所得の少ない人に比べ余計に貯蓄するとすれば，富の格差は累積的に拡大し，きわめて階層化された社会が生まれるのではないだろうか？

○同様にして，相続や教育の贈与を通して親から子へ富が伝えられるとすれば，有利な地位が親から子へと次々に伝えられ，生来の不利が世代とともに拡大再生産するのではないだろうか？　市場経済にそのようなプロセスの進行を抑制する（平均への回帰を生みだす）力は備わっていないだろうか？　また，もしあるとすれば，それは何だろうか？

○富の分配はまた，資産価格の形成が人々の将来に関する予想のあり方に強く支配されるという資産市場に特有な性質にも大きく影響される．そこで将来に関する情報のよしあしが重要になると思われる．これに対し資産市場ではどの投資家も価格自体から他人の優れた情報を読みとることができるため，情報の格差は生まれないという意見もある．それは，本当だろうか？

本書は，これらの設問についていままでになされた議論を体系的に整理し，評価することを課題としている．また，そうした整理の過程で生じたいくつかの特定の問題関心について著者自身の研究成果を紹介する場面をも含んでいる．本書の特色は，単に経済活動の成果たる所得の分配を分析するだけでなく，所得の発生過程，とりわけ労働過程の内容的差異に注目した点，しかも，その過程の差異が雇用と所得分配の決定に影響する仕方を考察した点にある．

本書の範囲をあらかじめ限定しておこう．現実の市場経済では，市場本来の分配過程に加え，税制や社会保障，あるいは公共財の供給を通じた社会的再分

配の過程が機能しており，後者が前者の結果を変更するだけでなく，前者の過程自体を変化させる（しばしば「歪める」と言われる）部分も大きい．人々の現実の関心は，そのような社会的再分配のプロセスに対する負担とそれからの便益の大小に向けられることが多い．そのような関心に対して本書が応えていないことは，たしかに本書の重要な限界である．しかし，再分配の問題を議論する出発点として，市場経済がどのようにして人々の間の所得や富の差異を生みだすのか，正しい理解が必要であろう．そうした理解にそれ自体として重要な意義があるというのが，本書の主張である．

同様にして，国際間の所得，富の不平等の問題も本書で捨象された問題である．1970年代以降，人口の爆発的増大を抱える南アジア，アフリカ，ラテン・アメリカの諸国と先進諸国との間で人口1人当りの所得格差はますます拡大しているのが現状である．そのような事態に一体どのような処方が可能であるのか？　そのような問題意識を持った読者は，本書の分析を余りに偏狭と評価するかもしれない．しかし，発達した市場経済の中でどのような分配問題があるのかを知ることは，市場経済がこれから発達しようとしている経済に対してもさまざま示唆を与えるところがあるだろう．また，所得と富の分配形成過程の理解は，国際的な所得や富の再分配に対する人々の関心を醸成するうえでも重要な役割を果たすのではないかと思う．

本書は，8つの章で構成されている．それぞれの章には独立性をもたせてあり，どの章から読み始めていただいてもかまわない．各章の検討課題は，章の冒頭で各節の要約とともに紹介されている．ここでは，手短かにそれぞれの章の主題を述べておこう．

第1章の以下の部分では，日本の就業構造や所得・富の構成と分配の現状について展望するとともに，現状把握に際しての問題点を指摘する．

第2章では，どのような分配様式が公正であるかを論じている．もとより，何をもって公正と見なすか，多様な意見があってよい．しかし，ことは倫理的評価にかかわる以上，それぞれの意見は普遍的効力をめざしたものであるに違いない．この章の課題は，分配の公正をめぐる代表的な見解をいくつかとりあげ，相互批判するところにある．ここでの検討が本書で所得や富の分配を考察

してゆく際の手がかりを与えてくれることを期待している．

　第3章から第6章にかけては，労働市場をめぐる新古典派理論および二重労働市場理論という交替的な理論的定式化を説明し，実証研究の成果を述べるとともに，それらの理論の統合化を試みている．

　まず第3章では，経済主体の合理的な選択という新古典派経済学の観点から，労働力資源の異なる用途への供給の論理を明らかにするとともに，資源そのものが時間的に変化したり，資源の質に関する情報に不完全性が存在するなど，市場の単純な需給均衡の論理では理解できない労働市場特有の状況をめぐって展開された理論的枠組の解説にあてられる．

　第4章では，前章の理論的枠組にもとづく実証研究の成果を展望する．とくに，学歴と所得分配の関係に注目し，学歴の取得がどれだけ所得の上昇をもたらすか，学歴の選択および所得の形成にあたって個人の本源的能力の高さや親の社会経済的背景要因がどれほど影響するか，さらにそもそも学歴が生産性を高めるというのはどのような理由によってであるかを検討する．

　第5章では，二重労働市場アプローチの理論的・歴史的背景を説明するとともに，労働市場に非自発的な市場分割の生まれる理論的根拠および条件を論じ，さらに所得分配の形成に対する含意を検討する．最終的に二重労働市場理論と新古典派理論とが雇用および所得分配の理論として統合化される可能性を指摘している．本書の中心的な章であるといってよい．

　第6章では，二重労働市場理論ないし統合化理論の日本の労働市場に対する適用可能性を検討することを目的としている．企業規模間で賃金二重構造の発生する根拠を考察するとともに，そのような二重構造が時間を通じ持続して存在しうるかどうかを，大企業を中心に発達した内部労働市場への雇入れ口における競争性の程度を統計的に確かめることを通じて検証している．

　第7章では物的資産としての富の蓄積を検討のテーマとする．まず人々の間のさまざまな貯蓄の動機を論じ，異なる貯蓄動機が富の分配形成にどのような影響を与えるか，そして親子間の物的資産および教育の遺贈のあり方が長期的に富保有分布をどのように規定するかを検討する．さらに，資産市場における価格変動と，将来のキャピタル・ゲインをめぐる情報の役割について分析して

いる．

第8章では，本書の議論を要約し結論を述べるとともに，将来の研究課題について言及する．

1.2 日本の所得と富

日本の所得および富の構成とその分配をめぐる基本的なデータを整理して，以下の考察に備えよう．まず，マクロの所得・資産統計によって家計，企業，公共部門など国民経済を構成する主要な制度部門間で所得や富がどのように分配されているかを確認し，続いてミクロの家計調査および個人就業調査にもとづき家計ないし個人間の所得と富の分布の特徴を整理する．さらに，人々の間で異なった所得を生みだす背景要因としての個人間の就業構造についても特徴を述べる．冒頭で述べたように，本書では課税前の所得の分配，つまり所得の発生過程に焦点をあてるため，税制や社会保障制度を通じた所得や富の再分配の実態については捨象する．

国民所得と国民純資産の構成

日本の1985年の国民所得(付加価値合計)は251.2兆円と推定されている．これは15年前，1970年の59.2兆円と比較して4.3倍にのぼる．この間，消費者物価は2.6倍となり，実質で1.6倍強，年率にして平均3.3%で上昇したことになる．

国民所得は経済主体間あるいは生産要素間でどのように分配されているだろうか？　経済主体を家計，民間企業，そして公共の3つの制度部門に分けてみよう．公共部門とは，政府と公的企業を合わせたものである．教育，保健，医療などの民間非営利団体は，便宜上，家計部門に統合する．家計部門の所得は，賃金・俸給をベースとした雇用所得，自営所得，そして資産所得に分解される．マクロ統計に従って最近20年間の所得構成の推移を見ると，1-1表のようになる．

最近時点では，雇用所得が国民所得全体の70%弱，資産所得に民間企業所得

1-1表 国民所得の分配構成比の推移(1970-88年. 単位：%)

	1970-74	1975-79	1980-84	1985-88
家計部門所得				
(1) 雇用所得	59.2	67.1	68.8	69.4
賃金・俸給	(54.3)	(60.4)	(60.4)	(59.9)
他の給付	(4.9)	(6.6)	(8.4)	(9.5)
(2) 自営所得	15.8	13.3	9.1	7.6
農林水産業	(4.3)	(3.5)	(1.8)	(1.3)
非農林水産業	(11.5)	(9.7)	(7.4)	(6.4)
(3) 資産所得	12.1	12.5	14.6	14.2
配当・利子	(8.1)	(9.1)	(11.5)	(10.8)
賃貸料	(0.6)	(0.8)	(0.7)	(0.7)
持ち家帰属家賃	(3.5)	(2.6)	(2.4)	(2.7)
民間企業所得	12.4	7.7	9.1	10.6
公共部門所得	0.5	−0.7	−1.9	−1.9
合　計	100.0	100.0	100.0	100.0

出所：経済企画庁『国民経済計算年報』1990年版より算出.
注 1) いずれも課税前の数値である.
2) 雇用所得に含まれる「他の給付」とは，雇い主による社会保障負担，退職給付などをさしている.
3) 民間企業所得は，配当の受払い後の所得である.
4) 公共部門とは，「一般政府」と「公的企業」を合わせた部門のことである.
5) 民間非営利団体の財産所得は，家計部門の利子・配当所得に加算した．いずれの期間についても対合計比0.2%以下と小さい.
6) 家計部門の総所得(=雇用所得+自営所得+資産所得)に対する課税，各種移転受払い後の可処分所得の比率は，4つの期間について94.4, 96.7, 95.7, そして95.1%である.
7) 民間企業所得に対する同可処分所得の比率は，4つの期間について51.0, 31.4, 36.8, そして32.1%である.

を加えた広義の資産所得が全体の25%，そして両者の中間の性格をもつ自営所得が8%弱を占めている．公共部門は，公的企業赤字や国債利払いを反映してマイナスである．自営所得の趨勢的減少は，農業部門の比重の低下，および非農部門における法人化を反映して，そこで発生していた所得が雇用所得や民間企業所得など他の所得形態に吸収されていったことを物語っている．また，家計部門における金融資産保有の伸張を反映して，配当・利子所得比率の上昇の著しいことが見てとれる．もっとも，配当部分は0.7%とほぼ不変であり，上昇しているのは利子部分のみである．

他方,富が誰によって,どのような形で保有されているかの概要は,マクロ統計の一環としての国民資産バランス・シートによって把握できる.バランス・シートには,実物資産の推計市場評価額および金融資産・負債価値額の詳細な構成が保有主体別に示されている.富の保有主体を前記の3部門と海外部門の4者として,(地価・株価急騰前)1985年末の資産構成を表わしたものが1-2表である.金融資産・負債については所有・被所有の関係を含む株式と年金準備資産を他の貸借関係から区別し,残余については合計額のみを示した.株式は貸方,借方とも時価で評価している[1].

1985年末における日本の国民純資産(国富)は,1,850.4兆円と推定されている.この年の国民所得の7.4倍にあたる.なお,1970年末の国民純資産は296.4兆円であり,15年間に名目で6.2倍,実質で2.4倍になった.毎年の国民純資産の増加は,年々の生産(国民所得)の中から消費されないで残る貯蓄と,既存資産の再評価(キャピタル・ゲイン)の和として達成されるわけであるが,

1-2表 国民純資産の経済主体別保有構成(1985年末.単位:兆円)

1985年末	家計部門 資産	家計部門 負債	民間企業部門 資産	民間企業部門 負債	公共部門 資産	公共部門 負債	国内総計 資産	国内総計 負債	海外部門 資産	海外部門 負債
実物資産	914.7	—	562.6	—	340.1		1,817.4		—	—
住　宅	}192.0		}243.3		}252.8		159.2			
純固定資産(非住宅)							528.9			
土　地	682.4		259.8		73.5		1,015.7			
その他の資源	31.0		3.4		10.3		44.6			
在　庫	9.2		56.2		3.5		68.9			
金融資産	671.2	212.9	1,150.5	1,332.1	297.2	540.8	2,118.9	2,085.9	78.2	111.2
株　式	66.0	—	174.3	253.2	1.6	0.1	241.9	253.3	11.4	—
年金準備	92.3	—	—	18.9	—	73.4	92.3	92.3	—	—
その他の金融資産	512.9	212.9	976.2	1,060.0	295.6	467.3	1,784.7	1,740.3	66.8	111.2
純資産(富)		1,373.0		381.0		96.5		1,850.4		−33.0
欄外・耐久消費財残高	49.8	—	—		—		49.8		—	

出所:経済企画庁『国民経済計算年報』をもとに算出.作表の詳細は,石川[1990]を参照のこと.
注) 原表の部門別構成である「非金融法人企業」,「金融機関」,「一般政府」,「対家計民間非営利団体」,「家計(個人企業を含む)」を,『年報』付表2による「民間部門」,「公的部門」分類表を利用して上記の部門分類に変換した.したがって民間企業部門には民間非金融企業および民間金融機関の合計が計上され,公共部門には一般政府,公的事業体,公的金融機関が含まれる.対家計民間非営利団体は家計部門に吸収されている.海外部門は,『年報』付表4から求めた.

国民純資産が国民所得の成長よりはるかに高い割合で増加したということは，資産再評価の要因が大きく寄与したことを意味している．資産の再評価は，主として土地や株式に集中している．

国民純資産は，国内の実物純資産(1,817.4兆円)と海外部門の純負債(33.0兆円，対外純資産ともいう)の和に等しい．国民純資産はまた，国内3部門の純資産(富)の和に等しい．最大の富保有者は家計(1,373.0兆円)であるが，民間企業および公共部門にも相当の富が蓄積されている(前者に381.0兆円，後者に96.5兆円である)．とくに民間企業には，国民純資産の2割，家計部門の富の3割弱に相当する，株式価値に反映されないままの富(純資産)が存在している．各部門の実物資産のうち，純資産で手当てできない残余が他部門への資金依存額であり，逆に保有する実物資産を超えて富を保有する部分が他部門への資金供給額となる．家計部門が唯一のネットとしての資金供給者であり，供給総額は458.3兆円にのぼる．その39.6%を民間企業，53.2%を公共部門，残り7.2%を海外部門が利用している．

富の構成の国際比較

最近時3か年(1985年末-1987年末)について，日本の国民純資産を他の成熟資本主義国である英国および米国の国民純資産と比較してみよう．3か国間で資産項目の内容，評価方法に違いがあり，厳密な比較は期しえないが，部門，資産項目の建て方をできる限り共通にして比較した(石川[1990：付表2, 3]を参照)．

まず，民間部門(家計，民間企業)が保有する実物資産の対国民所得比と，その構成割合を比較してみよう．対国民所得比は，英国では1985年から87年にかけて4.5から5.0へと上昇，米国では3.4で不変，日本では5.9から7.9へと上昇している．しかし，いったん土地保有額を除くと，英国で2.6，米国で2.5，日本で2.1と各国の値は接近し，しかも各値は3か年を通じ見事に不変である．つまり，日，英，米における民間実物資産の対国民所得比と最近の時間的変化の差異は，土地評価額の高さとその時間的変化によって大半が説明される．なお残る民間実物資産の格差は，家計住宅資産の対所得比の相違，とりわけ日本

の値の低さによって説明される．その結果，土地，住宅以外の民間実物資産については，3か国間に対所得比で見てほとんど差異は残らない．

次に，家計部門の富の対家計可処分所得比率とその構成割合を見よう．対可処分所得比率は米国で3か年を通じほぼ4.0であるが，英国で1985年から87年にかけ4.8から5.7へ，日本では同時期6.3から8.5へと上昇している．ここでも格差の最大の要因は土地価額である．また，英国の上昇分0.9のうち0.4と，日本の上昇分2.2のうち1.6は，この間の土地の大きな評価益によるものである．

しかし，3か国間のいまひとつ重要な差異は，家計の純金融資産にある．年金準備資産を除く家計の可処分純金融資産の対家計可処分所得比率は，英国で1.1-1.4，米国で0.9，日本では1.7-2.2である（年金準備資産の対可処分所得比は，米国と英国で0.7，日本で0.5と，日本がわずかに小さいだけである）．英国と日本の数値の上昇は，株価の上昇が主因である．とくに日本家計の株式保有額・可処分所得比率の上昇はきわめて急激で，1987年末には0.67に達した．しかし，価格の変動にさらされる度合の小さい，株式以外の金融資産について，日本の数値が英国や米国の値に比してはるかに高いことは注目に値する．

以上から，対国民所得で見た日本の民間純資産の高さは，土地価額の高さによって説明できること，対可処分所得比で見た家計純資産の高さもやはり土地に負うところが大きいが，それと同時に家計の可処分純金融資産の高さも重要な要因であることが分かった．日本の家計は，いまや英国，米国と比べ絶対額としても，また対所得比で見てもはるかに大きな可処分金融資産を保有している．

家計間の所得分配

以上は，所得や富の構成をマクロ的におさえたものである．次に，規模別の所得分配について見よう．各人が異なる初期資源を持ち，自己の意思と責任で異なる経済活動を行なうという観点からは，本来個人間の所得分配を評価の対象とすべきであろう．実際，本書では個人間の分配形成を主な検討対象としている．しかし，現実に複数の個人を成員とする家計が共同生活を営んでおり，

その生活上の必要も家計の大きさや年齢構成，健康状態など目に見える属性の違いを制御することでかなりの程度同質化されると考えれば，家計間の所得分配を考察することにより実際的な意義があるといえよう．事実，消費や所得，資産を調査項目として含むいくつかの家計調査がいずれも世帯(家計)を調査単位としているため，わずかの例外を別とすれば，日本の規模別所得分配に関する研究は世帯(家計)ベースの統計を中心に行なわれてきた．

　規模別に所得分布の特徴を把握する際，各調査統計には全体としての評価を左右しかねないさまざまな偏りが存在するという点をまず認識してからなければならない．第1に，調査の母集団が全世帯をくまなくカバーしているかどうか，第2に，標本が真にランダムな標本といえるかどうか，第3に，所得が正確に回答されているかどうかについて吟味しなければならない．回答所得の正確さは，それが家計簿につけられたものか，それとも回答者の記憶によるものかに応じて大きく異なるはずであるが，他方，家計簿の管理は膨大な作業を要求するため，回答拒否世帯を増大させるというトレード・オフの関係も存在している．一般に，低所得者および高所得者に標本から脱落するケースが多いということが調査統計の専門家の間で言われている．さらに，回答の中でも資産所得の報告については，どの調査においても国民所得ベース(1-1表の家計部門資産所得)と比べ数値がきわだって低く，明らかに過小報告であるという限界が指摘されている[2]．

　以上のような理由で，所得分布に関する統計については，結果としての数字とその数字に込められた仮定が何であるかを常に一体で考慮する必要がある．所得分布の平等度を国際間で比較する場合，あるいは同一国内での時点間比較をする場合でも日本の1970年代後半以降のように家計の金融資産の蓄積が急速に進む(1-1表を参照)局面については，とくに注意が必要である．

　こうした資料批判にもとづく最近の研究成果として，石崎［1983：第1章］，Mizoguchi = Takayama［1984：Chapter 1］をあげることができる．前者は『就業構造基本調査』を主体として，後者は『家計調査』，『農家家計調査』および『国民生活実態調査』を主体として，それぞれ他のさまざまな統計との整合性を確かめつつ世帯間所得分布の時間的推移を追ったものである．とくに前者

では，資産所得の過小報告(ないし最近時の非調査)を，国民所得ベースの金融資産所得を所得階層ごとに割り振ることで補整する試みをしている．

このように資料ベース，評価方法は異なっているが，両者は所得分布の推移に関しほぼ共通した理解をわれわれに与えている．それは，第2次大戦後の日本の所得分配の不平等度は，次のようなサイクルを描いて推移してきたというものである．すなわち，戦後初期(1950年代初めまで)の平等化期，1960年代初めまでの不平等化期，1970年代初めまでの顕著な平等化期，そしてまた，1970年代前半以降の不平等化期である．

最初の平等化は，言うまでもなく戦後諸改革の成果を反映したものである．1950年代の不平等化は，ボーナス所得を中心とした企業規模間の所得格差の増大を反映した部分が大きい．1960年代以降の平等化は，高度成長に伴う労働市場の逼迫によって年齢間，企業規模間など個人間で賃金格差が顕著に縮小したことが主な理由である．他方，1970年代前半以降の不平等化現象は，労働の過剰供給を反映して賃金格差の縮小が停滞したことと，自営業主所得，役員所得，資産所得など，所得の各構成項目ごとに低所得者の取り分の低下と高所得者の取り分の上昇がみられることによるものである．さらに世帯間の所得分配に影響を及ぼす要因として，単身者(とりわけ高齢者)世帯の増加や女性の労働市場への進出による共働き世帯の増加が近年ますます重要度を高めていることが指摘されている．

以上の研究は1980年代初めまでの統計に関する分析であり，それ以後の統計のくわしい批判的吟味は今後の課題として残されている[3)4)]．

就業構造と所得分布

1987年10月を調査時点とする『就業構造基本調査』によれば，15歳以上人口男子4,724万人，女子5,010万人のうち就業者は男子3,637万人，女子2,413万人で，それぞれ(性別)人口の77.0％，48.2％を占めている．女子の就業者のうち，仕事を主にしている者は31.0％で，残りの17.2％は家事，通学をしながら副業的に仕事をしている者である(男子では，後者の部分は1.7％に過ぎない)．非就業者の中には就業を希望している者もあり，男子では人口の5.6％，

1-3表 就業者の職業・就業上の地位別構成(1987年)

職　　種	民間役員		正規職員		パート・タイム		その他		自営	
	男子	女子	男子	女子	男子	女子	男子	女子	男子	女子
専門的・技術的・管理的職業	% 4.1	% 0.8	% 9.6	% 8.2	% —	% 0.7	% 0.6	% 1.0	% 1.7	% 1.6
事務従事者	0.3	1.0	12.1	16.7	—	3.5	0.6	1.9	0.2	2.8
販売従事者	1.1	0.4	9.9	4.7	—	2.4	0.4	0.8	3.4	5.1
農林漁業・採掘作業者	—	—	0.7	0.1	—	0.2	0.2	0.2	6.4	9.2
運輸・通信従事者	0.1	—	5.3	0.4	—	0.1	0.4	—	0.5	—
技能工・生産工程作業者	0.9	0.2	22.1	7.6	0.2	6.5	2.3	0.8	5.7	6.3
労務作業者	0.1	—	2.9	1.2	0.1	2.2	0.8	0.6	0.3	0.7
サービス・保安職業従事者	0.1	0.1	4.0	3.8	0.1	2.9	0.8	1.3	1.6	3.9
計	6.8	2.6	66.7	42.7	0.6	18.5	6.1	6.7	19.8	29.5

出所：総務庁統計局『就業構造基本調査』(1987年)第6表より算出．
注)「自営業」には自営業主，家族従業者，そして内職者が含まれる．「正規職員」，「パート・タイム」，「その他」は，いずれも勤め先での呼称による分類である．「その他」には，アルバイト，嘱託，人材派遣などが含まれる．

女子では人口の16.0%にのぼっている．

　就業者の職業・就業上の地位別にみた構成は1-3表に示すとおりである．専門的，技術的，管理的仕事(5.3節の「上位層」)に従事する労働者は，男子では6人に1人，女子では8人に1人である．男子では役員ないし正規の従業員・職員の地位にある者が就業者全体の3/4弱を占めるが，女子ではその割合は半分に達しない．女子では副業的に仕事をしている者が多いことに対応して，パート・タイム労働者，自営部門の家族従業者，そして内職者が大きな割合を占めている．

　就業者の企業規模別構成は1-4表に示すとおりである．雇用規模1,000人以上の大企業ないし官公庁に就業する者は，男子で26%，女子で17%であるのに対し，10人未満の零細な企業に勤める者は男子で33%，女子では44%にも達している．さらに100人未満の小企業をとると，その割合は男子で57%，女子で68%となる．経営形態として，自営部門(個人企業)に所属する者は男子就業者の26%，女子就業者の40%にのぼっている．このように，日本の労働者の60%近くは小企業に所属している．

就業者の所得分布については，同じ調査より性・従業上の地位・企業規模別など各種の分類ごとに就業からの(課税前)年間所得についてヒストグラムが得られる．その情報をもとに低所得者(年間就業所得100万円未満)および高所得者(年間就業所得1,000万円以上)がそれぞれ各グループ全体のどれだけの割合を占めるかを計算したのが1-5表である．この表では，さらに就業形態や従業上の地位，企業規模を異にする集団の間で低所得や高所得の頻度がどのように異なってくるかを比較するため，男子正規職員を比較の基準に選び，そのグループの頻度に対する各グループの頻度の倍率を求めた．表中，「倍率」と記された項目の数値は，そうして求めた低所得者および高所得者の相対頻度を表わしている．この表から，次の4点を確認することができよう．

第1に，言うまでもなく「パート・タイム」や「その他の労働者」に低所得

計		就業者数	
男子	女子	男子	女子
%	%	万人	万人
16.1	12.3	586	297
13.2	25.9	479	626
15.0	13.5	544	325
7.4	9.6	269	233
6.2	0.5	225	12
31.3	21.3	1,139	513
4.2	4.8	154	116
6.6	12.1	241	291
100.0	100.0	3,637	2,413

1-4表 就業者の企業規模別構成(1987年．単位：%)

業　種	1-9人		10-99人		100-999人		1,000人-		合　計	
	男子	女子	男子	女子	男子	女子	男子	女子	男子	女子
自営部門										
農林業	6.0	9.0	—	—					6.0	9.1
非農林業	18.0	27.6	1.6	3.3					19.6	30.9
民間法人	8.5	7.6	22.5	20.2	17.5	14.6	16.5	10.3	65.0	52.7
官公庁							9.3	7.1	9.3	7.1
合　計	32.5	44.2	24.2	23.6	17.5	14.6	25.8	17.4	100.0	99.8

データ出所：総務庁統計局『就業構造基本調査』(1987年)，第5表より算出．
注 1) 分母の就業者人口は，男子3,637万人，女子2,413万人である．
2) 表中，空欄は該当者なし，—の記号は，0.05%以下を意味している．
3) 自営部門の数字は，自営業主，家族従業者，被雇用者の合計である．民間法人の数字は，役員，被雇用者の合計である．
4) 原資料における自営業の本来の規模区分は，1-9人と10人以上の2種類のみであるが，合計の算出にあたっての便宜上，10人以上はすべて10-99人の階層に含まれるものと想定した．同様に，官公庁には本来規模区分がないが，合計の算出にあたってやはり便宜上すべて1,000人以上と見なした．
5) 合計欄の数値が必ずしも100.0%にならないのは，丸め誤差と規模不詳の標本の存在ゆえである．

1-5表 就業上の地位・企業規模別にみた就業所得分布の特性

地位と規模	就業者数		正規職員比率		低所得者比率		同 倍率		高所得者比率		同 倍率	
	男子	女子	男子	女子	男子	女子	男子	女子	男子	女子	男子	女子
	万人	万人	%	%	%	%			%	%		
被雇用者総計	2,915	1,700	—	—	3.8	32.0	3.94	33.1	2.6	0.2	1.71	0.12
従業員	2,668	1,638	—	—	3.9	32.4	4.07	33.6	1.4	0.1	0.92	0.06
役員	247	62	—	—	2.4	19.1	2.52	19.8	15.9	2.7	10.2	1.77
正規職員	2,426	1,031	83.2	60.6	1.0	8.5	1.00	8.85	1.6	0.1	1.00	0.08
パートその他	117	539	—	—	52.3	76.7	54.2	79.5	0.0	0.0	0.00	0.00
自営業主	627	280	—	—	16.8	67.8	17.4	70.3	3.9	0.6	2.50	0.37
企業規模別正規職員												
1-9人	287	164	60.4	44.8	3.7	23.7	3.86	24.6	0.1	0.1	0.07	0.04
10-99人	679	322	78.7	57.6	1.3	10.4	1.34	10.8	0.4	0.1	0.26	0.06
100-999人	567	234	89.2	66.3	0.4	4.4	0.42	4.51	1.2	0.1	0.76	0.03
1,000人以上	570	180	94.8	72.3	0.2	2.5	0.20	2.60	4.4	0.3	2.86	0.22
官公庁	320	130	95.2	76.0	0.8	0.8	0.19	0.88	0.8	0.1	0.54	0.05

出所：総務庁統計局『就業構造基本調査』(1987年)第13,14,15表より算出．

注 1) 所得とは，本業から通常得ている課税前年間所得をいう．被雇用者の場合には，ボーナス，諸手当を含む賃金，自営業主の場合，年間の営業収益(総売上げ一必要経費)を意味する．
2) 正規職員欄および企業規模別正規職員欄の「正規職員比率」とは，全体のないし当該企業規模に所属する被雇用者(役員を含む)合計に占める正規職員の割合をいう．
3) 「パートその他」とは，1-3表の「パート・タイム」および「その他」を合わせたものである．
4) 「低所得者比率」とは，所得が100万円未満の個人が当該グループ全体に占める割合，「高所得者比率」とは，同様に所得が1,000万円以上の個人の占める割合をいう．
5) 「倍率」とは，男子正規職員が当該所得階層に占める比率を1として，その何倍の頻度であるかを示す指標である．

者がきわめて高率で含まれている．また，企業規模が小さければ小さいほど，これらのタイプの労働者をより高い割合で雇い入れている．

　第2に，企業規模間では，たとえ正規職員に限ってみたとしてもなお，規模が小さければ小さいほど低所得者比率は高く，また高所得者比率は低い(企業規模間の賃金格差をめぐっては，6.1節でくわしく検討する)．

　第3に，民間役員や自営業主では，低所得者比率が高いと同時に，高所得者比率もきわめて高い．一方で名目的な法人役員から名実ともにする企業経営者まで，他方で零細な内職者から医師，弁護士などの専門職自営業まで幅広い職種の従事者を含んでいるからである．この点は，男女いずれをとっても成立する．なお，自営業主の中で低所得比率が高いという点については，以上の点のほかに所得の定義上，経費の算定に自由度が残ること，とくに自己消費分の脱

落している可能性が高いなど，被雇用者に比べ過小報告のバイアスがかかっているということにも注意が必要である．

　第4に，男子と女子の間で所得分布に大きな差異がある．すでに述べたように女子の就業が男子のそれと比べより大きな割合で副業的性格を帯びていることがそのひとつの理由である．しかし，仮に正規職員どうしを取りだしてみても，なお低所得者比率は男子に比べはるかに高い．経験，訓練上の差異や雇用機会の制限など他の理由の存在を考えなければならない．

家計間の富の分配

　日本の家計間の富保有分布をめぐっては，資料の制約が厳しいにもかかわらずさまざまな推定が試みられてきた(先駆的作業として経済企画庁[1975：35-104]，富樫[1979]，高山[1980：第2章]を参照)．資料上の制約とは，次の3つの問題が存在することである．すなわち，第1に，実物資産の保有額に関する分布は，公表統計からは得られないこと，第2に，家計調査において高資産層が必ずしも十分標本として取り込まれていないと考えられること，そして第3に，金融資産保有額の過小報告バイアスの存在である．最後の点は所得分布統計における資産所得の過小報告バイアスと共通する問題である．

　第1の実物資産の保有額については，政府公式統計として1970年の『国富調査』以降最近時に至るまで，実物資産の保有額に関する調査は行なわれていない．そのため，家計調査に付随して報告された持ち家の敷地，住宅の面積と居住地域の情報をもとに実物資産の価値を推計するという膨大な作業が積み上げられてきた(経済企画庁[1975]，高山＝舟岡＝大竹＝関口＝渋谷[1989](以下，高山ほかと略記)．また，政府以外の調査にもとづく富樫[1979]では，被調査世帯自身による評価額の回答の正確さを前記同様の方法によって点検している)．

　なかでも1984年の『全国消費実態調査』にもとづく高山らの推計は，実物資産の保有分布に関して現在までに行なわれたもっとも精緻な研究だといえる．その成果として，農家を含む2人以上の世帯間における実物資産および実物資産に金融純資産を加えた純資産(富)の分布が求められた．実物資産としては，

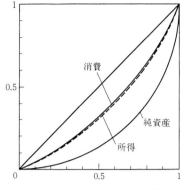

1-1図 消費, 所得, 純資産の
ローレンツ曲線(1984年)
出所：高山＝舟岡＝大竹＝関口＝渋谷[1989：24, 図1-3-3および関連の付表].

持ち家の土地，住宅，賃貸家屋，耐久消費財が評価の対象とされている．

1-1図は，高山ほかの得た2人以上の世帯間の消費，（課税前）年間所得，純資産（ただし耐久消費財は除く）のローレンツ曲線を示したものである．消費に比べ所得が，そして所得に比べ純資産（富）の不平等度が高いという点で，英国，米国など多くの国と共通の特徴が確認できる（ジニ係数でみて，消費は0.26, 所得は0.30, 純資産は0.55である[5]）．消費のローレンツ曲線が所得のローレンツ曲線に比べ45度線に近いのは，消費が年々の所得の変動からは独立して決定されていることを反映している．また，純資産は所得の分布と比較してはるかに集中度が高い．上位5％の世帯が純資産の26.4％，また上位10％の世帯が38.9％を保有している（なお，耐久消費財を含む純資産でみた数字は，それぞれ24.9％，37.0％，またジニ係数は0.52である）．

高山ほかの推計から，(i) 金融純資産に比して実物資産の保有額が圧倒的に大きい，(ii) 実物資産保有額のジニ係数は0.57, (iii) 金融純資産を加えた純資産（富）のジニ係数は0.55であり，金融資産・負債の保有が実物資産の相違を若干相殺する役割を果たしているという結論が得られる（この結果は，富樫[1979]の結論ともほぼ一致している）．(i), (ii)は，家計間純資産格差の最大の説明要因は実物資産格差であることを意味している．実際，高山ほか[1989：表1-2-1]は，農家を含む2人以上の世帯について，持ち家世帯(76.4％)の耐久消費財を含む実物資産の中央値は2,294万円，純金融資産の中央値は290万円，非持ち家世帯(23.6％)の実物資産の中央値は148万円，純金融資産の中央値は

231万円であること,また家計純資産のジニ係数を要因分解すると80%強が実物資産(持ち家用宅地,住宅,耐久消費財,賃貸用実物資産を含む)のジニ係数,なかでも50%強を持ち家用宅地のジニ係数が寄与していることを示している.

年齢別に家計資産の分配を見るとどうだろうか? もし,年々の所得フローからの貯蓄が富形成の唯一の源泉であるなら,世帯間における富保有のばらつきの大半は世帯主年齢間の富保有の差によって説明されるだろう.また,世帯間の所得の差異を反映して,世帯主年齢とともに同一年齢階層内の資産のばらつきは増大するだろう.1-6表は,高山ほかの推計による世帯主の年齢階層ごとに見た純資産分布の特性値を示したものである.この表から,(a)年齢とともにたしかに富の中央値(および平均値)は上昇すること,しかし,(b)ジニ係数で見た同一年齢階層内の富のばらつきは全体として見た富のばらつきと似かよっており,(c)むしろ年齢の若い階層ではそれを上回っていることが分かる.(b)および(c)の事実は,家計の富形成にとって所得からの貯蓄のみが源泉では

1-6表 世帯主の年齢階層別にみた富保有分布の特性

年齢	標本数	推計世帯数	実物資産			純資産(富)		
			中央値	平均値	ジニ係数	中央値	平均値	ジニ係数
歳		万	万円	万円		万円	万円	
-24	339	22	0	412	0.858	103	508	0.823
25-29	2,081	136	0	572	0.795	234	691	0.703
30-34	5,465	348	0	1,089	0.669	626	1,222	0.617
35-39	7,579	473	1,315	1,627	0.578	1,203	1,758	0.564
40-44	7,345	451	1,626	2,032	0.516	1,690	2,229	0.506
45-49	6,360	391	1,746	2,326	0.506	1,943	2,665	0.494
50-54	5,761	350	1,831	2,507	0.502	2,230	3,033	0.474
55-59	5,064	305	2,020	3,006	0.507	2,685	3,816	0.479
60-64	3,170	195	2,199	3,248	0.513	3,032	4,219	0.468
65-69	2,057	130	2,318	3,515	0.534	3,070	4,446	0.485
70-74	1,234	75	2,211	3,265	0.510	3,015	4,134	0.463
75-	716	43	2,338	3,429	0.518	2,954	4,300	0.482
全年齢	47,171	2,918	1,574	2,172	0.567	1,763	2,580	0.550

出所:高山=舟岡=大竹=関口=渋谷[1989:表1-2-1および関連の付表].
注 1) 母集団は,農家を含む2人以上の全世帯.
 2) 実物資産は,持ち家用宅地,住宅(建物のみ),賃貸用実物資産の合計.耐久消費財は含まず.純資産(富)は,実物資産(耐久消費財を含まず)と純金融資産の合計.
 3) 分布の各特性は保有ゼロの家計を含む形で算出している.

ないこと，おそらく親子間の相続(ないし事実上の相続[6])によって実物資産を取得した世帯の多いことを物語っている．

しかし，こうして求められた家計の資産分布統計にも限界がある．先に高資産層の低捕捉率と金融資産の過小報告の問題として指摘した点である．推計の母体となった『全国消費実態調査』を初めとする各種の家計調査では，金融資産の保有を過小に評価している明確な証拠がある．実際，同じ調査の集計表(2人以上世帯および単身者世帯の計数)をもとに全家計部門の金融資産保有額を推定して先の国民資産バランス・シート(金融資産については金融機関の業務統計をデータ・ベースとしている)と対比すると，後者の家計部門金融資産保有額の45%程度に過ぎない．株式の保有額についてはとりわけ低く，28%足らずである(石川[1990：235, 表1])．また，通常の家計標本調査の方法では高所得，高資産層の富保有を十分捕捉できないという英・米での反省(Atkinson = Harrison [1978]，Wolff [1987])が日本でも妥当することは，もともと高資産層に保有が集中する株式保有額について，家計調査ベースの総保有額推定値とマクロ統計上の数値とのギャップが他の金融資産におけるギャップと比べはるかに大きいことにも良く表現されている．したがって，標本の偏りや過小報告の偏りを修正することができた場合には，1-1図が示す純資産および所得のローレンツ曲線は45度線からさらに乖離する可能性が高い．これらの点の補整手段としては英国の中央統計局が利用している「遺産乗数法」(すなわち，毎年の被相続人を年齢・性など属性別に分類したうえ各属性グループを代表するランダムな標本と見なして，彼らの相続資産をもとに母集団の保有資産分布を推定する方法であり，高資産保有者の資産をかなり忠実に捕捉できる)や，米国の連邦準備銀行が採用している，家計標本調査のデータに高所得者の租税申告ファイルを利用して補完する方法があるが，日本の現状ではそのような手段は利用できず，資産保有分布に関する統計の一層の改善は今後に残された課題である[7]．

富の分布をめぐる英国，米国の統計を見て驚くことは，富の分布がきわめて歪んでいることである．米国連邦準備銀行の1983年調査によれば，上位わずか0.5%の家計に家計部門の全純資産(実物，金融純資産の合計，耐久消費財は

含まず)の35.1%が存在し,上位10%までとると71.7%にのぼるという(Smith[1988:24, Table 2]).他方,英国では,1983年において上位1%の個人(家計ではない)に耐久消費財を含む個人資産総額の22%,上位10%の個人に53%の資産が集中している(*Inland Revenue Statistics*, 1987, Table 7.5).両国に共通の特徴として,明らかに極端に富裕な階層の存在することが分かる.

ところで,前記の高山ほかの推計による富の上位集中度の計数をそのまま英・米の数値と対比すると,日本では両国に比べはるかに富が平等に分配されていることになる.しかし,前述のように英国や米国の計数は高資産層の保有資産に関する捕捉率を高めたものであり,同様の改善の余地を今後に残した日本の数値と比較するのは必ずしも適切でない[8].極端な富裕層が存在するとしても,未だ顕在化するほどの分布の厚みをもたないという日常的な印象からすれば,日本における家計の富の上位集中度が英国や米国のそれより低いという結論が変わることはまずないだろうと思われる.しかし他方で,(i) マクロ,ミクロ両面にわたって指摘した,資産保有額に占める土地保有額の圧倒的大きさを反映して,すでに土地を保有する家計とそうでない家計との間できわだった富保有の格差が発生している,(ii) 日本では英国や米国と比べ相対的にはるかに大きな富が民間企業部門に存在している,という日本特有の富の不平等の構造がある[9].

以上のような現状認識を出発点として,本書の考察を進めてゆこう.

第1章 注

1) なお,民間非営利団体は家計部門の中に,また一般政府部門内に含まれる「社会保障会計」は,年金準備資産の会計にほかならないため,その実物資産は公共部門,金融純資産は最終的請求権の存在する家計部門に帰属させている.さらに,企業部門の資産に含まれる(適格)退職年金資産は,本来請求権のある家計部門に帰属させている.作成の詳細な手続きは,石川[1990]を参照されたい.

2) 日本の税務統計は,第1に,申告所得者に限定されるため,免税点以下の世帯が母集団から除外され,また標本のランダム性が失われている,第2に,申告された所得に低めのバイアスがかかるという点で本文の3つの要件を満たさない.毎

年の時系列が得られるという点では便利で,しかも頻繁に利用される家計調査である『家計調査』および『貯蓄動向調査』(いずれも総務庁統計局)は,母集団が非農家の2人以上の世帯に限定されている.しかも回答拒否世帯がかなり多い(とくに低所得層と高所得層に多い)と指摘されており,必ずしもランダム性が保証されないという困難をかかえている.さらに,所得の内訳が分かるのは役員を含まない勤労者に限られること,利子・配当など資産所得の回答値がきわめて小さいなどの問題点を有している.5年ごとに行なわれる,より大規模な調査である『全国消費実態調査』は,1984年調査以降,母集団は農家を含むすべての世帯に拡大された.それでもなお,本文第2, 第3の困難を抱えている.『国民生活基礎調査(旧国民生活実態調査)』(厚生省)の場合には調査実施方法の違いから低所得層の捕捉率は高いといわれているが,高所得層の捕捉には依然問題が残る.全世帯をカバーした大規模な標本調査である『就業構造基本調査』は,1979年調査以降,主たる就業所得の属する金額ブラケットを回答する形に変更となり,所得分布を知る資料としての価値は薄れた(経済企画庁[1975:4-10],石崎[1983:9-11]).

3) 1980年以降も不平等化傾向の続いていることは,『経済白書』(1990年版:267-277, とくに3-1-5図)の分析からも十分うかがうことができる.

4) 所得分布の国際比較は難しい問題である.Sawyer[1976]は,OECD諸国の所得分布を比較した際,日本をもっとも平等度の高い国のひとつと判定した.しかし,石崎はソウヤーが利用した『全国消費実態調査』は資産所得の過小報告バイアスが深刻であり,本文で述べた資料およびその補整後の数値に従うと結論は逆転し,日本はもっとも不平等度の高い国のひとつになると論じている.問題は,石崎自身も認めるように,他の国でも程度の差こそあれ,資産所得の過小報告バイアスが予想されるため,各国の統計からそのバイアスを除去したのちに初めて正当な比較ができることである.そのような作業は今後の課題として残されている.

5) 「ローレンツ曲線」とは,問題となる項目の保有額を世帯間で低い方から高い方へ順に並べたうえで,低い方から見た累積世帯比率(x)とそれらの世帯による該当項目の累積保有比率(y)とを(x, y)平面上にプロットしたグラフのことである.45度線が完全均等保有に対応する.「ジニ係数」とは,45度線とローレンツ曲線間の三日月型図形の面積を45度線とx軸間の直角三角形の面積で割った値のことである.分布の不平等度を測る代表的指標として用いられている.

6) 「事実上の相続」とは,若い世帯主が高齢でしかも家持ちの親と同居する場合

に対応している．7.1 節の議論を参照されたい．日本では，高齢者のうち子供と同居する人の割合が半数にのぼっている(410 ページ，注 10)を参照のこと)．なお，家計調査において世帯主は主要な稼得者として定義されているため，すでに引退した高齢者が子供と同居する場合には，統計上，その資産は子供世帯に帰属することになる．子供世帯から同居する高齢者の資産の部分を取りだす作業は，Hayashi = Ando = Ferris [1988]によって試みられている．

7) 時系列的な特徴を補足しておこう．日本の家計の金融資産の分配については，所得階層別に見て，1950 年代末より 70 年代初めまで格差が急速に縮小したが，それ以後 1985 年まで格差はほぼ横ばいに推移している(『経済白書』(1988 年版)，IV-1-20 表)．しかし，所得の分布と資産の分布では，後者のばらつきが前者のばらつきに比べはるかに大きいということが知られており，所得階層別の平均金融資産の格差は必ずしも資産保有そのものの格差を正しく示さないことに注意が必要である．実際，1970 年代後半以降，家計間の金融資産格差が増大の趨勢を示す兆候も見られる(本文で指摘した過小報告の問題は捨象している)．各年の『貯蓄動向調査』(総務庁統計局)をもとに粗金融資産の最上位十分位点と最下位十分位点の保有額倍率の時系列をとると，資産の蓄積が十分進行したと考えられる世帯主年齢 45-49 歳，50-54 歳，55-59 歳の階層について年々の変動を通してわずかずつ倍率が上昇していることが確認できる(本来ならば負債額を控除した純金融資産の格差を見たいわけであるが，資料に制約がある．しかしながら，金融資産の上位保有層に向かうに従い，たしかに負債額は平均的に増大するものの，その増加の仕方は逓減的なので，純金融資産の格差についても同様の傾向があると考えられる)．

8) さらに，実物資産の保有に関しては高山ほかの貢献で評価された資産以外に，現に居住している家屋以外の土地，山林，別荘などに関する評価が加えられなければならない．これも実物資産の本来の分布の歪みを本文の値よりさらに大きなものとする要因となる．

9) (i)の問題の改善を政策課題として受けとめ，その解決策を論じた代表的文献として野口 [1989]を参照のこと．(ii)については，第 8 章および著者の試論としての石川 [1990]を参照のこと．

第2章 分配の公正概念——
平等化を支える思想[1]

　経済的資源および経済活動の成果をいかに分配するかは，どの社会にとってももっとも基本的な設問のひとつである．現実にどのような分配様式が採用されるかは，その社会の政治構造と分かちがたく結びついている．どのような分配が望ましいかを一体誰が考えるのか，その主体は望ましい分配の観念を社会全体の中でどのように正当化し，現実に機能させてゆくのか，その力の基礎は一体どこにあるのか——，これらはまさしく政治の基本的問題だからである．実際，歴史上の社会変革の運動は，それがいかに穏健的か急進的かを問わず，すべて望ましい分配の観念またはその観念を有効に表明できる主体の範囲の変更をめぐって行なわれてきたといっても過言でない．

　本章は，現代の民主主義制度を前提に，いかなる分配様式が公正という意味で望ましいかを論ずるものである．もとより何をもって公正と見なすかは人それぞれの価値判断によるものであるから，きわめて多様な見解があってよい．しかし，いかに多様とはいえ，およそ倫理的見解であるからには，程度の差こそあれ，各人の占める位置から独立の，普遍的効力を意図したものとなるに相違ない．ここに分配の公正さに関するさまざまな見解をいくつかの系統に整理して相互に批判する契機が生まれる．

　公正な分配をめぐる観念がいかにきわだって相違するかは，ジョン・スチュアート・ミルの著書『功利主義』(1863年)の一節が端的に示している．

　「協働的生産組織において，天与の才能(talent)ないし熟練的技能(skill)に対して，他に優越した報酬を支払うのは，公正だといえようか？　一方で公正ではないという見解がある．すなわち誰しも自己の力量の範囲で最善を尽くすものにはまったく同等の価値が認められるべきであり，本人の過誤以外の理由で人より劣位に置かれるのを正当なこととして許してはならない．人に優越した能力を持つ者は，他人から受ける賞賛，他人に対する個人的影響力，

そして本人自身の内的充実感の点で，たとえ物的財のより大きなシェアを受けとることがなくても，すでに十分すぎる利益を獲得している．したがって，理由のない不平等を増大させるのでなく，むしろ縮小させるべく，社会は相対的に不利な人々に補償を与えなければならない．以上が第一の見解である．他方，これと逆の見解も存在する．その見解によれば，社会はより効率的な労働者からはより多くの物を獲得する．その人の用役はより有用なわけであるから，社会は当人に対しより多くの代価を負っている．——にもかかわらず，もし当人に対して他の人と同じ代価しか支払わないのだとしたら，その当人に対しては優れた能力に逆比例する時間や努力の投入しか要求できないことになる.」(Mill [1879：86])

読者は，後に努力に応じた分配と貢献に応じた分配として整理するこの2つの見解のうち，どちらが自己の見解に近いと思われるだろうか？　おそらく，どちらにも一理あるといわれる方が，著者を含めて多いのではなかろうか？　しかし，さらに議論を前進させるためには，われわれの日常的感覚のレベルを超えて考察する必要がある．

アダム・スミス以来英国で発達をとげた経済学は，ミル，マーシャルを経てピグー(とりわけ1930年代前半)に至るまで，道徳心理学ないし功利主義哲学ときってもきれない関係を維持し，自らを道徳科学(moral science)と規定してきた[2]．当然，所得分配の公正や再分配の問題，教育機会均等の問題等は，その経済学の中心テーマとなった．このような英国経済学の実践倫理的傾向は，それから分岐したマルクスにあっても，私有財産制放逐への志向という急進的な形で継承されたのである．しかし，1930年代以降，ロビンズを主唱者とする実証主義の運動に圧倒され，道徳科学としての経済学の研究(とりわけ厚生経済学)は急速に衰退してしまった．経済学者に対しては自然科学的禁欲が要求され，価値判断は極度に警戒されるものとなった．分配の公正概念は，経済学の対象ではないとされたのである．このような経済学者の知的環境に根本的反省を促したのが，米国の哲学者ジョン・ロールズの著作『正義の理論』(1971年)であった．彼は功利主義の批判的検討をベースに分配の公正の問題に正面から立ち向かい，新たな公正の原理を提出した．この議論に触発されて，

マーシャル，ピグーによって集大成された厚生経済学に対する見直しも開始され，新しい理論的道具を用いた最適所得課税の理論など応用経済学的分析も進んだ．ロールズの提出した公正原理は，哲学の分野だけでなく理論経済学においてもひとつのルネッサンスをもたらしたといって過言でない．

　本章の課題は，分配の公正に関する代表的な見解をそれらの見解がよって立つ論理的基礎にさかのぼって検討することにある．このような検討は，単にそれ自体としての意義のほかに，本書の以下の各章で所得や富の分配がどのように決定されているかを考察する際の基本的視点を与えてくれるだろう．

　本章は，以下，5つの節で構成される．2.1節では，市場経済の分配原理としての限界生産力仮説を説明したうえで，議論のどこで公正の問題が発生するかを検討する．2.2節では，伝統的に提案されてきたさまざまな分配の公正規準を紹介する．これらはいずれも直観的な規準であるが，以下の考察の重要な出発点を与えるものである．2.3節では，さまざまな規準の調停原理として提案されたミルの功利主義について述べ，さらに功利主義の思想をもとに経済学的分析を発展させたマーシャル，ピグーら物的厚生学派の理論を検討する．2.4節では，ロールズの公正原理をとりあげ，その基礎にある倫理学的方法ならびにそこから引きだされる含意について立ち入った検討を加える．2.5節では，本章全体から得られた結論を整理して，結びとする．

2.1　市場機構の分配機能とその公正性

　市場経済が完全に機能する均衡の状態では，さまざまな生産過程への総資源の配分と，各人の保有資源の価格づけを通じた個人間の所得分配が同時に決定される．ここに達成される資源配分が，総資源をむだなく生産に供し，かつ人々の消費の効用をむだなく高めるという意味で効率的であることは，ミクロ経済学のもっとも基本的な定理のひとつとして知られている．しかし他方で，ここに達成される所得分配が果たして社会的に見て公正なものであるかどうか，立ち入って検討されることは余りない．何をもって公正な分配と定義するかは個人個人の価値判断の問題であり，客観的に論ずる根拠がないとして検討を回

避するのが，通常の場合だからである．しかし，検討の回避は検討が不可能であることを意味しない．否，実際，市場均衡の生みだす所得分配を公正だと主張する者もあれば，とても公正だとはいえないと主張する者もある．本章の主題に入るに先立ち，これら相反する主張の論拠を明らかにすることから始めよう[3]．

限界生産力原理

市場における分配形成のもっとも基本的な論理は，限界生産力の原理として知られている．これは，もともと生産者＝資源需要主体の合理的行動の条件が，市場均衡において充足されることに由来するものである．実際，生産者は，単位費用当りの各投入資源の物的限界生産力(すなわち，限界生産力/資源価格)を均等化させることで，費用最小化を図ろうとする(もし均等でないとすれば，その値が相対的に低い資源の投入を減少させ，その値が相対的に高い資源の投入を増加させて，後者が前者による生産の減少分をちょうど相殺するようにすれば，全体の費用をさらに低下させることができるからである)．ところで，均等化されたこの値の逆数は，(加比の理より)生産量を1単位増加させる際必要な最小限の費用の増加，すなわち限界費用に等しく，規模の経済のない競争市場のもとでは，これが生産物の市場価格に等しいところで生産量が定められる．結局，生産者の合理的行動の結果として，すべての投入資源について，生産物の価格を乗じて評価した各資源の限界生産力(限界価値生産物と呼ぶ)は投入資源の価格に等しい——これが限界生産力原理の内容である[4]．

限界生産力原理は，個々の資源のサービスに対する代価が，それが果たす生産的貢献，より厳密には生産物市場価格によって表現された社会的有用性に対する生産的貢献に等しいことを要求する事実をもって，倫理的に公正な分配規準を満たすという解釈が一部でなされている．かくして，市場経済はそれが完全に機能する限り効率的かつ公正なシステムだということになる．こうした主張の主唱者は，フリードリッヒ・ハイエク，ミルトン・フリードマンに代表される自由経済主義者である(Hayek [1960], Friedman [1962])．

たしかに，社会的有用性に対する貢献をもって公正な分配を定義しようとい

う考え方は古くから存在するし,生産物市場価格が社会的有用性を測るひとつの可能な尺度であることは認めてもよい.しかし,そのような考え方には反論もある[5].

第1に,生産物需要は,本来人間の持つ社会的価値とは無関係な,各人の個人的嗜好,個人間での購買力の分布,代替財の有無などの事情に依存して発生するものである.したがって,市場で成立する価格が社会的有用性を表現するとしても,それは単に個人的欲求の総計にすぎない.

第2に,たとえその点を譲ったとしても,なお限界生産力原理のもたらす所得分配が公正であるかどうかは,各時点における初期保有資源(富)の分配が正当であるか否かに強く依存している.市場価格の形成に個人の購買力の分布が影響するという点を想起してみよう.市場における需要の集計は,購買力に対し比例的に与えられる投票権による投票(金銭的投票)の過程と見なすことができる.したがって,多大な富を保有する者はそうでない者に比べ,より多くの投票権を行使できる.すると経済全体の資源は初期保有の大きな者の嗜好を満たすことにより多く向けられるようになり,そのような資源配分のもとで各資源の物的限界生産力が決定されることになる.市場における所得分配の決定にあたっては,初期保有の分布が厳然とその力を発揮する.

初期保有ないし富そのものの分配は,突きつめてゆくと相続・幸運・(過去の)努力の3つの要因に帰着させることができる.したがって,問題はそれぞれの要因の許容ウェイトをいかに評価するかにかかるのであって,初期保有の公正さの判断は自明でない[6].少なくとも初期保有の分布を公正なものとする論理は,市場経済自体の中には存在しない.したがって,限界生産力原理のもたらす所得分配を公正なものとする論理もまた,市場経済自体の中には存在しないことになる.

2.2 さまざまな公正規準

分配の「公正」を定義するにあたっては,2通りの接近方法がある.ひとつは,手続きの公正に着目する考え方であり,もうひとつは,結果の公正に着目

する考え方である．前者は，どのような制度を設ければ公正だといえるかを論じ，結果のよしあしを評価する独立の規準を設けることはしない．これに対し後者は，文字どおりどのような分配の結果を公正なものと見なすかを論ずるものである．

前者の典型は，「公平な賭け」の場合である．確率計算の結果として期待される利益と期待される損失がちょうど釣り合えば賭けは公平だというわけであるが，結果としてどのように分配が変化しようと公平なものと見なすのである．もっとも，いくら公平な賭けとはいえ，生じうる損失が当該個人の生存を脅かすような場合は，公正な分配変更の手続きとは認めがたいであろう．もうひとつの事例は，「機会の平等」という規準である．後者の事例としては，「貢献に応じた分配」，「必要に応じた分配」，「努力に応じた分配」など，さまざまな考え方が公正さの規準として提案されている．以下，これらの規準について注釈を加えよう．

機会の平等

この提案は，個人間での対等な職業選択ないし責任ある社会的地位へのアクセスを妨げているさまざまな事情，障壁を取り除こうというものである．人種・性別など純粋に個人的属性にもとづく合理的理由のない差別を撤廃したり，奨学金制度ないし教育ローン制度を社会的に整備したりする各種の実践的提案として具体化されている．

もっとも何をもって平等な機会と判断するかは，そう簡単でない．しばしば，機会の平等は，各人の長い人生を徒競走に見たてたうえで，出発点の線引きを公平にするという比喩で説明される．しかし，競走に参加する人たちの中には生来の優れた天分を持つ者もあれば，ハンディを負う者もあり，また親の所得や富の大小あるいは職業・社会的地位によって有利な環境に置かれる者もあれば，不利な環境に置かれる者もあり(後者の差異は，家族制度を認める限り不可避である)，何をもって公平な線引きとしたらよいのか自明でない．

ひとつの考え方は「形式的な機会均等」と呼ぶべきもので，個人個人の社会的地位の上昇を制約するあらゆる人為的障壁の除去(たとえば階級的特権の廃

止)と，個人の地位向上に関する国家の施策・施設の平等な供与(たとえば公的義務教育の実施)を目標としたものである．これは，前世紀ヨーロッパ自由主義運動の標語「才能に対して開かれた地位」(career open to talents)の指向した世界に対応するものであり，今なお自由経済主義者の間に支持がある．この観念の重要な特徴は，国家の介入をミニマム，かつ一律なものに制限しようという点である．

　これに対して，単に形式的均等にとどまらない，より積極的な国家の介入を認めようという立場も存在する．生来的には同一の能力を持って生まれ，しかも同一の意欲を持ちながら，個人個人の置かれた社会的境遇あるいは歴史的・文化的背景，性別・人種など属性の違いによって個人間の一生の展望に差異が生じてしまうことのないよう，政府に積極的な調整の役割——つまり線引きにあたって個人個人に適切なハンディをつけること——を認めようという立場である．これはリベラリズムの基礎にある観念であり，実際に現代の多くの国の教育制度，社会制度の中に程度の差こそあれ反映されている考え方である(後述のように，ロールズはこの観念を「公正な機会均等」の原則と呼んで，前者から区別している)．この観念のもとでなお不問にされているのは，相互に異なる能力を持つ個人間の機会の相違をどのように扱うかである[7]．

貢献に応じた分配と必要に応じた分配

　分配の公正をめぐる論議の中で，おそらくもっとも代表的な意見の対立のひとつは，貢献に応じた分配という考え方と，必要に応じた分配という考え方であろう．「貢献に応じた分配」とは，各人の提供した用役から社会全体が獲得した便益に比例する形で代価が支払われることを公正だとみなす立場であり，本章の冒頭で引用したミルの第2の議論がそれにあたる．すでに見た市場経済の限界生産力原理がその典型である．働く者が代価を受けとり，怠け者が何も得られないというのはイソップの寓話が語るとおりであり，さも自然の道理に適っているように思われる．しかし他方で，困難な境遇に置かれた人たちが社会によってその必要を満たされることを公正だと見なす考え方にも同じく道理があるといえよう．たとえば，仕事につきたくともつけない人たちに対してイソ

ップの寓話を適用するわけにはいくまい．このように，この2つの観念は水と油のような関係にある．

　必要を分配の主要な規準とする場合の最大の問題点は，第1に，何が必要であるかを一般に合意できる形で述べることは難しい，第2に，労働自体が必要の一部として認識されるようにならない限り，労働意欲の確保と必ずしも両立しないという点にあるといえよう．

　第1の点をめぐっては，一方で物的厚生学派における必需財ないしロールズの社会的基本財のように「必要」の内容を規定する試みがなされており，それら（およびその限界）については後述する．他方，必要の内容は各人にとって相対的だとする立場をとり，絶対的な内容規定を回避しつつ各人の必要観を根拠に公正さを定義しようという接近もある．たとえば，すべての人が自己固有の選好に照らして他人の財・サービスの消費を評価した結果，他人を羨ましく思うことがなければ，そのような状況を公正だと判定しようという提案である(Varian[1974]，[1975])．「羨みなし」(no envy)の規準と呼ばれている．しかし，この規準が内容規定の問題を最終的に回避できたとは言いがたい．各人の個人的欲求（選好）を絶対不可侵なものとするため，明らかに社会的価値と相容れない選好を拒否できないからである[8]．

　第2の点を明確に指摘したのは，マルクスである．マルクスは，理想的な共産主義社会における分配の原則を次の短い語句の中に凝縮させた．

　「諸個人が分業に奴隷的に従属することがなくなり，それとともに精神的労働と肉体的労働との対立もなくなったのち，また労働がたんに生活のための手段であるだけでなく，生活にとってまっさきに必要なこととなったのち，また，諸個人の全面的な発展につれてかれらの生産諸力も成長し，協同組合的富がそのすべての泉から溢れるばかりに湧きでるようになったのち——そのときはじめて，ブルジョア的権利の狭い地平は完全に踏みこえられ，そして社会はその旗にこう書くことができる．各人（から）はその能力に応じて，各人にはその必要に応じて！」(Marx[1875：岩波文庫版, 35])

ここでブルジョア的権利の狭い地平と表現されているのは，貢献にもとづく分配の規準であり，それに対して必要の規準が公正な分配の究極的な規準として

第2章　分配の公正概念——平等化を支える思想　31

呈示されている．注目すべきは，分業の根本的再編を図ることで，人々にとって労働自体が必要の一部と観念されるようになると述べているように，必要の観念自体の質的変化が生産意欲，生産能力の増大をもたらし，実際に新しい規範にもとづく分配を可能ならしめると考えられている点である．しばしば誤解されるように，生産力の無制限的発展が不変の必要を飽和的に充足してしまうということを述べたものではない．

努力に応じた分配

　先に，人々の初期保有を決定する要因として，相続・幸運・(過去の)努力の3つを列挙した．貢献を分配の規準とする場合は，暗黙のうちに初期保有の要因すべてを公正なものとして是認することを意味している．これに対し，3つの要因のうち幸運と相続を通じて獲得された初期保有は社会的に共有すべき資産と見なそうという立場が存在する．これを「努力に応じた分配」の規準と呼ぶ．

　人々の間の天分の差異は，まったく幸運・不運の介在する仕業であり，幸運な個人がそれをもとに社会的生産物の大きなシェアを要求するのは公正といえない，というのがその主張である．冒頭のミルの文章のうち，第1の立場に該当する．同様に，相続についても受けとる個人の側から見れば幸運と何ら変わりないということになる．要するに，人々の刻苦・努力にのみ価値を認めようというのがこの立場である．漸進的な社会改革論者の間に支持も多い[9]．

　また，社会学・労働経済学の実証研究に依拠しつつ分配の公正を論じたサロウは，人々は現実に相対的窮乏(relative deprivation)の意識を強く持ち，しかもそうした意識は人々が努力の規準に近い公正の感覚を持っているという事情に帰因する部分が大きいと指摘している(Thurow [1973], [1975：第2章])．説明を加えよう．人々の判断・評価の媒介項となるのは参照集団(reference group)の観念である．すなわち，人々は，それぞれ現在の職業・地位を獲得するまでに要した有形・無形の費用(努力・刻苦・教育・訓練等)を考慮して，自分自身とほぼ同等の費用を支出した人たちを同一の参照集団に所属するものと考えており，その上で (i) 参照集団内における経済的報酬の均等，(ii) 異なる

集団間での報酬の差異は費用の差異と比例的である,という2つの条件が満たされることを公正だと評価する傾向を持つ.逆に,もしいずれかの条件が欠ければ,相対的窮乏感が発生する.かくして,労働組合など組織的な力が賃金の決定にあたって市場の競争と独立の影響力を行使できる産業部門では,人々の間の相対賃金はこのような公正の感覚に照応して決定されることになる.労働経済学者によって発見された長期的に安定な賃金等高線(wage contour)が存在するという事実(あるいは相対賃金仮説——ケインズによって,貨幣賃金の下方硬直性を説明する論拠とされた——と適合する現実)は,まさにこうした感覚を反映していると考えられる.

　しかしながら,この規準についてもいくつか困難が存在する.第1に,人々の保有する資産をその源泉にさかのぼって3つの要素に振り分けることは,一般にきわめて難しい.ことに,人々が獲得した能力については,どの部分が天分で,どれだけが本人の過去の努力によるものか,また親から教育の援助(相続の一種)を受けたとすればその貢献はどの程度か,これらの問いに対して客観的に答える手続きを見いだすのは困難である.客観的な方法がないとすれば,誰かの主観的判断に依らざるを得なくなるが,そうなると今度は誰が判断するのかという問題が生じてしまう(Hayek [1960:92-100]).さらに問題を複雑にさせる事情として,努力の要因は他の要因と必ずしも独立でないという点があげられる.優れた天分,あるいは優れた環境を与えられた人は,そうでない人に比べ,通常,より多くの努力を払う意欲を持つと考えられるからである(Rawls [1971:312]).

　第2に,相続については,次のような反論に対し有効な反駁ができない.すなわち,資産を受けとる側でなく,資産を残す側の立場になってみれば,自己の浪費を抑制して子孫に資産(一部は教育)を残すことを選択して何の不都合があるかというものである(Friedman [1962:164]).相続資産を受ける側の幸運とみるか,与える側の選択とみるか,直観的レベルで応酬する限り議論は水掛け論に終わってしまう.

　第3に,幸運のもたらす利益を排除するということは,人々がリスクを積極的に引き受けようとする誘因を阻害する可能性がある.とくにその効果が懸念

されるのは，発明や研究への資源の投入である(Hayek[1960：95-96])．実際，もし成功を収めた人が同じ目標をもって同様に努力した(その点を確認することも難しい)他の人たちと成果を分かちあうのが制度的制約であるとすれば，そもそも最初の努力そのものが生まれない可能性がある．同様のことは，企業家の革新的な活動についてもいえる．さらに発明や新たな知識の発見の場合，一旦得られた知識の再生産に費用はかからないため，発明・発見者の経済的報酬はきわめて小さくなる可能性がある．現実に多くの国で期間の限定つきではあれ発明・発見者に成果の独占を認める特許制度が設けられているのは，誘因阻害効果への懸念を反映してのことである．もっとも，そのような懸念そのものに疑問を差しはさむ余地がないわけではない．人間には他人の仕事，業績を凌ごうとする内発的な性向(エミュレーションの性向)があり，それだけでかなりの程度発明・発見への誘因が確保されるのではないかというものである[10]．

より高次な原理の必要性

以上，公正な分配の規準として話題にされるいくつかの規準を概観した．それぞれ問題点があることを別にしても，やはり最大の問題は，結果の公正を論じた3つの規準は相対立する価値観の直接のぶつかり合いの様相を呈するのみで，それ以上議論を進展させることができない点である．この袋小路から脱出するには，何より高次の裁定原理が必要になる．それは，人々が各自異なる境遇に置かれるだけでなく，異なる価値を持つことを相互に認めた上で，分配決定のプロセスにどのような社会的制約を課せば，結果としての分配を公正なものと見なすことができるか，その点についての社会的合意を求めることである．以下の2つの節では，このような問題意識をもとにして提出された規範を検討しよう．

2.3 功利主義と物的厚生学派

J.S. ミルの功利主義

ミルの提唱した功利主義とは，次のような考え方である．まず最初に「すべ

ての人間的行為は何らかの目的のためにあり，したがって行為を規制するルール（道徳や法律を含めた——引用者）もそのすべての性格や色調をそれが従属する目的から引き出さなければならないと考えるのが自然である」(Mill[1879:3])と述べて，純粋な目的論的倫理学の立場に立つことを宣言したのち，ミルは行為が正しいか否かのメルクマールは，それが喜び(pleasure)と苦痛の欠如(lack of pain)で定義される幸福(happiness)をどれだけ増進させるかで判断されるべきだと主張する．問題は喜びの内容である．ミルは，喜びには肉体的なものと精神的なもの（知性，感性，想像力，そして道徳的感情の作用）があることを確認したうえで，後者を，両者を経験した者の内省的判断として，またそれがもつ外部効果——すなわち，自己の精神的充実（「高潔さ」）は他人にも喜びを与えるものである——のゆえにも，質的に優越するものと認定する（同書：10-17）．質から量への変換は「もっとも経験が豊富で，自己意識・自己観察力にも優れた者」（同書：17），つまり公平無私な理想的観察者(impartial observer)の選好に委ねられる．こうして人々の「幸福」の度合を数量化したものを「効用」，またそれを人々の間で集計したものを「社会的効用」と呼び，そのうえでミルはベンサムの最大幸福原理——最大多数の最大幸福——を踏襲して社会的効用を最大にする行為を選択することを功利主義の方法としたのである．

かくして，本章冒頭に引用した2つの見解を含むさまざまな分配の公正規準の対立を裁定する高次の規準として功利主義を採用しようというのがミルの提案である．前節の議論との対比でいえば，貢献・必要・努力それぞれの規準に応じて分配が決定されるウェイトを先験的に定めるのではなく——すでにそれは不可能であることを見たわけである——，ベンサムの原理に従属させて定めようというものである．その結果として，社会はおそらく貢献ないし努力の規準に従って分配する部分を採り入れることで全体としてのパイの大きさを増やしつつ，同時に必要の規準を考慮して所得・富の再分配を行なうという公正な分配の実施手順を成立させることが予想される．公正さは，このプランが最大多数の最大幸福を目ざして決定されるという点に包摂され尽くすと考えるのである．

後述するマーシャル,ピグーの議論との関連において留意すべきは,次の2点である.第1は,人間の喜びの中で精神的な充実感を求める意欲は,どれだけ持続的にそれが磨かれるかに依存するため,各人(とりわけ青年)がどのような仕事を持つか,どのような社会的環境に投入されるかに大きく影響される,と述べている点である(同書:15).第2に,功利主義の役割として,苦痛を軽減することを,喜びを増加させるとまったく対等に,否,むしろより重要なこととして考えている点である(同書:18-22)[11].

物的厚生学派

経済学の中で,功利主義倫理学の含意を詳細に分析する仕事は,ミル自身よりむしろ次の世代,すなわちマーシャル,キャナン,フィッシャー,ピグーらによってなされた.しかし,その過程で考察の対象に重要な変更が加えられた.ミルによって,主観的な喜びと苦痛の欠如と等置されていた「効用」概念は,いまや人々の肉体的健康と生活上の物質的必要にとって使用価値のあることとして狭く定義され,人々の物的厚生(material welfare)の水準に関心が限定されたのである[12].当然,物的厚生の源泉は,貨幣の尺度で測ることのできる物的財(経済財)に限られることになり,人々の生活にとって緊要度の高い必需財から緊要度の低い奢侈財までの位階的スペクトラムが構成された.

このように対象を限定することで,分配の公正についてどのような処方が生まれたかを次に見よう.効用を物的厚生と見ることで,第1に,所得の追加に伴う各人の効用の増加——限界効用——は,所得の上昇とともに逓減する.それは,所得が増えれば増えるほど,より緊要度の低い財へ向けられる割合が高まるからである.第2に,物質的必要は人々の間で(とりわけ富裕層であろうと,貧困層であろうとにかかわりなく)ほぼ共通していると考えられる.もし人々の間で物的財を効用へ転換する能力に大きな差はない(欲求一般の場合はそうはいかないだろう)とすれば,人々の間の効用関数の差もそれほど大きなものとはならないだろう.少なくとも平均どうしで見る限り,貧困層と富裕層の間で異なるということはないだろう.ところで,社会全体としての物的厚生の最大化は,各人の所得の限界効用が均等化することで実現される.

図を用いて説明しよう．事態を簡単にして，経済には2人の人間A, Bしかいないものとする[13]．2-1図において，横軸は，Aの所得を原点 O_A から右に向かって測り，Bの所得を原点 O_B から左へ向かって測っている．O_A, O_B 間の長さは経済全体で生みだされた総所得である．各人の限界効用は，ともに所得の増加に対し逓減的な直線として表わされるものとしよう．各人の効用水準は，この直線と横軸の間にできる台形の面積で表わされる．いま，初期保有の差異を反映して市場で定まる所得の水準がAにとって $O_A Y$，Bにとって $O_B Y$ であるとしよう．Aが貧困者，Bが富裕者ということになる．この分配の状況ではAの限界効用 $M_A(Y)$ の方がBの限界効用 $M_B(Y)$ よりも高い．したがって，経済全体としての物的厚生は最大化されていない．総所得不変のもとで最大化が実現するのは，$M_A(Y^*)=M_B(Y^*)$ となる所得分配点 Y^* である．この分配が実現した際には，総厚生は $\triangle ABC$ の面積分だけ増加することになる．ところで，すでに述べたように限界効用曲線はA, Bでほぼ同一だと考えられるので，Y^* はほぼ均等な所得分配の点に対応する．この点は，BからAに対して Y^*-Y に相当する額を所得移転することで達成できる．

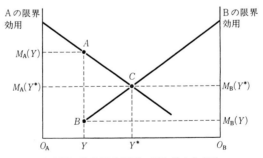

2-1図 物的厚生学派の厚生最大化条件

もっとも，この議論には大事な留保点がある．所得の再分配によって社会的厚生を最大にする目的を達成できるのは，総所得が一定と前提されているからである．どのような移転方式(たとえば，人頭税，所得税)を採用すれば，富裕者・貧困者双方の生産への誘因を損なわず総所得不変の仮定を維持できるか，それ自体を問う必要がある．しかし，通常，富裕者にある程度の誘因低下が起こることは避けられない．ただ，同時に生ずる貧困者の所得の増加が，栄養の

第2章 分配の公正概念——平等化を支える思想　37

改善, 健康の増進, 児童の教育へ向かうことで生産性を十分高めることも考えられる. 実際, その点を強調したのはピグーであり, 彼はネットとして総所得の増加する可能性を力説した. つまり, 効率と公正とは両立可能だというわけである.

以上のように, 物的厚生学派は効用を欲求一般の充足から生活上必要な物資の充足という狭い範囲に限定することで, 個人間効用比較の可能性と個人間での効用関数の近似的同一性を獲得し, 功利主義の原理を操作的なものとすることができた. むろん, 物的厚生に関心を集中したからといって, ミルの考えていた, より高度の精神的喜びに関心を持たなかったのではない. むしろ, マーシャルがその著書『経済学原理』の冒頭で述べたように, 物質的必要の充足は, より高度な精神的能力の開拓にとって必須の前提だと考えられたのである.

ミルにおいても, 物的厚生学派においても, 論理の重要なステップにあらゆる経験を積んだ観察者の内省が出動している[14]. 精神的な喜びが物質的喜びに優越するとか, 貧困者にとっての1円の方が富裕者にとっての1円より価値が高い, 云々である. 元来, 各人が自己の現存の位置・選好を離れて公平無私な観察者を想定し, その内省的判断を想像して道徳的指示として受けとめるところに, 人間の倫理的態度の本質があると考えるのである. しかしながら, この理想的な観察者がどのような内省的判断を示すか, 各人が一致した見解を持たない事態も十分起きうる. 物的厚生学派が努めたのは, 物質的な貧困ないし富裕という客観的に把握可能な事象に内省的判断の対象を限定することで, こうした困難の発生を極小化することであったといえる.

物的厚生学派に対する批判と今日の意義

1930年代に至り, ロビンズ(Robbins[1932])に代表される実証主義の運動とヒックス, サミュエルソンの序数的効用・顕示選好の理論に代表される行動主義的アプローチが, 経済学の対象を再び欲求一般と稀少性一般の出会いにまで拡大すると同時に, 道徳的規範・個人間の効用比較・内省の方法を非科学的として拒否し, 厚生経済学を完全に書きかえてしまったことは周知のとおりである. その結果, 分配の公正概念は経済理論の正統的な分析テーマからほぼ完

に外されてしまった．序数的効用の立場を完全に貫き，各人の序数的選好順序を民主的に集計して社会的な選好順序を求めようとするアロウのアプローチでは，パレート最適性の規準を超えて異なる社会状態を順序づけることはできない．平等に関する具体的規準を得るためには，やはり何らかの内省にもとづく個人間の効用比較が不可欠なのである(Sen[1973：Theorem 1.1], Hammond[1976：268, Theorem])．

さらに，内省の方法が厳密な反証を許容しないからといって，そもそも経済学に自然科学と同様の反証可能性を求めることは無理である．したがって，結局のところ反証といっても程度の問題であり，物的厚生学派の注意深く対象を限定した内省的判断を無意味として退けるのは適切でない．実際，多くの国々で行なわれた所得の再分配，その他の福祉政策が，人々の栄養・体格の改善，疾病率・死亡率の低下，教育水準の上昇に効果のあったことは歴然とした事実である．ましてや経済学の関心が他分野へ移動したからといって，物的厚生学派の経済学としての体系的・論理的一貫性を失わせるものでないことは明白である．

2.4 ロールズの公正原理

功利主義の批判を出発点としつつ，政治，心理，経済の領域に踏み込みながら新たな公正の原理を開拓したのが，現代米国の哲学者，ジョン・ロールズである．彼の著書『正義の理論』(1971年)は，論理実証主義，言語分析哲学といった現代のきわめて抽象的な哲学思潮の中にあって，実質論的・実践論的哲学の復活を高らかに宣言した画期的著作である．それは，広範な社会科学的・道徳心理学的考察の上に政治的・実践的提言を行なうことを志向する英国の古典的経験主義哲学——ヒューム，アダム・スミス，ベンサム，J.S.ミルに代表される——の伝統を現代においてよみがえらせたといってもよい[15]．ロールズの議論は，西欧民主主義社会の伝統である個人主義的リベラリズムを，それがよって立つべき公正の原理を明らかにすることで再定式化したものである．究極的にリベラリズムを擁護するものであるが，現存の制度を容認するものでは決して

なく,資本主義・社会主義といった体制上の差異を超えて妥当する政治・経済・社会制度の批判的視座を志向したものである[16]．

功利主義批判

ロールズの公正原理の内容を特徴づけるには,彼が議論の直接の出発点としたベンサム,ミル,シジウィックの功利主義に対する批判から見てゆくのがよい．これらの批判点の裏返しとして彼の議論が構成されているからである．ロールズの功利主義批判は,次の3点に要約される．

第1に,なぜ社会制度の究極の目標として最大幸福原理が選ばれなければならないのか,その根拠が薄弱なこと．究極の目標の選択は,「公平無私な観察者」によって行なわれると想定されているが,この観察者自身は,公平無私である以外は白紙的存在であり,他の原理をすべて排除する必要はない．

第2に,すべての人がそれぞれ他のすべての人々に共感を持つ,すなわち利他的であると仮定すれば,理想的観察者に対しても「公平無私」という性格以外に「慈悲深い」という性格を付与し,最大幸福原理の選択に到達することができる．しかし,先験的な利他主義にきわどく依存してしまうような公正の原理は,強固な基盤を有しているとは言いがたい．公正の原理が真に必要となるのは,各人が自己の価値の合理的実現に努めるとき,稀少な資源の制約下で不可避的に生じてしまう対立を裁定しなければならないからである．その価値が当人にとってかけがえのないものである以上,第一義的重要性をもつのはその実現であって,他人ないし他人の持つ価値に対して相互に関心を持たない(mutually disinterested)と想定することから出発しなければならない．

第3に,各人の効用の和を最大にするという規準は,公正な社会制度を選択する際の規準として十分に練られたものとはいえない．ある事情を他に優先して考慮しなければならないということが必ずあるはずであり,個人間の効用の代替可能性および同一個人内部における効用の諸源泉間の代替可能性という暗黙の仮定とは相容れないものである[17]．具体例として,最大幸福原理に従うと全体としての効用和が大きくなるのであればどんなに小さな効用しか得られない個人が出てもよいということになるが,そのような状態はとても公正だとは

言いがたい．また，いかに効率的だからといって基本的人権まで代償として制限する——かつての奴隷制，古今の軍事組織を考えてみたらよい——ことは許されまい．優先権の順序を慎重に考慮する必要がある．

社会契約とオリジナル・ポジションの概念

上記1, 2の困難を克服するための方法としてロールズが採用したのは，ホッブス，ロック，ルソーに由来する社会契約の概念である．すなわち，社会成員各自の合理的行動の結果として，社会制度・組織を規定する基本的な公正の原理が全員の合意のもとに選択され，契約されるという考え方である．人々が選択し契約を結ぶ場をロールズはオリジナル・ポジションと呼ぶ（これは古典的契約論において市民社会的権利が相互に合意される場としての原始状態に対応する概念である）．ロールズが何をもって公正性（正義）の条件と考えるかは，オリジナル・ポジションに課される制約によって表現されている．制約は3つの部分からなる．

1)「平等な参加」
すべての人間（未だ誕生していない世代を含む）が，まったく平等な資格で契約に参加すること[18]．

2)「知識の制約」
人々が知識として持つことを許されるのは，(a) 天与の資源（後述の「自然的基本財」），あるいは価値観と人生の目標が異なる人々が存在するという事実，(b) 自然科学，社会科学上の一般的知識に限られ，自己が誰になるのか（いかなる天与の資源を保有し，いかなる人生の目標を持つのか）は，まったく無知のベールに包まれてわからない．

3)「動機の制約」
人々は，やがて自分がどの特定の個人になるかにかかわらず最小限必要になると合理的に予想される財——これを「社会的基本財」と呼び，自由，機会，地位，所得と富などが含まれる——を可能なかぎり多く獲得したいという選好を持つ．

このうち，1)および2)は，前節で導入した「公平無私な理想的観察者」の観念

と同等の効果を生みだす．すなわち人々の道徳的判断を人々の置かれた特定の境遇，人々が持つ特定の価値や目標から独立なものとする働きをするわけである[19]．3)は，2)によって同一の無知のベールのもとに置かれた諸個人が，その動機となる選好においても同一であることを規定している．1)の帰結として全成員の合意を要求する社会契約論的接近をとる以上，全員が同一の基本財セットを需要することが肝要となる．3)の想定はまた，功利主義における理想的観察者の慈悲深さという追加的想定に対応するものである．しかし，そこで仮定された利他主義とは異なり，各人の動機は社会的資源(広義)の一定の制約のもとで，結果的に相互に対抗的なものとなる．先に述べたように，ここに契約論的方法の最大の特徴がある．

　オリジナル・ポジションは，きわめて仮想的な状況である．したがって，たとえそこに集う人々によって何らかの公正の原理が合意されたとしても，現実の状況に引き戻された各人はそのままその原理を受容するとは限らないという疑問の湧く余地がある．しかし，そもそも人間は何が公正であるかを判断する道徳的能力(あるいは「正義の感覚」)を持っており，その能力の実際に開示されていく精神的過程をオリジナル・ポジションが図式的に表現したものだと理解することができる．そしてこのような理解に立てば，上記のような心配はあたらないといえる．

　ところで，この道徳的能力あるいは正義の感覚とは何であろうか？　これは人々の倫理感のベースの問題である．功利主義の場合は，共感にもとづく社会的厚生の最大化という目的をすべての人が受け入れるというところに人々の倫理感の最深部が求められた．それゆえ，目的論(teleology)といわれる所以である．その倫理感が，ロールズのオリジナル・ポジションと同等の役割を果たす理想的観察者を招聘させたのである．ロールズの場合，人々の倫理感のベースは目的にはない．また，超越者の価値を義務として受容すること——いわゆる道義論(ontology)——にあるのでもない．それは，人はみなどのような天分を持とうと，どのような社会的地位にあろうと，そのようなことには一切かかわらず社会によってまったく公平に関心を持たれ，尊敬される自然的権利を有するという点に求められる(Dworkin[1975：50, 51])．オリジナル・ポジション

は，「公平な関心と尊敬」の権利をきわめて自然な形で体化した場なのである．

基本財の概念

オリジナル・ポジションとならんでロールズの方法の主要な構成要素をなすのが，基本財の概念である．これは，人間にとっての必要を功利主義的な効用概念から切り離して，より直接的な形で規定しようとする試みにほかならない．それは，前節後半で触れた物的厚生学派の「必需財」の概念を拡張したものと見ることもできる．

ロールズの議論の出発点となるのは，公正な社会の維持を図りつつ，自己の価値の実現に向けて努力する理想的な人間である．この人間は，何が公正であるか，その原則を理解し，積極的にそれを実践してゆく能力と意欲を持つとともに，何が自己の人生の目標(善)であるかを考え，必要とあらば改訂し，合理的にそれを追求してゆく能力と意欲を持った存在である．ロールズは，これを「道徳的人間」と呼ぶ．この道徳的人間にとって必要な糧となるのが「基本財」と呼ばれるものである[20]．

基本財は，生命や健康・知性・想像力といった，社会体制の選択いかんによって影響を受ける度合の小さい「自然的基本財」と，その度合の大きい「社会的基本財」に分割される．後者の内容には，次のようなものが含まれる．

（i）思想・良心・言論の自由を含む人間の基本的自由．
（ii）開かれた機会と移動・職業選択の自由．
（iii）職務に付随する権能と責任ある地位．
（iv）所得と富．
（v）自己に対する尊敬(自尊)の社会的ベース．

先に定義した意味での道徳的人間にとって(i)，(ii)の自由が必要であることは改めて論ずるまでもない．(ii)の開かれた機会と(iv)は，道徳的人間を社会的・経済的に支援する「最大限に伸縮的」な財である．(iii)は，人間の自己統率と社会的任務に表現の範囲を与える．(v)は，自尊の念が，道徳的人間としての自己をより強固なものとし，自信と一層の努力を生じさせる原動力になるという立場から主張されている．

第2章　分配の公正概念——平等化を支える思想　43

　社会的基本財の概念は，ロールズの方法論上，道徳的人間の社会——ロールズの「秩序のとれた社会」に先立つオリジナル・ポジションにおいて導入され，人々が公正の原理を選択し合意する際の基本的な動機を与えるものとして位置づけられている．すなわち，将来の道徳的人間にとって必要な糧が，オリジナル・ポジションに入る人間によって合理的に予見されていると見なすのである．しかし，逆に言えば，基本財の内容は，無知のベールのテストに耐えうる——つまり個人個人が将来持つことになる特定の境遇や価値のいかんにかかわらず，共通に必要とされるという性質を満たす——ものでなければならない．したがって，その規定に際しても，人間の心理や生活の条件・技術，そして人間を取り巻く自然的・社会的環境に関するもっとも一般的な知識だけが参照を許されることになる．

　そこで，次のような二律背反が生まれる．すなわち，基本財の内容を十分特定化すると，公正の原理そのものは潜在的に内容豊かなものになる反面，無知のベールのテストに耐ええず，社会的合意をみないままに終わる可能性が高まる．他方，その規定をごく一般的なものにとどめると，社会的合意は得られやすいが，結果として得られた公正の原理は内容空疎なものとなってしまう．手近な一例として食物の場合をとると，栄養の必要というごく抽象的な形で規定すれば，社会的合意を得る上では問題は少ないが，グルメーの食事も「栄養学的に妥当でバランスのとれた最小予算の食事」も区別できないことになる．逆に，一旦食事の内容まで踏みこんで規定しようとすると，人々の持つ嗜好の差異や宗教上の禁忌の問題を避けて通れない．このように，基本財の内容規定は先の2つの要請をともに満足する限界のものを求めるという最初から重い負荷を伴う作業となる．

　基本財の概念には，もうひとつの問題もある．量的側面の問題である．基本財として選ばれた財は，多ければ多いほど好ましいのだろうか．ロールズ自身は，人々がそのような選好を共通に持ってオリジナル・ポジションに参加すると想定している(前出，制約3)．(むろん，人々は同時に一般的知識として社会全体としての資源の制約から基本財の限りない充足は不可能なこと，それゆえに公正の原理が必要なことを自覚している．)仮に多過ぎても無害であるし，

場合によっては後で辞退してもよいわけだから,そうした想定は合理的な個人の前提と矛盾しないというのがその根拠である.しかしながら,この想定に立つと,個人個人にとって適度な基本財の水準があるとする立場をあらかじめ排除してしまうことになる.さらにもう1点,基本財はすべて各人によって私的に保有されるとの想定をロールズはとっているが,一部の基本財については社会的な共有が望ましいとする価値もありうる.こうした論点は,ロールズのリストの中で,とりわけ(iv)の所得と富について問題となる.むろん,ここでの所得と富の概念は,単に物質的,金銭的富裕の代名詞ではなく,道徳的人間が自己の価値の実現を図ってゆく上で必要となる物的手段に対する購買力のフローとストックを表わすという意味で,高次の精神性を付与されたものとなっている.にもかかわらずそれがただちに富の私有に対する選好を導く必然性はなく,また常により大きな富に対する選好を導く必然性もないと考えられる[21].

実際,われわれは歴史的ないし共時的事実として,富の共有と適度の富に対する価値概念がその社会特有の公正の観念を体化する形できわめて長い時代と地域にわたって存在した(そしていまなお存在する)ことを,カール・ポランニら経済人類学者から学んでいる[22].また,現代社会主義国家の苦渋に満ちた歴史過程は,元来富の私有が歴史的にもたらしたさまざまな弊害に対する反省をその出発点としてきた.これらの事実は,所得や富に対する選好の想定がもともと特定の歴史的段階や特定の価値概念から独立なものとして構成されたオリジナル・ポジションの概念に抵触することを意味している.言いかえると,ロールズの掲げた基本財のリストの少なくとも一部は先に述べた無知のベールのテストをパスしていないのである.ロールズの議論が,しばしばロールズ自身の意図に反してリベラル民主主義という特定の思想体系の理論的基礎を与えるものでしかないという評価がなされる最大の理由もここにある.

しかし,以上の論点は基本財概念の構想自体を貶めるものではない.所得と富という項目は,経済学の立場からすればたしかに余りにプリミティブな括り方に違いない.物的厚生学派の考慮した物質的必需財の内容,自然的基本財の格差に対する補償(たとえば何らか障害のある場合の介護の提供),公共財の適切な提供など,詳細に検討される必要がある.しかし,これらはむしろ経済学

の側に託された課題であるといえよう．ロールズの接近方法のもうひとつの重要な意義は，経済財への選好を職務上の権能と責任ある地位といった社会財ないし地位財に対する選好と対等の位置においたことである．それは，消費主体としての人間のみならず，生産活動主体，社会的活動主体としての人間へ目を向けることを意味している．この点については，基本財としての自尊という項で，再論することとしよう．

ロールズの公正原理

以上の設定の下で，ロールズは次に述べる2つの公正の原理が各人によって合理的に選択され，社会的合意をみると論じた．

第1原理（自由の優位）

各人は，他人の同様な自由と両立する限りで，もっとも広範な基本的自由に対する平等な権利を有する．

第2原理（格差原理）

社会的・経済的不平等が許容されるとしても，それは (a) もっとも不遇な人々の利益を最大限高めるものであり，かつ (b) 職務や地位をめぐって公正な機会均等の条件が満たされる限りにおいてである．

オリジナル・ポジションに集う個人は，もっとも根本的なレベルにおいて，政治・経済・社会制度のよってたつべき原則を選択し，全成員一致のもとに合意するのである．人々がもっとも一般的な観念として選択する原則は，「すべての社会的基本財——自由と機会，所得と富，そして自己に対する尊敬のベース——は，これらの財の一部またはすべての分配における不平等がもっとも不遇な人々の利益を高めるのに貢献しない限り，平等に分配されなければならない」（一般化された格差原理）というものになると論じられる．この一般的見解のもとにさらに社会的基本財間の秤量と優位の考慮が払われて，上述の2つの原理の特定化へと到達する．

第1の原理は，社会的基本財の中でも人間の基本的人権および自由（社会的基本財のリスト(i)）に関する部分については，社会全体としての物的厚生がある最低限のレベルを越える限り，他の経済財・地位（社会）財に先立って考慮さ

れなければならないことを意味する．この優位関係をロールズは「辞書的順序」の形で表現する．つまり，人々は平等な政治的自由の確保をより重要なものと考え，他の経済的・社会的利益とはトレード・オフの関係に置くことを許さない．したがって，いかに経済的に効率的な体系といえども，ひとたび平等な政治的権利と抵触する限り採用されないことになる．

　第2の原理について見よう．地位財・経済財の分配，すなわち個人個人がどのような職務と地位につき，どのような力と責任を行使するのか，どれだけの所得と富を獲得するのかについては，まず(b)として「公正な機会均等」が保証されなければならないことを確認した上で，なお残る不公正の要因を補正するために，(a)として不遇な人の取り分に対する配慮がなされる．ここで要請されている公正な機会均等とは，すでに説明したように(2.2節)，同一の能力を持って生まれながら，性別・人種，あるいは両親の社会的・経済的地位，その他の家庭環境の相違といった社会的偶然によって一生の展望に差異が生じてしまうことのないよう，とりわけ直接・間接を問わず職務の機会に差異が生まれないよう，制度的に保証することを意味している．職務の機会が制限されるということは，単にその職務のもたらす経済的報酬ないし社会的機能の獲得が制限されるだけではない．「社会的義務の献身的で熟達した遂行により自己を実現する精神的体験」の獲得も同時に制約を受ける．このように，ロールズにおいては，職務という基本財の分配は常にその精神的含意——後述の自尊というより根本的な基本財——とセットで考慮されている．この点で，先のマルクスの思想とも相通ずるものがある．

　さて，公正な機会均等がたとえ達成されたとしても，それは天賦の能力が与えられた条件下での機会均等でしかない．しかし，天賦の才能があるかどうかは自然的偶然のなせる業であり，社会的偶然の場合と同様，不平等を許容する正当な理由とはなりえない．機会均等のもとで不可避的に生じてしまう能力主義(meritocracy)的バイアスを除去することに格差原理の重要な役割がある．すなわち，高い天賦の才能を持った人は，その事実だけでより高い地位や所得を獲得する権利を持つということにはならない．むしろ，天賦の能力は，これをあたかも社会的に共有するがごとく，その恩恵を広く社会全体で分かちあお

うというのが格差原理の含意である．そこで，職務や地位，所得や富といった社会的基本財の分配は，一旦これを各人の持って生まれた能力の如何から切り離したうえで，分配上もっとも不利な境遇に置かれた人たちの取り分を最大にするよう決定しようということになる．この最後の要件のゆえに，この原理はしばしばマクシミン(maximin)の原理と呼ばれている．

より具体的に格差原理がもつ含意は，次の2つである．第1に，もしも地位や所得と富を分配する様式をどのように設定しても分配総額(社会的パイの大きさ)が余り変わらず，もっとも不遇な人々の分配分を引き上げることができないような世界では，社会的地位や所得・富の差異のない完全に平等な社会が志向されなければならない．第2に，しかし，もし分配の様式を変更することでもっとも不遇な人の分配分を高めることができるのであれば，そのような様式は是認される．言いかえると，自由の優位と公正な機会均等が満たされる限り，効率性の規準と両立させることが要請されている．ロールズは，いかなる社会構造も「緊密に編みこまれた」性質(close knittedness)を保有しており，その結果，ある範囲にわたっては第2の含意が妥当するとの判断を示している．ここで「緊密に編みこまれた」性質とは，次のようにして定義される仮定である．

「有利な地位にある者の社会的・経済的展望(期待取り分)を高めるに従い，最も不利な位置にある者の状態はとどまることなく改善される．少なくともある点までは前者の取り分のどのような上昇も後者の利益と合致するのである．なぜなら，期待取り分の上昇は有利な位置にある者の訓練の諸費用を賄い，よりよい職務の行使を助けることで，社会全般にとって利益を増進させると考えられるからである．」(Rawls[1971：158])

ロールズの格差原理に対する批判

以上概説したように，ロールズの公正原理は，政治的自由，そして公正な機会均等の順にプライオリティを認めるとともに，地位財・経済財の分配にあたっては自然的偶然の作用を中和する平等主義を主張する位階構造を成している．すでに述べたように，ロールズのオリジナル・ポジションに集う人々は公正な

社会制度を選択するのであり,通常の経済学の議論,すなわち基本的な制度は所与としたうえで社会の異なる状態を比較して望ましい状態を選択する問題とは性格を異にしている．ロールズが,分配の公正は手続き的正義の問題としてのみ適切に論ずることができると強調したのも,こうした問題の定式化と対応するものである．

それでは,ロールズの原理を満たす社会制度とは,おおよそどのようなものになるのだろうか？　ロールズ自身が述べるところを引用しよう．

「いま法や政府の有効な作用を通して市場の競争や資源の完全雇用,そして(とりわけ生産資源の私有が許される場合には)適切な租税その他の手段による財産や富の広範な分配が維持され,しかも適度の社会的ミニマムが確保されるものと想定してみよう．さらに,すべての人に開かれた教育によって公正な機会均等が保証され,その他の平等な自由もまた確保されているものとしよう．そうなれば,結果的に得られる所得分配や〔人生の〕展望のパターンは格差原理を充足する傾向をもつといってよいであろう．――この制度の複合体の中では,恵まれた者の持つ有利さはもっとも恵まれない者の状態を改善するように作用する．もしそうでない時には,たとえば社会的ミニマムの水準を適切に設定するよう調整することで事態を改善することができる．」
(同書：87)

ここで「社会的ミニマム」の語句が2度登場している．その概念に合理的基礎づけを与えるところにロールズの格差原理の主要な実践的役割があるともいえる．功利主義のもとでは,社会的ミニマムという観念は生じえなかったのである．

しかし,問題はなお残る．それは,この社会的ミニマムがどのような内容をもつのか,またどのような水準に決定されるのか,何ら触れられていないからである（とりわけ職務に付随する権能や責任といった地位財についてのミニマムは,所得の水準とは比べようもないほど複雑な問題である）．もし何らかの社会的ミニマムの達成だけで済むのであれば,「格差原理」よりはるかに弱い「社会保険の原理」――つまり,ある一定水準以下に取り分が落ちてしまうという災禍の発生した場合にのみ社会的に救済する――で十分のはずである．要す

るに，格差原理を文字どおり満足させるためには，社会的ミニマムの水準を決定する具体的方式を明らかにしなければならない．そしてそのためには，純粋な手続き的公正のレベルを踏み越え，与えられた制度のもとで生ずる異なる分配の結果(社会の状態)についても比較・秤量しなければならない．究極的な社会制度の選択はそうした考察をベースにして初めて可能となるだろう．その場合，マクシミン規準が社会状態を評価する独立の規準として機能することになる．このように考える際には，政治的自由と公正な機会均等の条件の優位を除き効用の総和を最大にするという功利主義の規準と同一の土俵に立つことになる．

　以上は，ロールズの格差原理の解釈に対するコメントである．格差原理自体をめぐっては，哲学者，経済学者の間で次のような批判が向けられてきた．3点をあげよう．

　第1点は，格差原理が人々によって選択される根拠についてである．ロールズは，無知のベールに直面する人間は自身がもっとも不利な状況に置かれる可能性を考慮して，きわめて安全志向的に行動するものと想定した．すなわち，社会的基本財の取り分の指数を w_i (i は個人 $1, 2, \cdots, n$ のインデックス)とするとき，i に関する最小値 $\min\{w_i\}$ を最大にするような制度の選択を行なうというものである．ここで，人々にそれぞれの i に関する w_i の情報を与えるのは，オリジナル・ポジションに許される一般的知識である．

　ところで，もし人々がそれぞれ自身が誰に帰着するか分からないことに対して $1/n$ の事前確率を付与するとすれば，基本財の指数を効用と同一視する限り，人々の導出する規準は期待効用の最大化となり，それは(平均的)功利主義と一致するという疑問が提出された．この議論は，実はヴィクレイ，ハーサンニら経済学者によって以前から功利主義の契約論的基礎づけとして提出されてきたものである(Vickrey[1945], [1960], Harsanyi[1953], [1955])．しかし，彼らの枠組の中でも，極限的な場合としてマクシミン規準の得られる場合がある．それは，各人のリスク回避度が無限大の場合である．アロウは，人々のリスク回避度を限りなく大きくする事情として，次の2点を指摘している．第1に，オリジナル・ポジションで人々の選択の対象となるのは各人の一生の展望を左

右する重大な問題であり，もともと期待効用仮説が想定するような経済的富の増減だけが問題となる状況とはリスクの性質を異にしていると考えられる．第2に，そもそも無知のベールが支配する状況に対して$1/n$の事前確率を付与できるかどうかは確率論の中でも論争の続く問題であり，自明でない(Arrow[1973：256-257])．

　第2の批判点は，格差原理はその根本にある平等主義的思想とは裏腹に，直観的な平等観と相容れない選択を引き起こす可能性があるというものである．マクシミンの規準は，もっとも不利な人の厚生にすべての関心を集中させるため，たとえばその水準をごくわずか高めるために他の人が大きな犠牲をこうむることも発生しうる(Sen[1970：138-140])．また，まったく逆にもっとも不利な人の厚生をわずか高めるために他の人の取り分が大きく上昇する(その結果として格差が拡大する)ことが正当化されるという，パラドキシカルな結果も発生しうる．後者のケースは，どの社会も一定の範囲では効率性の追求を優先させてパイ全体を大きくさせることが不遇な人の利益にかなう構造をもっているという前述のロールズの仮定(「緊密に編みこまれた性質」)と深くかかわっている．しかし，実際，社会がそのような仮定を満たし，直観的にもほどよい分配状態を生み出す保証は何もない．言いかえると，この想定はオリジナル・ポジションで参照される知識としてはきわめて脆弱なのである．センは，ここでの批判を一般化して次のように述べる．一体，マクシミン規準にはある人の利益と他の人の不利益を比較・秤量するという視点がまったく存在しない．それとは逆に功利主義の場合には，個人間の利益・損失の比較・秤量に関心が集中し，人々の厚生のレベル自体には関心が寄せられない．こうした指摘を出発点として，センは以上の2つの視点を総合するような倫理的公準の探究へと志向している(Sen[1974])[23]．

　第3の批判点は，社会的基本財の指数(w_i)をどのように作成するか，ロールズの議論が十分でないことに向けられている．ロールズ自身，職務に付随する権能，責任などの地位財は所得と「相関をもつ」ため，w_iは所得で代表できると想定している．その理由は，権能，責任の付与にふさわしい能力，熟達の獲得には費用がかかり，その費用を補塡する報酬の支払いが必要であるという

(先の引用文の示す)想定にあると思われる．しかし，天賦の才能といった能力形成の他の要因については，費用補填を考慮する必要は生まれない．むしろ，そのような場合には冒頭のミルの文章が示唆するように経済的報酬は地位の高さ，権能の大きさによってある程度代替されると想定することもできる．

要するに，指数作成にあたり，たとえ社会的基本財を地位財・経済財として2つの財に集計できたとしても，なお2つの財を代替財——したがって，地位財の減少は経済財の増加で補償される——として認定するか，それとも補完財として認定するのか，もし状況によって判断が異なるのだとすれば場合分けの原則は何か，未だ論議が尽くされていない．そこにロールズの公正原理を具体化してゆく上での大きな問題が残されている．この点をどのように扱うかで実際の社会制度の設計は大いに異なってくると考えられる．

基本財としての自尊

ロールズの議論のしめくくりとして，彼が社会的基本財のひとつ，しかももっとも重要な基本財としてあげた「自尊」(self-respect)の概念に触れておかなければならない．ロールズの言う自尊とは，自己が持つ価値とその価値を体現したライフ・プラン(むろん将来改訂する用意・余裕を含めた)に対する自信と，自己の力量の範囲で自己の意図を実現してゆく能力に対する自信を重ね合わせたものとして定義されている．自己のライフ・プランに対する自信を支えるのは，第1に，後述するような人間にとってもっとも基本的な欲求心性——ロールズはこれを「アリストテレスの原理」と呼んでギリシャの先人に帰している——に照らして合理的であること，第2に，自分自身および自己の行為が，自身が敬意を払う人々によって評価され，認められることである．したがって，自尊の念は孤高の観念ではなく，社会的な観念でもある．

それでは，ここで想定された人間の基本的欲求心性——幸福の源泉とも言いかえうる——とは一体何であろうか？　それは，「他の事情が同一ならば，人間は生来の能力あるいは努力と鍛練によって得た能力を最大限発揮，行使することを喜ぶ．この喜びは，その能力が高く達成されればされるほど，そしてまたその能力を発揮する活動がより複雑なものであればあるほど大きい」という想

定である．ロールズは，この心理的仮定をオリジナル・ポジションにおいて人々が参照する一般的知識ないし公理の一部として導入している[24]．活動が複雑であればあるほど喜びも大きいとする根拠は明らかであろう．複雑な活動ほど多様で新鮮な経験が可能であり，また新たな創造や発見の余地も残され，個性的な表現も許容されるからである．複雑で巧妙な才能を発揮する活動は，かくして自身のみならず，周囲の人々からも評価を受けることになる．このように考えると，自尊の念は人々が従事する職務の内容，権能と責任といった地位財の分配ととくに深くかかわることが分かる．

社会生活の中で自尊の念がもつもっとも重要な効果は，それが他人の持つ価値を認め，その人の行動を評価する，つまり他人を尊敬するゆとりを人々の中に生みだすことである．それぞれの人の自尊の念は社会的に互酬的(reciprocal)な関係を生みだす．ロールズは，まさにこの点に社会的共感と協同の契機を求める．すでに述べたようにオリジナル・ポジションに集う人間は利己的である．利他主義，博愛主義といった，人と人の間の直接的な共感はあらかじめ排除されている．この想定は，元来公正の規準が必要となる，個人間で対立のある状況を明確に設定するという方法論上の要請にもとづいて設けられたものであるが，実はもっと積極的に，人々の間の真の共感は個人個人それぞれが自尊の念を持って初めて可能である，と述べてもよかったのである．自尊の念に支えられた「道徳的人間」の社会的連合体，ここにロールズの理想郷――「秩序のとれた社会」が存在する．ここに古典的な功利主義的接近と相違のあることが明白となろう．やや誇張していえば，先験的な社会的共感が平等主義的傾向を生みだすのではなく，平等主義的な社会制度の選択が社会的共感を生みだすのである．このような新しい見方と論理をもってわれわれが公正の問題を根本的に再検討する契機を与えてくれたところに，ロールズ理論の最大の意義があるといえよう．

2.5 要約と結論

本章で，われわれは分配の公正に関する基礎的な概念を論じた．伝統的な提

案である貢献,必要,あるいは努力にもとづく分配といった公正規準を紹介したのち,これらの規準の対立を調停するより高次の規範として,功利主義ならびにロールズの公正原理を論じた.

　功利主義的規範の経済学的含意は,マーシャル,ピグーらの物的厚生学派によって基本となる効用概念を欲求一般の充足(ないし快楽一般の追求)から生活上必要な物資(material needs)の充足という狭い範囲に限定することで考察された.そのような限定は,個人間の効用を客観的に比較可能なものとするだけでなく,さらに進んでほぼ同一なものとして想定する根拠を与えたのである.平等の追求がそこから帰結する.功利主義が究極の目標とする最大多数の最大幸福の原理は,各人の限界効用が同等となることを要求するが,効用関数が同一である状況では,その条件の達成は再分配を通ずる所得の均等化によってのみ達成されるからである.物的厚生学派は,むろん所得の再分配が人々の努力への誘因を阻害する傾向をもつことに盲目であったわけではない.むしろ,再分配のもつグローバルな効果——すなわち,貧困者の所得の増加が栄養の改善,健康の増進,児童の教育等の支出へ向かうことで労働生産性を高める効果——が誘因阻害効果を凌駕する可能性を強調して,公正と効率の追求が両立しうることを主張したのである.

　他方,ロールズの公正原理の基礎には,人間はどのような境遇を持って生まれるかにかかわらず,社会からまったく平等に関心をもたれ尊敬される自然の権利を有しているという思想が存在する.この前提が,人々に対しオリジナル・ポジションという仮説的状況を社会的選択の場として想定させるとともに,そこでの選択結果を現実の社会においても適用されるべき規範として受容させるのである.ロールズは,公正の問題が生ずるのは社会的基本財の分配をめぐって個人間に不可避的に対立が生ずるためだと捉える.そして,オリジナル・ポジションにおける各人の合理的行動として,政治的自由と公正な機会均等の優位の原理および地位財・経済財の分配に関する格差原理が選択されると論じた.格差原理は,もっとも不利な境遇に置かれた者の利益を増大させる限りで効率性の追求と不平等の発生を認める立場だといえる.ロールズ自身は,社会が一定の範囲で「緊密に編みこまれた」と彼が呼ぶ性質——有利な人の取り分

を高めれば，不利な人の取り分も上昇する——を保有しているため，効率性の追求と平等化の要請がほどよく調和するとの判断を示した．

ロールズの社会的基本財は，人々がどのような境遇に置かれようと，またどのような価値を持とうと共通して必要になると予見される財として定義されている．物的厚生学派における「生活に必要となる物資」と同じく，「必要」の側から公正の評価に接近したものである．むろんそれは「生活に必要な物資」を含むものであるが，それだけでなく他の経済財一般（所得と富）や政治的自由および基本的人権，機会，さらには職務上の権能や責任ある地位といった「地位財」をも包含する，より包括的なものである．とりわけ，人々のつく職務に付随する権能や責任も，所得や富と同様，格差原理に服するものとして論じられている．このことは，人間の生産的・社会的活動の場としての組織をいかに編成するか，個々の労働過程をいかに豊かなものとするか，という問題をわれわれに投げかける．活動の豊かさと社会的責任の増加は人々の自尊の念の重要なベースになると考えられるからである．自尊の念は，人々の一層の努力の原動力となると同時に，人々の間の社会的共感の源泉になると期待される．

最後に，ロールズの社会的基本財の概念については，その内容の範囲と具体的特定化，構成要素間の相対的価値評価（これは集計的な指標の作成に重要である），私有・共有の範囲等，重要な問題が未解決なテーマとして残っていることをわれわれは見た．しかしながら，これらの限界はただちにわれわれをカントに代表される純粋道義論の世界へ導き戻すものではない．また欲求一般を包摂する純粋に快楽主義的効用概念の世界——純粋な目的論の世界——へ引き戻すものでもない．ましてやわれわれをアロウ以来の純粋に形式的な価値集計手順の探究に立ち帰らせるものでもない．われわれは，先人たちから受け継いだ知恵として，道義論的倫理学が純粋さに徹すれば徹するほど実質的な内容と具体的な人間生活への手引きを失ってしまうこと，また目的論的倫理学が個人固有の目的および価値を尊重すればするほど，公正の問題を扱う上で不可欠な個人間の効用の比較・秤量を不可能なものとしてしまうこと，逆に，個人の価値に関する情報をまったく抜きにして，形式論理のみでいくら社会選択のための集計手順を求めようとしても不毛な結果に終わることを知っている[25]．否，む

第2章　分配の公正概念——平等化を支える思想　55

しろこれらの未解決な問題を解きほぐすことをわれわれ経済学を学ぶ者が重要な知的挑戦として受けとめるところに，分配の公正の概念をさらに実質化・具体化させる契機が存在するのだと思われる．

第2章　注

1)　本章の草稿(東京大学経済学部ディスカッション・ペーパー，1985年9月)に対して佐藤隆三(創価大学)，佐藤進(新潟大学)，八田達夫(大阪大学)および尾高煌之助(一橋大学)の各教授から懇切なコメントをいただいたことを謝意とともに記したい．

2)　両者は密接な関係とはいえ，時代とともにその関係は次第に緊張をはらむものへ変質を遂げている．アダム・スミスにおいては両者は渾然としているが，ミルに至ると，科学としての経済学と実践技術(art)としての経済学の区別が意識されている．このような事情の経済学史的跡づけに関しては，Hutchison[1964：第1章]を参照のこと．

3)　ここでは市場の不完全性のもたらす問題は捨象する．労働市場の不完全性とそれがもたらす分配上の含意については，本書の5.1, 5.4, 5.5節を参照のこと．

4)　生産要素(資源)自体は同質的であっても資源の需要主体が異質である場合(たとえば，生産物需要または生産性の不確実性にさらされる程度の相違)，同一の生産要素も異質な需要主体を反映して(ちょうどその差異を相殺すべく)異なる価格がつけられ，異なる所得が発生する．これは均等化差異の原理と呼ばれる．資源需要主体側の条件を反映した限界生産力の原理に対し，均等化差異の原理は資源供給主体側の条件を反映したものである．市場均衡においては両者が相まって所得の差異を説明することになる．しかし，このより複雑な場合でも限界生産力の原理がそれぞれの資源需要主体ごとに成立し続けることには変わりなく，以下の議論はそのまま妥当する．均等化差異の原理のより詳細な検討は，3.1節を参照のこと．

5)　以下の議論を明示的に述べたものとしては，Knight[1923]が代表的である．稲田[1977：170-175]にも同様の主張がある．

6)　これら3つの要因をすべて公正なものとして認めようという立場が，ノジックの歴史的資格(entitlement)原理である(Nozick[1974])．これは分配の公正をめぐる議論で最右翼の立場に位置する．

7)　機会の平等に関する優れた討議としては，Okun[1975：第2章]を参照のこ

と．

8) たとえば麻薬やアルコール中毒の患者にそれらの財の消費を集中させるのが公正だというような，明らかに不合理な事態も起きる．さらに，より基本的な点であるが，そもそも人々が最初から他人に対して羨望の念をもつことを基本的前提として公正の問題を考えるのは適切でない(その点は，古典的功利主義が利他主義を基本的前提としていることに対する後述のロールズの批判とちょうど裏返しをなしている)．合理的個人が実現を図るのは自己の価値であって，各人それぞれの価値の実現過程で生じてしまう個人間の対立を社会が適切に調停できない場合に，人々は不公正を意識し，その結果他人に対して羨望の念を持つと理解すべきである．つまり，羨望の念は結果的に生ずるものであって，最初から存在するものではないと考えられる．なお，この規準の含意をくわしく検討した Pazner = Schmeidler [1974], [1976] は，羨みなしの規準が必ずしも生産の効率性規準と両立しないことを指摘している．それは，生産の効率のためには能力の相対的に高い人に高い所得を与えてより多く働く誘因を与えることが合理的であるが，もしも能力の相対的に低い人の余暇に対する選好が希薄な場合には，後者が前者を羨む状況が発生してしまうからである．

9) この立場をもっとも明確に表明したのは，Knight [1923], [1935:54-58] である．ミルも，人々が「ほどほどの独立性を達成するのに必要である以上の富を贈与や相続によって獲得するのを制限し」，天分の差など自然的偶然にもとづく不平等を経済的に緩和するようなシステムを設けることで，個人間の多様性はその完全な表現と正当な評価を受ける，と論じている(Mill [1848: Book IV, Chapter VI, 48-49])．ナイトの立場はミルの見解に近い．ミルの思想は，トーニイ，ティトマス，さらには後述のロールズにも大きな影響を与えている．Tawney [1920:第5章], [1952:48-49], Titmuss [1952] を参照のこと．

10) Hindle [1981] を参照のこと．ヒンドゥルは，蒸気船発明の歴史を事例的に辿りながら，特許制度が発明誘因確保のうえで本当に必要であったかどうか，必ずしも明らかでないと論じている．また，特許制度についても，その必要性に対する懐疑論が導入時点からつきまとっていたことを指摘している．たとえば，18世紀中葉，ロンドンに誕生した「芸術・工業・商業奨励協会」(The Society for the Encouragement of Art, Manufactures and Commerce) は，発明に対して若干の報奨金やその貢献を表彰するメダルの供与を行なったが，設立者はこのような名目的

第2章　分配の公正概念——平等化を支える思想　57

表彰によって十分人々の研究意欲を奨励できると考えた。実際，同種の協会が欧州，米国(ベンジャミン・フランクリンの功績である)でも次々と誕生した(同書：14-23)．むろん，研究・開発に要する人員・設備コストの点で現代は18世紀と比較にならない側面のあることを認めなければならないが，ハイエクの主張を無批判に受け入れるわけにはいかないことが分かる．

11) この点は，功利主義の快楽主義的側面を強く批判したカーライル(Thomas Caryle)に対する弁護の意味を込めて主張されている．

12) これと対峙しつつ欲求一般を表わす概念がパレートのOphélimitéであり，現代の経済理論で用いる効用概念は後者の方である．ミル自身も広い効用概念を採用しており，物的厚生に限ることには明示的に反対している(Mill [1879：8])．なお，物的厚生学派の意義を現代において再確認したものとして，Cooter = Rappoport [1984]を参照のこと．本項の議論は，彼らに多くを負っている．

13) この図は，Sen [1973：17]の図をベースにしている．ただし，センのもともとの議論では効用は欲求一般をさすものと仮定されており，本文とは異なった解釈が生じうる．たとえば，もし個人Aが肉体的なハンディを負っており，そのために同一の所得から得られる効用が個人Bに比して小さいとしよう．このときAの限界効用曲線は下方にシフトすることになり，社会的効用和を最大にする所得分配はハンディを負うAに厚くするのとまさに逆に，Bにより多くを分配するものとなってしまう．このことから，センは，功利主義が平等主義を含意するのは人々の間で効用関数が同一であるというきわめて特殊な場合に限られ，通常は不平等をもたらしてしまうと論じた(Sen [1973：18])．かくして，センは人々の間に財を効用に変換する能力の違いのあることを強調して，財(ないし所得)の多少をめぐって平等の規準を設けることには消極的である(この点は，後述するロールズの基本財概念に対する評価においても同様である)．しかし，著者は，センの上記の批判にもかかわらず，必要を財のタームで定義するアプローチに意義があると考える．というのは，センの批判は必要概念と効用概念とを短絡的に結びつけようとしたため生じたと考えられるからである．ある個人がハンディを負っている(ロールズの用語で，自然的基本財の上で不遇である)とすれば，まずそのようなハンディを補うような財(たとえば介護サービス)の再分配を考えた後で効用比較を行なうこともできるのである．

14) ケインズも，「経済学は道徳科学であって，自然科学ではない．すなわち，

経済学は内省と価値判断を用いるのである」と，ハロッドにあてた手紙の中で内省の重要性を指摘している．Moggridge[1976：訳書, 23]を参照．その意味でケインズも自身が攻撃した古典派経済学の忠実な継承者であった．

15) ロールズの著作はまた，それが執筆された時代——すなわち1960年代後半から1970年代初めにかけて——のきわめて緊張した政治的状況を色濃く反映している．日本を含む西欧諸国では，各国において大学を中心に強力な反体制運動が湧き起こった．現存の政治・社会体制が，民主主義の理念とは裏腹に，権力の集中と不公正な行使を許すとともに，人種間・男女間の差別および分配の不平等を助長しているのではないかと，体制の公正さに対し鋭い疑問を投げかけたのである．ロールズの仕事は，現存の体制の思想的基盤であるリベラリズムに対して根本的な反省を加えることで，こうした運動に対して哲学者としての回答を示したものだともいえる．

16) ロールズの『正義の理論』をめぐってたたかわされた哲学者の論説の代表的なものは，Daniels[1975]に収録されている．本文に示したロールズの議論の位置づけについては，ダニエルズの優れた解説をも参照した．日本語で書かれた文献としては，塩野谷[1984]がロールズの議論を詳細にわたって解説，検討している．

17) むろん，純粋に形式的には，不連続な(辞書型)効用関数を仮定することで，ある要素を他の要素に優先して考慮するという事情を表現することは可能である．

18) 未だ誕生していない世代がここで言及されているのは，世代間の所得分配の公正の問題があるからである．しかしながら，ロールズの格差原理を世代間で適用すると，最適な貯蓄率はゼロとなり，適切とはいいがたいことが明らかになった(Arrow[1973], Dasgupta[1974])．したがって，世代間の分配の問題については以下の議論と切り離して論ずる必要がある．

19) こうした思考は，すべての倫理学的考察に共通なものである．カントは，人間の本性は自由・平等・合理性にあると規定したうえで，人間がその本性をもっとも適切に表現できるような意志を持つことを自律性(autonomy)と呼んだ．そして自律的な人間が持つべき究極の倫理規範として，定言的命法，すなわち，自己の行動の主観的意欲の原理となる格率をそれが他人にとっての格率ともなるよう選ぶことを要請した．そこには2つの意味が内包されている．第1に，倫理的価値は意欲自体にあるのであって，結果にはないことである．カントは意欲を宝石にたとえ，結果は宝石をはめこむ台に過ぎないと述べている(Kant[1793：訳書, 25])．第2

第2章　分配の公正概念——平等化を支える思想　59

に，個人個人の自律性は，その人間の意志が当人の置かれた境遇あるいは偶然の要因から独立であることを要請する．境遇に依存した行動をとることは他律的であり，定言的命法に背く行為となる．自律性と定言的命法にオリジナル・ポジションないし理想的観察者と同等の効果が期待されているのである．Kant[1785], [1793]を参照のこと．

20) 以上の要約にあたっては，Buchanan[1975]およびロールズの最近の論考(Rawls[1980])および塩野谷[1984]を参照した．

21) これらの点については，Teitelman[1972](これに対してロールズの回答もある(Rawls[1972]))，およびSchwartz[1973]を参照のこと．

22) Polanyi[1968]および[1977：Chapters 6, 7]．とりわけ，アリストテレスによる都市国家家族共同体間の公正な交換を論じた前者を参照されたい．

23) センは，公平な観察者の想定に対応する「無名性(ないし個人間対称性)の公準」に加えて，人々の間の弱い個人間効用比較([1973], [1974]における「弱平等公準」——所得がその他の面での不遇さを補償する手段として機能することを認める——および[1974]における「結合移転公準」——3人以上の個人間において，ある種の所得移転をすることによってより公平な状態がもたらされると判定できる)を導入することで平等概念の規準化を試み，Atkinson[1970]の功利主義的観点による不平等尺度の議論の一般化を図っている．

24) Scitovsky[1976：Part I]も，ロールズ同様，知的・精神的挑戦を伴う活動のもたらす喜びを重視している．しかし，スキトフスキーは同時に，そのような活動の要求する能力と現存の能力とが著しく乖離する場合にはむしろ苦痛がもたらされることを心理学的な研究の成果を引用しながら指摘している．

25) アロウの価値集計手順と不可能性定理については，Arrow[1963(a)], 鈴村[1982]による説明と，Sen[1977], [1979]による批判的評価を参照されたい．

第3章　労働市場と所得分配——新古典派的接近

　市場経済が，生産に投入される物的資源のそれぞれ，とりわけ労働力にどれだけ報酬を支払うかを規定する一般的原則は，限界生産力原理としてすでに説明したとおりである(2.1節)．それぞれの資源の最後の1単位が社会的に有用な財・サービスの価値の生産にどれだけ貢献するか，その評価を反映しているというものである．しかし，この原理は労働力の需要者側の論理から導かれたものであり，市場の需給一致で賃金が決定されるという点を想起すると，未だ報酬決定の論理として完結していない．実際，最後の1単位がどれだけの貢献をするかは，市場に供給される資源の量に依存する．それゆえ，資源が稀少であればあるほど報酬は高く，豊富であればあるほど報酬は低くなる．したがって，各人の所得の大きさは，各人が市場で望まれる資源をどれほど保有しているか，また，その資源がどれほど稀少であるかにかかる．また，経済全体としての所得分布も，そのような資源が個人間でどのように分布しているかに依存して決定される．

　以上から，限界生産力原理に加え，資源供給側の論理を明らかにする必要のあることが分かる．本章は，経済主体の合理的な選択という新古典派経済学の観点から労働力資源の異なる用途への供給の論理を明らかにするとともに，資源そのものが時間的に変化したり，資源の質に関する情報に不完全性が存在するなど，単純な需給の論理では扱いえない労働市場特有の問題に対しどのような理論的分析の枠組が用意されてきたか，説明することを目的とする．以下，各節のテーマを紹介しよう．

　3.1節では，冒頭に述べた一般論を，多様な労働能力・多様な仕事の存在する経済について厳密に定式化し，所得分配をめぐるいくつかの基本的性質を導く．とくに，多様な能力が異なった仕事の間でどのように配分されていくか，そのプロセスに対し人々のもつ仕事に対する嗜好がどのように影響するか，と

いった労働力供給に固有の問題に対する解答を「比較優位の原則」および「均等化差異の原則」として整理しつつ，それらが個人間所得分布に対してもつ含意を検討する．

3.2節では，人々の保有する能力は時間とともに変化しうること，とりわけ費用の投入によって自己の能力を経済的価値のより高いものに変える可能性について検討する．いわゆる人的投資の問題である．人的投資には，学校教育のように，いっさいの労働力供給を行なわず学習に専念する形でなされる場合もあれば，職場訓練(on-the-job training)のように，労働供給と並行して学習のなされる場合もある．後者の場合，労働市場は単純な商品交換市場とは異なり，労働サービスと，学習機会という無形の財とが相互に反対方向に交換される，結合交換市場としての様相を示す．さらに，費用のかからない，仕事をしながらの学習(learning-by-doing)についても，それを人的投資の一形態として理解する会計的枠組についても検討する．

3.3節では，人々の保有する能力につき情報が不完全にしか得られない場合，しかも，労働者には自らの労働能力は分かるが，雇い主側には分からないという意味で情報に非対称性のある状況を考察する．その結果，本来の能力と統計的相関のある個人の観察可能な属性に，たとえそれ自体として生産性を高める力はなくても，情報面から経済的価値の生まれることを示す（シグナリングの機能と呼ばれる）．雇い主は，そのような属性に報酬を支払うことで，労働者に対し自己本来の能力を開示させる誘因を与えるわけである．人々が取得する学歴には，そのようなシグナリング機能がある．その上で提起された懸念は，社会的に過剰な教育投資が生じてしまうのではないかという点である．

3.4節では，前節同様，労働者の能力が不完全にしか知りえない場合を考察するが，その不完全性が労働者，雇い主双方にとってまったく対称的な場合を検討の対象とする．実際の労働過程を通して双方が各人の能力を漸次より確かなものとして学習していくと考えるのが，むしろ自然かもしれない．そのような世界では，労働資源の効率的配分は，時間の経過とともに次第により高い近似度をもって達成されることになる．さらに，ひとつの興味ある可能性は，雇い主と労働者との間でリスクの回避性向が異なり，前者にリスクを引き受ける

余裕のある場合には、労働者は情報的学習の結果、自己の能力が予想外に低いと分かるリスクを回避するため、雇い主との間であらかじめミニマムの所得保証を定める保険契約を結ぶ余地が生まれる点である。その場合には、通常、時間とともに所得は増大してゆく。このように、労働市場では労働サービスと保険とが結合交換される可能性もある。

3.1 多様な能力と多様な嗜好のもとでの労働市場均衡

　人はみな、異なる能力を保有している。仕事に対する嗜好もまた、異なっている。多様な人間と多様な仕事を市場経済は一体どのように結びつけるのだろうか？　その結果、どのように雇用が配分され、所得が分配されるのだろうか？　これらの問いに経済主体(労働の需要主体・供給主体双方)の合理的選択の観点から解答を試みるところに、新古典派的接近の最大の特色がある。本節では簡単な一般均衡モデルを構成し、これらのもっとも基本的な問題を分析することで、議論全体の礎を築きたい。その結果、すでに前章で説明した「限界生産力原理」と並んで、仕事の配分をめぐる「比較優位の原則」、および嗜好の差異と所得の形成を関連づける「均等化差異の原則」といった、労働市場に固有の原則が導かれる。本節を通じて、人々の能力は一定のまま維持されるものと仮定する。

複数の仕事を含む二部門一般均衡モデル

　複数の種類の仕事に対する労働力の投入をもって生産を行なう市場経済を考えよう。能力や仕事への嗜好を異にする人々の間で誰がどの仕事につくかは、一体どのように決定されるのだろうか？　所得はどのように分布するだろうか？　所得の格差を規定するのは、いかなる要因だろうか？　これらの問題を二部門一般均衡モデルを作って考察しよう。二部門モデルは、すでに経済成長理論および国際貿易理論の分野でなじみ深いものである(Uzawa[1961], Jones[1965])。本節のモデルが通常の設定と異なるのは、能力および嗜好を異

にする各人が就業する仕事を内生的に選択する点である．そこで，われわれの分析の焦点は供給者行動の理解に向けられる．労働需要については，限界生産力原理が妥当する世界である(2.1節参照)．以下，ひとまず人々の間に嗜好上の差異はないものとして分析を進め，続いてその差異を導入しよう．

より具体的に，2財，2生産要素を含む閉鎖経済を想定しよう．生産要素として，仕事Aおよび仕事Bという2種類の労働を考える．議論の簡単化のために，(i) 2つの財1, 2の生産は，規模に関する収穫不変の滑らかな技術体系のもとで行なわれ，(ii) 生産にあたって，仕事Bと仕事Aの労働投入比率は，すべての相対賃金比率のもとで一様に一方の財(以下では，一般性を失うことなく，第2財)の方が他方の財より高い——したがって，要素集約度逆転の事態は起こらない，(iii) 経済全体としての財1, 2に対する需要の選好は，所得分配から中立的で，homothetic (相似拡大的)な単一の効用関数として集計できる，と仮定する．規模に関する収穫不変性の想定は，暗黙のうちに資本設備など他の生産要素も比例的に投入の変化する長期的状況を念頭においているといえる．

次に，財市場・労働市場は完全競争的だと仮定しよう．この仮定の中には，人々の保有する能力，および仕事の内容に関する情報が完全であることが含まれている．この仮定の帰結として，各人がそれぞれの仕事から得る賃金は，各人の生みだす限界価値生産物に等しくなる．なぜなら，合理的な雇い主にとって後者を超える賃金を支払ってまで労働者を雇い入れる誘因は存在しないし，逆に賃金が限界価値生産物を下回る場合，賃金を競り上げても労働者を獲得したいと考える雇い主が必ず存在するからである．

以上が，この経済の基本的枠組である．仕事Aおよび仕事Bに対する労働供給量が一定値 (L_A^0, L_B^0) として与えられている場合の市場の一般均衡は，3-1図で表現することができる．図は，第1象限に労働の空間を，第3象限に財の空間をとっている．労働平面では，横軸方向に L_A^0，縦軸方向に L_B^0 の長さの辺をもつボックス・ダイアグラムが描かれ，O を原点として第1財の等量曲線が，O' を原点として第2財の等量曲線が引かれている．O と O' とを結ぶ曲線は，生産の効率軌跡である．収穫不変性と要素集約度に関する上記の仮定から，効率軌跡は下方に凸の形をとること，効率軌跡上の任意の点 P と原点 O

および原点 O' を結ぶ線分 PO, PO' のそれぞれの長さが各財の産出量に比例することが分かる．さらに点 P で相接している等量曲線の傾きが相対賃金比 w_A/w_B (以下では，これを q で表わす) を示している．

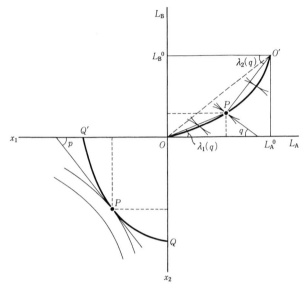

3-1図 各仕事への労働供給量が与えられた場合の閉鎖経済の一般均衡

生産の効率軌跡 OO' に対応して，財の平面には効率的生産フロンティア QQ' が描かれている．曲線 QQ' 上の P が曲線 OO' 上の点 P に対応する．曲線 QQ' 上の点 P における接線の傾きは，財の相対価格 p_1/p_2 (以下では p で表わす) を示すことになる．この2つの曲線の対応関係から，p と q の間には互いに単調増加的関係のあることが分かる．p の上昇は第1財の生産の拡大を促すが，第1財は仕事 A をより集約的に用いるため，相対的に仕事 A の労働に対する需要が増加し，仕事 A の相対賃金 q を高めるのである．この経済の一般均衡は，効率的生産フロンティアと社会的無差別曲線との接点で与えられる．その点の接線の傾きが財の均衡相対価格である．ここではちょうど点 P でその事態が起こるように作図されている．収穫不変の技術体系のもとでは，各仕事の賃金 w_A, w_B (および相対賃金比 q) は L_A^0/L_B^0 の比率のみに依存し，L_A^0, L_B^0 それぞれの値には依存しない．

能力の多様性と比較優位の原則

労働供給の内生化という,われわれ固有の問題に話題を転じよう.まず,人々の間の能力の多様性は,3-2図が示す円周の形で表現されると想定する.各人は,この円周上,いずれか1点に位置するものとする.相異なる能力間の近接度は,円周上の2点間の最小弧距離で表わす(円の半径を $1/\pi$ に選べば,任意の2点間の最小弧距離は0と1の間の値をとる).この想定は,いかなる人も他人の保有する能力の潜在的広がりと比較して,まったく対等の立場にあることを意味している[1].

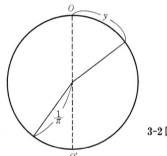

3-2図 人々の間の能力の多様性

財の生産に必要な仕事Aおよび仕事Bについては,その遂行にもっともよくマッチした能力が存在し,それぞれの仕事を他の能力のもとで遂行する場合の能率は,もっともマッチした能力から遠ざかるにつれ,次第に低下するものと仮定する.以下では,仕事Aおよび仕事Bのそれぞれにもっともマッチした能力が円周上の対極に位置する場合(図の O および O')と,円周上の同一点に位置する場合(図の O)の2つのケースを考える.前者をケースI,後者をケースIIと呼ぶ(後に,ケースIは能力の分布と仕事の分布が親和的なケース,ケースIIはそうでないケースとしての解釈を与える).さらにケースIIでは,仕事A,B間でもっともマッチした点から離れる際の能率の低下の仕方に差があるものと考えよう.

いま,より具体的に,円周上,それぞれの仕事にもっともマッチした点から x の距離($0 \leq x \leq 1$)にある能力のもとでの仕事の能率を $k_i(x)$ で表わすとき,この関数は,

$$k_i(0) = 1, \quad k_i'(x) < 0, \quad k_i''(x) \leqq 0 \quad (i = \mathrm{A, B})$$

を満たすものとする．簡単のため，円周の左右で対称と仮定している．

ケースIIでは，さらにすべての $x > 0$ について，

$$k_\mathrm{B}(x) > k_\mathrm{A}(x)$$

かつ

x の増加とともに，$k_\mathrm{B}(x)/k_\mathrm{A}(x)$ は単調増加する，

の2つを仮定しよう(後述の用語によれば，能力位置の変化に伴う仕事間の比較優位の尺度の変化が単調であることを意味している)．その結果，各点 x における限界価値生産物は，各仕事にもっともマッチした能力位置($x=0$)で測った限界価値生産物(引き続き w_A ないし w_B で表わす)の $k_i(x)$ 倍となる．以上の想定は，3-3図によってケースI，ケースIIのそれぞれにつき例示されている．ケースIでは，仕事Aと仕事Bの原点が異なり，仕事Aの限界価値生産物曲線 $w_\mathrm{A} k_\mathrm{A}(x)$ は右下がり，仕事Bの限界価値生産物曲線 $w_\mathrm{B} k_\mathrm{B}(x)$ は右上がりである．これに対しケースIIでは，仕事A，仕事Bの原点は同一で，$w_\mathrm{A} k_\mathrm{A}(x), w_\mathrm{B} k_\mathrm{B}(x)$ 双方の曲線とも右下がりとなる．しかも，前者の方が同一の x の上昇に対して下降の勾配がきつい．

各人が仕事A，Bのどちらを選択するかは，A，B間で嗜好上の差異はないという現行の想定下では，ひとえにいずれの仕事が高い所得をもたらすかにかかっている．各人の選択は，もちろん相互に独立である．選択の基準は，3-3

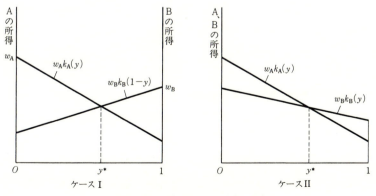

3-3図 能力の多様性下の仕事の選択

図において限界価値生産物曲線がより上方に位置している仕事を選ぶという形で表わされる．

この基準は次のように言いかえることもできる．いま図の左側の原点（点 O に対応）から測って y の距離にある人の能率は，仕事 A ではケース I，ケース II とも $k_A(y)$，仕事 B ではケース I で $k_B(1-y)$，ケース II で $k_B(y)$ である．そこで，この個人の2つの仕事の間での能率比を，

$$(3\text{-}1) \qquad \theta(y) \begin{cases} = k_B(1-y)/k_A(y) & \text{ケース I} \\ = k_B(y)/k_A(y) & \text{ケース II} \end{cases}$$

として定義すれば，所得の大小比較による基準は，

$$(3\text{-}2) \qquad \theta(y) \lesseqgtr q = \frac{w_A}{w_B} \Leftrightarrow \begin{cases} \text{仕事 A} \\ \text{仕事 A, B は無差別} \\ \text{仕事 B} \end{cases}$$

という基準と同等になる．左辺を能力位置 y の「比較優位の尺度」と定義する．右辺は個人間で共通の相対賃金比である．仕事 A，仕事 B が無差別となる y の境界値 y^* は，一意的に定められる．(3-2)の基準は，「比較優位の原則」としてよく知られているものである．比較優位と呼ぶのは，ケース II の場合，各人一様に仕事 B の方が仕事 A より絶対的に能率が高いにもかかわらず，相対的に仕事 B の能率のより高い y の（値の大きな）人たちが仕事 B を選択することを指示しているからである[2]．各人が比較優位の原則に従って行動するとき，与えられた (w_A, w_B) のもとで国民所得＝国民総生産が最大になるという意味で経済全体の労働資源が効率的に配分されることは，容易に確認することができる[3]．

能力に多様性のある経済の一般均衡

就業選択行動を含む経済の一般均衡は，どのように定義されるだろうか？全労働人口を1と基準化し，人口内の能力分布を簡単のため円周上左右対称として，与えられたものと仮定しよう．このとき，各仕事に対する能率単位で測った労働供給量 L_A, L_B は，所与とした $q = w_A/w_B$ の変化に対応して，労働平面上に右下がりの軌跡を描く．これを「労働供給フロンティア」と呼ぼう．こ

のフロンティア上の各点の勾配が，(i) 仕事の配分を決定する境界点 y^* における比較優位の尺度 $\theta(y^*)$ に等しく，(ii)（比較優位の尺度が y の増加とともに単調に増加するというわれわれの仮定を反映して）フロンティア上を右方に移動するに従い急になるという2点を，容易に確かめることができる[*1)]．したがって，労働供給フロンティアは右上方に凸となり，市場の相対賃金比 $q = w_A/w_B$ が定まれば，その傾きをもつ直線と接する点として，実際の労働供給量の組み合わせ (L_A, L_B) が決まる．そのありさまは，3-4図が示すとおりである．

先の3-1図との対応関係は，明白であろう．3-1図，第1象限上の点 O' が，q の変化につれ労働供給フロンティアを描きながら移動すると考えたらよい．また，3-4図，第3象限に描かれている生産フロンティア SS' は，労働供給フロンティア RR'（第1象限）上の各点に対して定義される生産の効率軌跡が生みだす無数の生産フロンティア（そのひとつが曲線 QQ' である）の包絡線として理解されよう．包絡線の基本的性質として，曲線 SS' 上の各点が労働供給フロンティア RR' 上，ただひとつの労働供給の組み合わせに対応することに留意すると，財の相対価格 p と相対賃金比 q との間には，労働供給が固定された

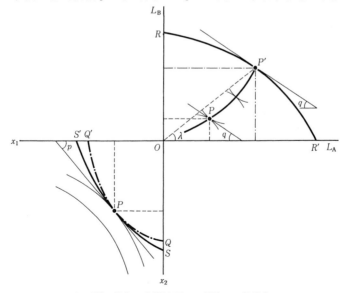

3-4図 能力の多様性下での経済の一般均衡

場合とまったく同様, 一義的, かつ単調増加の関係のあることが分かる*2). 体系の一般均衡は, 社会的無差別曲線と生産フロンティア SS' とが接する点(図の点 P)で達成される. 以上の議論から明らかなように, 財平面上の一般均衡点 P に対応する労働平面上の点 P において相接する等量曲線の勾配と, 労働供給フロンティア RR' 上の対応する点 P' におけるフロンティアの勾配とは, ともに均衡相対賃金比 q に等しい.

要素間所得分配の決定要因

個人間の所得分配を検討する手始めとして, 仕事 A, B 間での相対賃金比および就業人口の決定因を見よう. これは要素間所得分配の問題と呼ばれている. 要素供給が外生的な二部門一般均衡モデルにおいては, この問題をめぐってストルパー＝サミュエルソンの定理とリプチンスキーの定理という性質がよく知られているが, 要素供給の内生化された世界でも同様の性質を確認することができる.

われわれの体系で要素間所得分配に影響するのは, (i) 生産技術, (ii) 財の需要パターン, (iii) 能力の分布形態である. このうち(ii)と(iii)の要因は, 次のような効果をもつ.

第1に, 仕事 A をより集約的に利用する第1財に対する需要の増加は, 仕事 A の要素所得 w_A を相対的に上昇させ, 仕事 A につく人の割合を高める. 仕事 A の要素所得が国民所得に占めるシェアは確実に上昇する. その理由は明白である. 第1財に対する需要増は, 相対価格 p を上昇させ, すでに確認したように相対賃金比 $q\,(=w_A/w_B)$ を上昇させるためである. この事実はストルパー＝サミュエルソンの定理として知られている. 相対賃金比 q の上昇は, 比較優位の境界点 y^* を上昇させるため, 仕事 A の就業人口を増加させるのである.

第2に, 人々の間の能力の分布に変更があり, 仕事 A に比較優位をもつ範囲の人たちの人口が増加する場合, 社会的無差別曲線が相似拡大的ならば, 仕事 A の賃金率 w_A は相対的に低下する. 仕事 A の就業者が最終的に増加するかどうかは, 人口の増加がもともとの比較優位境界点に比して遠い位置で生ずる

第3章 労働市場と所得分配——新古典派的接近　71

か，それとも近い位置で生ずるかに依存する．十分遠い所で(すなわち十分小さな y において)生ずる限り，必ず増加する．

　以上の性質は，次のようにして説明される．能力分布上の人口の増加は，それが従来の仕事Aの比較優位領域に限定されるなら，労働供給フロンティアを同一の勾配を維持したまま水平方向に，逆に従来の仕事Bの比較優位領域に限定されるなら，同じフロンティアをやはり同一勾配を維持したまま垂直方向にシフトさせる[4]．ネットとしての人口に変化がなく，分布のみが従来の仕事Bの比較優位領域から仕事Aの領域に移動した場合には，労働供給フロンティアは垂直方向への縮小と水平方向への拡大とが同時に生じ，結局同一勾配を保ったまま右下方にシフトする．財の相対価格 p と均衡相対賃金比 q との関係に変更はない．したがって，同一の p のもと，労働供給フロンティアに水平方向の拡大シフトが生ずる場合には，仕事Aをより集約的に利用する第1財の生産の拡大と第2財の生産の縮小が生じ，他方，垂直方向の拡大シフトの生ずる場合には，逆に第2財の生産の拡大と第1財の生産の縮小が生ずる．そして最後に，相対的分布のみ変化する場合には，水平方向の拡大シフトと垂直方向の縮小シフトの効果の和として，より強化された形で第1財の生産の拡大と第2財の生産の縮小が生ずる．これらの性質は，リプチンスキーの定理としてよく知られたものである．この最後の場合には，もし社会的無差別曲線の形状が相似拡大的なら第2財に対して超過需要が生じ，相対価格 p は下落する．それゆえ，相対賃金比 q および仕事Aの賃金率 w_A は下落するのである．

能力の多様性と個人間所得分布

　次に，能力が多様である場合における個人間の所得分配の決定要因を調べよう．すでにわれわれは誰がどの仕事につくか，そして各仕事の賃金率がどのように決定されるかを論じた．しかし，実際には同一の仕事につく個人間でも各人の能率差を反映して所得格差が発生している．ひるがえって考えてみると，この格差は，生産に必要な2種類の仕事がたまたまある特定の能力ともっとも良くマッチしているという，まったく外生的な事情に帰因することが分かる(ここに生ずる差額準地代(レント)の性格をめぐっては，5.1節で再論する)．

個人間の所得分布の形状は，各仕事の限界価値生産物曲線 $w_A k_A(x)$, $w_B k_B(x)$ の形と個人間の能力分布の形によって決定される．すでに見たように各人の所得水準は各人の能力位置 y と一義的関係をもつので，当該能力位置の分布密度にその点の有効な限界価値生産物曲線の勾配(の絶対値)の逆数を掛けることにより，対応する所得水準の分布密度が得られる．限界生産物曲線の傾きが水平に近ければ近いほど，同じ能力の分布がより密集した所得分布を生みだすことは直観的にもうなずけるだろう．

能力位置と所得の対応関係を描いた 3-3 図から，所得分布は一般に次の 2 つの特徴をもつことが分かる．第 1 に，能力の分布が端点 0 ないし 1 に集中しない限り(通常満たされよう)，低所得者の分布が厚く，高所得者の分布が薄い，右方に歪んだ(positively skewed)分布をなす．この性質は，ケース I ，ケース II に共通である．第 2 に，ケース I とケース II の間では，ケース I の場合，分布密度の厚い低所得層で仕事 A と仕事 B につくものが混在するのに対し，ケース II の場合，仕事 A につく高所得と仕事 B につく低所得層という具合に職業間で完全な所得階層分化が発生している．しかも，仕事 A と仕事 B につく人口比率が同一である状況下で比較して，ケース II の方が所得分布の幅が大きく，高所得層の分布密度の減衰が緩やかだという意味で不平等度が高い．

3-5 図は，能力が一様分布するという仮定と 3-3 図の限界生産物曲線のもとで描いた所得分布を表わしている．仕事 A ，仕事 B に従事する人口がケース I ，ケース II の間で同一となるよう，あらかじめパラメータを選んである．図中の点線の分布は，どちらかひとつの仕事しかない場合に生まれる各仕事の潜在的な所得分布を示している．

ケース I は，人間の能力の広がりに対応して，大きく異なる能力をそれぞれ生かす仕事が設けられる場合であり，能力の広がりと仕事が必要とする能力の範囲との親和度が高いケース(以下では，能力の分布と仕事の分布の親和度が高いという)である．これに対し，ケース II はどの仕事にも共通な，いわば「一般的能力」が支配的となる場合であり，能力の分布と仕事の分布の親和度の低いケースだといえる．後者の方の不平等度が高くなるのは容易に納得がゆこう．どちらのケースでもそれぞれの仕事が(与えられた能力分布のもとで)生み

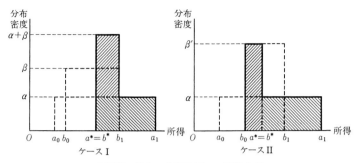

3-5図 能力の多様性下での所得分布

だす潜在的な所得分布に比して，下方の尾が厚く切れ，上方に開放的な形状の所得分布が生まれる理由は，各人が所得を最大化する仕事の選択を行なうという点にある．

実際，所得分布をめぐる古典的話題としてゴルトン＝ピグー・パラドックスと呼ばれている問題がある．人々の間で能力の分布は対称的だと考えられる（ここではこの想定自体への懐疑は棚上げにしよう）のに，なぜ所得分布は右方に歪んだ形状をとるのかというものである[5]．これに対し統計学者の間から，もし各人の所得が無数の相互に独立な偶然の事情の乗算的な作用によって形成されるなら，その極限状態として個人間で右方に歪んだ所得分布（対数正規分布あるいはパレート分布）が生まれるとの解釈が与えられてきた（Gibrat [1931], Kalecki [1945], Champernowne [1953]）．しかし，稀有の才能が大きな努力によって一層効果を発揮するというように，たしかに種々の要因が乗算的に作用する場合のあることは認めるとしても，そのような事態が支配的だとするには説得的根拠に欠けるところがある．また，さらにさかのぼって所得形成を最初からランダム・プロセスとしてしまうことには無理がある．3-5図は，同じパラドックスを経済理論の観点から説明するものといえよう．この説明はRoy [1951] によって最初に与えられた．

以上の議論は，人々の能力が多次元にわたる場合にも，容易に拡張できる．たとえば，人々の持つ認知能力のほかに，性格的特徴といった，もうひとつの能力の次元を考えてみよう．その場合は，能力の分布は円周でなく球面上に位置し，緯度方向に一方の能力を，経度方向に他方の能力を測るものとすればよ

い．任意の2点間の能力の隔たりは，同一経度線上の最小弧距離と同一緯度線上の赤道面最小弧距離（(y, z)で表わすものとする）で定義することができる．仕事Aおよび仕事Bにもっともマッチした能力の点が球面上に定まれば，先と同様に能率関数$k_A(y, z)$, $k_B(y, z)$を想定することで比較優位基準を特定でき，その後の議論はいままでとまったく同じになる．この場合の新しい可能性は，一部の仕事は一方の能力のみに依存し，他方の能力の如何には依存しない（したがって，能率関数の一方の変数は退化してしまう）ケースも発生することである．もっと多次元の能力を考える場合には，特定の能力の必要度を異にするさまざまな仕事の存在を考えることができる．そして人々の能力分布が多次元にわたって一様ないし対称的である限り，仕事が多数の特定の能力を同時に必要とすればするほど，高所得者の分布密度が速やかに減衰するという意味で同一職業内の所得分布は平等化すること，また，そのような仕事が多ければ多いほど経済全体としての所得分布も平等化することが分かる．その点を分布曲線の厳密な形状の検討とともに明らかにしたのは，Mandelbrot[1962]である．

仕事に対する嗜好の多様性と均等化差異の原則

次に，人々が仕事に対して異なった嗜好を持つ余地を導入しよう．現実には仕事といっても単に労苦を費やし，特定の能力を発揮するというだけではない．人は仕事に内在する興味や意義を評価したり，仕事をする物理的環境，社会的環境についても評価している．実際，そのような評価は，発揮できる創造性，社会的責任，権能の大きさ（あるいは生きがい感の有無），自己発展の余地から，仕事場のアメニティ（温度，湿度，騒音，その他の快適，非快適さ），要求される精神的緊張度，肉体的危険の有無，さらには他人との共働ないし権威・従属関係，作業に対する自己統御の余地など，幅広い範囲に及ぶだろう．また金銭面でも，就業および所得の安定性や将来における所得増加の機会に対する評価は仕事間で異なろう．人々はそうした評価を所得に加味して就業を決定していると考えられる．

われわれのモデルに戻って，各人が仕事から受ける満足は，所得水準$w_i k_i(y)$ ($i = A, B$)に，仕事自体に対する望ましさの評価の指標をz_iとして，それを乗

じたもので表わされると想定しよう[6]．仕事 A，B 間での望ましさの指標の比率 z_B/z_A を v で表わすことにする．望ましさの指標自体をどう構成するかは各人各様でよいが，仕事間の望ましさの比率 v については個人間で比較可能な共通の尺度になると考えよう．この比率は，仕事 A にどれだけの割合で所得補償を行なえば仕事 B と同じ満足が得られるかを表わしている．この割合を「各人にとっての均等化差異」と呼ぼう．かくして v は人々の仕事に関する嗜好の差を要約する指標となる．

具体例を挙げよう．z_i が客観的に数量化できる要因，たとえば労働災害のリスクの程度 t_i に依存し，

$$z_i = t_i^a \quad a \text{ は定数} \quad (i = A, B)$$

と表わされる場合には，

$$v = \left\{\frac{t_B}{t_A}\right\}^a$$

である．この場合，a が個人間で異なることにより v の差異が生ずる．$a=0$ はリスクの差に無頓着な人，a がマイナス値で，しかもその絶対値が大きな人ほど，より強くリスク回避的な人を表わしている．

各人の新たな就業選択の基準は，3-6 図で表わすことができる．横軸には個人の能力の位置（O 点からの距離）y，垂直軸には指標 v がとられている．右下がりの曲線 VV' は，仕事 A が仕事 B と無差別になる軌跡 $\theta(y)v=q$ を表わしており，各人の与えられた (y, v) がこの曲線の上方に位置する場合には仕事 B が，下方に位置する場合には仕事 A が選択される．嗜好の差を考えなかったいままでの世界では，横軸に平行な直線 $v=1$ 上で曲線 VV' が交差する点

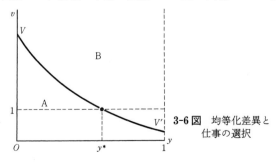

3-6図 均等化差異と仕事の選択

$y=y^*$ が仕事 A と仕事 B の領域を分けたのであるが, いまや境界は嗜好の広がりを反映して, 右下がりの曲線となるのである.

こうした事態は, 体系にどのような変化をもたらすだろうか? まず, 人々に仕事への嗜好の差をもたらす源泉そのものが(生産者にすでに生産関数に織り込まれている以上の)何らの追加的制約を課すものでないならば, 財の生産および要素投入の基準に何ら変化は生まれない[7]. したがって, 財の相対価格 p を所与とすれば, いままでと同一の相対賃金比 q, および各財の生産に際して従来と各々同一の要素投入比率が実現することになる. 労働供給側で生ずる変化は, リプチンスキーの定理より, すべて各財の生産規模の変化によって吸収される.

問題となるのは労働供給側の変化である. 就業選択の行動において, もはや比較優位基準が厳密に遵守されない以上, 労働供給フロンティアは一般に内側にシフトする. しかも各点の勾配は相対賃金比 q を就業選択の境界線上にある人たちの平均的な均等化差異の程度(その程度は, (y, v) 上の分布に依存する)で割り引いた, いわば「実効相対賃金比」に等しく, フロンティアの形状も必ずしも右上方に凸とは限らない. 特殊ケースとして, 人々が同一の v ($v=\bar{v}$) を持つ場合, 労働供給フロンティアの形状自体はいままでと同一になるが, 実際の労働供給は $q/\bar{v}$ を実効相対賃金比として決定される[*3]. いずれにせよ労働の需給主体間でそれぞれ参照する価格にギャップが生まれるため, 生産の効率性は阻害され, 生産のフロンティアは内側にシフトする. 同一の財相対価格 p のもとで生産点(P)がどちらへシフトするかは, 労働供給比率 L_B/L_A が結果的に上昇するかどうかに依存する. したがって, 仕事 B を望ましいとする嗜好が平均的に強く L_B/L_A が上昇する場合には, 財の生産比率(X_2/X_1)を高める方向に生産点は移動する. また, 内側へのシフトの大きさは, 能力と嗜好の分布の相関の大きさに依存する. たとえば, v と y の分布が独立である場合に比べ, 高い正の相関があればあるほど(すなわち, 比較優位をもつ仕事が同時により好ましい仕事であるという人が多ければ多いほど)シフトの規模は小さく, 逆に負の相関が強まれば強まるほどシフトが大きくなることは容易に見てとれよう.

市場の一般均衡に対する効果は、もはや容易に理解されよう。財に対する需要が中立的(相似拡大的)だというわれわれの想定下では、労働供給の変化によって生産比率が低下した財に対して生ずる超過需要を打ち消すべく、その財の相対価格が上昇する。その結果、市場の相対賃金比は、平均的に見てより好まれない仕事(すなわち労働供給比率の低下した仕事)の価格を引き上げるよう調整されることになる。市場は「各人の均等化差異」を集計した上で、相対賃金比の変化の中に「市場の均等化差異」を表現するのである。ここで「市場の均等化差異」とは、嗜好の相違がまったく存在しない(つまり、すべての人にとって $v=1$ である)状況における均衡相対賃金比 q_0 に対する新たに生じた均衡相対賃金比 q_1 の比 $v_m = q_1/q_0$ として定義できよう[8]。

以上説明した均等化差異の原則の意義として、次の3点を確認しておこう。

第1に、人々の仕事に対する嗜好の存在は、比較優位原則の作用を制限することで生産の効率性(国民所得の最大化)を妨げるが、労働の望ましさの価値を考慮に入れた経済厚生を市場がパレートの意味で最適化していることについては何ら変わりない。

第2に、個人間の所得分布の形成にあたって、比較優位基準とは異なる方向の力が働く。3-7図は、3-5図を基礎に人々の仕事の嗜好を表わす v が区間 $[0, v_{max}]$ で一様分布するとの仮定のもとで描いたものである。いずれのケースでも所得分布は下方に裾野をのばし、右方への分布の歪みは軽減される。また分布の中央部の密度が厚くなるという意味では所得の平準化が生じている。さらに能力分布と仕事の分布の親和度の低いケースⅡで生じていた職業ごとの明確な所得階層分化の様相は消失していることに注意しよう。

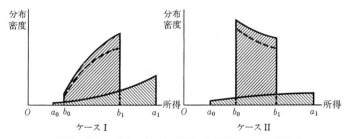

3-7図 能力と仕事に対する嗜好の多様性下での所得分布

第3に，市場の均等化差異は，あくまで存在する仕事の賃金率の大きさにその唯一の表現をみるのであって，つくことのできる仕事の数が有限である限り，決して各人の嗜好の微細に立ち入って所得の補償を行なうことはない．こうした制約は，むろん市場経済の宿命である．

　均等化差異の原則は，アダム・スミスの『国富論』のなかに明確な記述があり，いわば経済学の歴史とともに古い概念である[9]．と同時に，実際に市場で観察される所得分配上の不平等の大部分は，人々の間を真に公平に保つための均等化差異を反映したものだとするミルトン・フリードマンの主張[10]のように，自由市場経済体制を正当化する論拠としても利用されてきた．しかし，フリードマンの議論は，各人が直面する所得と（客観的に測れるものとしての）仕事の質のメニューに大きな格差はない，もしくは自由経済体制の純化によって格差が解消するとの想定に決定的に依存している[11]．この想定が現実にどの程度妥当なものか検証されていない以上，彼の議論は単なる政治的イデオロギーだと言わざるをえない．一旦人々の多様な能力を認め，能力と仕事との適合性もそれぞれ異なるということを認めると，もはや人々の直面するメニューが大いに異なるものとなることは，われわれが本節のモデルで確認したとおりである．

3.2　教育・訓練投資と所得分配

　人々の経済活動は，個人の生涯という時間的歩みの中で行なわれるものである．人はその活動を通して，多くのことを学ぶ．学校教育を通じて学習に専念することもあれば，仕事を通しての学習もある．むろん，学習にはそれ自体として目標と価値が付与され，経済的能力の向上とは一向に結びつかない場合もあるが，通常の場合，それは経済的能力の蓄積をもたらす．そして当該個人に高い所得と，社会全体に生産資源の実質的増加をもたらす．

　しかし同時に，多くの場合，学習には費用がかかる．個人にとってみれば一時的に所得の獲得を犠牲にしなければならない．加えて，教育サービスに対する直接の代価支払いもあろう．また，社会にとっても，学習者の潜在的労働時間や教育者の労働時間など，さまざまな資源を現在の生産以外の目的のために

利用しなければならない．ここに学習は，個人にとっても，また社会全体にとっても合理的な投資対象としての意味あいを帯びることになる．そして個人の意思決定が，果たして社会的にみて合理的なものかどうかという問題も発生する．

　学習を費用の投入と収益の獲得という投資の関係として理解するという視点は，すでにアダム・スミスにおいて論じられている．しかし，そのような視点から経済の実態に関する研究が盛んになったのは，1950年代以降，シュルツ，ベッカー，ミンサーらのシカゴ大学を中心とするグループによってであり，「人的資本」ないし「人的投資」理論と呼ばれている．なかでもシュルツ(Schultz [1960], [1971])は，経済開発の過程において人的資本の蓄積が社会的基盤投資の役割を果たすことを強調した[12]．ベッカー(Becker[1964])およびミンサー(Mincer[1974])は，人的投資の収益率を計測し，他の投資収益率と比較することで，果たして人的投資が社会的に効率的に行なわれているかどうかを論ずるとともに，人的投資が個人間の所得分配の説明要因としてきわめて重要なことを指摘している．これらの研究の特色は，膨大な実証研究を相携えながら行なわれた点にあり，その実証研究の部分については，われわれも次章でくわしく検討する．本節の主要な課題は，人的投資理論の観点から労働者の学習の性質と，その賃金，所得分配に対する含意を検討することにある．

　なお，仕事を通した学習には，職場訓練とは異なり，何ら所得の犠牲を要しない学習の形態もある．仕事をしながらの学習(learning-by-doing, 以下では，職場訓練との用語上の混同を避けるため，「遂行学習」と呼ぶ)の場合である．そのケースは費用・収益の関係でみるもともとの人的投資理論とはなじまないが，広い意味での人的投資活動として捉えることは可能である．そのことの意味を明確にする作業も本節の課題としたい．

教育投資水準の決定

　各人は，時点 0 から T 期間にわたって働きうるものとしよう．各人の初期保有としての経済的能力は x_0 で，教育を通じどちらの方向にも x を変化させる機会が与えられているものとする．タイプの異なる学校へ行くと考えればよ

い．教育を受ける期間をsとするとき，s期間後の経済的能力xは，

(3-3) $\qquad |x-x_0| = h(s, a) \quad h_s > 0, \quad h_{ss} < 0$

で表わされるものとする．ここで，$h_{ss}<0$の仮定は収穫逓減効果を意味している．また，どちらのタイプの学校も効果は対称的だと想定している．aは，投資機会を表わすシフト・パラメータである(後に本源的能力ないし家庭の社会経済的背景としての解釈を与える)．しばらく各人同一だと想定しよう．簡単化のため，教育の直接費用(授業料など)および学習自体の消費的価値の存在は無視する．また，仕事A，Bの賃金率w_A，w_Bが時間とともに不変であること，完全な資金市場が存在する(借入れを制限しているのは，各人の将来所得の現在価値である)ことを想定する．

このような状況で人々が就業する仕事と教育水準をいかに選択するかは，2つの段階に分けて考えることができる．まず第1に，それぞれの仕事につくと想定した上で，将来所得の現在価値を最大にする教育水準を選ぶ[13]．第2に，こうして最大化された現在価値どうしを比較して，より高い値をもたらす仕事を選択するというわけである．

最適な教育水準とは，ある時点まで教育を受けたとして，さらにもう1期間教育を受け続けたときに得られる就職後の各期の所得追加分の(その時点で測った)現在価値が，その時点で教育を停止して働き始めるときの1期間の所得にちょうど等しいという基準で与えられる[*4]．なぜなら，もし前者が後者を上回るなら，資金市場で後者に等しい金額を借り入れ，自己に投資することで借入れ利子を上回る収益を実現できるし，逆に，前者が後者を下回る場合には，今期働き，そこで得た所得を資金市場に投下した方がより高い収益を獲得できるからである．後者の値は，教育の「機会費用」と呼ばれている．教育にたとえ直接費用がかからなくても，他の投資機会の存在が逸失所得の形で間接的に費用を発生させるのである．この基準はまた，教育の収益率が市場利子率に等しいと言いかえることもできる．そして，市場利子率は経済の他の限界的な投資機会の収益率に等しいことを想起すると，教育のもつ外部効果と消費的価値を捨象する限り，この基準は同時に，社会的に効率的な資源配分の基準でもある．

第3章 労働市場と所得分配——新古典派的接近 81

人々の選択する教育水準は，与件の変化によってどのように変化するだろうか？　費用が逸失所得だけで，しかも賃金率が時間を通じて不変だというわれわれの想定のもとでは，仕事の選択を与件としたときの教育の選択は賃金率とは無関係となる．賃金率の変化は，収益，機会費用をともに比例的に変化させるだけだからである（しかし，賃金率とは連動しない直接的な費用がかかる場合には，賃金率の上昇によって教育水準は高められる．また，後述するように，仕事間の選択には賃金率が関与するので，仕事間の移動を引き起こすような賃金率の大きな変化に対しては，当然，教育水準も異なってくる）．第2に，初期保有 x_0 については，どうだろうか？　同一の仕事により良くマッチした位置から始める人は，そうでない人に比べ（$k_i' < 0$, $k_i'' \leq 0$ の想定より）同じ x の変化による能率の上昇率は小さい．したがって，これらの人たちは低い教育水準を選ぶ．第3に，生涯の長さ T の増加は，より高い教育水準をもたらす．コストは同一のまま，より多くの期間にわたって収穫が得られるからである．最後に，市場利子率 r の上昇は，物的な投資と同様，教育水準を低下させる．要約すれば，それぞれの仕事のもとでの教育水準は，生涯の長さ T の増加関数，初期保有 x_0 と当該の仕事にもっともマッチした能力位置との近接度および市場利子率の減少関数である．

以上が第1の最大化の説明である．第2の最大化については前節の分析がそのまま適用できる．その結果，各人が選択する将来の職業に対応して，教育のタイプ，およびその水準が最終的に確定する．言うまでもなく，このプロセスでは賃金率の大きさが重要な要因となる．

いま，極端なケースとして，すべての人が同一の能力の初期保有と同一の投資機会を持つ場合を考えよう[14]．経済全体でどちらの仕事にも現実に労働力が供給されるためには，教育水準の選択によって最大化された各仕事の所得流列の現在価値（V_A^*, V_B^* と記す）が相互に等しくなっていなければならない．ところで，各仕事の最適教育水準を s_A^*, s_B^*，教育後の経済的能力の位置を x_A^*, x_B^* とおくと，$V_A^* = V_B^*$ の条件から，

$$\frac{w_A k_A(x_A^*)}{w_B k_B(x_B^*)} = \frac{e^{-rs_B^*} - e^{-rT}}{e^{-rs_A^*} - e^{-rT}}$$

(ここで，e は自然対数の底)が満たされなければならない．もし，$e^{-rT} \simeq 0$ としてその値を無視すれば，各期の所得を Y_A, Y_B と記すとき，近似的に，

$$\ln Y_A - \ln Y_B = r(s_A{}^* - s_B{}^*)$$

の関係が成り立つ．あるいは，$(Y_A, s_A{}^*), (Y_B, s_B{}^*)$ は，ともに対数線形式，

(3-4) $\ln Y = \ln Y_0 + rs$ ($\ln Y_0$ は定数)

を満たすといってもよい．実際，この関係は，仕事の種類が A, B に限らず無数に存在する場合でも成立しなければならない．所得の格差は学歴差を反映するが，個人個人はどの所得を獲得しようと生涯の効用という点ではまったく無差別なのである．これは「習得費の大小が所得の大小を相殺する」としたアダム・スミスの議論にほかならず，均等化差異が完全に作用する場合だといえる[15]．各人の実際の所得は，偶然ないしわずかな嗜好上の差異によって決定されることになる．

しかしながら，実際に人々の間で与件がまったく同一だということはありえない．能力の初期保有も異なり，投資機会も異なるのが普通である．こうした差異のもたらす所得分配上の含意は，本節末に後述する．その場合でも，毎期毎期まったく同一の属性分布をもった新しい世代が誕生すると考えれば，労働供給に関する世代間の集計を経て，3.1節と同様の一般均衡分析が可能となる[*5]．

結合交換としての一般訓練

職場訓練の場合には，労働サービスと学習機会とは市場において結合交換される．その意味を説明しよう．

いま，人々は，2期間にわたって働くものとしよう．仕事 A, B の存在はいままでどおりとし，一般性を失うことなく，能力分布と仕事の分布との親和度の高いケース I を考えよう．長期の状況を考え，賃金率 w_A, w_B は時間を通じて一定だとする．したがって，将来の労働市場に関する不確実性は排除されている．資本市場は完全で，企業も労働者も一定の利子率 r で自由に貸借可能だと想定しよう．それゆえ労働者の関心は，2期間の所得の現在価値和を最大にすることにある．

仕事が提供する学習機会としてはさまざまな種類のものが考えられる．以下では，考察のベンチマークとして次のような事態を想定しよう．まず，仕事Aについては一切学習は発生しない．したがって，仕事Aを選択する人の能率は初期保有能力によって決定され，2期目に至っても変化はない．これに対し，仕事Bには可変的な学習機会が存在する．その機会は，第1期の労働に際して一部の時間を訓練にあてることにより，第2期の能力位置を改善する（つまり x を増加させる）という形で与えられるものとする．訓練の成果は，完全に個人に帰属し，雇い主が変わっても効果は同じである（後述の企業特有の訓練と対比して，「一般的訓練」と呼ばれる）．「可変的」という言葉の意味は，人々がさまざま異なる学習機会を提供する企業の中から適当な機会をオファーする企業を選択するか，あるいは雇われている企業に対し異なる学習機会を提供するよう誘導することを通じて，学習密度を変えうることを表現している．換言すれば，仕事Bについては，労働の需要・供給と学習機会の供給・需要が同時に行なわれるところにその特徴がある．ここに「結合交換」としての職場訓練の意味がある[16]．

職場訓練が現実に機能するためには，外部の訓練機関に比して学習効率の高いことが必要である．また，労働市場が競争的であることから，訓練価格は訓練が逸失させる限界生産物の価値とちょうど等しい．したがって，学習機会を提供する企業が労働者から何らかのプレミアムを獲得することは，均衡においてまったくない[17]．

議論を具体的にして，仕事Bの学習機会の大きさは，パラメータ λ （$0 \leq \lambda \leq 1$）で表現されるものとし，各人の能力の位置 x 所与のもとに，第1期の能率の犠牲 $\lambda \cdot k_B(x)$ の投入に対し，第2期において $g(\lambda)$ の率で x が増加する，つまり第2期の能率は $k_B(\{1+g(\lambda)\}x)$ となるものとしよう．簡単化のため，能力の増加率は初期保有 x とは独立であり，しかも企業間で共通だと仮定する．$g(\lambda)$ は，

$$g(\lambda) \geq 0, \quad g'(\lambda) > 0, \quad g'(0) > 1, \quad g''(\lambda) < 0 \quad (0 \leq \lambda \leq 1)$$

の性質を満たすものとする．

x を所与とした個人の2期間にわたる稼得機会は，3-8図に示されている．

図の横軸は第1期の所得,縦軸は第2期の所得を表わす.仕事Aを選択する場合には,両期間とも所得は $w_A k_A(x)$ であり,図上,点 A で表わされる.所与の利子率 r のもとで,所得の現在価値和は横軸上,V_A で表わされる.仕事Bを選択する場合はどうだろうか? この場合には,学習密度 λ も選択対象となる.学習機会は,図上 $B(0)$ から $B(1)$ を結ぶ上方に凸の曲線で表わされている.$B(0)$ は $\lambda=0$ に対応する点,$B(1)$ は $\lambda=1$ に対応する点である.曲線上の各点に対応する所得の現在価値和 V_B もまた λ に依存し,その値を最大にする学習密度は λ^* (図で点 $B(\lambda^*)$) として求められる.そこでは $\overline{B(0)Q} = \lambda^* w_B k_B(x)$ の費用投下に対し,$\overline{B(\lambda^*)Q} = w_B \{k_B(\{1+g(\lambda^*)\}x) - k_B(x)\}$ の収益が生まれ,限界収益率がちょうど利子率 r に等しい[18].各人はこうして最大化された $V_B(\lambda^*)$ と V_A とを比較して,より大きな値を達成する仕事を選ぶことになる.図の場合は,仕事Bである.もっとも,この選択は利子率の水準にも依存している.より高い利子率のもとでは,図の破線が示すように,より小さな学習密度 $\lambda^{*\prime}$ が選ばれ,また $V_B(\lambda^{*\prime})$ は V_A より小となる.それゆえ,仕事Aが選択される.

3-8図は,能力 x が所与の個人について描いたものであるが,もともと仕事

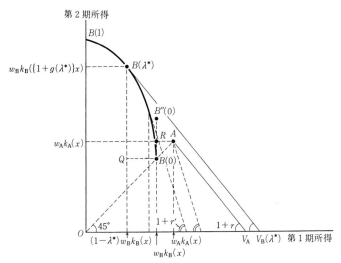

3-8図 一般的学習機会に対する最適投資

Aにより良くマッチした能力を持つ個人の場合には，点Aおよび点B(0)は45度線上をそれぞれ右上方，左下方へと移動し，学習機会を考慮してもなお仕事Aを選択する可能性が高い．

市場賃金率 w_A, w_B および市場利子率 r を所与とするときの各人の仕事および学習機会の選択，そして各期の所得水準は，以上のようにして特徴づけられる．また，市場利子率の上昇は，学習機会を伴う仕事Bへの労働供給を減じさせることが分かった．このような労働供給側の行動と，同じく賃金率 w_A, w_B を所与として限界生産力の原理に従って行動する企業側の需要との市場均衡で経済全体としての一般均衡が到達可能となることは，3.1節とまったく同様である．個人間の所得分配に関する3.1節に比しての目新しい様相は，学習費用と学習からの収益を反映して年齢間の所得の変化——年齢-所得曲線——が発生することである．

一般的な最適人的投資径路

以上，学校教育および一般的職場訓練を別々のケースとして最適な規模を議論したわけであるが，本来この両者は同一の枠組の中で同時に議論されてしかるべき事柄であろう．実際，生涯を通した学習密度の最適径路を導くという理論作業は，すでに十分なされている(Ben-Porath [1967], Blinder = Weiss [1974])．しかし，重要なことは，教育を通ずる学習と職場訓練を通ずる学習との間にどのような質的差異があるかということである．

もし両者が完全に等質ならば，問題は単に蓄積速度の相違に帰してしまう．その場合，第1に（各時点および時間を通じての）資源投入の収穫逓減効果により，第2に，投資の回収期間が年齢とともに短縮する効果により，初期において教育投資専念期間が生まれるとともに，就職後は学習密度が次第に逓減してゆくことになる．それは，企業内または企業外の移動を通じて労働者が次第に（同一職業内の他の）学習機会の少ない仕事に乗りかえてゆくことを意味している(Rosen [1972(b)])．その結果，就職後の年齢-所得曲線は，実際に観察されるような上方に凸で緩やかに上昇する形をとる．また，等質性の仮定は，学歴の高いものはそうでないものに比べ就職時点ですでに能力が高い分だけ，職場

訓練によって能力をさらに高める余地が必ずしも十分残されていないことを意味する．

しかし，等質性の想定は，にわかには支持しがたい．むしろ教育の学習効果はより広範かつ一般的なもので，職場訓練の効率性(以下では，「トレーナビリティ」と呼ぶ)を高めるようなものである可能性が高い．その場合，年齢-所得曲線が上方に凸の形をとるという点は変わらないとしても，学歴の高い労働者ほど選択する学習密度は高いという状況が生まれる．その場合，年齢-所得曲線の勾配は学歴の高い人ほど大きい．

遂行学習と使用者費用アプローチによる人的投資概念

一般的学習機会に対する投資については，しばしば明瞭に理解されていない問題がある．それは，投資費用の捉え方をめぐってである．その代表例は，訓練に時間の投入を必要としない遂行学習(learning-by-doing)の場合である[19]．われわれの表記によれば，

$$g(0) > 0, \quad g'(\lambda) = 0$$

として表現されるケースである．現実にも，造船・航空機生産における「学習曲線」など，製造業において数多くの事例が報告されている．また，多くの専門的・管理的・技術的職業においても，遂行学習の程度は強いと考えられる．というのは，これらの職業における知識(学習)は，広範な情報の獲得・整理と意思決定という日常の業務遂行と，その結果のフィードバックによる情報の構造化，一般化を通して生みだされると考えられるからである．

いま，仕事Bがそのような学習を伴うものであるとしよう．仕事Aは従来どおりとする．3-8図の点 $B(0)$ は，点 $B''(0)$ へ移動している．各人がそれぞれの仕事から期待される所得の現在価値和を比較することには変わりない．図の場合は，利子率 r のとき仕事Bが選択され，利子率 r' のとき仕事Aが選択される．利子率 r の場合には，現在の所得を $\overline{AR} = w_A k_A(x) - w_B k_B(x)$ だけ放棄するかわりに，将来 $\overline{B''(0)R} = w_B k_B(\{1+g(0)\}x) - w_A k_A(x)$ だけ所得を増加させるわけで，前者を費用，後者を収益と見なせば，利子率(＝金融的投資の収益率)より高い収益率で生産的投資を行なったこととして理解できな

くもない．実際，ベッカーはそのように理解しようと提唱している(Becker [1964：45-47])．

容易に確かめられるように，このような投資機会費用の把握の仕方からすれば，(i) 仕事Aにもっともマッチした能力に十分近い能力を持つ個人は何ら投資せず，(ii) 仕事Bにもっともマッチした能力に十分近い能力を持つ個人もまた(第1期の所得が仕事Aに従事する場合に比して高いため)何ら投資しない．結局，(iii) 両者の中間の能力を持つものだけが投資することになる．

しかしながら，このような投資費用の捉え方には違和感が残る．それは，投入費用の大きさが実際の学習成果(人的資本の蓄積規模)と必ずしも対応しないからである．2つの事例をあげよう．第1に，上記(ii)のタイプの人にとっては，ゼロの費用で有限のプラスの収益が得られる．したがって，学習の成果を所与としてみる限り収益率が無限大の投資をしたということになる．しかし，無限大の収益率というのは，形式上のつじつまあわせに過ぎない．第2に，仕事Aにも遂行学習が発生すると考えてみよう．すると，もともと仕事Aに比較優位がありながら，遂行学習の利益を得ようと現在の所得を犠牲にして仕事Bを選んでいた人たちには，その必要がなくなる．つまり，上記(iii)のタイプの人たちは減少するのである．その結果，経済全体として，機会費用でみた投資量は減少するが，人々の経済的能力の蓄積は増大するというパラドックスが発生してしまう(後出，3-9図の $\triangle PQR$ の面積が投資額に対応している．仕事Aにも仕事Bと同程度の遂行学習が発生するに伴い，この三角形は消滅してしまう)．つまり，遂行学習による人的能力の増大を機会費用の投入に対する収益という観点で説明することは，明らかに魅力に乏しい．

それでは，何らか別の考え方はないだろうか？　ひとつの代案は，各人が自己の生産能力をそれぞれの用途(仕事)で使用するかどうかの選択によって発生する使用者費用として捉えることにあると考えられる．以下では，機会費用アプローチに対して「使用者費用アプローチ」と呼ぶことにする．そのような見地からも論理的に整合的で，しかも正しい就業・学習機会選択基準をもたらす人的投資と所得の定義を導くことができる(石川[1988])．まず，ケインズ (Keynes[1936：53-55])に従って，使用者費用とは何かを説明しよう．

使用者費用とは，もともと企業の生産活動に伴う資本設備の価値減耗を把握する概念として用意されたものである．いま，企業が1期間資本設備を利用して生産しつつ，新たな支出によってその設備を最善の形で維持・改善する結果，期末の資本設備の価値(将来純所得の現在価値)は G になるとしよう．資本の維持，改善に投じた資源の価値を B とする．ところで，もしこの期間，資本設備を使用しないとしたら，期末における設備の価値は G' になるとしよう．もっとも，資本設備を利用しなくてもその維持，改善に努めることが望ましいこともあり，その最適な支出額を B' とする．B および B' は，実物資源(時間を含む)の投下という点で狭義の投資支出と見なしてよい．さて，$G-B$ と $G'-B'$ は，それぞれ資本の維持・改善活動の効果を除去した期末の資本設備の価値を表わしており，両者の違いは純粋にこの期間資本設備を利用するかしないかの違いに対応している．この差額 $(G'-B')-(G-B)$ を「使用者費用」(U と表記する)と定義するのである．

　この費用は，他の要素費用とともに企業の経常費用の一部をなす．企業の「投資」とは，資本設備のために今期行なった支出の総額(A_1 と表記する)から使用者費用を引いた額として定義される．通常の用語で A_1 は粗投資，A_1-U は純投資に相当する．さらに企業の生みだす「所得」は，生産物の価値額(A と表記する)から使用者費用を差し引いた $A-U$ として定義される．なお，以上では資本設備と述べたが，資本としてはもっと広く，原材料，仕掛品，そして製品在庫をも含むと考えられている[20][21]．

　さて，労働者についても，自己の経済的能力を資本として利用する生産者と見なして，企業の場合と同様に使用者費用を定義することができる．先のモデルに戻って考えよう．使用者費用は，それぞれの仕事に従事した場合とその仕事に従事しなかった場合の期末における稼得能力の差として，各仕事ごとに算出されるものである．

　労働者が第1期，仕事Aを選択する場合の使用者費用は，能力位置 x にかかわらずゼロである．なぜなら，学習機会が存在しないため，実際にその仕事に従事しようとしまいと第2期の稼得能力は何ら変化しないからである．

　しかし，労働者が第1期，仕事Bを選択する場合には，実際にその仕事に従

事するかどうかで遂行学習が行なわれるかどうかが決まり、第2期の稼得能力に差が生まれる。遂行学習の想定ゆえ、各人が自己の経済的能力改善のために投下する資源(B および B')は、恒等的にゼロである。そこで、使用者費用は $G-G'$(以下では、その第1期期首における現在価値のタームで評価する)として表わされる。

仕事Bの使用者費用は、能力位置 x に依存する。3-9図を見よう。この図には仕事Aの限界価値生産物 $w_A k_A(x)$ を示す曲線 $w_A k_A$、仕事Bの限界価値生産物 $w_B k_B(x)$(学習前)を表わす曲線 $w_B k_B$、そしてその学習後の値 $w_B k_B(x')$ を、x' ではなく、x の関数として表わした曲線 $w_B k_B'$(対応する x' の位置は、曲線 $w_B k_B'$ 上の点から水平線を引いて曲線 $w_B k_B$ との交点の対応する x 座標を読みとればよい)とともに、第1期に仕事 i、第2期に仕事 j に従事する場合の限界価値生産物の現在価値和を表わす曲線 V_{ij} (i, j=A, B) が描かれている。図の左側から順に、V_{BA} と V_{BB} の交点として $\underline{x}$、$w_A k_A$ と $w_B k_B'$ の交点として $\hat{x}$、V_{AA} と V_{BB} の交点として x^*、そして $w_A k_A$ と $w_B k_B$ の交点として $\bar{x}$ の4つの値が定義されている。このうち、$\bar{x}$ および $\hat{x}$ は、それぞれ学習前と学習後の静学的な比較優位基準の境界値であり、また x^* は2期間を通しての最適な就業選択基準の境界値である(厳密な証明は、石川[1988:342-344]を参照)。$\underline{x}$ は、本来仕事Aを選択すべきところ誤って仕事Bを選んでしまった場合に、

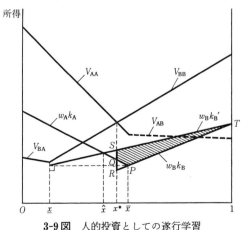

3-9図 人的投資としての遂行学習

第2期に仕事Aにつくことで損失を少しでも取り返せるかどうかを決める境界を表わしている．

この図を用いて，それぞれのxの値のもとでの仕事Bの使用者費用は，次のようにして算出される．第1に，$\underline{x}$以下のxについては，（$\underline{x}$の定義より）第2期の稼得能力は$w_A k_A(x')$となる．これに対し，実際働かない場合には遂行学習は回避され，第2期の稼得能力は$w_A k_A(x)$である．したがって，この期の使用者費用は$(w_A k_A(x) - w_A k_A(x'))/(1+r)$となる．この値は正である．第2に，$\underline{x}$と$\bar{x}$の間の$x$については，仕事をすると2期目の稼得能力は$w_B k_B(x')$，仕事をしないとそれは$w_A k_A(x)$となる．したがって，使用者費用は$(w_A k_A(x) - w_B k_B(x'))/(1+r)$であり，その値は中間の$\hat{x}$で正から負に転ずる．第3に，$\bar{x}$と1の間の$x$については，使用者費用は$(w_B k_B(x) - w_B k_B(x'))/(1+r)$である．これは一様に負の値をとる．

以上の結果は，3-1表の使用者費用欄に要約されている．表には，さらに各ケースにつき，第1期の粗収入（Aに相当）と，それから使用者費用（U）を引いた純収入（ケインズの定義による所得$A-U$に相当する）も併せ記載されている．各人は，仕事A，B間の純収入を比較して，その大きな方の仕事につくと考えられる．その結果，明らかに0と$\underline{x}$の間では仕事Aが，$\bar{x}$と1の間では仕事Bが選択され，$\underline{x}$と$\bar{x}$の中間では$V_{AA}(x)$と$V_{BB}(x)$との大小関係で就業する仕事が決まる．それゆえ，x^*が就業選択の境界点となり，われわれの使用者費用アプローチからも機会費用アプローチの場合とまったく同じ就業基準が得られる．

このアプローチで定義される投資額（$A_1 - U$）は，外部への投資支出（A_1）がゼロであるので，$-U$，つまり負の使用者費用に等しい．実際に選択される仕事で達成される投資額は，3-2表に示すとおりである．この表は，機会費用アプローチの場合との対比もしている．なお，経済全体としての投資総額は，能力の一様分布の仮定のもとでは，3-9図で斜線を引いた四辺形$PQST$の面積を$(1+r)$で割った値に等しく，機会費用アプローチの場合の$\triangle PQR$の面積で表わされる投資総額と好対照をなしている．むろん，機会費用アプローチの場合に生じた，人的投資額の上昇が必ずしも生産性の上昇と対応しないという

3-1表　遂行学習と使用者費用

能力位置	仕事	粗収入	使用者費用	純収入
$0 \leq x \leq \underline{x}$	A	$w_A k_A(x)$	$\dfrac{w_A k_A(x) - w_A k_A(x)}{1+r} = 0$	$w_A k_A(x)$
	B	$w_B k_B(x)$	$\dfrac{w_A k_A(x) - w_A k_A(x')}{1+r} > 0$	$w_B k_B(x) - \dfrac{w_A k_A(x) - w_A k_A(x')}{1+r}$
$\underline{x} \leq x \leq \bar{x}$	A	$w_A k_A(x)$	$\dfrac{w_A k_A(x) - w_A k_A(x)}{1+r} = 0$	$w_A k_A(x)$
	B	$w_B k_B(x)$	$\dfrac{w_A k_A(x) - w_B k_B(x')}{1+r} \gtreqless 0$ $\Leftrightarrow x \lesseqgtr \hat{x}$	$\left\{ w_B k_B(x) + \dfrac{w_B k_B(x') - w_A k_A(x)}{1+r} \right\}$
$\bar{x} \leq x \leq 1$	A	$w_A k_A(x)$	$\dfrac{w_B k_B(x) - w_B k_B(x)}{1+r} = 0$	$w_A k_A(x)$
	B	$w_B k_B(x)$	$\dfrac{w_B k_B(x) - w_B k_B(x')}{1+r} < 0$	$\left\{ w_B k_B(x) + \dfrac{w_B k_B(x') - w_B k_B(x)}{1+r} \right\}$

3-2表　遂行学習のもとで達成される投資額

能力位置	機会費用アプローチ	使用者費用アプローチ
$0 \leq x \leq x^*$	0	0
$x^* \leq x \leq \bar{x}$	$w_A k_A(x) - w_B k_B(x)$	$\dfrac{w_B k_B(x') - w_A k_A(x)}{1+r}$
$\bar{x} \leq x \leq 1$	0	$\dfrac{w_B k_B(x') - w_B k_B(x)}{1+r}$

困難は解消されている．

　人的投資を負の使用者費用として捉えるという接近方法は，実は遂行学習の場合に限らず，一般に時間の投入のある職場訓練の場合にもそのまま適用できる．そして，前項の場合とまったく同様の投資基準および就業選択基準が導かれる（石川［1988：338-340］）．その場合には，$A_1 = B = \lambda^* w_B k_B(x)$ が投資額の一部を構成する．すなわち，この新しい接近方法は，機会費用アプローチと完全に交替的なアプローチだといえよう．

　以上の議論を通して，仕事の遂行に伴う学習は，負の使用者費用の発生する

事態として理解できることを示した．負の使用者費用は，負の減価償却支出と同等であり，その意味でたしかに人的な投資支出である．しかし，それは時間など物的資源の投下によって経済的能力を高める狭義の人的投資とは質的に区別しなければならない．

企業に特有な熟練

職場訓練の学習成果が現に訓練を受けた企業内でのみ有効だという場合も考えられる．ブルー・カラー，中間的ホワイト・カラーなど具体的かつ暗唱的な技能を熟練の主要な内容とする労働者にとっては，企業特有の生産方式(個別に調整・改善を施した機械設備の調子の見方など)や管理方式(伝票・帳簿のつけ方，部門間の連絡の取りあい方など)，あるいは企業内の人間関係，チーム・ワークの運営にいかに習熟しても，その効果は現に働いている企業どまりになってしまうことが多いと考えられる(Piore[1975]，5.3節を参照)．近い将来，レイオフ，その他の理由による解雇を受けたり，あるいは外部により有利な仕事の機会の見つかる可能性を残す現実の経済においては，自らの費用を投じてまでそれらの技能を獲得しようとする誘因は働かないと考えるのが自然である．

一方，労働者を雇用する企業にとってそのような熟練からの利益は大きいと考えられる．それゆえ，次期において産出物需要の落ち込みや一部の労働者の自発的離職で投資の収益を完全に回収できない危険を多少冒しても，自ら費用を負担して労働者に技能の習熟を受けさせる誘因が働こう．そこで，まず将来の需要や労働者の離職の不安のまったくない，企業にとって理想的な状況を議論の出発点として，企業に特有の熟練の意義を考察しよう．

議論にあたって，企業に特有な学習機会については一般的学習機会と異なる性格の生まれる余地があることに注意しよう．後者の場合，その機会を提供する企業が長期的に学習機会の供給能力を独占できないこと，それゆえ企業は労働者から学習の機会費用以上の価格を徴収することはできないことをすでに指摘した．しかし，企業に特有な熟練の場合には，学習機会自体が企業の保有する稀少な経営資源を直接反映する場合が発生する．労働者は単に学習成果を他所に持ち運びできないばかりか，学習機会そのものが他の企業で複製されるこ

ともない場合である．機械の調整，工程管理，人事管理をめぐる企業独特の工夫を反映する場合だといってよい．むろん，そのようなことがすべての場合にあてはまるわけではない．学習成果（知識）を持ち運びできない点は変わらないが，学習機会自体はどの企業でも容易に複製可能だという場合もあろう．後者の場合には，長期的に企業間の競争を通じ学習機会の提供から企業の得るレントが解消してしまうという点で，一般訓練の場合と共通することは容易に推察されよう．理論上，新しい論点が誕生するのは前者の場合，すなわち学習機会が企業の稀少な経営資源を反映する場合である．以下では，その場合について考察しよう．現実には，稀少性のある場合，ない場合双方が存在すると考えられる．むろん企業に特有な熟練全体の中に占める前者の比重が大きくなるにつれ，それだけ以下の議論は重みを増すことになる．

再び2期間のモデルを考察しよう．一般的熟練の場合と同様，仕事Bが熟練形成の対象になるものとする．3-10図は，3-8図を企業に特有な熟練の場合について書き直したものである．x は初期の能力位置を表わし，45度線上の点 $B(0)$ は，何らの熟練形成も行なわれない場合の第1期，第2期における限界価値生産物 $m_B(x)$ を表わしている（限界価値生産物をこのように表記する理由は，まもなく理解されよう）．曲線 $B(0)B(1)$ は，3-8図同様，第1期の限界価値生産物の犠牲において第2期の限界価値生産物がどれほど上昇するかを表わすフロンティアであるが，それは当該労働者が企業にとどまる場合にのみ有効である．一般的熟練の場合と異なるのは，労働者がいわば自らの身体を企業に貸与し，その上に企業が自由に投資するのを承認するということを意味している点である．企業に特有な熟練のひとつの重要な意味がここにある．したがって，上記の理想的状況が妥当する限り，投資活動は完全に企業の私事となる．

企業にとっての理想的状況では，労働者は第1期，第2期とも $B(0)$ に対応する所得を獲得するのに対して，投資収益はすべて企業の懐に入る．その場合，最適投資率 λ^* は，一般的熟練の場合と同様，投資の限界収益率が所与の市場利子率に等しい点として与えられる．この点は，フロンティア上，点 $B(\lambda^*)$ で表わされている．企業が市場利子率を上回る平均収益率を達成・維持できるのは，学習機会が企業独自の経営資源を反映しているという想定のためであ

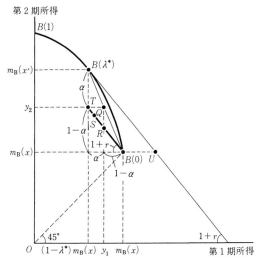

3-10図 企業に特有の熟練機会に対する最適投資

る[22]．

ところで，現実には企業は労働者を次期この企業に引きとめる強制力をもっておらず，また上記の雇用契約には労働者を引きとめる積極的な誘因も存在していない．企業にとって労働者の離職を回避しつつ，なお最大限の投資収益を獲得する手だてはあるだろうか？

ひとつの提案は，人為的に賃金の支払いに時間的傾斜をもたせることで，労働者を引きとめようというものである(Donaldson = Eaton [1976], Salop = Salop [1976])．年功賃金の契約にほかならない．議論は簡単である．完全な資本市場が存在するという想定のもとでは，労働者にとって同一の現在価値を有する所得の流列は無差別のはずだから，3-10図の上で，もし点 $B(0)$ の契約を受諾するのであれば，点 $B(0)$ を通って $-(1+r)$ の傾きをもつ直線上のいかなる点に対応する所得流列の契約もまた受容するであろう．そこで，この直線上，点 $B(0)$ より左側の任意の点(たとえば S 点)に対応する年功賃金契約を結べば，労働者に離職回避の十分な誘因を与えつつ，企業は投資収益をいささかも失わずに済むというものである．

しかしながら，この提案は労働者にとって容易に受容されるものではない．

というのは，この種の年功賃金は姿を変えた強制的企業内貯蓄（社内預金）にほかならないからである[23]．換言すれば，労働者は企業に対し単に自らの身体を貸与するのみならず，投資資金まで貸与することを意味している．もしそのような契約を受諾する労働者がいたとすれば，その労働者はいかにもお人好しだということになろう．労働者には，他に同一の利子率 r で収益を稼ぎつつ，何ら拘束のない自由な貯蓄機会が存在しているのであるから，わざわざ好んで年功賃金という貯蓄形態を選ぶ理由はないのである．もし資本市場が不完全なら，一層のことそうである．

こうして，もともとのベッカーの提案に到達する．すなわち，離職回避の誘因を与えるため，企業は労働者に対し分益投資（パートナーシップ）への参加を呼びかけるというものである．いま，投資費用の $\alpha\,(0<\alpha<1)$ の割合を企業側，残余 $1-\alpha$ の割合を労働者が負担する（収益も同一割合で分配される）ものとすれば，最適投資水準に変化はなく，労働者の各期の所得は，それぞれ，

$$y_1 = (1-(1-\alpha)\lambda^*)\,m_B(x)$$
$$y_2 = \alpha m_B(x) + (1-\alpha)\,m_B(x')$$

となる．ここに右上がりの年齢-所得曲線（年功賃金）が発生する．この契約は，3-10図では点 Q として表わされる．この場合の年功賃金は，分益という形ではあるが，人的投資の成果が直接所得の増加をもたらすという点で，先の企業内預金の場合と本質的に性格を異にしている．また労働者に対し競争賃金以上の報酬を支払うことを反映して，企業全体としての雇用量も縮小する．

ベッカー自身，分担比率 α がいかなる水準に決定されるか説明していない．雇い主にとって，労働者の離職回避が保証される限り，α はできるだけ大きいのが望ましい．他方，労働者にとっては，熟練の形成が解雇の防止を保証する限り，α はできるだけ小さい方が望ましい．ところで現実には，将来の市場をめぐる不確実性ゆえに完全な離職回避および解雇回避の保証はありえない．それゆえ，α の決定はこのようなリスクを考慮した上で，最適な λ の決定と同時に行なわれよう．さらに多期間の雇用を考慮すると，企業特有の熟練がもたらす局地的な独占力を背景に労働者が交渉力を獲得し，雇い主との間で双方独占の事態が生まれよう．したがって，最終的には相互の交渉力のバランスによっ

て a は決定されると考えられる.

こうした様相は,雇用および所得形成の仕組みを純粋な競争市場の論理から乖離させる効果をもつ.そのような仕組みについては,5.4節で説明する[24].

不確実性の影響

以上の分析は,将来の所得が完全に予見可能だという仮定にもとづいている.しかし,そのような仮定は現実的とはいえない.教育・訓練投資は,ある意味で固定設備投資よりはるかに固定的である.人間に体化されるため,転売ができないからである.それだけに将来の不確実性には敏感に影響されると考えられる.

一口に不確実性といっても,その源泉はさまざまである.しかし,大きく3つの種類に分類できよう.第1には,投資の実行に先立って教育や訓練の質を完全に知ることができない点である.第2に,同一の投入をいかに有効に経済的能力の蓄積に向けられるか,自己のトレーナビリティに対する不確実性である.そして第3には,自己の蓄積した経済的能力に対して将来の市場がいかに評価するかをめぐる不確実性である.最初の2つは投資のプロセス自体にかかわる不確実性であり,第3の要因は投資の成果に関する不確実性である.

収益の不確実な資産と安全な資産との間の選択は,個人のポートフォリオ選択行動として知られている.通常の金融資産間のポートフォリオ選択の議論と異なるのは,限界収益とそのリスクの程度が投資量自体に依存する点である.投資の決定に大きな相違をもたらすのは,投資量の増加に伴いリスクが逓増的となるか,それとも逓減的となるかという事情である.いま,一般的学習機会の説明に用いた2期間のモデル(3-8図を参照)に戻って説明しよう.能力の初期保有 x を所与とする個人が仕事Bの学習機会に $\lambda \cdot m_B(x)$ だけ投資する場合の将来収益 $(m_B(x') - m_B(x))$ が,第2期になって初めて帰結の分かる不確実な要因 μ に依存するものとしよう.その結果,将来の消費水準 c_2 はあらかじめ確定できないことになる.いま μ は確率変数で,その確率分布は分かっているものと想定すると,各個人は,第1期において生涯の消費 (c_1, c_2) からの期待効用 $Eu(c_1, c_2)$ を最大にするよう,現在の消費水準 c_1 および訓練投資水準 λ

を決定することになる.将来の消費 c_2 は,所得の確定した時点でちょうどすべての予算を使いきるように決定される.

不確実性の導入による議論の第1の変更点は,もはや消費の決定と投資の決定とを分離できないことである(それがもたらす含意については後述).最適な投資の条件は,将来の消費のタームで測った投資費用の追加的1単位の期待限界負効用が追加的収益の期待限界効用に等しいという形で求められる[25].

いま不確実性のある場合とない場合の比較の基準として,不確実性のない場合を,どのような状態が生起するかにかかわらず,それぞれの λ のもとでの収益の期待値が確実に支払われる場合と読みかえることにしよう.無費用で完全な保険が供給される場合といってよい.そのとき,教育・訓練投資の期待限界収益がその限界利子費用に等しいことが最適投資基準となることはすでに見たとおりである.

不確実性のある場合には,もし投資の増加につれて状態の変化(ショック)に伴う限界収益率の変動が大きくなるという意味でリスクが逓増的な場合には,確実な場合に比して投資は抑制され,逆に状態の変化に伴う限界収益率の変動が小さくなるという意味でリスクが逓減的な場合には,確実な場合に比して投資は拡大する.その理由は,リスクが逓増的な場合には,プラスのショックの発生とともに人的投資の限界収益は高まるが(これに対し,利子機会費用の方は変化しない),消費の限界効用逓減のため評価にあたってのウェイトは小さく,逆にマイナスのショックの発生に伴い低下する限界収益をより高いウェイトで評価するからである.リスクが逓減的な場合には,ちょうどこれと反対のことがおこる.より直観的には,前者の場合,人的投資の増加とともに将来所得の分散が高まるため,投資が控えられるが,後者の場合には,逆に将来所得の分散が小さくなるため,極端な低所得,低消費を防止するため投資を拡大するのだといえる.

このようにリスクが逓増的か,逓減的かで,事情は大きく異なる.それでは一体どちらのケースが現実的だろうか? それはショックの源泉如何によるといえよう.最初にあげた第1,第2の要因,すなわち,教育・訓練の質,あるいはトレーナビリティの情報に関する不確実性が主な要因である場合は,きわめ

て自然に逓増的なリスクの場合だといえる．将来の市場に関する予測の困難という第3の要因の場合には，どちらのケースも生じうる．

　もともとのモデルに戻って，仕事Aの将来所得について市場要因ゆえの不確実性が存在するとしてみよう(もちろん仕事Aについても教育・訓練の機会を想定しても一向にかまわない)．市場要因としては，需要の構造的シフトが発生する可能性を考えよう．すなわち，仕事A, Bに対する個別需要ショックの間に負の相関のある場合である．その場合，リスクが逓増的となるか，それとも逓減的となるかの区別は，仕事A, Bがそれぞれ特有な能力の存在に立脚しているか，それとも一般的な能力に立脚しているか(3.1節の議論を参照)という事情に対応するといえる．特殊な能力の蓄積が需要のシフトに対して脆弱なことは明白であろう．やや一般化していえば，一般的能力に依存する職業が支配的な場合には，リスクの逓減性を反映して人的投資は拡大するが，特殊な能力の蓄積を要求する職業が支配的な場合には，リスクの逓増性を反映して人的投資は(いずれも他の条件同一のもとで)抑制されるだろう．以上が市場要因に関するリスクの効果である．企業に特有な熟練の場合については，市場における構造的シフトの可能性のほかに企業間の個別ショックが追加されるため，リスクの逓増性の要因は強化され，労働者の投資誘因はその分弱められるだろう．

人的投資と所得分配

　人的投資理論は，個人間の所得格差の説明にあたり，どのような役割を果たすだろうか？　大別して，2つの理解の方向があるといえる．第1は，狭義の人的資本仮説と呼ぶべき立場で，どれだけ直接，間接の資源を教育・訓練に投下するか，投資量の相違が所得格差の支配的説明要因になるというものである．第2の立場は，投資量そのものというより，むしろ人々の間の本源的な能力や，家庭の社会的・経済的環境など，背景的属性の差異が個人個人の異なった稼得能力に変換されてゆく事実の論理的説明の枠組を与えるところに，人的投資理論の意義を認めるものである(第1の立場においても，個人間で背景属性が異なることを否定はしないが，それらの差異は所得の形成に際し投資資源とは独

立に作用し，またその程度も小さいというのである).

 当然，2つの立場では現実の検証に際しての目標も異なってくる．第1の立場では，ベッカーやミンサーの実証研究に象徴されるように，個人の教育・訓練投資の代理指標と考えられる学歴年数，経験年数(あるいは企業に特有な熟練の可能性を考慮して特定企業における勤続年数)の差異が個人間の所得の変動(分散)の何パーセントを説明するかに関心が寄せられる．むろん，説明力が高ければ高いほど人的資本仮説の妥当性が高いということになる．こうした検証の方向は教育・訓練投資の内部収益率の計測として定式化され，多大な努力が注がれてきた(4.2節を参照)．これに対し第2の立場からは，背景的属性のそれぞれが(教育・訓練投資を介して，または直接に)一体どれだけ所得格差の程度に寄与しているかを評価するという点に検証の主眼が置かれてきた．こうした観点からの実証作業は「稼得収入関数」の推定と呼ばれている(4.3, 4.4節を参照).

 実証研究を評価する準備として，純粋に理論のレベルでこの2つの立場がどう関連するのか，説明しておこう．まず教育投資のケースを想起しよう．もし人々の背景属性(能力の初期保有 x_0 およびパラメータ a の規定要因)が等しく，しかも資本市場が完全なら，人々の所得と学歴年数の間には(3-4)の関係があること，すなわち，所得の差は純粋に教育コストの差を補塡するに過ぎないものであることが分かった．均等化差異の原則が完全に作用する場合にほかならない．こうした性質は，教育の終了後，一般的熟練の過程が始まる場合でも，そのまま妥当する．というのは，たとえ職業間，企業間でさまざま異なる学習機会がオファーされたとしても，教育投資期間を含めた生涯全体にわたる所得の現在価値はやはり等しくならなければならず，その条件を満たすよう労働市場で所得格差が調整されるからである．こうした極限的なケースでは，比較優位の原則は完全にその効力を停止する．

 しかしながら，一旦人々の間の背景属性の相違を認めると，停止していた比較優位の原則が再び作動し始める．その結果，人々の生涯所得(の現在価値和)にも格差が生まれる．どのような格差が生まれるかを見るには，3.1節の議論をそのまま拡張すればよい．人々の間の事情の相違を発生させる源泉として，

(i) 能力の初期保有あるいはトレーナビリティの相違,
(ii) 個人個人が直面する借入れ利子率ないし借入れ制限額の相違,
(iii) 個人が保有する非人的資産の相違,

の3つの事情があげられる．(i)のうち，トレーナビリティの相違は，投資の限界収益率曲線をシフトさせることで，投資機会自体を変化させる．教育投資の定式化(3-3)に登場したパラメータ a も，それと同様の効果をもつ．(ii)は，資本市場の不完全性として知られている問題である．(iii)については，もし資本市場が完全なら，将来，両親から遺産として譲り受ける非人的資産の現在価値を含んだものとなる．(iii)は(ii)と深くかかわる要因であるが，後述のように単独でも作用する．次に，それぞれの要因が果たす役割を説明しよう．

(i) 能力の初期保有ないしトレーナビリティの相違 トレーナビリティと能力の初期保有とでは効果は異なる．前者の上昇は投資機会の改善を意味するため，通常，教育・訓練投資は拡大する．したがって，同一の初期保有を持つ個人間でも，時間の経過とともに比較優位上の差が発生し，所得も不均等化する．もっとも不均等化の程度は，能力の分布と仕事の分布との親和度が高ければ高いほど，しかもそのことに対応して，仕事の違いによってトレーナビリティの内容が異なれば異なるほど小さいといえよう．

それでは，能力の初期保有の相違についてはどうだろうか？ 同一職業を予定する個人間では，初期において不利な人ほど教育・訓練の効果が高いため，より大きな投資が行なわれる．その結果，有利な初期保有を持つ個人の生涯所得上の優位は動かないものの，両者の生涯所得上の格差は縮小する．

(ii) 資本市場の不完全性 個人個人にとって資本市場は完全といえないのが現実の姿である．人身売買を禁じた現代の社会においては，将来の所得を担保とすることができないからである．いま，不完全性の比較的弱い形態のひとつとして，借入れ利子率（r_b で表わす）が貸出し利子率（従来どおり r で表わす）から乖離する場合をとり上げてみよう．現実には，個人の非人的資産の額を反映する形で借入れ機会へのアクセスが変化し，その額が小さければ小さいほど

借入れ利子率は上昇すると考えられる．しかし，以下では事態を単純化して，借入れ利子率は非人的資産ポジションの如何にかかわらず一定だと想定する．むろん，$r_b > r$ である．

資本市場が不完全な状況では，教育・訓練投資の行動が消費の意思決定から独立だという性質は一般に成立しなくなる．その結果，投資行動は非人的資産保有額にも依存する．これらの性質は，一般的学習機会をめぐる2期間モデルを用いて容易に説明できる(教育投資の場合でも，議論はまったく同様である)．

3-11図を見よう．非人的資産(A と表記する)がゼロの人の投資機会が，曲線 $B_0 B_0'$ で表わされるものとしよう(これは，3-8図の曲線 $B(0)B(1)$ に対応している)．この曲線に傾き $-(1+r)$ の直線が接する点を $P(r)$，傾き $-(1+r_b)$ の直線が接する点を $P(r_b)$ とすると，消費フロンティアは曲線 $P_0\text{-}P(r_b)\text{-}P(r)\text{-}P_0'$ で与えられる．これに対し，消費からの効用は平面上の無差別曲線で表わされる．訓練投資の水準は無差別曲線の位置如何に依存する．すなわち，無差別曲線が線分 $P(r)P_0'$ 上で接点をもつ場合には $P(r)$ に対応する投資密度 $\lambda^*(r)$ が選ばれ，線分 $P_0 P(r_b)$ 上で接点をもつ場合には $P(r_b)$

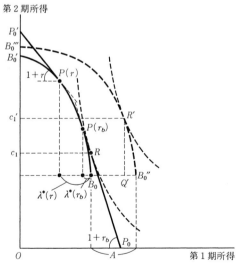

3-11図 資本市場の不完全性下における人的投資

に対応する投資密度 $\lambda^*(r_b)$ が選ばれる．そして，曲線 $P(r)P(r_b)$ 上で接する中間の場合には，接点の位置が直接，投資密度を決定することになる．図では，線分 $P_0P(r_b)$ 上の点 R で接する場合が描かれている．言うまでもなく個人の時間選好率が(一様に)高ければ高いほど無差別曲線の勾配は大きくなり，下限の投資密度 $\lambda^*(r_b)$ の実現する可能性が高まる．

 投資密度が非人的資産の初期保有 A にどのように依存するかは，A がプラスとなる場合の効果を見ることで確かめることができる．その場合，投資・消費のフロンティアは，A の相当額だけ右方に平行移動する．もし現在と将来の消費がともに正常財なら，A が増大するにつれ，無差別曲線との接点は直接，人的投資フロンティアと接する局面へ，さらには資金貸出しの局面へと移行する．実際，その様相は 3-12 図で実線の曲線として描かれている．

 この図には，さらに他の比較静学的性質も要約されている．借入れ利子率が上昇する場合は，借入れ局面での投資密度が低下する．逆に，時間選好率が一様に低下する場合には，貸出し局面以外の投資密度が一様に上昇する．

 以上の議論は，資本市場の不完全性が借入れ額の制約という表現をとる場合にも容易に適用できる．極端な場合として，将来所得を担保とする借入れが一切できない場合には，r_b は無限大となり，3-11 図の借入れ局面は消滅してしまう．3-12 図から，公的な教育ローン政策は，投資行動が非人的資産の初期保有

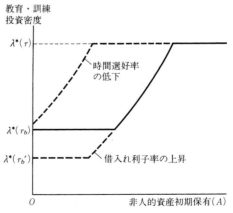

3-12図 資本市場の不完全性下の比較静学分析

A に依存する局面をできるだけ小さくする政策として意味のあることが理解できよう.

(iii) 非人的資産保有額の相違 資本市場に不完全性が生じないとしても,なお教育・訓練投資が非人的資産に依存する場合がある.第1は,人々が教育・訓練を単に投資対象としてだけでなく,それ自体に消費的価値を認める場合である.第2は,先に検討した,不確実性の存在する場合である.もし,人々のリスク回避の選好について絶対的危険回避度の逓減という性質があるとすれば,不確実な収益を伴う人的投資は正常財となり,非人的資産の上昇に伴い単調に増加することになる.

以上の要因は,現実には複合的な形で作用する.所得分配の平等という観点からは,(i)の能力要因と,(ii),(iii)の金融的要因がどのように相関するか,また相関があるとすればどのようなルートを通じてであるかが重要な問題となる.能力要因上有利な者が金融的要因についても有利であるというように,両者が正の相関をもつ場合には,所得の不平等は一層拡大されよう.逆に,両者に負の相関がある場合には,所得の格差は緩和されることになる(Becker[1967]または[1975:附論]を参照).これらの要因がどのように作用しているかの実証的分析が所得分配の平等化を図る政策的検討の重要な前提となることは明らかである.そして,まさにこの点に第2の立場から見た人的投資理論の重要な意義が存在するのである.

3.3 情報非対称性下のシグナリング均衡

理論的拡張のもうひとつの方向は,人々の保有する能力に関する情報が不完全にしか行きわたらない場合の分析である.労働者は自分の労働能力の位置を知っているが,雇い主の側には分からないという,いわゆる情報の非対称性が妥当する状況では,本来の能力と統計的相関を有する個人の観察可能な属性にたとえそれ自体生産能力を直接高める力はなくても,情報的側面から経済的価

値が生まれる．雇い主はそのような属性に報酬を支払うことで労働者に自己の能力を開示させる誘因を与えるわけである．そのような観察可能属性をシグナルと呼ぼう．人々の取得する学歴はシグナルとしての機能を発揮することが指摘されてきた(Spence[1973], Arrow[1973(b)])．本節では，シグナルを含む労働市場の均衡について考察する．

情報の非対称性下の労働市場

労働者はそれぞれ自分の能力位置 y を知っているが，雇い主および他の労働者には，雇入れ前であろうと雇入れ後であろうと個々の労働者の能力は分からない場合を考えよう．雇い主に分かるのは，雇い入れた労働者全体についての平均的限界生産性のみである．また雇い主の知識にこうした制約のあることを，労働者は知っているものとする．

仕事 A, B が能力の分布と親和的に分布する場合（ケース I）を想定しよう．能率1に対応する賃金率 w_A, w_B が仕事 A, B に関する市場全体としての需給関係で調整されることは，以前のとおりである．情報の不完全性に関する上記の仮定より，実際の賃金はそれぞれの仕事につく労働者の平均的能率を反映して，雇い主(企業)・仕事ごとに同一額が支払われるだろう．さらに2つの重要な性質がある．

第1に，各仕事について見た場合，賃金水準は企業間・労働者間で平準化する傾向がある．事前に設定した賃金水準と事後的な平均的限界生産性とが合わず，各企業に超過利潤または損失の発生する状況から出発してみよう．平均的に高能率を発揮した企業の労働者に対する他企業からの引抜きと，平均的に低能率しか発揮しなかった企業の労働者の解雇ないし自発的離職が生まれる．しかし，高い賃金をオファーして引き抜いた労働者の集団であっても，事後的には既存の労働者と区別されないわけであるから，早晩，これらの労働者の賃金は切り下げられる．同様に，自ら賃金を切り下げることで新たな雇用機会を得た労働者の集団についても，事後的には既存の労働者の生産性と平均化された生産性に対応するより高い賃金を獲得してゆく．こうして競争の行きつくところ，各企業の平均的限界生産性と賃金とは平準化し，超過利潤(損失)ゼロの状

態が達成されよう[26]．

　第2に，仕事A, B間の賃金の水準も平準化する．市場は各人の能力位置を直接評価せず，どちらの仕事で働く方が所得が高いかの情報しか与えない．したがって，2つの仕事の間で所得格差のある限り，より高い所得を求め人々は仕事を変えてゆく．その場合，能力位置と実際の仕事との対応は偶然に支配される要素が大きく，資源配分上きわめて非効率な低位均衡の発生する可能性がある．さらに，以上では暗黙のうちに人々はいずれかの仕事で必ず働くと想定しているが，実際には，人々は労働と余暇の代替を考慮して留保賃金を設定し，所得が留保賃金に満たない際には失業を自発的に選ぶと考えられる．したがって，もし能力位置 y が0または1に近い人ほど留保賃金が高いなら，実際に供給される労働力は能力位置上不利な人ばかりとなる，いわゆる逆選択(adverse selection)の現象が発生する(Akerlof[1970])．また，たとえ各人の知識が最大限生かされる均衡(すなわち，一定の y の値を境界にして，それ以下の y を持つ労働者は仕事Aを，それ以上の y を持つ労働者は仕事Bにつく均衡)が生まれたとしても，2つの仕事が同一賃金を支払うという性質は変わらないため，資源配分上の歪みは残ったままとなる[27]．

シグナルの作用する均衡

　労働者が，自己の経済的行動を通じて，潜在的雇い主に何か自己の能力位置 y と相関をもつ変量の大きさを伝えることができる場合，そのような経済的行動の指標を Spence[1973]，[1974]にならい，y のシグナルと呼ぼう．

　シグナルの代表例として教育投資の水準(以下，s で表記)があげられる．教育投資のコストが y と相関をもつとすると，どれだけの教育を受けたかを知ることで，逆に y の大きさを推定できる．いま，教育コストを規定する要因を z ($0 \leq z \leq 1$) と記し，

$$(3\text{-}5) \qquad y = z + u$$

であると想定しよう．u は，z とは独立のノイズ(確率的攪乱項)である．ノイズは期待値0，分散 σ_u^2 をもつものとする[28]．z は真の能力位置 y の期待値として解釈できる．以下では，z を期待能力位置と呼ぶ．雇い主は，労働者間の

y の分布がこのような構造から生まれることを知っているが,個々の労働者の z および u の値を直接知ることはできない.これに対し,労働者は最小限,自己の z の値を知っていると仮定する (u の値まで知っているかどうかは,以下の議論に影響しない).その意味で情報の非対称性を仮定するのである.教育のコストについては,将来の仕事に応じて受ける教育の内容が異なると想定して,仕事 A に対応する教育の単位費用は $c_A(z)$,仕事 B に対応する教育の単位費用は $c_B(z)$ であるとしよう.以下ではこれらの関数が,

$$(3\text{-}6) \qquad c_A(z) = \frac{1}{1-z}, \qquad c_B(z) = \frac{1}{z}$$

として特定される場合を考察する.(3-5)との対比で言えば,教育の単位費用は,作用する前の期待能力位置と,それぞれの仕事にもっともマッチした能力位置との弧距離に反比例するという想定である(この特定化は,むろん本質的なものではない).

　他方,教育を受けることに対する収益が各仕事で保証されるなら,労働者はその収益から費用を差し引いた純所得を最大にするように教育水準を選び,その上で仕事 A, B のうちどちらか大きい純所得を保証する仕事(および対応する教育)を選択するだろう.ところで,教育に対する収益を保証する根拠とは何だろうか? 前節では,教育が生産性を高めることで収益を獲得する場合を考えた.しかし,それとはまったく独立の理由で収益が生まれる余地もある.雇い主が,直接には観察できない z の情報を開示させる誘因となるプレミアムを労働者に与えるというものである.教育がシグナルとしての機能をもつとは,まさにこの側面にほかならない.以下では,教育のもつ生産性効果は一切捨象しよう.

　z に関する情報が価値をもつことは,次のように考えることで理解できよう.議論の出発点を,すでに説明した,すべての労働者が一律の賃金を獲得する均衡状態に置く.この状況では,労働者は何ら教育を受けていない.いま,ある企業が創意を発揮して,どちらの仕事についても一定の学歴 <u>s</u>(わずかでよい)以上保有する労働者には現存の賃金以外に若干のプレミアムを支払うと公約して,新規に労働者を採用するものとしてみよう.若干のプレミアムであっても

$\underline{s}$ の教育投資を実行するのは，z が 0 の近傍にあるか(仕事 A の場合)，または z が 1 の近傍にある(仕事 B の場合)労働者に限られよう．しかし，(3-5) の仮定と大数の法則により，そのようにして集めた労働者の平均的限界生産性は，従来の平均(＝一律の賃金水準)に比べはるかに高いはずである．したがってその企業は多額の超過利潤を得る．

超過利潤の発生は，他の企業にも同様の試みを促す．そればかりでなく，新たな創意発揮の機会も与えるだろう．たとえば，ある企業は $\underline{s}$ より少し高い学歴 $\underline{s}'$ に対し，先のプレミアムに若干上積みした賃金額を提示して，新規採用を図る．そうすることで，一層生産性の高い労働者を集めることができるからである．このような試みが市場で繰り返されるなら，学歴と賃金水準との間に単調な右上がりの関係――「賃金スケジュール」と呼ぶ――が生まれ，労働者の期待能力位置 z は情報的に完全に分離されるだろう．最終的にどのような状況が成立するか，2段のステップで論じよう．初めに仕事が1つしかない世界を考え，次いで仕事 A，B のある世界を扱うことにする．

単一の仕事のもとでの情報分離均衡

仕事 B だけ存在する世界で最終的に到達する市場均衡の状態がどのような姿をとるか，考えてみよう．市場均衡の成立要件は，第1に，各労働者が合理的に学歴を選択していること，第2に，すべての雇い主にとって，もはや賃金スケジュールを改訂しようとするいかなる動機も存在しないこと，そして第3に，労働力需給の均衡である．このうち第3の要件は，市場パラメータ w_B(能率1に対応する賃金水準)の調整で達成されることは明らかであるから，以後 w_B は外生的と考え，第1および第2の要件の充足だけを論ずることにする．第1，第2の要件を満たす状況を，一般に「シグナリング均衡」と呼ぶ．

第1の要件は，
(a) 教育投資の生み出す期待純所得が最大化される，
(b) 最大化された期待純所得が，教育投資をしなくても確保できる最小限の期待所得以上である，
という2つの条件に置きかえることができる．第2の要件は，スペンスに従い，

(c) 各労働者の z が情報的に完全に分離される，

(d) どの雇い主も期待超過利潤ゼロを達成する，

という2つの条件に置きかえることができる．そして(a), (b), (c), (d)の条件を満たすシグナリング均衡を「情報分離均衡」と呼ぶ．なお，条件(c)を雇い主にとっての期待利潤最大化の条件としてア・プリオリに想定することは適当でないという批判があり，その点については後述する．

まず，条件(a), (d)を使って，賃金スケジュールの形状について制約を求めることができる．議論を簡単にするため，以下では仕事の能率曲線 $k_B(y)$ が線形で，

(3-7) $\quad w_B k_B(y) = w_B(1 - k_B + k_B y) \quad k_B$ は正の定数

と表わされるものとする．賃金スケジュールを s に関する未定の関数 $W_B(s)$ と表記するとき，条件(a)から，任意の z について，

(3-8) $\qquad\qquad W_B'(s) = \dfrac{1}{z}$

(3-9) $\qquad\qquad W_B''(s) < 0$

が満たされるよう，s が選ばれる．したがって，s と z の間には単調増加の関係がある．また，賃金スケジュールは上方に凸の形をとる必要がある．他方，条件(d)は，すべての学歴水準について，その学歴が情報的に分離する労働者グループの期待限界生産性の価値と賃金とが等しいということと同等である．したがって，(3-5)と(3-7)より，(3-8)を満たす任意の (s, z) の組について，

(3-10) $\qquad\qquad W_B(s) = w_B(1 - k_B + k_B z)$

が満たされる必要がある．(3-8)から得られる $z = 1/W_B'(s)$ の関係を(3-10)の z と置きかえると，未定関数 $W_B(s)$ が満たすべき1階の微分方程式が得られる．その一般解は，C_B を任意の定数として，

(3-11) $\qquad\qquad W_B(s) = \sqrt{2 w_B k_B s + C_B} + w_B(1 - k_B)$

として求められる．すなわち賃金スケジュールは横向きの放物線となる(この形状から，先の条件(3-9)が満たされることも確認できる[29])．

3-13図の第1象限では，定数 C_B が正，ゼロ，負の3つのケースにつき，(3-11)の解を例示している．第2象限には，それぞれの z の期待限界生産性

を表わす直線 MM' が引かれている．第1象限の3つの曲線 W_+W_+', W_0W_0', W_-W_-' は，この直線と第3象限の45度線を介して，第4象限に3つの像 Z_+Z_+', Z_0Z_0', Z_-Z_-' を結ぶ．これらの曲線は，各賃金スケジュールのもとでの学歴と z との対応関係を示している．

以上から，条件(a)，(d)を満たす賃金スケジュールの形を特定することができた．しかし，いまなお定数 C_B の値がどのように決定されるか，解決されていない．もしどの値でも良いなら，均衡は無数に存在することになってしまう．幸い，未だ利用していない条件(b)，(c)を利用して，C_B の値をゼロとして一義的に決定できることが分かる．その理由は次のとおりである．

3-13図の曲線 W_+W_+' のように $C_B>0$ である場合には，対応する曲線 Z_+Z_+' が z 軸上プラスの切片 ($z=Z_+$) をもつ．この場合，切片 Z_+ 以下の z の人たちは情報的に分離されず，条件(c)が満たされない．それゆえ $C_B>0$ である限り，

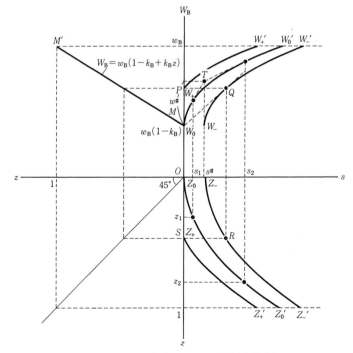

3-13図 単一の仕事のもとでの情報分離均衡

均衡となりえない．

次に，W_-W_-'曲線のように$C_B<0$である場合には，一見zの値はすべて情報的に分離されるように見える．しかし，zが0の近傍にある人たちにとっては，最大化された教育投資の期待純収益が，この体系の生みだす最低限の賃金水準$w_B(1-k_B)$以下になってしまう．図の曲線W_-W_-'上の点Qに注目しよう．この点からでる曲線の接線がちょうど点Mで縦軸と交わるよう選んだ点である．点Qからでる水平線と縦軸との交点をPとする（図では，たまたまW_+と同じに位置している）．(3-8)より，点Qに対応する賃金は線分OPの長さ，教育費用は線分MPの長さである．したがって，教育の純収益は線分OMの長さ，すなわち$w_B(1-k_B)$に等しい．点Qを境に，その左側の点では教育投資は明らかに不合理となり，行なわれない．したがって，曲線Z_-Z_-'上の対応する点Rより左側（z軸上，点Z_+の値以下）の領域では，zの情報は分離されない．つまり$C_B<0$の場合には，条件(b)，(c)が満たされず，情報分離均衡となりえない．

こうして$C_B=0$以外では情報分離均衡が成立しえないことが分かった．実際，$C_B=0$の場合に条件(b)，(c)が満たされることは容易に確かめられる．かくして曲線W_0W_0'が情報分離均衡をもたらす唯一の賃金スケジュールとなる．人々のzと学歴との対応関係は曲線Z_0Z_0'で表わされる．$z=0$の場合，学歴はゼロであり，zの上昇とともに学歴は上昇する．

複数の仕事を含む情報分離均衡

仕事A，仕事B両者を含む場合についても，情報分離均衡を考えることができる．各仕事の賃金スケジュールに照らして各人の仕事と教育のタイプ・水準が決定され，期待能力位置の情報(z)が分離される場合である．そこでは期待値のタームであるとはいえ，能力資源の効率的配分を達成する道が開かれる．シグナルのまったく存在しない場合に各人の仕事への配置が偶然に左右され，能力と仕事のミス・マッチを伴う低位均衡の生ずる可能性があるという本節初めの議論と比べると，仕事の選択が合理的になされるという点で事態は改善されたといえる．しかし他方で，別の非効率性の余地も生まれる．単一の仕事の

場合と異なり，複数の，しかも教育への過剰な投資と能力配分の歪みを伴う均衡も成立しうるのである．こうした論点をモデルに戻って見てゆこう．以下では，仕事 A に関する教育レベルを s_A，仕事 B に関する教育レベルを s_B と表記する．

仕事 A の能率曲線は，仕事 B 同様，線形で，

(3-12) $\quad w_A k_A(y) = w_A(1-k_A y) \quad k_A$ は正の定数

と表わされるものとしよう．仕事 A の賃金スケジュールを $W_A(s_A)$ と書くとき，条件(a), (d)より，仕事 B の(3-8), (3-9)および(3-10)に対応する条件として，

(3-13) $$W_A{}'(s_A) = \frac{1}{1-z}$$

(3-14) $$W_A{}''(s_A) < 0$$

(3-15) $$W_A(s_A) = w_A(1-k_A z)$$

が満たされなければならない．したがって，仕事 A の賃金スケジュールは，C_A を任意定数として，

(3-16) $$W_A(s_A) = \sqrt{2 w_A k_A s_A + C_A} + w_A(1-k_A)$$

となり，$W_B(s_B)$ と同形の構造をもつ．

ところで(3-11)および(3-16)の導出にあたっては，あたかも他の仕事が存在しないかのように考えたわけであるが，実際には，各人はそれぞれの仕事に対する最適な教育投資から得られる期待純収益の比較にもとづいて仕事を選択している．それゆえ賃金スケジュールの一部の局面は，実際の選択の対象とはならない．事実，C_A と C_B の水準は，仕事の境界が z のスケール上どこになるかを決定する．

C_A と C_B の値を決めるにあたり条件(b), (c)が制約となることは，単一の仕事の場合と同様である．しかし，(b)と(c)の追加的条件だけではこれらの値を一意に決定できないこともただちに分かる．各仕事の賃金スケジュールが，それぞれ単独で z の全域にわたって情報を分離する必要はないからである．条件(c)が満たされるためには，ある z の値が存在して，それ以上の z については仕事 B の賃金スケジュールが z の情報を分離し，それ以下の z については

仕事Aの賃金スケジュールがzの情報を分離するようにできれば十分である（以下，そのようなzの境界値を$\hat{z}$と書く）．したがって，ある有限の範囲でC_A, C_Bが正または負の値をとっても，条件(a), (b), (c), (d)を満たす情報分離均衡は成立する．以下では2つの場合を例示しよう．第1は，効率的な情報分離均衡の場合であり，第2は，過剰な教育投資を含む非効率的な情報分離均衡の場合である．

3-14図は，効率的なシグナリング均衡を描いたものである．仕事の境界点で，どちらのタイプの教育もゼロになる場合として定義される．仮定(3-6)より，各仕事にもっともマッチした能力位置からzが離れるにつれ教育は割高となるため，教育支出最小化の観点からは境界点で最小（すなわちゼロ）の教育が選択されるよう賃金スケジュールの定められるのが望ましい．しかし，そのとき，境界点は図の第2象限に描いた，仕事Aおよび仕事Bの期待限界生産性曲線の交点のzの値に等しい．その値が図の$\hat{z}_{eff}$である[*6]．つまり，各人の仕事の選択は，期待限界生産性の情報にもとづく比較優位基準に従ってなされ

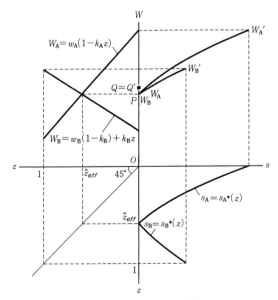

3-14図　効率的な情報分離均衡

る.かくしてこの均衡は効率的であるが,真の y にもとづかない点,また情報の開示に費用のかかる点で,次善的(second best)均衡である[30].

他方,3-15図は,C_A,C_B がともにゼロである場合の情報分離均衡を示している.この均衡は,仕事の境界点 $\hat{z}$ が期待限界生産性曲線の交点 $\hat{z}_{eff}$ から乖離していること,また境界点でも正の教育投資が行なわれることの二重の意味で非効率的である.情報開示の目的からすれば,明らかに過剰な投資が行なわれている.図では,$w_B(1-k_B)>w_A(1-k_A)$ である場合を想定している.この場合 $\hat{z}$ は $\hat{z}_{eff}$ より小さく,比較優位の基準に照らして仕事Bへの供給は過大である[*7].なお,過剰な教育投資の生まれる可能性は Spence[1974],Arrow[1973(b)]によって強調された点であるが,以上の議論は,それが同時に雇用配分上の歪みを伴うことを示している.

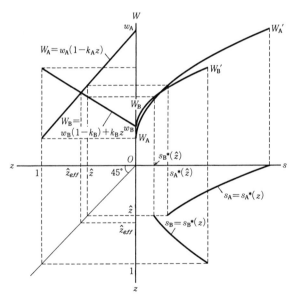

3-15図 非効率的な情報分離均衡($C_A=0$,$C_B=0$)

さて,一般に3-15図と同様の非効率的均衡が無数にあるわけであるが,非効率的な均衡の成立を阻止する制約があるとすれば,それは何であろうか? あらかじめ体系の構造を熟知した各労働者が,$\hat{z}_{eff}$ に対応する期待限界生産性

$w_A(1-k_A z_{eff})(=w_B(1-k_B+k_B z_{eff}))$ を達成可能な期待純所得として認識し、純所得がそれ以下となる教育投資は決して行なわないという行動基準を設定するなら、それは可能である。つまり、労働者の完全予見の想定のもと、先の条件(b)を強化した制約にほかならない。しかし、完全予見の仮定は論理的極限を示す上で有効であるが、その現実性には疑問が残る。

非効率的な情報分離均衡は、後述のような労働者の予見可能性とは異なる議論にもとづき排除することができる。しかし、その議論は同時に、条件(a),(b),(c),(d)によって定義される情報分離均衡の均衡概念としての強固さを疑わせる両刃の剣となる。

情報分離均衡の均衡概念としての限界

情報分離均衡が定義できることと、実際にそのような均衡に到達できるかどうかとは別の問題である。また、より根本的に、情報分離均衡が雇い主の期待利潤最大化と真に整合的かどうかの問題がある。整合的でない場合とは、雇い主、労働者双方にとって他の種類の契約によってパレート改善する余地が残されるケースである。前者を動学的安定性の問題、後者を維持可能性の問題と呼ぼう。

（ⅰ）**情報分離均衡の動学的安定性の問題** 情報分離均衡の動学的安定性は容易には保証されない。3-13図が示す単一の仕事の世界に戻って、その点を説明しよう。すでに見たように賃金スケジュールが W_+W_+' または W_-W_-' の場合には、シグナルは不完全となる。雇い主は一層の情報分離をめざし、オファーする賃金スケジュールの修正を図る。修正が正しくなされるかどうかを左右する重要な知識は、現行の賃金スケジュールが均衡スケジュール W_0W_0' に比して(曲線 W_+W_+' のように)上方に位置するのか、それとも(曲線 W_-W_-' のように)下方に位置するかである。というのは、z の値の低い労働者に教育を受けさせる誘因を与える点は共通しているものの、どのように誘因をデザインするかについて、両者まったく逆となるからである。もし上方に位置する場合には、教育の限界的収益を高めつつ、全体として所得の絶対水準を低めなければなら

ない.逆に,下方に位置する場合には,教育の限界的収益を低めつつ,全体として所得の絶対水準を高めなければならない.誤った状況把握にもとづく賃金スケジュールの修正は,事態を均衡からますます離反させてしまう.

雇い主側が現行の賃金スケジュールと均衡スケジュール W_0W_0' との間の相対的位置関係を知っているということは,前項末の労働者の場合と同様,雇い主側に完全予見を想定することと等しい.完全予見が想定できない場合,雇い主側は試行錯誤を迫られる.その場合,体系が長期的均衡へ向かうためには,雇い主側は事態が誤った方向に進んでいるということに気づいた場合,従来とはまったく逆の行動をとらなければならない.各雇い主が独立に試行錯誤を行なう限り,やがて市場淘汰の力が作用し,残存するすべての雇い主が正しい修正を行なう状況が生まれ,長期均衡へ到達する可能性は存在するが,均衡への収束が容易に保証されるものではないことは明らかである.

(ⅱ) 情報分離均衡の維持可能性の問題　情報分離均衡は必ずしも強固な均衡ではない.Riley [1979] にもとづき,その点を説明しよう.まず,単一の仕事のもとで3-13図の賃金スケジュール W_0W_0' が情報分離均衡として成立したとしてみよう.

この曲線についての重要な特徴は,曲線の各点で労働者にとっての期待純所得の無差別曲線と接していることである.期待純所得の無差別曲線とは,所与の z のもとで,シグナル s の追加購入をちょうど補償する所得 W_B の組み合わせである.(3-5)-(3-7)の仮定から,それは $1/z$ の傾きをもった直線群,

$$W_B - \frac{s}{z} = \text{定数}$$

である.当然,左上方に向かって期待純所得の値は上昇する.労働者の選択を表わす1階条件(3-8)は,こうして定義された無差別曲線と賃金スケジュールとが相接することを意味している.それぞれの z に対し接点が唯一存在し,しかも z の増大とともに s も増大することは,3-13図第4象限の曲線 Z_0Z_0' が示すとおりである.

ここで雇い主が,3-13図の点 T に対応する契約 $(s^\#, w_B(1-k_B)+w^\#)$ をオ

ファーしたとしてみよう.点 T から賃金スケジュール W_0W_0' に2つの接線が引ける.2つの接点のうち小さい方の s の値を s_1,大きい方の s の値を s_2,また対応する曲線 Z_0Z_0' 上の点の z の値を z_1, z_2 としよう.すると,z_1 と z_2 の間には,

$$(3\text{-}17) \qquad \frac{w_B k_B}{2}(z_1+z_2) = w^{\#}$$

$$(3\text{-}18) \qquad \frac{w_B k_B}{2}z_1 z_2 = s^{\#}$$

の関係のあることが示される[31].図から分かるように,z_1 と z_2 の中間に位置するどの z についても,対応する賃金スケジュール W_0W_0' 上の接線の期待純所得の方が,点 T を通ってその接線と同一の傾きをもつ無差別曲線の期待純所得より低い.つまり,そのような z を持つ労働者は,既存の契約より新しい契約 $(s^{\#}, w_B(1-k_B)+w^{\#})$ を選好するのである.

それでは,雇い主にとってこのような契約をオファーするメリットはあるだろうか? この契約を選択する労働者から雇い主が得る期待利潤 $E\pi$ は,労働者間の z の分布の密度関数を $f(z)$ とするとき,

$$E\pi = \int_{z_1}^{z_2}(w_B k_B z - w^{\#})f(z)\,dz$$

と表現される.$w^{\#}$ に(3-17)を代入すると,

$$(3\text{-}19) \qquad E\pi = \int_{z_1}^{z_2} w_B k_B\Bigl(z - \frac{z_1+z_2}{2}\Bigr)f(z)\,dz$$

となる.もし z が一様分布であるなら,この積分値はゼロ,つまり雇い主にとって新しい契約と古い契約とは無差別であり,新たな契約をオファーする積極的なメリットは生じない.また,もし問題の区間を通じて $f'(z)<0$,つまり能率が高ければ高いほど人数として稀少になる場合には,$E\pi<0$ であり,雇い主はこのようなオファーを実際に出すことはない.しかし,逆の場合 ($f'(z)>0$ の場合) には,新たな契約は雇い主の期待利益を改善させるため採用される.より一般に $f'(z)>0$ となる区間が一部でも存在する場合には,$[z_1, z_2]$ がその部分区間内に含まれるような新たな契約を工夫することにより,雇い主,労働者双方が利益を得る.

以上の議論は，労働者間の z の分布のあり方次第では，情報を完全に分離することのない契約が情報分離均衡の賃金スケジュールにパレートの意味で優越することを示している．そのような契約を「プーリング契約」と呼ぶ．情報の完全分離という条件(c)は，雇い主の期待利潤最大化を必ずしも保証しない．その意味でスペンスの情報分離均衡は強固な均衡とはいえないのである[32]．

次に複数の仕事の場合を検討しよう．まず最初に，雇い主による均衡スケジュール逸脱の行動は，3-15図に示したような非効率的なシグナリング均衡を崩壊させてしまう．その点を Riley [1975: Section 2] の議論を応用して示そう．3-16図は，3-15図の第1象限を拡大して描いたものである．

P_A, P_B を境界点 z に対応する賃金スケジュールの点であるとしよう．境界点で労働者にとっての仕事 A, B からの期待純収益が等しいということは，P_A, P_B を通る接線（それぞれ傾きは $1/(1-z)$, $1/z$）が縦軸上同一の切片 Q をもつことを意味している．P_A, P_B から引いた水平線が縦軸と交わる点を，それぞれ R_A, R_B とする．いま，ある雇い主が仕事 A について $\triangle P_A R_A Q$ 内の点 S_A, 仕事 B について $\triangle P_B R_B Q$ 内の点 S_B の契約を同時にオファーしたとしてみよう．境界点 z に位置するすべての労働者にとって契約 S_A, S_B がもともとの契約 P_A, P_B より選好されることは，S_A, S_B がそれぞれ P_A, P_B より高い無差別曲線上にあることから明らかである．それと同時に，雇い主にとっても賃金の低下した分，利益は増加する．それだけでない．雇い主は，いまやもともと区間 $[s_A, s_A']$ ないし $[s_B, s_B']$ の教育を受けていた，より能率の高い労働者まで

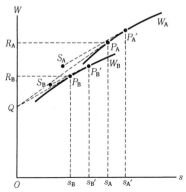

3-16図　非効率的情報分離均衡の崩壊

同一の賃金で雇い入れることができる．したがって，利益は一層拡大するのである[33]．かくして図のような非効率な情報分離均衡は崩壊してしまう．

この議論の本質は，雇い主が労働者の持つ所得と教育費用間のトレード・オフ関係を利用して，一方で労働者の期待純所得を高めつつ，他方で自己の期待利潤を拡大できる点にあり，そのような余地は $\triangle P_A R_A Q$ および $\triangle P_B R_B Q$ が空集合でない限り存在し続ける．これらの三角形が消失するのは，3-14図に描いた効率的な情報分離均衡の場合にほかならない．したがって，複数の仕事の存在する世界については，雇い主の合理的行動を前提する限り，シグナルとしての教育に過剰投資の発生する余地は存在しない．

しかし，雇い主のプーリング契約のオファーは，単に非効率的な情報分離均衡を排除するだけにとどまらない．実は，一般に効率的な情報分離均衡をも崩壊させてしまうのである．実際，以下で確認するように，第1に，仕事A，Bの境界点 z_{eff} の近傍では，z の分布の如何にかかわらず，均衡賃金スケジュールに対してパレートの意味で優越するプーリング契約が存在する．第2に，境界点から離れた z についても，すでに単一の仕事の場合について導出した(3-19)と同一式が仕事A，Bのそれぞれについて成立する[*8]ため，z の分布のあり方次第ではパレート優越的なプーリング契約が存在する．ところで，単一の仕事の場合については能率が高い人ほど稀少だという想定が妥当するとしても，仕事が複数になる場合にはそうした分布上の想定は意味を失ってしまう．境界点 z_{eff} が z の分布のピークとちょうど一致するのは，まったくの偶然でしかないからである．

第1の点を確認するために，3-14図で $\{Q, Q'\}$ のペアに相当するプーリング契約，つまり学歴は境界点 z_{eff} の最適教育投資水準であるゼロのまま，ごくわずかだけ賃金を増加させる契約をオファーすることで，境界点近傍に位置する労働者を誘引することを考えよう．賃金は仕事A，仕事Bとも同額増やすことで，境界点の位置自体を変化させることはないものとする(上乗せ額をどれだけとするかは後述する)．

情報分離均衡をもたらす賃金スケジュール $W_A(s_A)$，$W_B(s_B)$ のもとでの労働者の最大化された期待純所得の水準を，

$$U_A(z) = W_A(s_A(z)) - \frac{s_A(z)}{1-z}$$

$$U_B(z) = W_B(s_B(z)) - \frac{s_B(z)}{z}$$

(ここで $s_A(z)$, $s_B(z)$ は，所与の z のもとでの最適教育水準)と表わそう．すると，条件(3-8)，(3-13)，および $s_A(\hat{z}_{eff})=s_B(\hat{z}_{eff})=0$ という事実を用いて，

(3-20) $\qquad U_A'(\hat{z}_{eff}) = 0 \quad$ および $\quad U_B'(\hat{z}_{eff}) = 0$

という性質が得られる．つまり $\hat{z}_{eff}$ の近傍の z に位置する労働者は，$\hat{z}_{eff}$ と近似的に同一の期待純所得しか獲得できない．

他方，仕事A, Bのそれぞれについて $\hat{z}_{eff}$ からその近傍の点 z までの労働者の平均の期待生産性を $\underline{V}_A(z)$, $\underline{V}_B(z)$ とおいて，z の変化に伴う平均期待生産性の変化を調べ，z が左側からないし右側から $\hat{z}_{eff}$ に近づく場合の極限を求めると，境界点が移動しない限り，

(3-21) $\qquad\qquad \underline{V}_A'(\hat{z}_{eff}) = \frac{1}{2} w_A k_A > 0$

(3-22) $\qquad\qquad \underline{V}_B'(\hat{z}_{eff}) = \frac{1}{2} w_B k_B > 0$

となる[*9]．すなわち，$\hat{z}_{eff}$ の近傍では，z の分布とは無関係に労働者プールの範囲を拡大すればするほど，平均生産性は上昇するのである．

(3-20)と(3-21)および(3-22)における，一方はゼロ，他方はプラスというギャップこそ，パレート優越的なプーリング契約を発生させる源泉である．いま雇い主が $\hat{z}_{eff}$ に十分近い点 z_0 ($z_0 > \hat{z}_{eff}$) を選び，$\hat{z}_{eff}$, z_0 間の平均期待生産性である $\underline{V}_B(z_0)$ に相当する賃金を，仕事Bだけでなく仕事Aについても等しく学歴ゼロの労働者にオファーしたとしてみよう．こうして先に宿題として残した仕事A, Bの賃金上乗せ額を決定するわけである．このとき，

$$\underline{V}_B(z_0) = \underline{V}_A(z_0')$$

を成りたたせる z_0' ($z_0' < \hat{z}_{eff}$) も当然，$\hat{z}_{eff}$ に十分近い値となる．

(3-20)より，仕事Aについては $[z_0', \hat{z}_{eff}]$ の範囲の労働者は明らかに新しい契約を選好し，雇い主にとっては同一範囲の労働者について期待収支均等となる．同様に，仕事Bについても $[\hat{z}_{eff}, z_0]$ の範囲の労働者は新しい契約を選

好し,その労働者のプールについて雇い主は収支均等を達成する.しかし,実際には,新しい契約は $[z_0', \hat{z}_{eff}]$, $[\hat{z}_{eff}, z_0]$ の範囲の労働者に限定されることなく,もう少し広い範囲の労働者によっても選好されるのであり,それと同時に,(3-21),(3-22)より雇い主にとっての平均期待生産性も $\underline{V}_B(z_0)$ $(= \underline{V}_A(z_0'))$ を超える.こうして労働者,雇い主双方にとって情報分離均衡におけるより有利な契約が境界点の近傍に存在することが確かめられる[34].

プーリング契約を含むシグナリング均衡は,一般に不安定である.というのは,たとえ期待超過利潤ゼロの状態が作りだされても,そもそもプーリング契約が有利である限り,能率の高い一部の人たちをさらに抽出しようとする新たな契約をオファーする誘因が,雇い主に常に生まれるからである.どの雇い主にとっても自己の行動がもはや他の雇い主の対抗的行動を呼び起こさないという意味での均衡——ナッシュの意味における均衡——は存在しない[35].

効率的な情報分離均衡が維持可能となるひとつのケースは,Riley[1979]が対抗的均衡(reactive equilibrium)と呼んだ場合である.すなわち,たとえ雇い主が上記のようなプーリング契約をオファーして情報分離均衡を崩し,超過利潤を得たとしても,他の雇い主によって別の契約(プーリングまたは情報分離的契約)がオファーされ,能率の高い一部の人たちだけを引き抜かれてしまい,結局損失をこうむる.雇い主はそのことをあらかじめ見通して,最初のプーリング契約をオファーすることをためらう場合である.

もうひとつの均衡概念として Wilson[1977]の提案した均衡概念(「ウィルソン均衡」と呼ばれる)がある.条件(a),(b),(d)のほかに,どの雇い主も市場の情報的秩序を変更するような行動をとらないという点ではライリーの対抗的均衡と同様であるが,その際,雇い主は他の条件が不変だと想定して利益が生まれるかどうかだけで均衡からの逸脱を決めるのではなく,自身に能率の高い労働者を奪われ,生産性が契約賃金未満となった他の雇い主が市場から退出を余儀なくされ,能率の低い労働者を放出する結果,同一の契約のもとでそれらの労働者を再び引き受けざるをえなくなってもなお利益があるかどうかまで考慮して,逸脱行動の是非を決めると想定するところに特徴がある.換言すれば,雇い主に他者が市場から退出するという可能性とその帰結をあらかじめ予見す

るだけの長期的視野があると想定するわけである．ライリーの対抗的均衡概念においては，他者の行動を予見するという点では共通するものの，他者が退出でなく，まったく新しい契約を打ち出してくる可能性を考慮する点が異なっている．

　Miyazaki[1977]は，労働者が2つのタイプしか存在しない場合にはウィルソン均衡が唯一存在すること，両者を情報的に分離しつつ，能力の高い労働者が低い労働者を所得補助するような契約がそのひとつの形態として生まれることを示している．情報的に分離した労働者のタイプごとに賃金と期待限界生産性が一致するのではなく，複数の賃金契約が連携して初めて超過利潤ゼロを達成する点で，さまざまな労働者を雇う内部組織と内部組織特有の仕事間賃金構造発生のひとつの説明になると論じている．つまり内部組織の賃金構造は情報の非対称性が生みだす労働者間の外部経済性を雇い主が内部化する道具だということになる．しかし，本文のように労働者の質が連続的な場合には，ウィルソン均衡は存在しないことがRiley[1979：Theorem 8]によって示されている．

　しかし，以上のような想定は雇い主のありうべき戦略的行動の例示に過ぎず，より一般的な戦略的行動の定式化のもとで安定的なシグナリング均衡を導く理論的作業は，現在もなお未解決の問題として残されている[36]．

結　語

　以上述べてきたように，シグナリングをめぐる論点は，スペンスの当初の労働市場モデルのレベルをはるかに超え，情報非対称性下の一般的な市場均衡の特徴づけの問題として展開され，今日に至っている．均衡解の不確定性という困難にもかかわらず，学歴がもつシグナルとしての機能，そして所得にシグナルに対する報酬の要素が含まれうるという性質を明らかにした意義は大きい．

3.4　情報的学習と保険契約

　労働者，雇い主双方にとって対称的に能力情報が不完全な場合も考えられる．

むしろ，実際の労働過程の中で双方が労働者の能力の位置をより確かなものとして把握してゆくと考える方が自然であるかもしれない．そこで，本節ではそのような情報上の改善過程を定式化し，それが労働資源の効率的配置と所得分配にどのような影響を与えるかを分析する．

情報的学習の意味

前節と同じく，仕事A，仕事Bが能力の分布と親和的な場合（ケースI）を考えよう．労働者は，2期間にわたって就業するものとする．教育，訓練を通ずる学習（すなわち能力位置の変更）は，一切捨象する．労働市場の需給を調節する（能率1に対応する）賃金率 w_A, w_B は一定で，しかも2期間にわたって不変だと想定しよう[37]．また，各仕事の能率曲線は，(3-7)および(3-12)と同一だと仮定する．本節特有の仮定は，次の3つである．

第1に，労働者各人の能力位置については，（仕事につく前という意味での）事前的確率分布が既知である．より具体的に，第 t 期 $(t=1,2)$ の事前分布は，平均 $\bar{y}_t$，分散 $\sigma_{y,t}^2$ の正規分布であると想定する（むろんパラメータの値は，個人間で異なってよい）．

第2に，各人の所得は，観察された能率にもとづいて支払われる．能率の評価には観察誤差を避けることができないが，誤差の確率的構造は既知である．仕事Aの観察誤差を $u_{A,t}$，仕事Bの観察誤差を $u_{B,t}$ で表わそう．$u_{A,t}$, $u_{B,t}$ は，それぞれ各人の y とは統計的に独立で，しかも時間を通じて不変の平均0，分散 σ_A^2 ないし σ_B^2 である正規分布に従うものとする[38]．期間をまたぐ観察誤差間には，選択する仕事の如何にかかわらず，時系列的相関はないものとする（なお，後には $u_{A,t}$, $u_{B,t}$ が能率評価の誤差でなく，それぞれの仕事に特有な能力の大小を表わすという場合についても検討する）．

第3に，労働者各人およびすべての雇い主（潜在的雇い主を含む）は，y の事前的確率分布，および $u_{A,t}$, $u_{B,t}$ の確率的構造に関する共通の知識を保有している．情報の対称性の仮定にほかならない．

仕事Aについた場合の所得 $W_{A,t}$ と仕事Bについた場合の所得 $W_{B,t}$ は，それぞれ

$$
\begin{align}
(3\text{-}23) \quad & W_{A,t} = w_A(1 - k_A y + u_{A,t}) \\
(3\text{-}24) \quad & W_{B,t} = w_B(1 - k_B + k_B y + u_{B,t})
\end{align}
$$

として決定される．この関係を利用して，実際に支払われる所得の水準から当期の能率評価を逆算することができる．すなわち，事後的な能率評価値を能力位置のタームに換算した値を $\hat{y}_t$ とするとき，

$$
(3\text{-}25) \quad \hat{y}_t = \begin{cases} y - \dfrac{u_{A,t}}{k_A} = \dfrac{w_A - W_{A,t}}{k_A} \equiv \hat{y}_{A,t} & \text{（仕事 A の場合）} \\[2mm] y + \dfrac{u_{B,t}}{k_B} = \dfrac{W_{B,t} - w_B(1 - k_B)}{k_B} \equiv \hat{y}_{B,t} & \text{（仕事 B の場合）} \end{cases}
$$

となる．y と $u_{A,t}$ ないし $u_{B,t}$ とが統計的に独立で，しかも正規分布に従うという想定から，$\hat{y}_t$ も正規分布に従うことが分かる．(3-25)から第 t 期の事後的評価値 $\hat{y}_t$ の分布の平均は，y の事前的平均 $\bar{y}_t$ に等しい．また，分散は，選択する仕事に応じて $\sigma_{y,t}^2 + (\sigma_A^2/k_A^2)$ ないし $\sigma_{y,t}^2 + (\sigma_B^2/k_B^2)$ となる．$\hat{y}_t$ と y の間の相関係数は，やはり選択する仕事に応じて，

$$
(3\text{-}26) \quad \rho_{i,t} = \dfrac{\sigma_{y,t}}{\sqrt{\sigma_{y,t}^2 + \dfrac{\sigma_i^2}{k_i^2}}} \quad (i = A, B)
$$

として求められる．一般性を失うことなく，以下では

$$
(3\text{-}27) \quad \dfrac{\sigma_B^2}{k_B^2} > \dfrac{\sigma_A^2}{k_A^2}
$$

すなわち，能力位置の観察誤差は，仕事 B の方が大きいと想定しよう．

y と $\hat{y}_t$ の相関関係は，第 t 期の実際の仕事の経験を通して，各人の y についての事前的確率分布を修正する道を与える．実際，仕事 i の経験を通じて得た能力の観測値 $\hat{y}_t$ を $\hat{y}_{i,t}$ と書くとき，y の事後的確率分布，すなわち第 $t+1$ 期の事前的確率分布は，平均

$$
(3\text{-}28) \quad \bar{y}_{t+1} = \rho_{i,t}^2 \hat{y}_{i,t} + (1 - \rho_{i,t}^2) \bar{y}_t
$$

分散

$$
(3\text{-}29) \quad \sigma_{y,t+1}^2 = (1 - \rho_{i,t}^2) \sigma_{y,t}^2
$$

の正規分布となる[39]．すなわち，新しい平均値は，$\hat{y}_{i,t}$ と $\bar{y}_t$ を，$\hat{y}_{i,t}$ と y との間の決定係数をウェイトとして加重平均したものに等しい．(3-27)の想定によ

り $\rho_{A,t}{}^2 > \rho_{B,t}{}^2$ となるので，労働者は $\bar{y}_{t+1}$ の算定にあたり，評価ノイズの小さい仕事については当期の観測値に相対的に高いウェイトを与える(もし，観察誤差がまったく存在しなければ $\rho_{i,t}=1$ となり，真の y は1回の仕事の経験から完全に分かる)．新しい分散は，前期の分散と比べ確実に減少している．また，評価ノイズの小さい仕事の方が，当然，分散の減少は大きい．仕事の別により情報取得度が異なるわけである．

以上から，実際の仕事の経験を通して，各人の y に関する学習の行なわれる過程が明らかにされた．この学習概念を，本書の他の部分で用いている，新しい知識や熟練の獲得を意味する「学習」の用語と区別して，「情報的学習」と呼ぶことにする．先の第3の仮定より，情報的学習の主体は，各労働者およびすべての雇い主である．

情報的学習と仕事のマッチング

仕事間で情報的学習の密度が違う場合には，仕事の選択に際し，一般に各期の期待所得水準以外の考慮が働くと予想される．比較優位基準は静学的な効率性基準ではあっても，通時的に最適な基準ではない．労働者がリスクに対し中立的だとの前提を維持しつつ，比較優位基準からどのような乖離が生ずるか，検討しよう．

最初に確認すべきは，最後に働く期(第2期)では情報的学習があっても新しい情報を生かす場がもはやなく，その学習は無意味となることである．したがって，唯一この期の仕事は比較優位基準に則って選択される．つまり，どちらの仕事の所得も同じになる y の境界値を y^* とすると，当期の y の事前分布の期待値 $\bar{y}_2$ について，

$$(3\text{-}30) \qquad \bar{y}_2 \begin{Bmatrix} < \\ = \\ > \end{Bmatrix} y^* \Leftrightarrow \begin{Bmatrix} \text{仕事 A} \\ \text{無差別} \\ \text{仕事 B} \end{Bmatrix}$$

が仕事の選択基準となる．

情報的学習の影響は，最後の期以前のすべての期に現われる．むろん，2期間モデルでは第1期のみである．いま，第1期の事前分布の平均 $\bar{y}_1$ が y^* に等

しい,つまり期待所得の観点からは仕事 A,仕事 B とも無差別の人たちを取りあげてみよう.仕事 B の情報にノイズが大きいという仮定(3-27)のもとでは,これらの人たちが情報量のより多い仕事 A を選ぶことは直観的に明らかである.実際,$\bar{y}_1 = y^*$ である人たちにとっての第 1 期期首における仕事 A と仕事 B の期待生涯賃金の差額($L_A - L_B$ と記す)は,市場利子率を r として,近似的に,

$$(3\text{-}31) \quad L_A - L_B = \frac{1}{1+r}(w_A k_A + w_B k_B)(\rho_{A,1} - \rho_{B,1})\frac{\sigma_{y,1}}{\sqrt{2\pi}}$$

である[*10].この値は,A,B 間の情報的学習の価値(の現在価値)の差にほかならない.能力位置の修正に伴う限界収益率は $(w_A k_A + w_B k_B)$ であり,$(\rho_{A,1}\sigma_{y,1}/\sqrt{2\pi})$ と $(\rho_{B,1}\sigma_{y,1}/\sqrt{2\pi})$ は,仕事 A,B がそれぞれ 1 期間後どれだけ y を修正させるか,その期待される程度を表わしている.

以上の議論から,$\bar{y}_1$ が y^* ではない人たちにとって,$\bar{y}_1$ が y^* 以下であればもちろんのこと,y^* 以上であっても十分 y^* の近くに位置する人たちは仕事 A を選択し,残りの人たち,すなわち仕事 A につくことによる情報上の利益が今期の期待所得のロスを償えない人たちが仕事 B を選択することが分かる.要約すれば,(3-27)の想定のもと,体系には仕事 A への偏りが生ずる.$\bar{y}_1 \geqq y^*$ でありながら仕事 A につく人は,仕事 B についた場合に得た所得との差額を機会費用として情報に投資しているともいえる[40].

仕事特有の能力の存在する場合

労働者が仕事の経験を通じ自己の能力を知り,転職を決意する過程を仕事試し(job shopping)の現象として最初に定式化したのは Johnson[1978]である.彼は,労働者はまず所得変動リスクの大きな仕事に従事することを示した[同:命題1].この結論は,労働者がまずリスクの小さい仕事に従事するという先の結論と,真っ向から対立するように見える.

ジョンソンが扱ったのは,仕事の遂行にあたり,われわれの y と同時に,y とは独立である各仕事特有の能力が要求され,しかもどちらの能力も事前にはその位置が分からない世界である.その世界は,本節のモデル中,$u_{A,t}$ および

$u_{B,t}$ が各期独立のノイズでなく,各期同一の値をとる恒久的ノイズだと定義しなおすことで再現できる(以下では,単に u_A, u_B と表記しよう).新しい仮定の含意は,第1期についた仕事の経験から $y-(u_A/k_A)$ または $y+(u_B/k_B)$ の値が完全に分かることである.それゆえ,次の期も同じ仕事につく場合には,所得の不確実性は消滅する.しかし,y 自体の不確実性は残るので,次期の仕事の選択にあたっては,先のモデル同様,y の事後的確率分布の知識が不可欠となる.事後的確率分布としては(3-28)および(3-29)がそのまま妥当する.

情報的学習が初期の仕事の選択にあたって比較優位基準からどのような乖離をもたらすかを調べるため,$\bar{y}_1 = y^*$ である人たちに再び焦点をあてる.最終期に比較優位基準が採用されることは,先に指摘したとおりである.その点を,具体的に見よう.

$\bar{y}_1 = y^*$ のグループに属するある労働者が,第1期仕事Aにつき,$\hat{y}_{A,1}$ の評価を得たとしよう.すでに述べたとおり $\hat{y}_{A,1}$ は $y-(u_A/k_A)$ の真の値であるから,第2期も仕事Aを続ける場合には第1期と同一の所得を獲得する.他方,仕事Bに移る場合の期待所得は,$\hat{y}_{A,1}$ の情報を用いて修正した y の新しい事前的平均 $\bar{y}_2$ と,u_B の事前的平均がゼロであるという事実をもとに算定される.比較優位基準が妥当するということから,この労働者が仕事Bに移る条件は,(3-28)を用いて,

$$w_A(1-k_A\hat{y}_{A,1}) < w_B[1-k_B+k_B\{\rho_{A,1}^2 \hat{y}_{A,1}+(1-\rho_{A,1}^2)y^*\}]$$

として表わされる.この条件は,$w_A-w_B(1-k_B)=(w_A k_A+w_B k_B)y^*$ の関係を用いて,$\hat{y}_{A,1}>y^*$ という条件と同値であることが分かる.つまり,共通作用因子 y が仕事Bに適しているか,それとも仕事Aに特有な能力を大きく欠いているか(あるいはその両者)の理由で $\hat{y}_{A,1}>y^*$ となる場合に転職が生ずるのである.他方,$\hat{y}_{A,1}\leq y^*$ の場合には,仕事Aについたことが事後的に妥当と判定され,第2期も引き続き現職にとどまることになる.

まったく同様にして,$\bar{y}_1=y^*$ の労働者が第1期仕事Bにつき,$\hat{y}_{B,1}$ の評価を得た場合にも,$\hat{y}_{B,1}\geq y^*$ であれば現職にとどまり,$\hat{y}_{B,1}<y^*$ であれば仕事Aに転職することが分かる.以上を要約すると,第2期の仕事の選択基準は,第1期についた仕事を i と表記するとき,

(3-32) $\hat{y}_{i,1} \begin{Bmatrix} < \\ = \\ > \end{Bmatrix} y^* \quad (i = A, B) \quad \Leftrightarrow \quad \begin{Bmatrix} \text{仕事 A} \\ \text{無差別} \\ \text{仕事 B} \end{Bmatrix}$

として表現される[41].

それでは第1期の仕事は,どのように選択されるだろうか? 第2期の選択基準が(3-30)から(3-32)へ変更されたということは,第1期の情報的学習の利益が先のモデルとは異なって評価されることを意味する.実際,仕事 A, B それぞれの情報的学習の価値(の現在価値)を I_A, I_B と表記すると,両者は,近似的に,

(3-33)
$$I_A = \frac{1}{1+r} \frac{\tilde{\sigma}_{A,1}}{\sqrt{2\pi}} (w_A k_A + \rho_{A,1}{}^2 w_B k_B)$$
$$I_B = \frac{1}{1+r} \frac{\tilde{\sigma}_{B,1}}{\sqrt{2\pi}} (\rho_{B,1}{}^2 w_A k_A + w_B k_B)$$

ここに

(3-34) $\tilde{\sigma}_{i,1} = \sqrt{\sigma_{y,1}{}^2 + (\sigma_i{}^2/k_i{}^2)} \quad (i = A, B)$

として表現される[*11]. 第1期期首における期待生涯賃金の差額 $L_A - L_B$ は $I_A - I_B$ に等しく,それは(3-32),(3-33)を用いて変形の結果,

(3-35) $L_A - L_B = \frac{1}{1+r} \left(1 - \frac{\sigma_{y,1}{}^2}{\tilde{\sigma}_{A,1} \tilde{\sigma}_{B,1}}\right)(w_A k_A \tilde{\sigma}_{A,1} - w_B k_B \tilde{\sigma}_{B,1})$

として求められる.右辺の最初の括弧内は,(3-34)に照らして必ず正である.第2の括弧内の $w_A k_A \tilde{\sigma}_{A,1}$ および $w_B k_B \tilde{\sigma}_{B,1}$ は,(共通・特殊両因子を合わせた)全体としての能力の不確実性に由来する所得の標準偏差を表わしている.便宜的に「所得リスク」と呼ぶと,第1期は常に所得リスクの高い仕事が選択される.すなわち,$\bar{y}_1 = y^*$ の労働者にとっての第1期の仕事の選択基準は,

(3-36) $w_A k_A \tilde{\sigma}_{A,1} \begin{Bmatrix} > \\ = \\ < \end{Bmatrix} w_B k_B \tilde{\sigma}_{B,1} \quad \Leftrightarrow \quad \begin{Bmatrix} \text{仕事 A} \\ \text{無差別} \\ \text{仕事 B} \end{Bmatrix}$

となる.こうしてジョンソンの命題の妥当することが,われわれのモデルでも確認されたわけである.なお(3-27)の想定は $\tilde{\sigma}_{B,1} > \tilde{\sigma}_{A,1}$ を意味するが,必ずしも $w_B k_B \tilde{\sigma}_{B,1} \geq w_A k_A \tilde{\sigma}_{A,1}$ を意味するものでない.したがって静学的な比較優位基準からどちらの方向へ偏りが生まれるかを決めるにあたっては,$\tilde{\sigma}_{A,1}/\tilde{\sigma}_{B,1}$ の

比のほかに $w_A k_A / w_B k_B$ の比もかかわることになる．

いまや2つのモデルの間でなぜ対立的な結論が生ずるのか，明らかであろう．第1のモデルでは情報として将来有用なのは y だけであるため，y のより正確な知識を与える仕事を選ぶ方向へ力が働く．これに対し，仕事特有の能力を含む第2のモデルでは，y および u_A, u_B の情報が等しく有用であるため，y が正確に分かるかどうかだけにこだわる必要はない．むしろ人々は，もしかするととても高い所得を得るかもしれないという可能性に賭けるのである[42]．いずれの場合にも，人々がリスク中立的であるにもかかわらずリスクの程度に依存した仕事の選択が生まれるのは，第1に，仕事に派生する情報的学習の量がもともとのリスクの程度に依存すること，第2に，情報的学習の結果誤った選択をしたことが分かった場合には最初の選択を修正できるという意味で，時間を通してリスクの所得に及ぼす影響が非対称なこと，の2つの理由からである．

現実の労働過程で，一部の仕事に特有の能力というジョンソンの理論的カテゴリーがどれだけ実際的意味をもつかを検証するのは，容易でない．たしかにピアニスト，画家など，その人の持つ才能がそのまま職業名となるような能力が存在することは事実である．しかし，そのような才能は往々きわめて歪んだ分布をしており，モデルで想定するような分布の左右対称性の要件が満たされているとは考えにくい．したがって，いかに所得リスクが大きいにせよ，リスク中立的な労働者の実際の選択の対象とはなりにくい．むしろ最初のモデルのように y をいかに正確に学習するかが，大半の人々にとって情報的学習の主要な目的となるだろう．

多期間モデルへの拡張

第1のモデルは，一般の多期間の場合に拡張できる．毎期毎期の仕事の選択と経験を通して漸次能力位置 y が学習されてゆく．(3-26)，(3-28)および(3-29)の比較より，時間の進行とともに $\sigma_{y,t}$ が減少すること，その結果 $\hat{y}_{i,t}$ と y との相関係数 $\rho_{i,t}$ ($i=$A, B) も減少し，$\bar{y}_t$ の修正における新しい情報 ($\hat{y}_{i,t}$) のウェイトも減少することが見てとれる．$t \to \infty$ の極限では，$\sigma_{y,t}$ および $\rho_{A,t}$，$\rho_{B,t}$ はゼロに，$\bar{y}_t$ は真の値 y に，それぞれ収束する[43]．また，各期の情報的学

習の価値も，時間の経過とともに，新しい情報が減少し，学習した情報を生かせる残存期間が減少する，という2つの理由から低下してゆく．それゆえ，仕事の選択に際し情報収集のため比較優位基準から乖離する領域も，漸次縮小してゆくだろう．

言うまでもなく y の推測値が大きく変動し，仕事間の移動が発生するのは，労働者が働き始めて間もない時期である．仕事の移動は，同一雇い主のもとで，雇い主主導の配置転換として行なわれることもあれば，労働者主導の転職として行なわれる場合もある．したがって情報的学習という観点からは，労働者にとっての移動費用を低減し，職場内の配置転換を敏速に行なえるようにすることで，動学的に効率的な資源配分が達成されることになる[44)45)]．

リスク回避と保険契約

情報的学習過程では，各労働者の所得の変化は，(i) 認定された能力位置 ($\bar{y}_t$) の変化，(ii) 仕事の変更，そして (iii) 観察誤差，の3つの要因に分解されて理解される．このうち，先に見たように，要因(ii)の作用は比較的早い段階で終了し，以後は要因(i)および(iii)が影響をもつことになる．ところで要因(i)および(iii)は，ともに所得を高める原因ともなれば，低める原因ともなる．その場合，もし労働者がリスク回避的，雇い主はリスク中立的というように両者のリスク態度に差のある場合には，雇い主が労働者に対し将来にわたって一定の所得を保証するような保険サービスを供給する余地が生まれる（Harris = Holmstrom [1982]）．

労働者は，T 期間働くものとしよう．問題を単純化して，仕事は1つ，Bのみであると想定する．したがって，能力位置 y と労働者の限界価値生産物との間には(3-24)の関係がある（w_B が労働力の需給全体を調整する役割を担うことは，いままでどおりである）．以下では，(3-25)の表記を用いて，限界価値生産物を $m(\bar{y}_t)$ と表現しよう．保険契約の特徴は，各期首の情報 $I_t = (\bar{y}_t, \sigma_{y,t})$ をベースに，実際の仕事に先だって当期および当期以降の所得が定められることである．しかし，将来の情報的学習の結果，労働者の能力に対する評価が高まれば，労働者の雇い主間移動が自由である限り（これは制度的与件である），

その時点で現行の契約は新しい契約にとって代わられることになる．雇い主間の競争が働くからである．そのことをあらかじめ織り込んで，もともとの契約が結ばれる．

雇い主側がリスク中立的，労働者が各期の所得の変動を回避するようなリスク回避態度を持つ場合には，双方にとって最適な契約は，契約期から最終期（T期）まで一定の賃金を保証するものである[46]．以下，この契約の特徴を明らかにしよう．

年齢が t, y についての情報 $I_t = (\bar{y}_t, \sigma_{y,t})$ である労働者に対し，雇い主が当期以降ある額 x の賃金保証を与えることで，その労働者から獲得する期待純利得の現在価値を v_t と表記しよう．雇い主にとっての第 t 期の労働契約の価値だといってよい．雇い主間の競争が v_t をめぐって行なわれることは明白である．それでは v_t は実際どのように評価されるだろうか？

t がたまたま最終期の場合には，事態は明瞭である．期待限界生産力の価値 $m(\bar{y}_T)$ より保証賃金 x を引いたものに等しい．

$$(3\text{-}37) \qquad v_T = m(\bar{y}_T) - x$$

この期では，なお残る能力位置の不確実性の指標 $\sigma_{y,T}$ は，評価に無関係となる．

一般の t については評価はやや複雑である．t 期の期待純利得 $m(\bar{y}_t) - x$ だけでなく，将来期の期待純利得の現在価値も加えなければならない．まず最終期より1期さかのぼった $T-1$ 期では，

$$(3\text{-}38) \quad v_{T-1} = (m(\bar{y}_{T-1}) - x) + \frac{1}{1+r} E(v_T | I_{T-1}, v_T \leq 0)$$

となる．ここで v_T は(3-37)で定義された値である．右辺の期待値項の評価にあたっては，T 期になって実際に $\bar{y}_T$ が十分高く v_T が正となる場合には，ただちに保証賃金 x が競り上げられ，v_T はゼロに帰することが制約として織り込まれている．$I_{T-1} = (\bar{y}_{T-1}, \sigma_{y,T-1})$ 所与のもとで，v_T は平均 $m(\bar{y}_{T-1}) - x$，標準偏差 $w_B k_B \rho_{B,T-1} \sigma_{y,T-1}$ の正規分布に従う[47]から，v_{T-1} の値は $m(\bar{y}_{T-1}) - x$ と $\sigma_{y,T-1}$ に依存すること，しかも $m(\bar{y}_{T-1}) - x$ につき単調増加で，凹であることが容易に確かめられる．以下，この依存関係を，関数

(3-39) $\quad v_{T-1} = \hat{v}_{T-1}(m(\bar{y}_{T-1})-x,\ \sigma_{y,T-1})$

で表わす.

同様にして, 任意の t 期 $(t \geq 1)$ の労働契約の価値 v_t は, 1階の再帰式

(3-40) $\quad v_s = (m(\bar{y}_s)-x) + \dfrac{1}{1+r} E(v_{s+1}|I_s,\ v_{s+1} \leq 0)$

$$(s = T-2,\ T-3,\ \cdots,\ t)$$

を通して時間を順次さかのぼる形で定義される. しかも(3-39)とまったく同様の依存関係,

(3-41) $\quad v_t = \hat{v}_t(m(\bar{y}_t)-x,\ \sigma_{y,t})$

($\hat{v}_t(\cdot)$ は, $m(\bar{y}_t)-x$ に関し単調増加かつ凹)の存在することが分かる[*12].

$\hat{v}_t$ 関数に現われる $m(\bar{y}_t)-x$ は, 当期(t 期)の期待限界価値生産物と保証賃金の差額であり, 雇い主にとっての当期の純利得となるものである. その差を z_t と書こう. 以上の議論から当然予想されるように, もし当期に労働契約が書きかえられるとしたら, z_t の値は,

(3-42) $\quad \hat{v}_t(z_t,\ \sigma_{y,t}) = 0$

となるよう決定されるはずである. その値は, $\hat{v}_t$ 関数の形から年齢 t と不確実性の指標 $\sigma_{y,t}$ のみに依存する. $\hat{z}_t(\sigma_{y,t})$ と表記しよう. ところで $\sigma_{y,t}$ には不確実性はなく((3-26), (3-29)を参照), しかも $\hat{v}_t$ 関数も年齢に固有の確定された関数であるから, $\hat{z}_t(\sigma_{y,t})$ は年齢に固有の確定値をとる. とりわけ刻々変動する $m(\bar{y}_t)$ の値とは無関係であることに注意しよう. この表現を用いて

(3-43) $\quad \hat{x}_t = m(\bar{y}_t) - \hat{z}_t(\sigma_{y,t})$

を定義すると, $\hat{x}_t$ は新しい労働契約が結ばれる場合の保証賃金の水準を表わす. 以下では, その水準を「労働者の市場価値」と呼ぶことにしよう. また, 労働者の側から $\hat{z}_t(\sigma_{y,t})$ をみると, それは生涯にわたる賃金保証を受けるため雇い主に支払う「保険プレミアム」を意味している. 結局, 労働者の市場価値は, $\bar{y}_t$ の変動と保険プレミアムの変化に依存して変化するわけである.

保険プレミアムの水準については, 次の3つの性質を確認することができる. 第1に, 最終期(T 期)以外は必ずプラスの値をとること, 第2に, y に関する不確実性の減少とともに下落すること, 第3に, 純粋に年齢の進行とともに下

落すること,である*13).第2,第3の理由から,労働者の市場価値について年齢の進行とともに絶えずそれを押し上げる力が働く.実際,第1期の情報 I_1 にもとづく $\hat{x}_t$ の期待値は $E(m(\bar{y}_t)|I_1) = m(\bar{y}_1)$ であるから,

$$(3\text{-}44) \qquad E(\hat{x}_t|I_1) = m(\bar{y}_1) - \hat{z}_t(\sigma_{y,t})$$

となり,年齢とともに単調に上昇する.しかし同時に,やはり第1期の情報 I_1 にもとづく $\hat{x}_t$ の分散は,

$$(3\text{-}45) \qquad \mathrm{Var}(\hat{x}_t|I_1) = \frac{(t-1)\rho_{\mathrm{B},1}{}^2}{1-\rho_{\mathrm{B},1}{}^2+(t-1)\rho_{\mathrm{B},1}{}^2}\{w_{\mathrm{B}}k_{\mathrm{B}}\sigma_{y,1}\}^2$$

となり,年齢とともに市場価値のばらつきは大きくなることも分かる[48].

以上のような保険契約のもとで労働者の賃金は,実際どのように変化するだろうか? まず第1期の賃金 w_1 はその期の労働者の市場価値 $\hat{x}_1$ に等しい.w_1 はまた,その期以降に対する保証賃金でもある.第2期には,期首に分かる市場価値 $\hat{x}_2$ と前期から保証された賃金 w_1 とが比較され,$\hat{x}_2 \leq w_1$ の場合には w_1 が継続し,$\hat{x}_2 > w_1$ の場合には $w_2 = \hat{x}_2$ となる.後者の場合,実際に新しい契約にとって代わられるわけである.一般に t 期の賃金は,

$$(3\text{-}46) \qquad w_t = \max\{w_{t-1}, \hat{x}_t\}$$

として決まる.賃金は年齢とともに上昇することはあっても,決して下落することはないことが,この関係から確認できよう.

3-17図は,年齢-所得曲線の可能なパターンを2つほど例示したものである.(a)図は労働者の初期情報の水準 $\bar{y}_1$ が真の y より低い場合,(b)図は $\bar{y}_1$ が真の y より高い場合を描いている.能率の観察誤差を反映して,各期の期待限界価値生産物 $m(\bar{y}_t)$ は確率的に変動するが,前項最後に見たように,時間とともに真の限界価値生産物 $m(y)$ に収束してゆく.いずれのケースでも保険プレミアム $\hat{z}_t$ は低下し,やがてゼロに収束している.(a)図では $m(\bar{y}_t)$ が上昇トレンドをもつため,保険プレミアムの低下とあわせ賃金は年齢とともに次第に上昇している.これに対し,(b)図では $m(\bar{y}_t)$ が下降トレンドをもつため,保険プレミアムの低下との相殺が生じ,市場価値 $\hat{x}_t$ はやがて $m(y)$ に収束してゆくものの,中間でのトレンドの方向は一定しない.それゆえ,たまたま一時的に上昇した $\hat{x}_t$ の値が,その後長期にわたって賃金の水準を決定する可能

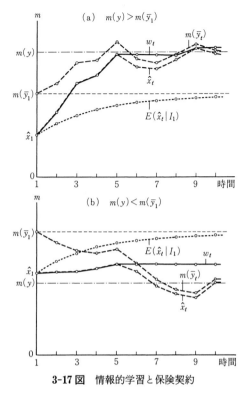

3-17図 情報的学習と保険契約

性がある．実際そのような場合が図に描かれている．

以上のような保険契約の理論のもたらすもっとも興味深い含意は，それが人的投資理論とは別角度から年功的賃金曲線を説明し，しかも個人間で年齢とともに所得の分散が増大するという広く知られた事実(4.2節参照)をも説明する点である．その点は，所与の初期情報 I_1 から出発する人の賃金の期待値および賃金の分散が毎期上昇することから確かめられる[*14]．同一の初期情報を共有する人とは，たとえば同一の学歴を有する人々である．実際，先の2つの事実は個々の学歴階層別にみても確かめられるものである．保険契約仮説は，とりわけ賃金の年功的上昇が必ずしも訓練の持続による生産性の上昇に由来するものでないという実証的指摘[49]に対して有力な交替的説明を提供するものである．

第3章 数学注

*1) 人々の間の能力分布の密度を，円周上の点 O から等距離 y にある左右両点の密度を加えあわせたうえで，$f(y)$ と記すことにしよう．先の基準化により，全人口は，

$$\int_0^1 f(y)\,dy = 1$$

である．労働供給フロンティアは，$q=\theta(y)$ を満たす y の値を y^* として，

$$L_A = \int_0^{y^*} k_A(y) f(y)\,dy = L_A(y^*) \qquad L_A{}' > 0$$

$$L_B = \int_{y^*}^1 k_B(y) f(y)\,dy = L_B(y^*) \qquad L_B{}' < 0$$

というパラメトリックな表現で与えられる (L_A, L_B) の軌跡にほかならない．その勾配は，

$$-\frac{dL_B}{dL_A} = -\frac{L_B{}'(y^*)}{L_A{}'(y^*)}$$

$$= \frac{k_B(y^*) f(y^*)}{k_A(y^*) f(y^*)} = \theta(y^*)$$

また，

$$-\frac{d^2 L_B}{dL_A{}^2} = \frac{d}{dy^*}\left\{-\frac{dL_B}{dL_A}\right\}\frac{dy^*}{dL_A} = \frac{\theta'(y^*)}{k_A(y^*) f(y^*)} > 0$$

である．したがって，フロンティアは，右上方から見て（強く）凸の形状をとり，しかもその勾配は境界点の労働者の比較優位尺度，かつまた市場で与えられる相対賃金比 q に等しい．

*2) この点は，標準的な二部門モデルとまったく同様である．すなわち，各財 i ($i=1, 2$) の生産に際して，労働投入比率 L_{Bi}/L_{Ai} を λ_i，L_{Ai} 単位当りの生産量を $g_i(\lambda_i)$ で表わすとき，生産者の利潤最大化行動より，

$$p\,g_1{}'(\lambda_1) = g_2{}'(\lambda_2) = w_B$$

$$p(g_1(\lambda_1) - \lambda_1 g_1{}'(\lambda_1)) = g_2(\lambda_2) - \lambda_2 g_2{}'(\lambda_2) = w_A$$

の関係が満たされる．辺々どうしの比をとることで，要素集約度 λ_1, λ_2 と相対賃金比 q との間には一義的かつ単調増加の関係のあることが分かる．すなわち，

$$\frac{dq}{d\lambda_i} = -\frac{g_i{}''(\lambda_i) g_i(\lambda_i)}{\{g_i{}'(\lambda_i)\}^2} > 0$$

である．したがって，$\lambda_i = \lambda_i(q)$ と書ける．本文中の仮定より，任意の q のもとで，

$\lambda_2(q) > \lambda_1(q)$ である. ところで $p = g_2'(\lambda_2)/g_1'(\lambda_1)$ となるので, この関係を q について対数微分し, 上記 $\{dq/d\lambda_i\}$ の表現を用いれば,

$$\frac{1}{p} \cdot \frac{dp}{dq} = \frac{1}{\lambda_1(q) + q} - \frac{1}{\lambda_2(q) + q} > 0$$

を得る. 標準的な二部門モデルと異なる点は, 要素初期保有ベクトル (L_A, L_B) が q の関数となることであるが, その関数関係は部門間の労働投入の規模に影響を与えることはあっても, 最適な要素集約度の選択には何ら影響を与えないことが分かる.

*3) 一般的な場合については, $f(y, v)$ を分布密度関数とするとき, q を所与として,

$$L_A(q) = \int_0^1 dy \int_0^{q/\theta(y)} k_A(y) f(y, v) dv$$
$$L_B(q) = \int_0^1 dy \int_{q/\theta(y)}^{\infty} k_B(y) f(y, v) dv$$

が, 労働供給フロンティアを定義する. 辺々を q で微分すると,

$$L_A'(q) = \int_0^1 \frac{k_A(y)}{\theta(y)} f\left(y, \frac{q}{\theta(y)}\right) dy > 0$$
$$L_B'(q) = -\int_0^1 \frac{k_B(y)}{\theta(y)} f\left(y, \frac{q}{\theta(y)}\right) dy < 0$$

となるので, 労働供給フロンティアは右下がりである. しかし, その勾配は, 一般に q のほか (y, v) 平面上の分布 $f(\cdot, \cdot)$ の形状にも依存する. いま, 所与の q のもとでそれぞれの y の水準に対応する境界点の v の値を $v^* = q/\theta(y) = v^*(y; q)$ と記すとき (3-6 図の曲線 VV' がこの関数のグラフにほかならない), フロンティア上各点の勾配は,

$$-\frac{dL_B}{dL_A} = \frac{\int_0^1 k_B(y) v^*(y; q) f(y, v^*(y; q)) dy}{\int_0^1 k_A(y) v^*(y; q) f(y, v^*(y; q)) dy}$$

で表わされる. すなわち, 境界線上の人々の嗜好の強さ (均等化差異の程度) と人口密度で加重平均した仕事の能率比に等しい. いま, 分子・分母それぞれに平均値の定理を適用すると, 適当な y_1, y_2 が存在して,

$$\int_0^1 k_B(y) v^*(y; q) f(y, v^*(y; q)) dy = k_B(y_1) \int_0^1 v^*(y; q) f(y, v^*(y; q)) dy$$

$$\int_0^1 k_\mathrm{A}(y)v^*(y;q)f(y,\ v^*(y;q))dy = k_\mathrm{A}(y_2)\int_0^1 v^*(y;q)f(y,\ v^*(y;q))dy$$

となる．したがって，$\theta(y)$ および $v^*(y;q)$ の定義式を想起して，

$$-\frac{dL_\mathrm{B}}{dL_\mathrm{A}} = \frac{k_\mathrm{B}(y_1)}{k_\mathrm{A}(y_2)} = \frac{q}{v^*(y_1;q)\dfrac{k_\mathrm{A}(y_2)}{k_\mathrm{A}(y_1)}}$$

すなわち，相対賃金比を q と分布の形に依存するある値で割り引いたものに等しい．この表現が，本文中，実効相対賃金比と呼んだものである．

特殊ケースとして，人々の v が同一値 $\bar{v}$ をとる場合には，3-6 図の右上の象限から，人々があたかも $q/\bar{v}$ を相対賃金比として行動する場合とまったく同等であることが分かる．この $q/\bar{v}$ が，この場合の実効相対賃金比である．

*4) 数学的には，仕事 i に教育量 s_i を投ずることで得られる将来所得の現在価値

$$V_i = \int_{s_i}^T w_i k_i(x_0 \pm h(s_i,\ a))e^{-rt}dt$$

を s_i について最大にするための 1 階条件は，

$$\frac{k_i'(x)}{k_i(x)}\{\mp h_s(s_i,\ a)\}\left(\frac{e^{-rs_i}-e^{-rT}}{e^{-rs_i}}\right) = r, \quad \text{ここに } x = x_0 \pm h(s_i,\ a)$$

で与えられる．式の中に登場する ± および ∓ の記号については，x を減少させる方向に学習が行なわれる場合(ケース I の仕事 A，およびケース II の仕事 A，B の場合)，第 1 の式が −，第 2 式が ＋ の符号をとり，反対に x を増加させる方向に学習の行なわれる場合(ケース I の仕事 B の場合)，第 1 式が ＋，第 2 式が − の符号をとる．$(e^{-rs_i}-e^{-rT})/e^{-rs_i}$ は，生涯が有限であることによる補正項で，T が十分大きい場合には無視してもかまわない．生涯が有限でなく，各期の死亡確率が一定値 μ をとる確率的な死亡過程に従う場合には，この補正項はなく，代わりに右辺の r を $r+\mu$ で置きかえてやればよい．その方が数学的展開は簡単である．

*5) いま，簡単化のために，注 *1) で導入した，確率的死亡過程の場合について，労働供給フロンティアがどのように導出されるかを示しておこう．$s_\mathrm{A}{}^*$，$s_\mathrm{B}{}^*$ を最適教育水準とするとき，

$$\frac{V_\mathrm{A}^*}{V_\mathrm{B}^*} = \frac{w_\mathrm{A}k_\mathrm{A}(x_0 - h(s_\mathrm{A}{}^*,\ a))}{w_\mathrm{B}k_\mathrm{B}(x_0 \mp h(s_\mathrm{B}{}^*,\ a))}e^{-(r+\mu)(s_\mathrm{A}{}^*-s_\mathrm{B}{}^*)}$$

となる．ここで ∓ の符号については，ケース I で −，ケース II で ＋ となる．また，$s_\mathrm{A}{}^*$，$s_\mathrm{B}{}^*$ は，いずれも x_0 および a の関数である．したがって，相対賃金比 $q=$

w_A/w_B を所与として (x_0, a) 平面上で仕事 A を選択する集合 $\Omega_A(q)$ および仕事 B を選択する集合 $\Omega_B(q)$(無差別な場合は，便宜的に $\Omega_A(q)$ に含める)が定義できる．各世代同一だという仮定のもとでは，

$$L_A = \int_{s_A^*}^{\infty}\left\{\iint_{\Omega_A(q)} k_A(x_0 - h(s_A^*, a))f(x_0, a)e^{-\mu t}dadx_0\right\}dt$$

$$= \frac{1}{\mu}\iint_{\Omega_A(q)} k_A(x_0 - h(s_A^*, a))f(x_0, a)e^{-\mu s_A^*}dadx_0$$

および

$$L_B = \frac{1}{\mu}\iint_{\Omega_B(q)} k_B(x_0 \mp h(s_B^*, a))f(x_0, a)e^{-\mu s_B^*}dadx_0$$

が得られる．L_A, L_B ともに q をパラメータとして (L_A, L_B) 平面上に右下がりの労働供給フロンティアを描く．これから，3.1節同様，一般均衡の成立を論ずることができる．

*6) (3-11)および(3-16)をそれぞれ(3-8)および(3-13)に代入すると，所与の z に対し最適な学歴水準は，

(A-1) $$s_A = \frac{(w_A k_A)^2(1-z)^2 - C_A}{2 w_A k_A} = s_A^*(z)$$

(A-2) $$s_B = \frac{(w_B k_B)^2 z^2 - C_B}{2 w_B k_B} = s_B^*(z)$$

として求まる．仕事選択の境界 $\check{z}$ は，両方の仕事の最適投資後の純収益が等しい点として求められる．すなわち，(3-10), (3-15)を用いて，

(A-3) $$w_A(1 - k_A \check{z}) - \frac{s_A^*(\check{z})}{1 - \check{z}} = w_B(1 - k_B + k_B \check{z}) - \frac{s_B^*(\check{z})}{\check{z}}$$

である．効率的なシグナリング均衡は，$s_A^*(\check{z}) = 0$, $s_B^*(\check{z}) = 0$ となる C_A, C_B によって達成される．また，このとき，(A-1), (A-2), (A-3)の比較より，

(A-4) $$w_A(1 - k_A \check{z}) = w_B(1 - k_B + k_B \check{z})$$

が成立する．この関係を満たす $\check{z}$ の値が，$\check{z}_{eff}$ にほかならない．なお，ここで求めた C_A, C_B の値は，情報分離均衡を成立させる C_A, C_B のそれぞれ上限値である．

*7) 注*6)の(A-1), (A-2)および(A-3)に，$C_A = 0$, $C_B = 0$ を代入して整理すると，境界点 $\check{z}$ の値は，

(A-5) $$w_A(1 - k_A \check{z}) - w_B(1 - k_B + k_B \check{z}) = \frac{1}{2}\{w_A k_A - (w_A k_A + w_B k_B)\check{z}\}$$

の解として決定される．$\check{z}$ が 0 と 1 の間に解をもつための条件は，

$$w_A - w_B(1-k_B) \geqq w_B(1-k_B) - w_A(1-k_A) \geqq w_A(1-k_A) - w_B$$

である（3-15図は，これらの不等号条件が満たされる場合を仮定している）．また，(A-5)の左辺をゼロにする z の値（$\hat{z}_{eff}$）との対比で，

$$w_A(1-k_A) \lessgtr w_B(1-k_B) \Leftrightarrow \hat{z} \lessgtr \hat{z}_{eff}$$

となることも容易に確かめられる．

なお，3-14図および3-15図は，$w_A=7$, $w_B=5$, $k_A=0.8$, $k_B=0.6$ として描いたものである．この場合，$\hat{z}_{eff}=0.581$ となる．また，3-14図について $C_A=5.495$, $C_B=3.042$ であり，3-15図について $\hat{z}=0.512$ である．

*8) 注*6)の(A-1), (A-2)を用いて，所与の z のもとでの最適な学歴水準は，

$$s_A = \frac{w_A k_A}{2}\{(1-z)^2 - (1-\hat{z})^2\} \quad (z < \hat{z})$$

$$s_B = \frac{w_B k_B}{2}(z^2 - \hat{z}^2) \quad (z > \hat{z})$$

と表わせる．この s_B を用いて本文と同様に議論することで，(3-19)が成立する．仕事Aについてもまったく同様に議論して，(3-19)と同様の関係式が得られる．

*9) 証明は Riley [1979 : 342] を参照．(3-21)について述べれば，次のとおりである．$z \geqq \hat{z}_{eff}$ という条件のもとでの z の分布の密度関数を $f_B(z)$，累積密度関数を $F_B(z)$ と表わすとき，

$$\underline{V}_B(z) = \frac{\int_{\hat{z}_{eff}}^{z} \{w_B(1-k_B) + w_B k_B v\} f_B(v) \, dv}{F_B(z)}$$

として定義される．右辺の分子を部分積分して，$F_B(\hat{z}_{eff})=0$ に留意すると，この式は，

$$\underline{V}_B(z) = w_B(1-k_B) + w_B k_B z - \frac{\int_{\hat{z}_{eff}}^{z} w_B k_B F_B(v) \, dv}{F_B(z)}$$

と書きかえられる．これを微分して整理することにより，

$$\underline{V}_B'(z) = \frac{F_B'(z)}{\{F_B(z)\}^2} \int_{\hat{z}_{eff}}^{z} w_B k_B F_B(v) \, dv$$

となる．z が上方から $\hat{z}_{eff}$ に近づく場合の極限は，ロピタルの定理を2回適用することで本文の式が得られる．(3-22)の導出も同様である．

*10) 期待生涯賃金最大化の問題は，2期間の確率的DP（動学的最適化）問題である．(3-23), (3-24)で定義される仕事A, Bの所得関数を，それぞれ $W_A(y$

$-(u_A/k_A))$, $W_B(y+(u_B/k_B))$ と略記しよう．問題は時間の後方から順に解いてゆけばよい．第2期の最適化は，その時点で所与の $\bar{y}_2$ のもとで，

(A-6) $$v_2 = \max\{W_A(\bar{y}_2),\ W_B(\bar{y}_2)\}$$

を求めることである．第1期期首の情報の集合(y および $u_{A,1}$, $u_{A,2}$ に関する事前的確率分布の特性)を I_1 と記すとき，第1期における期待生涯所得は，第1期の仕事に対応して，

(A-7) $$L_A = W_A(\bar{y}_1) + \frac{1}{1+r}E(v_2|I_1,\ A)$$

(A-8) $$L_B = W_B(\bar{y}_1) + \frac{1}{1+r}E(v_2|I_1,\ B)$$

と書ける．ここで(A-7), (A-8)の右辺に現われる期待値は，I_1 と第1期につく仕事を所与として評価されることに注意しよう．第1期の最適化とは，

$$v_1 = \max\{L_A,\ L_B\}$$

を求めることである．

L_A, L_B の値を求めよう．そのためには，第1期期首における $\bar{y}_2$ の事前分布を知る必要がある．$\bar{y}_2$ が正規分布をすること，また，

(A-9) $$E(\bar{y}_2|I_1,\ i) = \bar{y}_1 \quad (i = A,\ B)$$

は明らかである．また，分散は，

$$\mathrm{Var}(\bar{y}_2|I_1,\ i) = E(\bar{y}_2{}^2|I_1,\ i) - \{E(\bar{y}_2|I_1,\ i)\}^2$$

の公式を用いて求められる．まず右辺の第1項の $\bar{y}_2$ に(3-28)を代入したうえ，

$$E(\hat{y}_{i,1}{}^2|I_1,\ i) = \sigma_{y,1}{}^2 + \bar{y}_1{}^2 + \frac{\sigma_i{}^2}{k_i{}^2} \quad (i = A,\ B)$$

の関係式を用いて，式を整理すると，

(A-10) $$\mathrm{Var}(\bar{y}_2|I_1,\ i) = \rho_{i,1}{}^2 \sigma_{y,1}{}^2$$

となることが分かる．なお，仕事Aの方が仕事Bに比べ y をより正確に推定できるにもかかわらず，$\bar{y}_2$ の事前分布の分散がより大きくなるのは逆説的であるが，その理由は，$\bar{y}_2$ の算定にあたり評価ノイズを含む第1期の観測値 $\hat{y}_{i,1}{}^2$ をより大きなウェイトで取り込むためである．

$\bar{y}_2$ に関する平均 $\bar{y}_1$, 標準偏差 $\rho_{i,1}\sigma_{y,1}$ の正規分布の密度関数を $n(\bar{y}_2|\bar{y}_1, \rho_{i,1}\sigma_{y,1})$ (i=A, B)と書こう．このとき，L_A および L_B は，$\bar{y}_2$ の領域を$(-\infty, \infty)$に拡大して考え，(A-7)および(A-8)に(A-6)を代入し，(3-30)の基準を用いることで，

$$\text{(A-11)} \quad L_i \simeq W_i(\bar{y}_1) + \frac{1}{1+r}\left\{\int_{-\infty}^{y^*} W_\text{A}(\bar{y}_2)\cdot n(\bar{y}_2|\bar{y}_1,\rho_{i,1}\sigma_{y,1})\,d\bar{y}_2\right.$$
$$\left.+\int_{y^*}^{+\infty} W_\text{B}(\bar{y}_2)\cdot n(\bar{y}_2|\bar{y}_1,\rho_{i,1}\sigma_{y,1})\,d\bar{y}_2\right\} \quad (i=\text{A, B})$$

と表現される(なお，(A-11)は $\bar{y}_2$ の領域を拡大したため近似式であるが，われわれの関心はいずれにせよ端点 0 と 1 の中間の範囲にあるので，近似度は十分高い).
(A-11)の第 2 項は，任意の $\bar{y}_1$ のもとでは一般に解析的表現を得られないが，$\bar{y}_1=y^*$ の場合には簡単な表現が得られる．一般に，

$$\frac{d}{dx}n(x|\mu,\sigma) = -\frac{x-\mu}{\sigma^2}n(x|\mu,\sigma)$$

であるから，これより，

$$\text{(A-12)} \quad \int_{-\infty}^{\mu} x\cdot n(x|\mu,\sigma)\,dx = \frac{\mu}{2} - \frac{\sigma}{\sqrt{2\pi}}$$

$$\text{(A-13)} \quad \int_{\mu}^{\infty} x\cdot n(x|\mu,\sigma)\,dx = \frac{\mu}{2} + \frac{\sigma}{\sqrt{2\pi}}$$

の関係がある．これらの公式を適用して，

$$\text{(A-14)} \quad \begin{aligned} L_i &\simeq W_i(y^*) + \frac{1}{1+r}\left\{\left(\frac{W_\text{A}(y^*)}{2}+\frac{w_\text{A}k_\text{A}\rho_{i,1}\sigma_{y,1}}{\sqrt{2\pi}}\right)\right.\\ &\left.+\left(\frac{W_\text{B}(y^*)}{2}+\frac{w_\text{B}k_\text{B}\rho_{i,1}\sigma_{y,1}}{\sqrt{2\pi}}\right)\right\}\\ &= W_i(y^*) + \frac{1}{1+r}\left\{W_i(y^*) + (w_\text{A}k_\text{A}+w_\text{B}k_\text{B})\frac{\rho_{i,1}\sigma_{y,1}}{\sqrt{2\pi}}\right\} \quad (i=\text{A, B})\end{aligned}$$

が得られる．(A-14)よりただちに本文の表現が導かれる．

*11) 注 *10)の場合と異なり，L_A, L_B の評価に際し必要となるのは，第 1 期期首における $\hat{y}_{\text{A},1}$ および $\hat{y}_{\text{B},1}$ の事前的確率分布である．(3-25)より，$\hat{y}_{\text{A},1}$ は，平均 y^*, 分散 $\tilde{\sigma}_{\text{A},1}^2$, $\hat{y}_{\text{B},1}$ は，平均 y^*, 分散 $\tilde{\sigma}_{\text{B},1}^2$ の正規分布に従う．その事実と(3-32)の基準をあわせ考慮して，第 1 期期首における期待生涯賃金は，

$$L_\text{A} \simeq W_\text{A}(y^*) + \frac{1}{1+r}\left\{\int_{-\infty}^{y^*} W_\text{A}(\hat{y}_{\text{A},1})\cdot n(\hat{y}_{\text{A},1}|y^*,\tilde{\sigma}_{\text{A},1})\,d\hat{y}_{\text{A},1}\right.$$
$$\left.+\int_{y^*}^{\infty} W_\text{B}(\rho_{\text{A},1}^2\hat{y}_{\text{A},1}+(1-\rho_{\text{A},1}^2)y^*)\cdot n(\hat{y}_{\text{A},1}|y^*,\tilde{\sigma}_{\text{A},1})\,d\hat{y}_{\text{A},1}\right\}$$

$$L_\text{B} \simeq W_\text{B}(y^*) + \frac{1}{1+r}\left\{\int_{-\infty}^{y^*} W_\text{A}(\rho_{\text{B},1}^2\hat{y}_{\text{B},1}+(1-\rho_{\text{B},1}^2)y^*)\cdot n(\hat{y}_{\text{B},1}|y^*,\tilde{\sigma}_{\text{B},1})\,d\hat{y}_{\text{B},1}\right.$$
$$\left.+\int_{y^*}^{\infty} W_\text{B}(\hat{y}_{\text{B},1})\cdot n(\hat{y}_{\text{B},1}|y^*,\tilde{\sigma}_{\text{B},1})\,d\hat{y}_{\text{B},1}\right\}$$

第3章 労働市場と所得分配——新古典派的接近   141

と表現される．これより注 *10) の公式 (A-12), (A-13) を用いて, 本文の式が出る．

*12) v_t が一般に t 期の情報 I_t と x に依存するという事実を, 関数 $v_t(\bar{y}_t, \sigma_{y,t}, x)$ で表現しよう． $v_t(\bar{y}_t, \sigma_{y,t}, x)$ は再帰式 (3-40) を用いて,

$$(\text{A-15}) \quad v_t(\bar{y}_t, \sigma_{y,t}, x) = m(\bar{y}_t) - x$$
$$+ \frac{1}{1+r} \int_{v_{t+1}(\bar{y}_{t+1}, \sigma_{y,t+1}, x) \leq 0} v_{t+1}(\bar{y}_{t+1}, \sigma_{y,t+1}, x) \cdot n(\bar{y}_{t+1} | \bar{y}_t, \rho_{B,t}\sigma_{y,t}) d\bar{y}_{t+1}$$

と表わすことができる．ここで $n(\bar{y}_{t+1} | \bar{y}_t, \rho_{B,t}\sigma_{y,t})$ は, I_t 所与のもとで $\bar{y}_{t+1}$ が従う, 平均 $\bar{y}_t$, 標準偏差 $\rho_{B,t}\sigma_{y,t}$ の正規分布の密度関数を表わしている．

まず第1に, 任意の t $(1 \leq t \leq T)$ につき, $v_t(\bar{y}_t, \sigma_{y,t}, x)$ が $\bar{y}_t$ について単調増加, x について単調減少であることを確かめよう． t についての数学的帰納法を用いる．実際, $t=T$ については, (3-37) より自明である．次に, $t+1 \leq T$ である任意の $t+1$ 期に上の2つの性質が満たされるとして, t 期にもそれらの性質が満たされることを示そう．さて $\bar{y}_t$ が $\bar{y}_t'$ に増加したとすると, (A-15) の第1項が増加するとともに, $\bar{y}_{t+1}$ の分布が右方に平行移動し, しかも帰納法の仮定より v_{t+1} は $\bar{y}_{t+1}$ に関し単調増加であるので, 第2項も増加することが分かる．したがって, v_t も $\bar{y}_t$ につき単調増加である．次に x が x' に増加するとき, $\bar{y}_{t+1}$ の関数としての v_{t+1} の曲線が下方へシフトするのであれば, v_t も減少することは明らかである(証明終わり)．(この性質は Harris = Holmstrom [1982：Lemma 1] に対応する．)

第2に, 以上の性質を用いて $v_t(\bar{y}_t, \sigma_{y,t}, x)$ が (3-41) の形に表わせることを示そう (Harris = Holmstrom [1982：Lemma 3])．再び数学的帰納法を用いる． $t=T$ については, すでに (3-37) で見たとおりである． $t+1 \leq T$ である任意の $t+1$ 期に $v_{t+1}(\bar{y}_{t+1}, \sigma_{y,t+1}, x) = \hat{v}_{t+1}(m(\bar{y}_{t+1}) - x, \sigma_{y,t+1})$ と書けると仮定しよう．上記の性質より, 明らかに $\hat{v}_{t+1}$ は $m(\bar{y}_{t+1}) - x$ の単調増加関数である．いま後の本文の記号を用いて $\hat{v}_{t+1}$ を 0 にする $m(\bar{y}_{t+1}) - x$ の値を $\hat{z}_{t+1}(\sigma_{y,t+1})$ と記すと, $v_{t+1}(\bar{y}_{t+1}, \sigma_{y,t+1}, x) \leq 0$ を満たす $\bar{y}_{t+1}$ の領域は,

$$\bar{y}_{t+1} \leq m^{-1}(x + \hat{z}_{t+1}(\sigma_{y,t+1}))$$

となる．($\hat{z}_T(\sigma_{y,T}) = 0$ である)．この不等式の右辺の値を, y^*_{t+1} と記そう．これより (A-15) は,

$$v_t(\bar{y}_t, \sigma_{y,t}, x) = m(\bar{y}_t) - x$$
$$+ \frac{1}{1+r} \int_{-\infty}^{y^*_{t+1}} \hat{v}_{t+1}(m(\bar{y}_{t+1}) - x, \sigma_{y,t+1}) \cdot n(\bar{y}_{t+1} | \bar{y}_t, \rho_{B,t}\sigma_{y,t}) d\bar{y}_{t+1}$$

と書きかえられる．さらに，$z'_{t+1}=m(\bar{y}_{t+1})-x$ という変数変換を施すことで，

$$v_t(\bar{y}_t, \sigma_{y,t}, x) = m(\bar{y}_t)-x$$

(A-16) $$+\frac{1}{(1+r)w_B k_B}\int_{-\infty}^{\bar{z}_{t+1}(\sigma_{y,t+1})} \hat{v}_{t+1}(z'_{t+1}, \sigma_{y,t+1})\cdot n(z'_{t+1}|m(\bar{y}_t)-x,$$
$$w_B k_B \rho_{B,t}\sigma_{y,t}) dz'_{t+1}$$

と表わされる．積分値は $m(\bar{y}_t)-x$ に依存し，しかも(3-26)，(3-29)より $\sigma_{y,t+1}$ は $\sigma_{y,t}$ の既知関数として表わされるから，結局 $v_t(\bar{y}_t, \sigma_{y,t}, x)$ もまた，$\hat{v}_t(m(\bar{y}_t)-x, \sigma_{y,t})$ と書きかえることができる(証明終わり)．

最後に，$\hat{v}_t(m(\bar{y}_t)-x, \sigma_{y,t})$ 関数が $m(\bar{y}_t)-x$ につき単調増加であることは，もはや明白である．また，同時に $m(\bar{y}_t)-x$ について凹であることは，$t=T$ については自明である．$t+1 \leq T$ である任意の $t+1$ については，まず

(A-17) $\hat{v}^*_{t+1}(m(\bar{y}_{t+1})-x, \sigma_{y,t+1})$
$$\begin{cases} = \hat{v}_{t+1}(m(\bar{y}_{t+1})-x, \sigma_{y,t+1}) & (\bar{y}_{t+1} \leq y^*_{t+1}) \\ = 0 & (\bar{y}_{t+1} > y^*_{t+1}) \end{cases}$$

という補助関数を定義しよう．帰納法の仮定より $\hat{v}_{t+1}$ が $m(\bar{y}_{t+1})-x$ について凹であれば，明らかに $\hat{v}^*_{t+1}$ もまた同じ変数につき凹である．(A-16)に $z''_{t+1}=z'_{t+1}-\bar{z}'_t$ という変数変換を施し，

$$\hat{v}_t(m(\bar{y}_t)-x, \sigma_{y,t}) = m(\bar{y}_t)-x$$

(A-18) $$+\frac{1}{(1+r)w_B k_B}\int_{-\infty}^{+\infty} \hat{v}^*_{t+1}(z''_{t+1}+m(\bar{y}_t)-x, \sigma_{y,t+1})\cdot$$
$$n(z''_{t+1}|0, w_B k_B \rho_{B,t}\sigma_{y,t}) dz''_{t+1}$$

と書くと，$m(\bar{y}_{t+1})-x$ は $z''_{t+1}+m(\bar{y}_t)-x$ に置きかえられるが，積分オペレータの線形性により，z''_{t+1} に関し積分してもなお $m(\bar{y}_t)-x$ についての凹性はそのまま保存される．(A-18)の右辺第1項も線形であるから，結局，右辺全体としても $m(\bar{y}_t)-x$ につき凹である．第2，第3の性質は Harris = Holmstrom [1982: Lemma 3] に対応するものである．こうして本文の主張はすべて証明された(なお，$\hat{v}_t(\cdot)$ の $m(\bar{y}_t)-x$ に関する凹性は，注 *13)の性質 b)の証明に用いられる)．

*13) $\hat{z}_t(\sigma_{y,t})$ については，次の3つの性質がある(Harris = Holmstrom [同: Theorem 2(ii), Theorem 3(ii)])．

a) $\hat{z}_t(\sigma_{y,t}) > 0$, $1 \leq t \leq T-1$.

b) 同一の t につき $\sigma_{y,t}' > \sigma_{y,t}$ ならば，$\hat{z}_t(\sigma_{y,t}') > \hat{z}_t(\sigma_{y,t})$.

c) 同一の σ につき $t>s$ ならば，$\hat{z}_t(\sigma)<\hat{z}_s(\sigma)$.

a)の証明：(A-18)の右辺第3項は必ず負であるから，$\vartheta_t=0$ とするような $m(\bar{y}_t)-x$ は正でなければならない．よって $\hat{z}_t(\sigma_{y,t})>0$. ところで，$t$ は T 期を除けば任意である．

b)の証明：$\sigma_{y,t}'>\sigma_{y,t}$ であるということは，(3-26)，(3-29)を用いて，

$$\sigma_{y,t+1}{}^2 = \frac{\sigma_\mathrm{B}{}^2/k_\mathrm{B}{}^2}{\sigma_{y,t}{}^2+(\sigma_\mathrm{B}{}^2/k_\mathrm{B}{}^2)}\sigma_{y,t}{}^2$$

$$\rho_{\mathrm{B},t}{}^2\sigma_{y,t}{}^2 = \frac{1}{\dfrac{1}{\sigma_{y,t}{}^2}+\dfrac{\sigma_\mathrm{B}{}^2/k_\mathrm{B}{}^2}{\sigma_{y,t}{}^4}}$$

であるから，$\sigma_{y,t}'$ に対応する $\sigma_{y,t+1}'$ および $\rho_{\mathrm{B},t+1}'\sigma_{y,t+1}'$ についても同一の大小関係が成立する(同様にして，引き続くすべての期の $\sigma_{y,t}$，$\rho_{\mathrm{B},t}\sigma_{y,t}$ についても成立する)．

さて，$t\leq T-1$ において $\hat{z}_t(\sigma_{y,t})$ が $\sigma_{y,t}$ に関し単調増加であることは，$\vartheta_t(\cdot)$ 関数が $\sigma_{y,t}$ について単調減少であることと同値である．$t=T$ のとき $\vartheta_T(\cdot)$ は $\sigma_{y,T}$ と無関係なことを考慮して，$\vartheta_{t+1}(\cdot)$ が $\sigma_{y,t+1}$ につき単調非増加ならば，$\vartheta_t(\cdot)$ が $\sigma_{y,t}$ に関し単調減少であることを示すことにする．

帰納法の仮定より，$\hat{z}_{t+1}(\sigma_{y,t+1})\leq \hat{z}_{t+1}(\sigma_{y,t+1}')$ であるから，

$$\vartheta_t(m(\bar{y}_t)-x, \sigma_{y,t}')-(m(\bar{y}_t)-x)$$
$$= \frac{1}{(1+r)w_\mathrm{B}k_\mathrm{B}}\int_{-\infty}^{\hat{z}_{t+1}(\sigma_{y,t+1}')}\vartheta_{t+1}(z'_{t+1},\sigma_{y,t+1}')\cdot$$
$$\qquad n(z'_{t+1}|m(\bar{y}_t)-x, w_\mathrm{B}k_\mathrm{B}\rho_{\mathrm{B},t}'\sigma_{y,t}')dz'_{t+1}$$
$$\leq \frac{1}{(1+r)w_\mathrm{B}k_\mathrm{B}}\int_{-\infty}^{\hat{z}_{t+1}(\sigma_{y,t+1})}\vartheta_{t+1}(z'_{t+1},\sigma_{y,t+1}')\cdot$$
$$\qquad n(z'_{t+1}|m(\bar{y}_t)-x, w_\mathrm{B}k_\mathrm{B}\rho_{\mathrm{B},t}'\sigma_{y,t}')dz'_{t+1}$$
$$\leq \frac{1}{(1+r)w_\mathrm{B}k_\mathrm{B}}\int_{-\infty}^{\hat{z}_{t+1}(\sigma_{y,t+1})}\vartheta_{t+1}(z'_{t+1},\sigma_{y,t+1})\cdot$$
$$\qquad n(z'_{t+1}|m(\bar{y}_t)-x, w_\mathrm{B}k_\mathrm{B}\rho_{\mathrm{B},t}'\sigma_{y,t}')dz'_{t+1}$$
$$< \frac{1}{(1+r)w_\mathrm{B}k_\mathrm{B}}\int_{-\infty}^{\hat{z}_{t+1}(\sigma_{y,t+1})}\vartheta_{t+1}(z'_{t+1},\sigma_{y,t+1})\cdot$$
$$\qquad n(z'_{t+1}|m(\bar{y}_t)-x, w_\mathrm{B}k_\mathrm{B}\rho_{\mathrm{B},t}\sigma_{y,t})dz'_{t+1}$$
$$= \vartheta_t(m(\bar{y}_t)-x, \sigma_{y,t})-(m(\bar{y}_t)-x)$$

最後から2つ目の不等式は帰納法の仮定より，また最後の不等式は，ϑ_{t+1} が z'_{t+1} に関し凹関数であり，しかも z'_{t+1} につき同一平均のまわりのばらつき(mean preserving spread)が縮小したことより導かれる．

c)の証明：この性質を示すには，$t \leq T-1$ である任意の t と任意の (z, σ) の組について，

(A-19) $$v_t(z, \sigma) < v_{t+1}(z, \sigma)$$

が成立することを示せば十分であることに注意しよう（この点は，$\hat{z}_t(\sigma)$ および $\hat{z}_{t+1}(\sigma)$ の定義と，$v_t(\cdot)$ が z に関し単調増加であるという性質から明白である）．(A-19)を証明するには，数学的帰納法を用いる．まず $t=T-1$ については，$\hat{z}_T(\sigma)=0$ であることを考慮して，

$$v_{T-1}(z, \sigma) = z + \int_{-\infty}^{0} z \cdot n(z'|z, \rho_B \sigma) \quad (ここに \rho_B = \sigma/\sqrt{\sigma^2 + (\sigma_B^2/k_B^2)})$$
$$< z = v_T(z, \sigma)$$

であるから，たしかに成立する．次に，$t \leq T-2$ である任意の t について $v_t(z, \sigma) < v_{t+1}(z, \sigma)$ が成立するとすれば，$v_{t-1}(z, \sigma) < v_t(z, \sigma)$ の成立することを示そう．

実際，

$$v_{t-1}(z, \sigma) = z + \int_{-\infty}^{\hat{z}_t(\sigma)} v_t(z, \sigma) \cdot n(z'|z, \rho_B \sigma)\, dz'$$
$$< z + \int_{-\infty}^{\hat{z}_{t+1}(\sigma)} v_t(z, \sigma) \cdot n(z'|z, \rho_B \sigma)\, dz'$$
$$< z + \int_{-\infty}^{\hat{z}_{t+1}(\sigma)} v_{t+1}(z, \sigma) \cdot n(z'|z, \rho_B \sigma)\, dz'$$
$$= v_t(z, \sigma)$$

となる．ここで第1の不等号は，帰納法の仮定の含意としての $\hat{z}_{t+1}(\sigma) < \hat{z}_t(\sigma)$ と，v_t の z に関する単調増加性より導かれ，また第2の不等号は帰納法の仮定そのものから導かれる（証明終わり）．

*14) 本文の性質は，$E(w_t|I_1)$ および $\mathrm{Var}(w_t|I_1)$ が t とともに上昇することに対応する．Harris=Holmstrom [1982：Theorem 4] に対応している．まず逐次的期待則を順次適用して，任意の s 期について，

$$E(w_{s+1} - w_s|I_1) = E(E(\cdots E(w_{s+1} - w_s|I_s)\cdots|I_2)|I_1)$$
$$\mathrm{Var}(w_{s+1}|I_1) - \mathrm{Var}(w_s|I_1)$$
$$= E(E(\cdots E((w_{s+1} - E(w_{s+1}|I_s))^2 - (w_s - E(w_s|I_s))^2|I_s)\cdots|I_2)|I_1)$$

となることを確認しよう．ところで s 期に与えられた情報 I_s のもとでは，

$$E(w_{s+1}|I_s) - E(w_s|I_s)$$

第3章 労働市場と所得分配——新古典派的接近   145

$$= E\{\max(w_s, x_{s+1})|I_s\} - w_s$$
$$= (1 - \Pr\{x_{s+1} \leq w_s|I_s\})(E(x_{s+1}|I_s, x_{s+1} \geq w_s) - w_s)$$
$$> 0$$

および

$$\mathrm{Var}(w_{s+1}|I_s) - \mathrm{Var}(w_s|I_s)$$
$$= E\{w_{s+1}{}^2|I_s\} - \{E(w_{s+1}|I_s)\}^2$$
$$= \Pr\{x_{s+1} \leq w_s|I_s\}(1 - \Pr\{x_{s+1} \leq w_s|I_s\}) \cdot \{w_s - E(x_{s+1}|I_s, x_{s+1} \geq w_s)\}^2$$
$$> 0$$

となることが分かる．条件付き期待値の基本的性質として，本来正の値をとる変数の期待値は，制約とする条件の如何にかかわらず正の値をとるから，これらの不等式を上の2つの式にそれぞれ代入することで，

$$E(w_{s+1} - w_s|I_1) > 0$$
$$\mathrm{Var}(w_{s+1}|I_1) - \mathrm{Var}(w_s|I_1) > 0$$

であることが分かる．

なお，以上の性質は賃金形成が事後的な能率の評価値に依存する本節前半のモデルでは成立しない．そのモデルでは，転職の生じる比較的年齢の若い時期にはむしろ所得の分散は時間とともに減少する傾向がある．

第3章 注

1) 質の差異に関するこうした表現上の工夫は，Vickrey[1964：Chapter 8]，Helpman[1981]を参照のこと．各人の能力が他人の能力と対等な地位にあるという上記の想定と異なり，優劣の尺度が与えられる場合についても，本節の分析は適用可能である．円周上の点と実数軸上との点との間には一対一対応をつけられるからである．その点を確認するには，円周上のある点を選んで接線を引き，その点と対極に位置する点から円周上の任意の点とを通って延びる直線と先の接線との交点を求めてやればよい．また，能力自体が多次元の尺度をもつ場合には，その次元の(超)球体を考えればよい．

2) ケースIIの場合，市場で決定される相対賃金比 $q = w_A/w_B$ は1より大きくなければならない．さもないと仕事Aにつく人が皆無になってしまう．実際，3-3図では，この条件が満たされているものと仮定している．

3) 比較優位の原則をめぐっては，Rosen[1978]の優れた解説をも参照された

い.

4) 人々の間の分布密度 $f(y)$ に，何らかの追加があるとしよう．このとき，不変の要素価格比 q のもとで労働供給量に変化が生ずるが，労働供給フロンティアの傾き自体に変化はない．数学注 *1)で確認したとおり，労働供給フロンティアの勾配は分布関数 $f(y)$ とはまったく独立だからである．したがって，仕事 A（またはB）の比較優位領域にのみ分布密度の追加のあるときは，フロンティアは同一勾配を維持したまま，水平（または垂直）方向に拡大シフトする．また両者の比較優位領域にまたがる場合は，水平，垂直両方向のベクトル和としてシフトが生ずる．

5) ピグー自身は，所得分布の右方への歪みの原因を，(i) 各人が両親より受け継ぐ資産の分布の大きな歪みや，(ii) その資産が可能にする教育や訓練の量の歪み，といった経済的要因に求めている．Pigou [1932：Part IV, Chapter II] を参照．

6) z_i 自体は，さまざまな属性に対する評価の集計的尺度であると考えよう．このうち一部の属性は危険の程度など客観的に数量化可能なものであり，他の属性は仕事自体に対する「興味深さ」といった主観的要因で，これらについては人々の間で共通の数量的尺度を得ることはむずかしいだろう．むろん「興味深さ」の源流をさらに客観的要因に分解してゆくこともできようが，それはここでの考察の範囲を超えるものである．満足が所得と仕事の望ましさの指標との積になるというのは明らかに単純化であり，一般には双方を共に含む効用関数 $u(w_i k_i(y), z_i)$ を考える必要がある．

7) 均等化差異の発生が労働供給の仕事に対する嗜好の存在を前提とするものだという基本的なポイントは変わらないとしても，そもそもどのような仕事が市場でオファーされるかは，生産者＝労働需要者の側で決定されるのであり，需要側の行動が発生する均等化差異（後述「市場の均等化差異」）の規模および特徴に大きな影響を及ぼすことは容易に理解されよう．仕事に付随し，人々の評価の対象となる属性の多くは，費用を投ずることで改善することができる．たとえば作業環境の改善のケースを考えてみよう．改善努力の結果，当該の仕事ともっともマッチした能力位置および能率関数 $k_i(x)$ は同一に維持したまま，仕事に付随する属性の面でわずかずつ差別化された仕事を無数に創造することができる．しかしながら，こうした種類の仕事の質的相違については，仕事の属性を改善するため各人にかかった費用を粗生産物から減じて，ネットの限界(価値)生産物を定義し，賃金はネットの限界生産物にもとづいて支払われると想定することで容易に対処できる．異なる支払い

をする仕事は，たとえ他の点で同一であっても別々の仕事と考えればよいのである．本節の以下の議論は，こうした差別化の可能性を考慮に入れたうえでもなお2つしか仕事の存在しない場合を扱っている．議論を一般の場合に拡張することは容易である．部分均衡分析の枠内で，均等化差異の発生における労働需要と供給側の相互作用を論じたものとしては Rosen [1974] を参照されたい．

8) 容易に確認できるように，人々の嗜好が同一の均等化差異 $\bar{v}$ で特徴づけられる場合でも，市場で実現される均等化差異 v_m は $\bar{v}$ に比しておだやかなものとなる．すなわち，$\bar{v}>1$ ならば $\bar{v}>v_m>1$，$\bar{v}<1$ ならば $\bar{v}<v_m<1$ である．

9) アダム・スミスは，その『国富論』(第1編，第10章，第1節)のなかで，自由な職業選択と自由な市場競争の保証される世界では，労働がさまざまな用途で獲得する賃金は不断に平等化される傾向をもつと述べるとともに，例外事項として「職業そのものにおける一定の諸事情，すなわち……ある職業における少額の金銭的利得を，埋め合わせ，そして他の職業における多額のそれを相殺してしまう一定の諸事情」の存在することを認めている．さらにその相殺的事情としては，「もろもろの職業そのものの快・不快」，「それらの習得の難易および習得費の大小」，「就業の恒久性の有無」，「これらの職業の従業者におかれるべき信任の大小」，「これらの職業において成功する可能性の有無」をあげている．3.1節で論じたのは，直接には上記の第1の事情であるが，他の事情についても3.2節，5.5節で検討する．また，均等化差異の存在をめぐる米国での実証研究の成果は，5.1節で要約する．

10) Friedman [1962：162] から引用しよう．「能力や初期保有の点で同様だと見なすことのできる複数の個人を与えられたものとしよう．もしそのうちのある者は余暇をより多く好み，他の者は市場の財をより多く好むのであれば，市場を通ずる収益(所得)の不平等こそ，全体としての収益(所得)の平等ないし公平な取扱いにとって必要となる．ある人はきまりきった仕事さえこなして残った多くの時間ひなたぼっこをしたり，のんびりして過ごす方が，給与は高いがつらい仕事に身を費やすより良いと考えるし，またそのちょうど反対の人もいるだろう．……観察された不平等の多くは，この種類のものである．」また，さらにさかのぼって Friedman [1953] は，現実に観察される個人間所得分配上の差異のかなりの部分は，人々のリスクに対する選好の違いを反映したものであり，その限りで正当化されるものであること，そして累進課税を通じた所得の再分配はむしろ人々の自由なリスク選択行動を阻害し，社会全体のパイを縮小させてしまうと論じている．これらの論点に対

しKanbur[1979]は一般均衡の枠組の中で厳密な検討を加え，リスク回避度の強さは必ずしも分配の均等化を意味しないこと，累進課税は社会全体のリスク回避度が十分強い場合にはかえって国民所得を引き上げることを明らかにしている．

11) フリードマンの議論は，横軸に各仕事のもたらす所得，縦軸に各仕事の質の高さ(客観的に測れるものと考える)をとった平面に，各人の選べる仕事のメニューを表わす右下がりのフロンティアを描くことで理解が容易になる．このフロンティアはすべての人にとって共通だと想定してみよう．各人はこのフロンティア上，自己の無差別曲線と接する点を求め，効用を最大化していると考える．すると，所得を犠牲にして仕事の質をとる人，仕事の質は忘れて所得をとる人など，さまざまな人が現出する．しかし，効用のタームでみた分配はまったく平等だと言える．われわれのモデルでは仕事のメニューがA，B 2つに制限されていること，一般均衡として上記のフロンティア(といっても2点のみであるが)自体の導出を論じたという点の差異はあるが，もし人々がすべて同一の能力を持つ場合にはフリードマンと本質的に同じ議論が生まれる．問題は，人々の間で能力が異なり，しかも仕事の数および仕事の分布と能力の分布との親和性に制限があり，人々がすべて同一のメニューに直面しているとはいいがたい点である．

12) この点は，経済成長の源泉をめぐるDenison[1967：Chapter 8]およびJorgenson = Griliches[1967]による労働の質の変化の計測作業に継承されている．

13) 教育水準をめぐる意思決定は，実際には両親が行なう場合も多い．この場合，もし両親が子供の富に慈愛的な関心を持つなら，両親は子供にとって最適な教育水準を選択することを示すことができる．後述，7.2節を参照のこと．

14) 以下のケースの実証的含意は，4.2節の前半部分で検討されている．

15) アダム・スミスの議論については，注9)を参照のこと．このケースを明示的に論じたのはMincer[1958]が最初である．ミンサーは，このケースについて，さらに学歴の分布が対称的であっても，所得分布は右方に歪むこと(とくに前者が正規分布となる場合，後者は対数正規分布となること——前節で述べたゴルトン＝ピグー・パラドックスを想起されたい)，sの分布の均等化は所得分布の均等化をもたらすことに注意を促している．

16) 労働市場における労働サービスと訓練との結合交換という様相を鮮明に分析したのはRosen[1972(a), (b)]の貢献である．

17) 労働者の需要する学習機会を提供しない企業は望ましい学習機会を供給す

る企業に創業者利潤を許すことになる．しかし，企業間の競争の結果，最終的な均衡では企業の獲得する超過利潤（プレミアム）はゼロに収縮してしまう．労働者に体化され，他所に持ち運びできる一般訓練の場合には，企業は職場訓練をオファーする能力を長期的に独占することはできないからである（この点は，後述する企業に特有の訓練の場合と異なる点である）．各人の望ましい学習密度が異なる場合でも，なお必ずスペクトラムとして幅のある学習機会が提供され，プレミアムはゼロとなる．それが競争市場の論理である．

18)
$$\operatorname*{Max}_{\lambda} V_B = w_B \left\{ (1-\lambda) k_B(x) + \frac{k_B(\{1+g(\lambda)\}x)}{1+r} \right\}$$

より，最大化の1階条件は，

$$\frac{x k_B'(\{1+g(\lambda)\}x)}{k_B(x)} g'(\lambda) - 1 = r$$

として与えられる．左辺が訓練投資の限界収益率である．最適投資密度 λ^* は，一般に x に依存する．

19) Blaug[1976：837] および Psacharopoulos = Layard[1979：489-490] は，現実には遂行学習を伴わないような仕事は存在せず，したがって所得の成長径路（年齢-所得曲線）をすべて人的投資理論における費用と収益の関係として会計的に説明し尽くすことはできないと主張している．しかし，ブラウグらの批判は，遂行学習をどのように理解するか，交替的な理論的説明を欠いているため，話題が実証的妥当性に移行してしまい，明確な批判とはなりえていない．本項の以下の部分が示すように，機会費用の観点から遂行学習を投資として見なす捉え方の最大の弱点は，遂行学習が生産性を上昇させる活動でありながら，それが経済的にどう評価されるかが他の仕事機会の性格如何という外在的事情に左右されてしまうという点である．

20) これらの定義は，次のような企業の生産と原材料在庫管理の事例を考えることで理解が容易となろう．ある企業が生産により100万円の価値を収入とするのに，賃金費用40万円のほかに，原材料価値30万円を費消するものとする．企業は生産の円滑化のため，生産開始時点で50万円相当の原材料をストックしておくのが最適だとしよう．すると $G'=G=50$(万円)，$B'=0$，$B=30$(万円)となり，使用者費用は $U=(G'-B')-(G-B)=30$(万円)である．企業に発生する所得は生産額

(A)から使用者費用(U)を引いた70(万円)である．また，投資額は，企業が在庫補填のためにした支出(A_1) 30(万円)から使用者費用(U) 30(万円)を引いた額，すなわち0である．

21) 使用者費用の定義の重要な特徴は，企業の資本設備が常に完全に稼働されるとは限らない状況を想定している点である．本文のようにこの概念を人的資本に適用する場合には，失業の可能性と対応する．実際，われわれが以下で提案する使用者費用アプローチのひとつの重要な長所は，非自発的失業の発生する経済においても適用可能だという点である．機会費用アプローチでは，失業の発生する事態は想定していないのである．しかし，こうした点の検討は本書のテーマの範囲を超えるものであり，他の機会に譲りたい．

22) 学習機会に稀少性のない場合の議論については6.1節(「真の賃金格差発生の根拠」の項)を参照のこと．

23) 日本をはじめ多くの国では，社内預金を雇用継続の条件とすることは法的に禁止されている．しかし，そのような規制はあくまで姿，形の明瞭な預金についてであり，上記の年功賃金のようなケースまでカバーしているわけではない．

24) しかし，5.4節では，そのような世界にあってもなお長期的に競争市場の原理が完全に作用する状況を構成できることを示す．その意味で，たとえ個々の企業に特有の学習機会が学習機会全体の中で支配的な位置を占めたとしても，競争原理からの逸脱は本質的なものとはならない．

25) 不確実性下での人的投資をもっとも整理された形で論じたのはLevhari=Weiss [1974]であり，本項は彼らの分析に負うところが大きい．ここでの最適条件は，
$$m_B(x', \mu) - m_B(x) = f(\lambda, \mu; x)$$
と置くとき，
$$E\left\{\frac{\partial u}{\partial c_0} - (1+r)\frac{\partial u}{\partial c_1}\right\} = 0$$
$$E\left\{\frac{\partial u}{\partial c_1}(-m_B(x)(1+r) + f_\lambda(\lambda, \mu; x))\right\} = 0$$
で与えられる．

26) 以上の議論の中で決定的意味をもつのは，新しく雇い入れた労働者と既存の労働者との生産性の違いは区別されないし，また区別できないという想定である．もしそれができるなら，雇入れ前の所属グループにおける生産性の情報と比較する

ことで，雇い主は個々の労働者の質を知ることができる．しかし，その場合には情報の非対称性という前提と整合的でなくなってしまう．

次のような疑問を発する読者もおられよう．高い生産性をあげるグループにたまたま属していると気づいた労働者は，事後的に所得を低下させてしまう確率の高い他企業からの引抜きを拒否するのではないだろうか，そしてその場合，企業間の能率平準化は阻止されるのではないだろうか？　たしかに，個々の労働者にとっては引抜きに応ずるより，離職の可能性を示しつつ現在の企業から能率に見合う賃金引上げを得る方が得策である．しかし，これらの労働者には，自己の賃金を競り下げて雇用機会を獲得しようとする(それゆえ企業に超過利潤を発生させる)労働者を雇い主が雇い入れることを阻止する力はない．したがって平準化作用は働くのである．

27)　いま，もっとも首尾よい状態が発生するものとして，仕事A，仕事Bの境界をvと表記しよう．労働者のy上の分布密度関数を$f(y)$(累積密度関数を$F(y)$)とおくと，仕事A，仕事Bの所得の均等性の条件は，

$$\frac{\int_0^v w_A k_A(y) f(y) dy}{\int_0^v f(y) dy} = \frac{\int_v^1 w_B k_B(y) f(y) dy}{\int_v^1 f(y) dy}$$

である．これより，

$$q = \frac{w_A}{w_B} = \frac{F(v)}{1-F(v)} \frac{\int_v^1 k_B(y) f(y) dy}{\int_0^v k_A(y) f(y) dy}$$

が得られる．右辺の分子，分母にそれぞれ平均値の定理を適用すると，ある定数λ，λ'(いずれも0と1の間)が存在して，

$$q = \frac{k_B(v+\lambda'(1-v))}{k_A((1-\lambda)v)}$$

となることが分かる．ところで$k_B(v+\lambda'(1-v)) > k_B(v)$，$k_A((1-\lambda)v) > k_A(v)$ではあるが，不等式の左辺どうしの比は，偶然の場合を除き，$k_B(v)/k_A(v)$に等しくはならない．それゆえ一般に比較優位基準は満たされない．

28)　$0 \leq y \leq 1$の制約から，zの変域を0と1の間にとることで厳密には両端点で問題が生ずる．円環の左右が対称的なことを考慮して厳密に端点を扱うことも可能であるが，議論の本質を変えるものではないと考えられるので，以下では無視することにする．なお，zの分布の分散をσ_z^2とすると，yとzの間の相関係数は

$$\frac{\sigma_z{}^2}{\sigma_z{}^2+\sigma_u{}^2}$$

と表わされる．

29) $\Omega_B(s) = W_B(s) - w_B(1-k_B)$ とおこう．すると問題の微分方程式は，

$$\frac{w_B k_B}{\Omega_B{}'(s)} = \Omega_B(s)$$

と書ける（$\Omega_B{}'(s) = W_B{}'(s)$ であることに留意）．この方程式は

$$\{\Omega_B(s)^2\}' = 2w_B k_B$$

と同等であるから，本文の一般解がただちに導かれる．

30) また，もし経済が注27)で論じた状況を成立させる場合には，その状況とここでの次善的均衡のどちらが効率上優越するかは明らかでない．

31) s_1, z_1 および s_2, z_2 の間には，(3-11)（ただし $C_B = 0$）と(3-10)を比較して，

$$s_1 = \frac{w_B k_B}{2} z_1{}^2 \qquad s_2 = \frac{w_B k_B}{2} z_2{}^2$$

の関係がある．ところで点 T を通る接線は z_1 ないし z_2 にとっての最大の期待純所得に対応する無差別曲線にほかならない．それゆえ z_1, z_2 は，

$$w^\# - \frac{s^\#}{z_i} = w_B k_B z_i - \frac{s_i}{z_i}$$
$$= \frac{w_B k_B}{2} z_i \quad ((3\text{-}17)\text{を代入して}) \quad (i=1, 2)$$

の関係を満たす．z_1 および z_2 各々についての表現の差をとることで，本文の式が出る．つまり z_1, z_2 は，根の和が $2w^\#/w_B k_B$，根の積が $2s^\#/w_B k_B$ となる2次方程式の2つの根にほかならない．

32) 以上の議論は，Riley [1979 : Theorem 4] に対応する．われわれのモデルでは，$s^\#$ を下限値ゼロとした場合でも $z_1 = 0$ として(3-19)が適用できることに留意しよう．

33) 新しい境界点 $\hat{z}$ は，S_A を通って線分 $P_A Q$ に平行な直線の縦軸切片と，S_B を通って線分 $P_B Q$ に平行な直線の縦軸切片の値の大小関係に依存して移動する．たとえば前者が後者より大となれば，$\hat{z}$ は上昇する．ところで $\hat{z}$ が上昇する場合，契約 S_A は以前より能率の低い労働者を取り込むことになるが，適切な契約 (S_A, S_B) の組み合わせを選ぶことで，雇い主は必ず期待利潤を増加させることができる．

34) 以上の論点は，Riley [1979 : Theorem 3] に相当する．先の単一の仕事の

第3章 労働市場と所得分配——新古典派的接近　153

場合は $z=0$ のところで教育費用が無限大となるため，この定理の適用されない例外ケースとなる．

35) Riley [1979：Theorem 5]．なお，この性質は Rothschild = Stiglitz [1976] によって示された，情報非対称性下では保険料に関するナッシュ均衡が存在しないことと本質的に同一の性質である．

36) 情報非対称性下の保険および学歴シグナリングをめぐるウィルソン均衡および対抗的均衡のゲーム理論的な再解釈については Rasmusen [1989：Chapters 8, 9] を参照されたい（この文献の教示は，奥野正寛氏に負うものである）．本節の議論はラスムセンがスクリーニング・モデルと呼ぶケース，つまり雇い主が労働者のシグナル選択に先行して雇用契約をオファーする場合に該当する．

37) 時間を通じて同一の w_A，w_B が労働市場の均衡をもたらす定常状態は，毎期新しい世代が旧い世代と入れかわりで誕生する世界を想定することで容易に作りだすことができる．本節では，3.2節以降同様，市場の需給を均衡させる w_A，w_B の水準は外生的に所与として議論を進める．

38) 正規分布の想定は，学習過程を具体的に説明するうえで便利であるが，他方で y のスケール上両端点（0 および 1）の厳密な処理を課題として残すことになる．注28）と同様の理由で，ここでは端点の厳密な扱いは捨象する．

39) y と $\hat{y}_{i,t}$ との事前的確率分布は，平均ベクトルを μ，分散・共分散行列を Σ_i と表記するとき，

$$\begin{pmatrix} y \\ \hat{y}_{i,t} \end{pmatrix} \sim N(\mu, \Sigma_i), \quad \text{ここに} \quad \mu = \begin{pmatrix} \bar{y}_t \\ \bar{y}_t \end{pmatrix}, \quad \Sigma_i = \begin{pmatrix} \sigma_{y,t}^2 & \sigma_{y,t}^2 \\ \sigma_{y,t}^2 & \sigma_{y,t}^2 + \dfrac{\sigma_i^2}{k_i^2} \end{pmatrix}$$

（$i=$ A または B）として与えられる．$\hat{y}_{i,t}$ の実現値所与のもとでの y の条件付き分布（事後分布）が

$$y|\hat{y}_{i,t} \sim N\left(\bar{y}_t + \frac{\text{Cov}(y, \hat{y}_{i,t})}{\text{Var}(\hat{y}_{i,t})}(\hat{y}_{i,t} - \bar{y}_t), \sigma_{y,t}^2(1-\rho_{i,t}^2)\right)$$

で表わされることは，正規分布に関する基本的性質として知られている．Σ_i の対応する各項を上式に代入することにより，

$$\frac{\text{Cov}(y, \hat{y}_{i,t})}{\text{Var}(\hat{y}_{i,t})} = \rho_{i,t}^2$$

であることが容易に確かめられる．

40) $\bar{y}_1$ が y^* 以上であっても,y^* の十分近傍にある限り仕事 A を選ぶという性質が得られるのは,(A-7),(A-8) が $\bar{y}_1$ の関数として連続だからである.

41) (3-32) は (3-30) と異なり,$\bar{y}_1 = y^*$ の人に妥当する基準である.一般の $\bar{y}_1$ のもとでは,仕事 A から仕事 B に転職する条件は,
$$w_A k_A (y^* - \hat{g}_{A,1}) < w_B k_B \{(\bar{y}_1 - y^*) + \rho_{A,1}{}^2 (\hat{g}_{A,1} - \bar{y}_1)\}$$
仕事 B から仕事 A に転職する条件は,
$$w_B k_B (\hat{g}_{B,1} - y^*) < w_A k_A \{(y^* - \bar{y}_1) + \rho_{B,1}{}^2 (\bar{y}_1 - \hat{g}_{B,1})\}$$
として表現される.

42) もともとリスク中立的な人が所得リスクの大きな仕事に賭けるというここでの様相は,情報的学習という文脈からは離れるが,Shorrocks [1988] が定式化した企業家としての職業選択に付随する積極的なリスク選択行動と類似なものである.ショロックスは,人々に労働者として働くほか,所得にリスクのある企業家として働くことのできる世界を考え,リスク中立的な選好のもとでライフ・サイクルを通ずる職業選択の問題を考えた.より具体的に,企業家の機会としては高投入・高収益と低投入・低収益,2 種類のリスクを含む投資機会を考え,(i) 後者はすべての人にアクセスが可能であるが,前者へのアクセスは,後者で一定の成功を収め,しかもそれに付随して前者で必要となる大きな資本を獲得できた人に限られる(その意味で資本市場に不完全性がある),(ii) 前者,後者いずれについても,同一の投資を行なう人たちと任意の大きさのグループを作ってリスクをシェアする余地が開かれていると想定した場合に,人々はライフ・サイクルの初期の局面では低投入・低収益の企業家機会に他人と何らリスクをシェアすることなく従事することを選ぶこと,そして一定の年齢に達しても不成功に終わった場合には労働者に転ずること,他方,一旦成功して高収益機会を達成した場合には,リスクをできるだけ広いグループでシェアし,財産の保全を図ることが合理的なことを示している.ライフ・サイクルの初期局面で最大限のリスクを引き受けるのは,有限の労働期間という形で投資の回収期間が限定されている以上,グループでリスクをシェアし,わずかずつ企業家としての成功と準備資産を稼ぐより,リスクを 1 人で負担して,そのかわり 1 回の成功で大きくハードルを超える方が平均的にみて早く高収益の機会に到達できると期待されるからである.

43) $\bar{y}_t$ が何らかの有限の値に収束することは明らかである.本文の記述に反し,$\bar{y}_t \to y + m \ (m \neq 0)$ となったとしよう.すると,$\hat{g}_{i,t}$ と y の共分散は,$t \to \infty$ のとき,

$$E\{(\hat{y}_{i,t}-\bar{y}_t)(y-\bar{y}_t)\} = E\left\{\left(y\pm\frac{u_i}{k_i}-(y+m)\right)(y-(y+m))\right\}$$
$$= m^2 > 0 \quad (i=\text{A または B})$$

となる.したがって,$m\neq 0$ である限り,$\rho_{i,t}\to 0$ の性質と矛盾する.以上から $\bar{y}_t\to y$ でなければならない.

44) 以上と同様の議論は,実際の仕事の経験を通して労働者が仕事間での自己の嗜好を学ぶ場合にも適用することができる.3.1節では仕事A,B間の相対的な選好度を v という指標で表わしたことを想起しよう.実際,v につき各人の事前的確率分布が想定され,仕事自体の効用に関する事後的評価に毎期誤差が含まれると考えれば,上記と逐一同一の議論が成立する.その場合,期待効用のタームでの均等化差異の原則が成立することになる.嗜好に関する情報的学習によっても,労働者の仕事間ないし雇い主間の移動が発生する.

また,仕事の機会自体に情報上の不完全性が存在するため,時間資源を投入して機会をサーチし,労働者が能力・嗜好とのより良いマッチングを達成するという観点から労働異動を説明しようとする議論も種々存在する.Mortensen[1978],Jovanovic[1979].本文のモデルは,3.2節の遂行学習のケースに対応するのに対し,これらのモデルは実質的な資源の投入を伴う人的投資のケースに対応するといえる.ところで,労働者のサーチないし雇用機会の情報の取得は個人の保有する情報的ネットワークないし社会的連鎖(学校を通ずる友人のつながり,親,親戚などの親族的つながり,現在の仕事における人的つながりなど)の大きさに強く制約されることを,White[1970]に先導された社会学者のグループが指摘している.Granovetter[1974]では,その仮説の実証的検証がなされている.Boorman[1975]は社会的連鎖への投資行動という経済的側面を理論的に定式化している.

Granovetter[1974]およびOsterman[1980]は,若年層に対する聞きとり調査をもとに,(20歳代前半までの)米国若年労働者の初期の就職・転職過程が,本文で説明したような通時的最適性を達成する明確な意図をもって行なわれているとは解釈しにくいこと,むしろ個人の保有する比較的限られた社会的連鎖あるいは偶然の果たす役割の大きなことを指摘している.この主張は人々がどれほど合理的に情報的学習に投資しているかに対する懐疑であり,情報的学習の存在自体に対する懐疑ではない.また労働者の意識として未だ本格的なコミットメントを持たない時期(米国ではこの期間が日本に比べ長いと思われる)に明確な計画性が見いだされないと

しても，コミットメントのある仕事への移行過程で計画性の生まれる可能性を排除するものではない．日本の若年層労働者についても，情報的学習にもとづくと考えられる転職率が近年増加していることを，橘木[1988]が『若年者就業実態調査』(労働省，1985年)のデータ等にもとづき指摘している．

45) 大橋[1978]は，情報的学習と仕事のマッチングの過程を定式化しつつ，日本の企業組織が配置転換を頻繁に行ない，しかも労使関係上の摩擦を余り引き起こさずにできることを，日本の労働者の高い生産性の理由として強調している．

46) 本項は，Harris = Holmstrom[1982]にもとづく．本文に述べる契約のパレート最適性は，(i) 労働者の通時的効用関数が加法分離的で，各期の効用がその期の賃金に依存する，(ii) 労働者は雇い主と同一の時間選好率(割引率)を持つ，という2つの仮定のもとで示されている．最適性の証明については，[同：321-322]を参照のこと．また以下の議論では，雇い主が途中で契約をデフォールトする可能性は考慮しない．

47) 数学注 *10)の(A-9)，(A-10)を参照のこと．

48) (3-44)，(3-45)は，いずれも(3-28)をもとに I_{t-1} 所与の下での平均および分散を算出したうえ，条件付き期待値に関する逐次的期待法則を順次適用して求められる．

49) この点は，米国ではメドフ=アブラハムのパラドックスとして知られている．Medoff = Abraham[1980]，[1981]は，米国企業の中間管理職の稼得収入とパーフォーマンス評価に関するいくつかのミクロ・データにもとづき，同一の位階に属する職員の間で収入は勤続期間ないし経験とともに上昇するにもかかわらず，上司による同一仕事上のパーフォーマンス評価は勤続とともに上昇することはなく，むしろ低下する場合すらあることを見いだした．彼ら自身は，これらの事実を生産性が経験とともに必ずしも上昇しないこと，また収入には純粋の年功的要素の存在する証拠として解釈した．パーフォーマンスの評価がさまざまな形で歪められる余地のある上司の主観的評価である点で，彼らの解釈をそのまま受け入れるのは早急だと思われるが，他方，訓練を通じた労働者の能力の上昇こそ収入増加の主要な原因だと主張する人的投資学派(4.2節参照)の単線的思考に対する重要な警鐘であることには違いない．日本でも，年功的な賃金上昇を労働者の技能向上のみに帰因させることはできないことを舟橋[1983]が主張している．しかし，明確な数量的証拠だてに欠けている．なお，6.1節注10)をも参照のこと．

第4章 学歴と労働所得の分配 ——
実証研究の展開

　経済理論には，現実の事象を整理する観点を提供すること，そうして整理された事実を説明する道具だてを供給することという2つの重要な役割がある．したがって，理論の有効性は実際の観察結果との突合せで評価されなければならない．所得分配の形成要因，とりわけ学歴と職業・所得との関係については，米国で膨大な統計的研究の蓄積がある．また，社会階層移動，地位向上意欲といった伝統的な経済学の関心外の問題とのかかわりもあり，社会学，心理学など他の社会科学の分野からも幅広い参加のある研究分野となっている．本章では，学歴と所得分配の関係に焦点をあて，実証研究からどのような成果が得られたかを展望しながら，前章の理論的枠組の有効性と限界とを検討して行きたい．

　本章の構成は，次のとおりである．4.1節では，教育投資の内部収益率という，学歴と所得の関係をめぐるいまや古典的な概念と，その実際の推定結果について検討する．4.2節では，教育を含む人的投資の大小が所得格差の主要な説明要因であるというミンサーの主張の是非をくわしく検討する．4.3節では，学歴を一要因として含む，より一般的な労働所得形成の因果関連モデルを構成して，各要因の寄与度を統計的に推定する試みについて展望する．稼得収入関数の推定と呼ばれる実証的分野である．前節との違いは，学歴の寄与を認めるとしても，それが直接生産性を高める役割だけでなく，個人のもつ本源的能力や家庭の社会経済的背景要因（良好な教育機会へのアクセスを制限する可能性がある）の違いが反映される媒介要因としての役割についても評価の対象となる点である．それゆえ，学歴の効果としては，能力改善効果(3.2節)だけでなく，情報上のシグナリング効果(3.3節)をも合わせた評価となる．4.4節では，そもそも教育が生産性を高めるとはどのようなことを意味するのかという，より根本の問題に戻って学歴と所得分配との関連を考察する．

4.1 教育投資の内部収益率の測定

人的投資理論の実証研究として,最初の,そしていまなお重要な話題は,教育投資の内部収益率の推定である.Hansen[1963],Becker[1964],Hanoch[1967]らの先駆的研究の目的は,教育を投資として捉えた場合の私的収益率が個人に開かれた他の投資機会の収益率と相応の関係にあるかどうかを調べることであった.そうすることで,各人が投資機会を効率的に活用しているかどうかを検証しようというのである.

教育の内部収益率とは,職場訓練や教育の直接費用の存在を捨象した場合において次のように定義される概念である.もし個人が s 期間学校に通ったのち就職すれば,永久に毎期 $y(s)$ の所得を獲得し,また,もし $s+1$ 期間学校へ通ったなら,毎期 $y(s+1)$ の所得を獲得するものとしよう.その場合,s から $s+1$ への1期間の追加的投資に対する内部収益率(ρ_s と表記する)とは,機会費用 $y(s)$ と,それだけの費用投下から生まれる毎期の収益流列 $y(s+1)-y(s)$ をある割引率で資本還元した値とがちょうど等しくなるような,そういう割引率として定義される.すなわち,

$$(4\text{-}1) \qquad \frac{y(s+1)-y(s)}{\rho_s} = y(s)$$

である.同様にして,他のすべての期間 ($s=0,1,2,\cdots$) についても,それぞれの期間における追加的投資の内部収益率 $\rho_0, \rho_1, \rho_2, \cdots$ を定義することができる.(4-1)を順次適用して,

$$(4\text{-}2) \qquad y(s+1) = (1+\rho_0)(1+\rho_1)\cdots(1+\rho_s)y_0$$

の関係が得られる[1].この関係は,3.2節の理論的想定(3-3)に対応するものである.資本市場における収益率(利子率)が r であり,しかも ρ_s が s について逓減的なら,すでに見たとおり最適な投資量 s^* は $\rho_{s^*}=r$ の関係を満たすものとして求められる[2].逆に,人々が実際に選択する s のもとで,$\rho_s>r$ ならば過小投資,$\rho_s<r$ ならば過大投資を意味する.

ハンセン,ハノッホらは,各教育レベルにおける事後的内部収益率を推定し

ている.ハノッホの研究を具体的に述べると,彼は1959年の米国人口センサス個表(抽出率0.1%)をもとに,地域(北部,南部),人種(白人,非白人),性別(男子のみ)それぞれのグループについて,各年齢階層ごとに同じ学歴を持つ人たちの平均(税引き前)所得水準——学歴別のクロス・セクション年齢-所得曲線——を算出し,事後的な ρ_s を推定した(教育の直接費用は,学生のアルバイト収入でほぼ相殺されるものとして捨象している).推定結果は,4-1表が示すとおりである.この表には,同じ方法を踏襲した日本についての推定結果(Danielsen = Okachi [1971])も併せて載せてある.

この表から読みとれる特徴を整理してみよう.第1に,高校卒業についての内部収益率(行(3))は,米国で16.1%,日本で10.0%であるのに対し,大学卒業についての内部収益率(行(6))は,米国で9.6%,日本で10.5%となっている.米国では事後的内部収益率 ρ_s は逓減的であるのに対し,日本では高校卒,大学卒両者ほぼ等しい.これらの値は市場利子率をかなり上回っている.しかし,教育投資に伴うリスクの大きさを考えれば,それほど大きいとはいえないかもしれない.果たして投資機会が十分利用されているかどうかという最初の設問

4-1表 教育の内部収益率

日本 (1966年,男子常雇労働者)			米国 (1959年,北部・白人男子)		
	期間	推定収益率		期間	推定収益率
(1)	10-11年/ 0-9年	6.6%		9-11年/ 8年	16.3%
(2)	12 /10-11	11.4		12 / 9-11	16.0
(3)	12 / 0-9	10.0		12 / 8	16.1
(4)	13-14年/ 12年	7.8%		13-15年/ 12年	7.1%
(5)	16 /13-14	14.3		16 /13-15	12.2
(6)	16 / 12	10.5		16 / 12	9.6

出所:米国については,Hanoch [1967:322, Table 3].日本については,Danielsen = Okachi [1971:395, Table 1].
注) 両国とも課税前所得についてのクロス・セクション稼得収入関数の推定結果から算出したものである.なお,所得の成長トレンドは無視されている.米国については,教育の費用は当該期の逸失所得のみ.日本については,逸失所得のほかに直接費用(入学金,授業料,課外学習費,書籍,学用品)をも考慮し,費用に算入している.

に答えるためには,教育投資が必要とするリスク・プレミアムに対する独立の評価が必要になる.第2に,一部のケースを除き中途退学(大学の場合は短大卒業を含む)の収益率が低く,逆に卒業することに高い内部収益率が付与されることである.卒業することが個人の経済的能力に関する何か特別の情報を与える可能性を示唆している.

　以上求めた内部収益率の推定値を理論的制約に忠実に解釈しようとすればどのようになるだろうか? 理論は,各人が最終的に選択する学歴の水準において内部収益率が市場利子率に等しくならなければならないことを教えている.したがって,われわれがデータとして事後的に観察する内部収益率 ρ_s は,資本市場が完全な限り,学歴のいかんを問わず等しい値をとらなければならない.米国で ρ_s が逓減的だという事実は,資本市場が不完全で,高卒者は大卒者に比べ,より高い借入れ利子率に直面しているという解釈もできる.

　ところで,観察された内部収益率を人々の合理的な学歴水準の選択に対応した収益率とは解釈せず,むしろ生産関数同様の事前的関係として捉える解釈の方向もある.そうした方向をとる場合に,注意を要する問題がある.第1は,個人の将来の年齢-所得曲線が今期のクロス・セクションの年齢-所得曲線と同一だと想定してよいかどうかという問題である.ハノッホの推定では,データが一時点のクロス・セクションしかないという制約のため,そうした想定をとらざるを得なかったわけであるが,本来,将来の年齢-所得曲線に対する期待をより明示的に考慮する必要がある.第2は,同一学歴・同一年齢に限ってもなお,個人間の所得に大きなばらつきのあることである.そうしたばらつきは,純粋に偶然の作用によるというより,むしろ人々の間の本源的な能力の違い,受ける教育の質の違い,あるいは職場訓練の違いを反映していると考えられる.したがって,ハノッホのようにグループ内の平均所得を用いて算定した内部収益率が,厳密な意味で当該学歴の収益率の期待値を表わす保証はない.たとえば,人々の間の能力の違いが,能力の高いものほど,より高い学歴,優れた教育,そして大きな職場訓練をもたらすような相乗作用を発揮する場合には,学歴の高いグループほど,能力の高い者をより大きな頻度で含むことになる.その結果,上記のようにして求めた内部収益率は,純粋な意味での追加的教育の

内部収益率ではなく，能力の高さが収益率を高める効果をも含んだものとなる．こうした評価バイアスの問題は，その後の実証研究の中心的テーマのひとつとなっている[3]．なお，こうしたバイアスが実際に存在する可能性の一端は，4-1表の結果として先に触れた，学校を卒業する方が中退するより高い収益率が得られる点に現われているともいえる．卒業という事実は，学業成績ばかりでなく，忍耐力，向上意欲といった，おそらく経済的能力と相関をもつ他の資質を情報的にスクリーンする役割をもつといえるからである．

　以上のように，教育の内部収益率の推定は，人的投資理論の枠組を用いた最初の実証研究であり，結果として比較的上首尾な数字を得ることに成功した．しかし，同時に，その数字が何を意味するか，解釈上のあいまいさを論点として提起したわけで，この研究の主要な意義は，得られた数字そのものより，むしろ次の実証研究を準備する礎としての価値にあったということができる．

4.2　人的投資と所得分配──ミンサーの実証研究

　人的投資の差異が人々の間の所得の差異をどの程度説明するかを計測して所得分配の形成要因を明らかにしようとした研究として名高いのが，ミンサーの実証研究である．彼の研究は，Mincer[1974]に集大成されている．この研究は，後述するように理論的整合性という点ではさまざまな問題点を残しているが，いまなお多くの研究の土台になっている．ベースとなったデータは，ハノッホと同じく，米国の1959年人口センサス抽出データ（ただし，白人，非農業，非学生，男子，15-64歳に限定，標本数31,000強）である．

教育機会利用をめぐる均等化差異
　ミンサーの研究は，(3-4)にもとづいている．この式の背後には，人々の本源的能力(a)および初期保有としての能力位置(y_0)の同一性が前提されていることを想起しよう．個人間の所得格差は，ちょうど教育費用の差を補償するように決定される．つまり，均等化差異の原則が完全に作用する世界である．したがって，人々がどの職業を選択するか，どの教育水準を選択するかは，純粋に

経済的要因だけでは決定できない．すでに述べたように，そのような世界が現実に妥当するとは考えにくいが，ミンサー自身は実証研究の出発点として有用だという立場をとる．

いま，(3-4)に誤差項 u_i を導入して，

(4-3) $\qquad \ln Y_i = \ln Y_0 + rs_i + u_i \qquad (i = 個人)$

と書こう．人々の間に存在する能力・環境の相違など，学歴以外の要因はすべて誤差項の値に反映されるものと想定する．このとき，もし(i)人々の間で誤差項が相互に独立で，しかも同一の確率分布(平均ゼロ，分散 $\sigma^2(u)$)に従う，(ii)誤差項 u_i は説明変数 s_i と独立である(すなわち，相乗作用はゼロ)，という仮定が満たされるなら，(4-3)の回帰方程式を推定し，決定係数 R^2 を算出することで，教育投資の差が人々の所得格差のうちのどれだけを説明できるか評価できるはずである．ミンサーの分析は，一貫してこれらの仮定に立脚している．しばらくこの仮定を承認したうえで，どのような結果が得られるかを見てゆこう．

(4-3)の回帰推定結果は，4-2表の行(1)に示すとおりである．第1に，係数 r，すなわち内部収益率の推定値は7.0％と，ハノッホの場合と比較して約半分の値になっている(4-1表を参照)．こうした違いが生ずるのは，(a)標本の制御の仕方(絞り込み方)が異なる，(b)推定方法が異なる，つまりハノッホのように学歴別の平均的な年齢-所得曲線の情報を利用することはせず，選択された学歴のもとでの内部収益率は各人共通であるという理論上の制約だけを利用している，という2つの理由からである．しかし，それにしてもその差はかなり大きい．第2に，決定係数 R^2 が0.067ということは，人々の間の学歴年数の変動は所得対数値の変動のたった6.7％しか説明できないということを意味している．これでは教育投資の差が人々の所得の差を説明する度合はきわめて小さいと言わざるをえない．

なぜこのように説明力が低いのだろうか？ ミンサーはその理由として，(4-3)の定式化が次の2点で不満足であると指摘している．

第1は，どの学歴階層をとってみても，年齢ごとの平均所得が右上がりで上方に凸の曲線——年齢-所得曲線——を描くという事実である．所得がピーク

4-2表 ミンサー回帰方程式の推定結果

米国 1959	(1)	$\ln Y = 7.58 + 0.070 \cdot s$ (43.8)	$R^2 = 0.067$
	(2)	$\ln Y = 6.20 + 0.107 \cdot s + 0.081 \cdot t - 0.0012 \cdot t^2$ (72.3) (75.5) (−55.8)	$R^2 = 0.285$
英国 1972	(1)	$\ln Y = 6.60 + 0.053 \cdot s$ (13.3)	$R^2 = 0.031$
	(2)	$\ln Y = 5.20 + 0.097 \cdot s + 0.091 \cdot t - 0.0015 \cdot t^2$ (32.3) (45.5) (−37.5)	$R^2 = 0.316$
日本 1967	(1)	$\ln Y = 3.68 + 0.047 \cdot s$ (2.59)	$R^2 = 0.243$
1975	(2)	$\ln Y = -1.80 + 0.072 \cdot s + 0.065 \cdot t - 0.0011 \cdot t^2$ (19.6) (27.4) (−21.7)	$R^2 = 0.967$
1967	(3)	$\ln Y = 2.17 + 0.113 \cdot s + 0.095 \cdot t - 0.0013 \cdot t^2 - 0.0014 \cdot s \cdot t$ (7.83) (8.72) (−10.4) (−1.89)	$R^2 = 0.891$

出所と説明：1. 米国については，Mincer [1974：92, Table 5.1]．被説明変数は，非農家，白人，15-64歳，男子1959年の年間稼得収入である．標本数は31,093．
2. 英国については，Psacharopoulos = Layard [1979：493, Table III]．被説明変数は，15-64歳男子被雇用者の年間稼得収入である．標本数は6,873．
3. 日本については，2種類の結果を掲載している．1967年の結果は，Shimada [1981：122, Table A-3(ii)]．被説明変数は，全年齢，全産業男子常雇労働者の時間当り所定内給与．統計表の分割セル数は91．1975年の結果は，貝塚ほか [1979：31, 表 2-2]．被説明変数は，1967年と同様である．
4. 括弧内の数値は，t-統計量である．

を迎える年齢は，小・中学校で35-40歳，大学卒で50-55歳と，学歴が高いほど上昇局面が長い．小・中学校の場合，ピーク到達後は引退年齢である60-65歳まで，ほとんど平坦な水準を推移する．高校の場合は，両者の中間的特徴を示し，40-45歳できわめて平坦なピークを迎える(Mincer [1974：66, Chart 4.1])．こうした事実は，(4-3)の誤差項 u_i の期待値が年齢ごとに異なっていること，換言すれば，(4-3)の右辺で年齢と相関をもつ説明変数が欠けていることを意味している．

第2に，個人間の所得格差を年齢別に見るとき，一方で，所得対数値の分散は，4-3表が示すように30歳代以降は年齢とともに増大している．他方，(4-3)は，r が各人共通であるという理論的制約と，誤差項が相互に独立で同一母集団からのランダムな抽出の結果だという想定のもとでは，どのようなグループ分けをしても，それぞれのグループ内で，

$$(4\text{-}4) \qquad \sigma^2(\ln Y) = r^2 \sigma^2(s) + \sigma^2(u)$$

という性質が満たされなければならないこと,しかも$\sigma^2(u)$は,グループ間で共通の値をとらなければならないことを意味している.言い換えれば,グループ間の対数所得分散値の差異は,すべて学歴の分散値の差異によって説明されなければならないというわけである.しかし,前者の事実は後者の理論的制約と整合的でない.4-3表の最上段(25-29歳)と最下段(60-64歳)とを比べてみよう.この2つのグループ間で対数所得分散値には0.238もの差があるが,学歴の分散値にrの推定値の2乗を掛けた値は$0.0169(=(0.07)^2\cdot(13.69-10.24))$に過ぎない.それゆえ誤差項の分散$\sigma^2(u)$が共通だという想定を崩さない限り,この2つのグループ間の所得格差を説明できないのである.

年齢の上昇に伴い所得格差が増大するという性質は,当該調査年に特有の事実ではなく,どの誕生年を同一にするコーホートをとっても,年齢の上昇とともに同一コーホート内の所得格差が増大するという一般的に観察される事実を反映したものである.後者の事実は,4-4表(シュルツによる)に明確に示されている(この事実は,右上がりの年齢-所得曲線とともに,個人間の稼得所得分配に関する様式化された事実として認められている).表中,水平方向の数値

4-3表 年齢クロス・セクション間における所得と学歴の分布の変化

年齢階層 (歳)	所得対数 値の分散 $\sigma^2(\ln Y)$	平均学歴 年 数 $\bar{s}$	学 歴 標準偏差 $\sigma(s)$
25-29	0.433	12.2	3.2
30-34	0.343	11.7	3.4
35-39	0.388	11.7	3.4
40-44	0.426	11.2	3.4
45-49	0.498	10.5	3.6
50-54	0.506	10.1	3.6
55-59	0.590	9.4	3.7
60-64	0.671	8.8	3.7
全 体 (14歳以上)	—	10.9	3.5

出所:Mincer [1974:61, Table 3.5;112, Table 6.3].
注) 対象標本は,非農家,白人男子.

4-4表 年齢コーホート間および年齢コーホート内における所得分布の変化

年度	対数所得分散値		
	25-34歳	35-44歳	45-54歳
1948	0.355	0.445	0.585
1958	0.445	0.489	0.727
1968	0.389	0.454	0.567
1949	0.379	0.538	0.680
1959	0.442	0.478	0.692
1969	0.418	0.469	0.572
1950	0.378	0.471	0.642
1960	0.428	0.554	0.719
1970	0.458	0.486	0.585

出所:Mincer [1974:62, Table 6.3]に引用されたT. P. シュルツのアメリカ経済学会1971年大会における未公刊報告.
注) データは,米国,全男子,1948-70年.

第4章 学歴と労働所得の分配——実証研究の展開　165

の動きは，同一時点のクロス・セクション（年齢階層間）の動きに対応し，対角線方向の数値の動きが同一コーホートの時間的推移に対応している．クロス・セクションでの所得分散の拡大は，コーホート内の所得分散の時間的拡大とほぼ比肩する大きさであり，前者が後者によって説明されることを意味している．

職場訓練機会利用をめぐる均等化差異

　ミンサーは，教育の回帰方程式(4-3)の貧弱なパフォーマンスを認めたうえ，なお職場訓練の効果を追加的に考慮することで，上記の2点をカバーし，人的投資理論の本来の説明力の高さを示すことができると考えた．実際に選択される訓練投資機会のメニューの幅の広さが，年齢とともに所得の分散が増大してゆく事実を説明するし，また，生涯の長さが有限であるため個人の最適な訓練密度が時間とともに減退することが，右上がり，かつ上方に凸の年齢-所得曲線の発生を説明するというものである（なお，訓練は一般的な訓練であっても，分担投資としての企業に特有の訓練であってもよい）．

　ミンサーの着想は，4-1図を用いて説明することができる（図は，Mincer[1974：17, Figure 1.2]，Psacharopoulos = Layard[1979：488, Figure 1]をもとに描いたものである）．縦軸には所得の対数値を，横軸には就職してからの経験年数をとっている．T は最大可能な就業期間である．ミンサーの仮定を踏襲し，学歴の高いものはそれだけ長く働くと仮定している．各人はまったく同一の属性を持っているという仮定を維持する．図中，$L_{1O}L_{1O}$ および $L_{2O}L_{2O}$ は，それぞれ学歴 s_1 および s_2 を積んだのち，それ以上何ら学習のない仕事での所得径路を表わす．いま，各人にとって，2つの径路は回帰式(3-4)を満たし，無差別だと想定しよう．次に，それぞれの学歴に対応して，$L_{1O}L_{1O}$，$L_{2O}L_{2O}$ のような追加的学習のない仕事(O)のほかに，高度な学習を伴い $L_{1H}L_{1H}$，$L_{2H}L_{2H}$ のような所得径路を示す仕事(H)，あるいは中程度の学習を伴い $L_{1M}L_{1M}$，$L_{2M}L_{2M}$ のような所得径路を示す仕事(M)があるとしよう．訓練密度は次第に逓減してゆくと考えられるから，H と M のどちらについても所得径路は右上がりで上方に凸となる．もし，これらの仕事が必要不可欠，かつ相互に不完全代替的ならば，最終的な労働市場の均衡では仕事間の相対賃金率が調整され，

各人にとって両者は無差別となる.

4-2図は,3-8図と連絡をつけるために,仕事に従事できる期間(T)が2期間の場合の市場均衡達成後の状況を表わしたものである.学歴は所与としている.学歴の違いにかかわらず就業期間が共通なら,異なった学歴についてもまったく同様のグラフを描くことができる[4].個人の最適投資水準を主題とした3-8図と,すべての個人が同一の属性を持つ場合の労働市場均衡を主題とした4-2図の最大の違いは,異なる訓練機会曲線が同一の市場投資機会線上で接していることである.各仕事の所得流列 $(y_O, y_O), (y_M, y_M'), (y_H, y_H')$ が,4-1図における多期間の所得径路 $L_{1O}L_{1O}, L_{1M}L_{1M}, L_{1H}L_{1H}$,または $L_{2O}L_{2O}, L_{2M}L_{2M}, L_{2H}L_{2H}$ に対応している.

4-1図に戻って,論点を説明しよう.第1に,同一の学歴階層内における職場訓練密度の選択に個人間で著しい偏りのない限り,平均的な所得径路は $L_{1M}L_{1M}$ あるいは $L_{2M}L_{2M}$ に近いものとなろう.これがまず右上がりの年齢-所得曲線の存在という先の第1の問題を解決する.第2に,それぞれの学歴階層について経験年数(ないし年齢)の違いによる所得のばらつき程度の違いを見ると,初期においては学習密度(=逸失労働時間)の差異を反映して大きなばらつきがあるが,やがて3つの所得径路が交差する点でばらつきはゼロとなり,その点を境に今度は学習の成果を反映して再び所得のばらつきは増大してゆくと

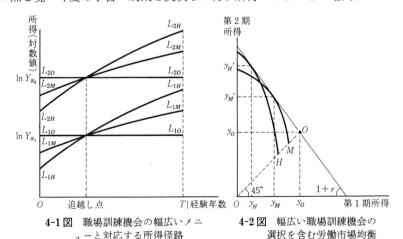

4-1図 職場訓練機会の幅広いメニューと対応する所得径路

4-2図 幅広い職場訓練機会の選択を含む労働市場均衡

いう図式が確認できる．したがって，同一の年齢階層内の所得の分散が年齢の上昇とともに増大するという，先の第2の問題点も解決することになる．なお，学習の行なわれない所得径路と学習の行なわれる右上がりの所得径路との交点を，ミンサーは追越し点(overtaking point)と呼ぶ(Mincer[1974:17])．むろん，それぞれの学習機会ごとに異なる追越し点が存在するはずであるが，それらは比較的狭い範囲に集中すると考えられるため，4-1図ではすべて同一点で発生するよう，しかも異なる学歴の追越し点もまた共通時点で生ずるよう，事態を単純化している．

学歴・職場訓練の回帰方程式

職場訓練の機会まで拡張して考えるとき，人的投資行動は個人間所得格差のどれだけを説明するだろうか？　いま，仕事 M が人々の間の平均的な学習機会を表わしていると想定してみよう．仕事 M と仕事 O とが個人の観点から無差別だということは，各期の所得の差 $y_M(t)-y_O$ $(1 \leq t \leq T)$ が仕事 M の前期までの累積投資額に対する収益と今期の新たな投資額との差に等しいことを意味する．つまり，毎期の投資額を $C(t)$ と表記すれば，

$$(4\text{-}5) \quad y_M(t)-y_O = r\sum_{n=1}^{t-1}C(n)-C(t) \quad (t \geq 2)$$

となる[*1)]．むろん，最初の期の投資費用は $C(1)=y_O-y_M(1)$ である．もし，各期の投資額に関する直接のデータが入手できるなら，(4-3)に追加的説明変数として当期の投資費用および投資累積額を導入することで教育・職場訓練の効果を測定できる．しかし，現実にそのようなデータを入手することは難しい．そこで，ミンサーは各期の投資率を(4-5)の右辺第1項で定義される粗所得に対する投資額 $C(t)$ の比率と定義し，人々の間の平均的な投資率が就職後は経験年数と線形の関係で逓減すると想定したうえで，次のような新しい回帰方程式を導いた(Mincer[1974:85-91])．

$$(4\text{-}6) \quad \ln Y_i = \ln Y_0 + rs_i + b_1 x_i + b_2 x_i^2 + u_i \quad (i=個人)$$

その中には，仕事での経験年数 x の1次および2次項が含まれている．経験年数は，現実には一時的離職の可能性もあり，時間の進行とともに必ずしも単調

に増加するものではないが，直接のデータを入手できないため，通常,（年齢－学歴年数－6）として推定される.

(4-6)の推定結果は，4-2表の行(2)に示されている．教育の収益率(理論上，職場訓練投資の収益率でもある)は10.7%となり，ハノッホの推定値に接近したこと，決定係数R^2は0.285となり，大きな改善を示したことが特筆できよう．4-2表にはPsacharopoulos = Layard[1979]による英国についての計測結果も併せ掲載している[5]．英国，米国とも定性的・定量的にほとんど同じ結果の得られることが注目に値する．英国の場合，経験変数xを含む回帰式の決定係数R^2は，0.316である.

以上の結果が示すように，個人間の対数所得の全変動のうち約3割を教育および職場訓練投資の差異によって説明できるというのが，ミンサーの第1の主張である．もっとも，ここでは人々の平均的な訓練投資密度を考慮しただけなので，職場訓練をめぐる個人間の幅広いスペクトラムを定量化できれば，説明できる所得の変動の割合はさらに上昇するということが併せ主張されている.

ミンサーの第2の主張は，追越し点をめぐるものである．もし，4-1図のように各学歴階層の追越し点が相互に十分接近しているなら，追越し点での所得の分散に対して，人々の訓練機会の相違はいっさい関与しない．したがって，追越し点にある人たちに限って回帰式(4-3)を適用し，決定係数を調べることで，教育投資が所得格差全体の中で占める役割の大きさを評価できるはずだというのが，基本的着想である.

しかし，こうした着想を実際の検証に移す際の最大の難関は，追越し点をどのようにして発見するかである．それは必ず存在すると確認されたわけでもない．ましてや，それぞれの訓練機会について定義される追越し点が相互に近接している保証もない．ミンサーは，こうした前提がすべて現実に妥当すると仮定したうえで，回帰方程式(4-3)を経験年数を共通にするグループごとに推定し，その中で決定係数R^2を最大にするグループの経験年数をもって追越し点と見なすという手続きをとった.

推定結果は，4-5表に示すとおりである．経験年数階層ごとの回帰方程式の決定係数R^2を見ると，7-9年層をピークに逆U字型曲線を描くことが見てと

れる．これからミンサーは，追越し点がたしかに存在すること，そしてそれは就職後 7-9 年の所に位置していると結論した．この層について推定残差の分散 ($\sigma^2(u)$) は 0.353 であり，これがこの階層の対数所得の分散のうち教育投資の差異によって説明できない部分に相当する．ところで，追越し点の定義より，この値は職場訓練の差異が生みだす対数所得の変動を除去した部分と考えられる．その部分がすべての経験年数階層にとって共通だと仮定すると，対数所得の全変動 0.668 のうち教育投資の差異によって説明できる部分は，

$$h \equiv 1 - \frac{\sigma^2(u)}{\sigma^2(\ln Y)} = 1 - \frac{0.353}{0.668} = 0.472$$

となる．つまり，所得格差の半分弱は教育投資の差異によるというのである[6]．

残念ながら，ミンサーの追越し点の分析は，サカロプウロス=レイヤードに

4-5表 追越し点の検証結果

経験年数階層	学歴方程式				h-指標
	推定係数 r	決定係数 R^2	推定残差分散 $\sigma^2(u)$	被説明変数分散 $\sigma^2(\ln Y)$	
米国					
4-6年	—	0.30	—	—	—
8	0.162	0.306	0.333	0.48	0.501
7-9	0.165	0.328	0.353	0.52	0.472
10-12	—	0.26	—	—	—
13-15	—	0.20	—	—	—
全階層	—	0.067	—	0.668	—
英国					
3-5年	0.114	0.236	0.273	0.357	0.374
6-8	0.064	0.068	0.263	0.282	0.397
9-11	0.068	0.105	0.206	0.230	0.528
12-14	0.078	0.151	0.138	0.162	0.683
15-17	0.079	0.182	0.135	0.165	0.690
全階層	—	0.031	—	0.436	—

出所：Mincer [1974：96 および Table 3.3, 3.4] から算出．
Psacharopoulos = Layard [1979：496, Table VI および 491, Table IIA] から算出．
注) 各経験年数階層ごとに学歴方程式(4-3)を推定した結果にもとづく．表中一の記号は，該当の数値が原表に報告されていないことを示す．

よる英国データの分析からは支持されない．4-5表には英国の場合の推定結果も示してあるが，経験年数の変化と回帰方程式の決定係数 R^2 との間にはっきりした関係は観察されない．もし R^2 を最大にする経験年数を求めるなら，それは3-5年ということになり，また，推定残差の分散を最小化する経験年数を求めるなら，それは15-17年となる．いずれにせよ，ミンサーの結論とは大幅に異なっている．英国の推定結果から追越し点の存在の証拠を見いだすことは困難である[7]．したがって，たとえ米国の場合に良好な結果を得たとしても，それが偶然の所産でないことを示す何らか独立の検証が必要である．

全般的な評価に移る前に，日本での研究に触れておこう．日本でのデータ分析は，未だ十分に行なわれたとは言いがたい．『賃金構造基本調査』による多重クロス表データを用いてミンサーの方程式(4-3), (4-6)を推定した研究としては，Shimada [1974(1981)]，貝塚ほか[1979：第2章]があり，その結果は4-2表に示したとおりである．係数推定値は，英・米の場合と近接している．しかし，個表データの分析ではないため，対数所得の全変動のうち学歴の差がどれだけの割合を説明するかというミンサーの中心課題には答えることはできない（表中の R^2 はきわめて高いが，個表データでないため，英・米の場合と比較することはできない）．貝塚ほか[1979]は，こうして推定された教育の収益率が1970年代にかけて傾向的に低下したことを指摘している．

ミンサーの実証研究の評価

ミンサーの研究は，一貫した理論的枠組の存在がどれだけデータの表面から豊かで整理された事実を引き出すかを示す見事な一例であろう．実際，稼得所得の分配をめぐる様式化された事実の定立にミンサーが果たした貢献は大きい．

しかし，ミンサーの実証分析は大小数多くの理論的前提にもとづいている．もしこれらの前提が正しければ，教育投資は現実の所得格差の何割かを説明するという議論の建て方は明快で，かつまた興味深いものであるが，最初の前提が本当に妥当であるかどうかの丹念な検証を伴わない限り，説得力ある実証分析たりえない．ミンサーの分析では，この大事な手続きが十分尽くされているとは言いがたい．そこに限界がある．

第4章 学歴と労働所得の分配——実証研究の展開

ミンサーの議論の中には,一見,いくつか反証可能な命題が含まれているように見える.第1は,対数所得の回帰式(4-3)および(4-6)における学歴変数の係数の大きさに関する制約である.教育投資による所得格差は,偶然的攪乱を除けば完全に均等化差異の現象であるというミンサーの理論的前提からすれば,この係数は機会利子率に等しい.人々の所得が学歴や経験年数とプラスの相関をもつことは,われわれの直観で十分予想できることであり,入り組んだ議論は必要ない.しかし,学歴の係数が利子率に等しいという制約は,先の前提のもとで初めて厳密なものとなる.実際にデータから推定された学歴係数の値は,0.10の近傍の数値であり,おおむね他の実物投資率ないし長期債利子率に等しい(もしもこの値が0.5を超えたり,負の値をとったりしたら,ミンサーの議論は信頼を失ったであろう).しかし同時に,この推定値が反証可能命題としての制約をどれだけ厳密に満たしているかをめぐる検証はなされていない.本来,機会利子率の水準がどのようにして与えられるのか,独立の検討があってよいはずであるが,それも行なわれていない[8].さらにミンサー自身,随所でこの理論的制約の存在を忘れ,学歴水準の変化に伴う係数の変動を認めてしまっている[9].要するに,均等化差異の世界というミンサーの理論的前提は,未だ厳密な検証を受けていないのである.

第2の命題は,追越し点の存在である.この命題は,職場訓練の密度をめぐる幅広い選択のメニューの可能性にもかかわらず,投資期から収穫期への移行期に人々の所得格差が一時的に急速に縮小することを予測したものである.しかし,すでに見たように,この議論は選択肢を構成する多くの所得径路が果たして1点で交差するかどうかといった形状の微細にわたる仮定に依存しているため,たとえ予測が外れたとしても種々弁解ができる余地があり,厳密に反証可能命題の資格を満たすとは言いがたい.とにかく,米国ではこの予測と適合的な事実が検出されるが,英国では検出されないという結果は,この枠組から得られる結論に未だ十分な信頼をおけないことを意味している.

教育投資と職場訓練投資の差異によって所得格差の比較的大きな部分を説明できるというミンサーの中心的な主張を裏づけるためには,結局,個人が職場訓練に投下する時間・費用の計測データが不可欠なのである[10].かくしてミン

サーの回帰式とその前提となる理論モデルは,現実のデータによって未だその妥当性が確認されたわけでないことが分かる.むしろ,ミンサーの接近方法に対しては,次の2点で疑義が残る.

第1に,研究目標の消極性という問題がある.ミンサーが導出した結論は,現実に存在する所得の不平等の原因とその是正手段に関心を持つ研究者に,何ら積極的な指針を与えてくれない.ミンサーは,所得格差の(分散値のタームで見て)少なくとも3割,追越し点の分析によればその5割を人的投資の差異によって説明できるという.労働時間の変動の要因を除去すれば,その割合はさらに高まり,3分の2に迫るという.しかし,そこで述べている人的投資の差異とは,背後にある理論モデル上,単に同一生涯所得の時間的配分を変更するだけの役割しか与えられていないのであり,生涯所得の分配という観点からすれば,まったく心配するに及ばない種類の不平等なのである.それでは心配すべき不平等の部分とは何だろうか? ミンサーにおいては,それは単なる残差であり,その残差が何で構成されるか,まったく分析の対象とされていない.したがって,社会的問題に迫ろうとする研究計画としては,きわめて消極的な性格しかもっていない.ベースとなった理論の諸前提に関する厳密な検証を抜きに,心配する必要のない不平等の部分の高さを誇示するという議論の仕方に多くの研究者が疑問を投げかけるのも,無理のないことと思われる.

第2は,もし人々の間で能力や社会経済的背景要因に違いがあり,そのため投資機会曲線にも違いがあるなら,当然,有利な機会曲線を持つ個人の教育・職場訓練への投資は増加し,生涯所得にも差が生まれる.その場合,前節末でも述べたように,回帰式(4-3)および(4-6)の学歴係数は,背後の能力・投資環境の差異に対するレントを含むことになり,推定値は真の値から上方に乖離し,しかも回帰式の説明力(決定係数)は見かけ上高まる.当然,均等化差異としての不平等の割合は,ミンサーの数値より小さなものとなる.所得格差の説明要因として人々の間の能力や社会経済的背景要因がどれだけの説明力をもつかという観点からなされた実証研究を次節で検討しよう.

4.3 稼得収入関数──本源的能力・家庭の社会経済的背景と所得分配

人々の間で本源的能力や両親の社会経済的背景が違い，その結果人的投資機会も違ってくることを認めると，もはや教育や職場での学習の差異は均等化差異を反映するものではなくなる．これらの変数が直接，または間接に教育を通して所得の決定に影響する度合を調べる研究は，稼得収入関数の推定作業として知られている．この作業は，通常，複数の関係式で構成される稼得収入決定の実証モデルを推定した上，それぞれの因果連関の強さを比較する形で行なわれる．まず，実証モデルのプロトタイプを設定することから始めよう．

稼得収入決定の実証モデル

実証モデルを構成する第1の方程式は，所得の生産関数に相当する稼得収入関数

$$(4\text{-}7) \quad \ln Y_i = \alpha + \beta s_i + \gamma A_i + \delta H_i + u_i \quad (i = \text{個人})$$

である．学歴 s_i，就学後(成人時)の本源的能力要因 A_i，そして家庭の社会経済的環境要因 H_i が稼得収入の基本的な決定要因であるとの想定を表わしている．誤差項 u_i は，これらの要因とは独立のすべての要因を表わすものである．学歴の係数 β は，追加的な学歴のもたらす限界的な収益率 $(\partial y_i/\partial s_i)/y_i$ を意味する[11]．

第2は，選択される学歴の説明式である．学歴の長さ s_i は，幼時の本源的能力($A_{0,i}$と記す)と家庭の社会経済的背景要因 H_i に依存するだろう．そこで

$$(4\text{-}8) \quad s_i = aA_{0,i} + bH_i + v_i$$

と書く．誤差項 v_i は，やはり $A_{0,i}$ と H_i とは独立のすべての要因を表わす．

第3に，教育は幼時の本源的能力をより高い能力へ変換する効果をもつと期待されるわけであるから，成年時の本源的能力 A_i は，

$$(4\text{-}9) \quad A_i = cA_{0,i} + ds_i + w_i$$

と書くことができる．むろん，生涯不変であるなら，係数 c は1，係数 d はゼ

ロとなる．w_i は，説明変数とは独立のすべての要因を表わす誤差項である．

第4に，幼時の本源的能力 $A_{0,i}$ の決定には，両親から遺伝的に継承した能力形質（G_i と記す），家庭の社会経済的背景要因 H_i，個人に特有の偶然的要因（z_i と記す）があずかると考えられる．そこで

(4-10) $$A_{0,i} = eG_i + fH_i + z_i$$

と書く．以上の4つの方程式間の相互関係は，4-3図が示すとおりである．

図の矢印は，想定された因果関係の流れを表わしている．幼時の本源的能力 $A_{0,i}$ の決定が先行し，続いて学歴水準 s_i，成年時の本源的能力 A_i が決定され，最後に所得 $\ln Y_i$ が決定されるというわけである．矢印に付した記号は，各方程式の係数に対応している．この体系の外生変数 G_i と H_i との間の両方向の矢印は，両者の間に相関が存在する可能性を表わしている（因果関係は想定されていない）．

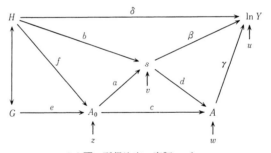

4-3図 所得決定の実証モデル

各変数は時間的に1つずつ決定されるため，誤差項相互間には何ら相関がないと想定することができる．その結果，この体系は計量経済学で再帰的構造と呼ぶ特別の構造をもつことになり，通常の最小2乗法で1本ずつ回帰推定することで，正しい係数推定値が得られる[12]．なお，あらかじめ各変数のデータを標準化して（すなわち，もともとの値と平均値との差額を標準偏差で割った値で測り）求めた回帰係数を「パス係数」と呼ぶが，パス係数と変数間の相関係数を用いると，図の任意の2つの変数を結ぶさまざまな因果関係のルートの強さを相互に比較することができる（「パス分析」と呼ぶ）．

たとえば，図の学歴 s と所得 $\ln Y$ の間には，学歴が直接所得を高めるルー

トと，本源的能力 A_i を高めることを通じて所得を高める間接ルートの2つの因果関連のルートが想定されている．しかし s と $\ln Y$ の間には因果関係のルート以外に両者がそれぞれ家庭の社会経済的背景要因 H から影響を受けていることによる見かけ上の相関もある．したがって，両者の全体としての相関のうち，直接のルート，間接のルート，そして見かけ上の相関がそれぞれどの程度の大きさであるかに当然関心が生まれよう．いま，(4-7)の各変数を標準化したうえ，同じく標準化した s_i を掛け，個人間で足し合わせることで，

(4-11) $$\rho_{ys} = p_{ys} + p_{ya}\rho_{as} + p_{yh}\rho_{sh}$$

ここで

$\rho_{ys}, \rho_{as}, \rho_{sh}$: $\ln Y$ と s，A と s，s と H との間の単相関係数，

p_{ys}, p_{ya}, p_{yh} : β, γ, δ に対応するパス係数，

の関係が得られる．右辺の第1項が直接のルート，第2項が本源的能力を通じた間接のルート，そして第3項が見かけ上の相関の大きさを示す．

もし人々の経済的能力が成人時の本源的能力 A_i と同一であるなら，所得の他の決定要因としての学歴 s_i および家庭の社会経済的背景変数 H_i の係数 β および δ はゼロとなり，s_i と H_i の効果はすべて A_i が吸収してしまうはずである．それほど極端でないとしても，経済的能力が本源的能力と共通の構成要素をもつ程度に応じて β および δ の真の値は小さくなるであろう．換言すれば，A_i を考慮しない方程式から推定された β と δ には「能力バイアス」と呼ばれる上方へのバイアスがかかることになる．

問題は，人々の本源的能力の中で経済的能力(稼得能力)の重要な構成要素となる能力とは一体何であり，またそれをどのようにして測ることができるかという点である．経済学では伝統的に稼得能力のもっとも重要な要素は認知能力であり，それはIQスコアや学業成績で測定できると想定してきた．むろん，認知能力は個人の本源的能力として誰しもが最初に思い浮かべる要素であろう．そのようなわけでごく自然に $A_{0,i}$ を幼時のIQスコア，A_i を学校時代の成績ないし就学後のIQスコアと見たてた分析が行なわれることになった．

経済的能力としての認知能力

経済的能力の主体が認知能力であるという想定のもとでの稼得収入関数の計測として代表的な研究は，グリリカス=メイソンによるものである(Griliches=Mason[1972])．1964年の米国人口調査(*Current Population Survey*)の16-34歳男子(徴兵対象年齢)を母集団として，兵役経験者であり，調査時点でフル・タイム労働者であって，しかも入隊前の兵役資格試験の成績が得られる21-34歳の個人1,500名弱が分析の対象とされた標本である．兵役経験者という条件のため，資格試験の成績が両端に位置する個人を排除してしまい，母集団の広がりを正確に捉えていない危険があるが，この標本は全国規模の標本として収入と認知能力指標のマッチングが可能な，貴重なデータである．

グリリカス=メイソンのデータは4-3図の変数全体をカバーしてはいない．ことに幼時IQスコアのデータを欠いているため，学校教育が幼時の能力と独立にどれだけ成年時の能力や所得を高めるか，答えることができない．しかし，経済的能力が主として認知能力であるかどうかを検証するには必要最小限のデータを備えている．兵役資格試験とは，語彙，算数の設問を含む一種のIQテストである．若干複雑なのは，兵役終了後復学する者がいるため，兵役前の学歴と兵役後の学歴とを区別する必要のあることである．グリリカス=メイソンの具体的な実証モデルは，4-4図のように表わされる．どの誤差項も相互に独立だと仮定し，その結果モデルが再帰的構造をとるという性質は，4-3図の場合と変わらない．

4-3図の場合と比較して，新しい変数は，兵役前の学歴 s_B，兵役後の学歴 s_A，そして兵役期間の長さ LMS である．内生変数間の時間的連鎖は，$s_B \to A \to$

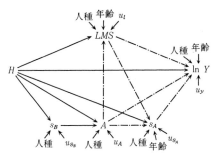

4-4図　グリリカス=メイソン・モデル

$LMS \to s_A \to \ln Y$ であり,各変数の決定にあたって人種,年齢,家庭背景などが外生変数として影響することを認めている.家庭背景要因 H を表わすデータとしては,父親の学歴と職業ステータス(ダンカン指数[13]),そして成長期を過ごした地域の特性(南部・北部,都市部・非都市部,都市郊外・非都市郊外の別)が得られる.所得の決定にあたって年齢や人種の影響を制御する理由は明らかであろう.各変数の標本特性および変数間の相関係数は,4-6表に整理されている.

この表から,学歴の長さと資格テストの成績との間に単相関係数で 0.47,父親の学歴ないし職業と人種の影響を取り除いた偏相関係数[14]で見ても 0.42 という比較的高い相関関係のあることが分かる.学校教育の重点のひとつが認知能力の訓練や高い認知能力を持つ個人の選抜にあることからすれば,当然の結果だといえる.

4-6表 所得と学歴,IQ,家庭背景要因間の相関関係(グリリカス=メイソン標本)

項目	平均値	標準偏差	相関係数						
			1	2	3	4	5	6	7
年齢	29.0	3.5							
人種(白人=1, 黒人=0)	0.96	—							
1 対数所得(週粗所得)	4.73	0.40	1.0	0.264	0.149	0.329	0.235	0.114	0.229
2 兵役前学歴(年)	11.5	2.3		1.0	−0.70	0.832	0.469	0.283	0.307
3 兵役後学歴(年)	0.8	1.4			1.0	0.405	0.098	0.103	0.085
4 総学歴(年)	12.3	2.5				1.0	0.490	0.321	0.333
5 兵役資格試験成績(IQ)	54.6	24.8					1.0	0.229	0.242
6 父親の学歴(年)	8.7	3.2						1.0	0.431
7 父親の職業的地位指標	29.0	20.6							1.0

標本数=1,454.
出所:Griliches = Mason [1972:S 78, Table 1;S 83, Table 2].

それでは,所得と学歴の関係はどうだろうか? 先に述べたように,もし認知能力こそ経済的能力の根幹であるなら,認知能力を所得の説明変数として導入することで学歴変数は圧倒されてしまうはずである.4-7表を見よう.稼得収入関数(4-7)の計測結果のうち学歴と能力の係数推定値だけ取り出したものである.各行の右端の欄に計測式に含まれる他の説明変数を列挙している.行 (1),(2) と行 (3),(4) との間には家庭背景要因(H)が含まれるか否かの違いがあ

4-7表 所得に対する学歴と認知能力の効果

被説明変数 $\ln Y$	説明変数			方程式内の他の説明変数	R^2
	s_B	s_A	A		
(1)	0.0502 (0.0042)	0.0528 (0.0070)	—	人種，兵役期間，年齢	0.167
(2)	0.0418 (0.0045)	0.0475 (0.0072)	0.00154 (0.00045)		0.173
(3)	0.0379 (0.0045)	0.0496 (0.0070)	—	人種，兵役期間，年齢，成長期の地域特性，父親の学歴・職業的地位	0.213
(4)	0.0328 (0.0050)	0.0462 (0.0071)	0.00105 (0.00045)		0.216

注） 括弧内の数値は，標準誤差．
出所：Griliches = Mason [1972：S86, Table 3]．

り，また，行(1)と行(2)の間および行(3)と行(4)の間には資格テストの成績が含まれるかどうかの違いがある．どの行にも年齢，兵役期間，人種の変数が共通に加えられている．

4-7表から次に述べるような性質が確認できよう．資格テストの成績は所得を有意に引き上げる効果をもち，その変数を無視した場合，たしかに学歴の係数に上方バイアスがかかる．しかし，バイアスの程度は非常に小さい．実際，行(1)による s_B の収益率の推定値は 5.0%，行(2)の対応する値は 4.2% で，バイアスの程度は 17% に過ぎず，s_A の収益率のバイアスに至ってはさらに小さい(10%)．この点は，たとえ家庭背景要因を表わす変数を導入してもなお成立する．行(3)と行(4)の比較から，学歴収益率の上方バイアスは s_B について 13%，s_A について 7% に過ぎない．以上から，認知能力指標の導入が学歴の効果を圧倒してしまうにはほど遠いことが分かる．

資格テストと所得との関連をさらにくわしく評価するには，パス分析が有効である．4-6表から，認知能力指標 (A) と対数所得 ($\ln Y$) との単相関係数は，0.235 である．この相関のうちどれだけが認知能力を原因とする真の「因果的相関」で，どれだけが(2つの変数が認知能力の決定にかかわる他の変数と共通に相関のあることに伴う)「見かけ上の相関」だろうか？ 4-4図上，一点鎖線で表わした部分が因果的連関を示している．因果連関は，認知能力が直接所得を引き上げる「直接ルート」と，兵役期間の長さ (LMS) および兵役後の学歴

(s_A)に与える影響を通じた「間接ルート」に分かれる．その他の関連が見かけ上の相関であり，家庭の社会経済的背景(H)と兵役前学歴(s_B)，そして人種がそうした相関を生み出す原因である．

パス回帰分析の結果，全体としての相関係数 0.235 のうち，1/4 強の 0.065 が直接ルート，0.036 が間接ルートによる因果連関で，見かけ上の相関が全体の過半の 0.134 を占めた[15]．つまり認知能力指標と所得間の，もともとそれほど強くない相関のうち 0.1(決定係数にして 0.01)の部分しか因果連関によるものといえない．したがって，経済的能力の主体が認知能力だという想定は支持しがたい．

この結論は，Duncan = Featherman = Duncan [1968：Figure 6.4.1 および 117]，Bowles [1972]，Bowles = Nelson [1974：44，Table 2]，Jencks [1972：Appendix 13] など，他のより大規模な標本を用いた研究によっても支持されている．しかし，ここにあげた研究はベースとする標本に認知能力のデータがないため，パス係数の算出の際，認知能力指標と所得，その他の変数との相関係数をグリリカス゠メイソンの扱ったデータに求め，そこで得た数値を外挿している．そのため，どれだけグリリカス゠メイソンの結果と独立の証拠であるか疑いが残る．

スウェーデン南部の中都市マルメ(Malmö)における個人の 10 歳から 43 歳までのコーホート追跡調査(1938 年から 1971 年まで，標本数は 700 強)にもとづく Fägerlind [1975] の研究は，グリリカス゠メイソンの結論とはややニュアンスの異なる結果を導いている．第 1 に，4-8 表の示すように，学歴年数と対数所得との相関を直接の因果連関と成人時認知能力(20 歳時 IQ スコアで測定)を通ずる因果連関に分解する[16]とき，両者の相関が年齢の進行とともに高まるだけでなく，全体としての相関のうち認知能力を通ずるルートのウェイトが次第に高まっている．しかし 43 歳時点でもなお，認知能力を通じたルートは全体としての相関の 1/4 強を占めるに過ぎない．したがって，認知能力を説明変数として考慮することで学歴年数の効果が霧散してしまうということにはならない．学歴年数でなく学歴の種類[17]で見た場合には，年齢の進行とともに学歴と所得間の全体としての相関は上昇するが，認知能力を通ずるルートのウェイ

4-8表 年齢の進行に伴う認知能力の経済効果の上昇
——マルメ・コーホート・データ

	25歳時	30歳時	35歳時	41歳時	43歳時
学歴年数が対数所得に及ぼす影響					
直 接 ルート	0.178	0.218	0.297	0.272	0.301
認知能力ルート	0.017	0.045	0.091	0.078	0.114
合計(相関係数)	0.195	0.263	0.388	0.350	0.415
学歴の種類が対数所得に及ぼす影響					
直 接 ルート	0.176	0.380	0.427	0.470	0.500
認知能力ルート	0.000	0.015	0.061	0.028	0.060
合計(相関係数)	0.176	0.395	0.488	0.498	0.560

出所:Fägerlind [1975:Table 10] をもとに加工.
説明:直接ルートとは,学歴が直接または職業の決定を経由して対数所得に及ぼす部分の相関の大きさである.他方,認知能力ルートとは,学歴が成年時IQを高めることを通じて対数所得に及ぼす部分の相関の大きさで,IQから直接に所得を高める効果と,IQが職業の決定を介して所得を高める効果の和である.詳細は,注16)を参照のこと.

トが上昇する明白な傾向はない.また,それは43歳時点で全体の相関の10%に過ぎない.この点で,グリリカス=メイソンの結果と符合している.他方,年齢の進んだ階層にとっては認知能力が所得に対してある程度の説明力をもつ点で,それがほとんど無視できるというグリリカス=メイソンの結論とは異にしている.グリリカス=メイソンの標本は21-34歳という若年層に限られているため,認知能力の効果が未だ十分発揮されていない可能性が残っている.実際,Lillard [1977:Figure 1] もまた,米国の航空部隊パイロット志願者の追跡調査データ(NBER-Thorndike Data)をもとに,年齢の進行とともに認知能力の所得形成に寄与する度合の高まることを示している.

第2に,認知能力の所得に対する効果は,学歴の種類の差ないし職業の差によって大きく異なる傾向がある.とくに43歳の時点で見てそうである.学歴の種類で見ると,高卒未満では認知能力スコアは所得と無関係であるが,高卒以上では認知能力スコアの高いグループの所得は高く,しかもその勾配は学歴が高ければ高いほど大きい(Fägerlind [1975:94, Appendix;Table 6].Lillard [1977] が分析したのも高学歴者に限定された標本であり,その分認知能力

の効果が強く出たといえよう).また,職業の階層を (1) 非熟練労務者, (2) 半熟練肉体労働者, (3) 熟練生産労働者, (4) 職長ないし同等の労働者, (5) 上級事務労働者, (6) 指導・管理的地位ないし専門家集団に分けたとき, (1)-(3) のグループについては認知能力は所得とほとんど無関係であるが, (4)-(6) ではプラスの相関がある.とくに, (6) の階層については密接な関連が認められる [同書:95, Appendix; Table 7].もともと標本数が小さいため,これらの傾向をただちに確定的なものと見なすわけにはゆかないが,認知能力の経済効果が学歴や職業によって異なることは十分ありうると考えられる.

認知能力と所得の関係に関連して問題となるのは,4-3 図に示した親子間の IQ の遺伝の可能性である.この問題をめぐり遺伝学や心理学の分野で過去多くの研究が積み重ねられ,論争が繰り返されてきた.遺伝的要素の介在することは認められているが,どの程度かをめぐってはいまでも遺伝学者の間で意見に大きな幅がある(Bodmer [1972:98-99]).遺伝的要因の重要性を最近再び強調したのは Jensen [1969] であり,しかも彼は白人・黒人間の所得の差は黒人の IQ が遺伝的に劣っているからだと論じた.稼得収入関数の重要な意義のひとつは,こうした極端な議論の妥当性を検証できる点にある.上述の研究が示したことは,たとえ IQ 形質の遺伝度が高かったとしても,それが所得の差を説明する程度は,ごく一部の高い職業的地位へのアクセスの違いを除けば小さいということである(グリリカス=メイソンによれば無視できるという).IQ の遺伝によって人種間の所得の格差を正当化することはできない.

家庭の社会経済的背景要因

4-7 表をもう一度見よう.家庭背景要因を導入すると,稼得収入関数の説明力はかなり高まることが分かる(行(3), (4)).R^2 のタームで 0.04 ないし 0.05 上昇している.もともと 0.17 しかないので相当の大きさである.学歴係数(とりわけ s_B)の値も,家庭背景要因の導入後かなり大きく変化している.ちなみに,行(1)と行(4)の兵役前学歴 s_B の推定値間には 35% もの差があるが,そのおよそ 2/3 は背景要因の導入によって生まれたものである.また,行(2)と行(4)の資格テスト成績 A の係数を比較すると,背景要因の考慮後は推定値が約

1/3低下しており,そうした要因の無視は認知能力の効果を過大に見せることが分かる(先に見かけ上の相関として述べた点である).このように家庭背景要因は単に学歴や認知能力に影響するだけでなく,それ自体としても独立に所得の形成に影響を与えている.その点は,米国ウィスコンシン州の高校4年生を10年後まで追跡調査したSewell = Hauser[1975]の研究でも確かめられている.このデータは家庭背景指標として両親の恒常所得を含む点でユニークである[18].両親の所得は本人の学歴,認知能力を考慮してもなお,所得形成に強い独立の効果を及ぼしている.

他方,マルメ・データを分析すると,父親の学歴と10歳時点の父親の職業的地位は直接ないし幼時(10歳時点)の認知能力を介して間接に43歳時点の所得に有意な影響を及ぼすように見えるが,それも一旦本人の学歴(種類)と43歳時点の職業的地位を説明変数として導入すると,父親に関する変数と幼時の認知能力指標の統計的有意性は失われてしまう(Fägerlind[1975:71, Table 9]).さらに,43歳時点の職業的地位は主として学歴と成人時認知能力で説明され,父親の変数と幼時の認知能力がそれらと独立の影響を与えることはない[同書:69, Table 8].したがって,家庭背景要因は直接ないし幼時の認知能力を高めることを通じて本人の達成する学歴の種類や成人時認知能力に影響を及ぼすが,それらと独立の効果を発揮するものではない.その点ではグリリカス゠メイソンの結論と異なっている.

家庭背景変数の役割に関する第1の解釈は,それが測ることのできない教育の質の代理変数として機能しているというものである.実際,同一の長さの学歴であっても,教育の質に大きな格差のあること,そして家庭背景の点で上位の経済的階層ほど有利であることは十分考えられる[19].フェーガーリントの上記の結論についても,家庭背景要因が独立の影響を及ぼさなくなるのは,学歴を長さでなくその種類で測った場合であり,それは後者が教育の質の違いをより良く反映しているからだと解釈できる.また,そのように解釈すれば,グリリカス゠メイソンの結論と矛盾することもない.

家庭背景要因の機能をめぐる第2の解釈は,社会学,心理学の立場から提起されたものである.親の社会・経済階層上の地位が子供に異なる職業観や異な

る上昇志向，達成意欲を生み出す可能性である．将来の職業に関する特定の選好や達成意欲の向上は，達成される学歴の質や認知能力を高めると考えられるからである．

実際，Duncan = Featherman = Duncan [1968：Chapter 7]はさまざまなデータの検討を通して，父親の職業的地位が高い家庭の子供ほど平均的に高い地位の職業を選好することを示している．また，全国での意識調査と他のいくつかのデータをもとに両親の子供に対する養育態度を調べた Kohn [1969] は，両親の職業・社会階層の違いが質的に異なる養育態度を生みだすことを発見した．すなわち，ホワイト・カラーや専門的・管理的職業に従事する「中流階層」の両親は子供に「自己による方向づけ」(self-direction)を求めるのに対し，半熟練または熟練作業工程に従事する「労働者階層」の両親は子供に「外部権威への服従」(conformity)を求めるという明白な傾向の差が認められるというのである [同書：11]．これらの分析の限界は，データが一時点のクロス・セクションであり，子供の職業に対する選好や親の養育態度の違いが実際に子供の高い職業的地位を導くところまで確かめているわけではない点である．しかし，子供の達成意欲や性格の形成を通じて(平均的に見て)そのような影響を行使することは十分想像できる．

潜在変数アプローチ

両親の社会経済的背景が目に見えない形で子供の職業や稼得能力の形成に影響している可能性を論じたわけであるが，その点をデータ的に確かめられないだろうかという観点から 4-3 図(ないし 4-4 図)の実証モデルを精緻化することを試みたのがグリリカスとチェンバリンである．彼らは，家庭背景が育む個人の本源的能力を直接には測ることのできない潜在変数として定義したうえ，その特性を観察可能な変数から推し量りつつ，学歴の収益率を計測した(Chamberlin = Griliches [1975], [1977], Griliches [1979])．

4-5 図はこのアプローチの概念図である．潜在変数は L として表わされている．L は，直接ないし学歴を介して所得 $\ln Y$ に影響する(したがって，ちょうど 4-3 図の幼時能力 A_0 に相当する)．一方，L は両親から受け継ぐ遺伝的形

質を含む家庭背景要因(B と表記),そして個人に特定の攪乱要因(gと表記)によって形成されると想定している.認知能力テストの成績が就学前と就学後の2時点で測定される(それぞれのスコアを T_0, T_1 と表記する)という想定は 4-3 図と同じであるが,その図と異なるのは,テストの成績は能力そのものでなく,あくまで本源的能力や教育の成果を反映するひとつの指標に過ぎないという点である.したがって,たとえば本源的能力として心理学者のいう達成意欲や「やる気」が含まれ,そうした意欲の存在が認知能力テストでも良い成績を収めさせることになると解釈する余地をも許すわけである.その場合には,所得と認知能力スコアとの相関は見かけ上の相関に過ぎないことになる.

背景要因 B としては,観察される要因(地域,父親の学歴,職業,兄弟数,蔵書の種類・数など)のほかに,測ることのできない家庭背景要因によって形成されるものと想定している.親の価値観,養育態度などは,むろん測ることのできない家庭背景要因の一例である.問題は,測定できない家庭背景要因と同じく測定できない個別要因 g とを,データ上,どのようにして区別するかであり,それは同じ家計で育った兄・弟ペアのデータを収集して共通の家庭背景要因を制御することで達成される[20].

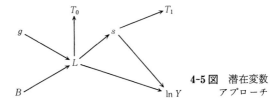

4-5 図　潜在変数アプローチ

実際,Chamberlin = Griliches[1977]はこのような兄・弟ペアのデータの分析から,潜在的能力の無視による学歴収益率の上方バイアスは小さいことと並んで,推定された潜在的能力には認知能力スコアに対し正の負荷をもつ次元と,それとは独立のもう1つの次元が存在すると解釈できることを示した.つまり,両親が子供に与える初期条件に認知能力以外の側面もかかわっているというわけである.

この分析はいくつかの点で試行的なものである.データ数が小さく,種々不完全であること,また,働き始めて間もない人たちのデータであり,所得は将

来つくと予想している職業の中位所得をもって本人の所得変数に代用していることなどである．このアプローチが本来の力を発揮するには，取得できるデータの大幅な改善と，認知能力テスト以外のさまざまな観察指標の獲得が必要であり，そうした課題は将来に残されている．現在の段階では，第1次元目の能力について認知能力がそれ自体として有効なのか，それともテストの成績の背後にある達成意欲が重要なのかを区別したり，第2次元目の能力が具体的に何を意味しているのかに答えたりすることはできない．また，学歴の収益率に対する能力バイアスが小さいということが正しいとしても，それでは教育が一体どのような内容の貢献をしているのか説明することはできないのである．

結　語

本節では，稼得収入関数をめぐる実証結果の概要を，グリリカス＝メイソンの研究を出発点において紹介した．経済的能力の主体が認知能力であるという古くからある想定は，認知能力指標が直接・間接に稼得収入を高める度合の小さなことから疑わしいものと結論された．それゆえ，所得格差の持続を親から子への IQ 形質の遺伝によって説明できるという，歴史上繰り返された主張の正しくないことも分かる．結局，学歴が所得を高める効果は認知能力指標を一定に保ったとしてもほとんど低下しない．

しかし，その後の研究から，認知能力の貢献度が絶対的に低いという点は変わりないとしても，年齢の進行とともに認知能力の果たす役割が相対的に高まることも示された．その点は，理論的に (i) 認知能力は 3.2 節で定義したトレーナビリティと正の相関をもち，より良好な職場学習の機会をもたらすため，その成果は年齢の進行とともに徐々に現われる，(ii) 時間とともに進行する情報的学習の結果，認知能力がかかわる部分の経済的能力が徐々に顕示される，のいずれかまたは双方として解釈することができよう．

また，職業の決定に認知能力が大きな役割を果たす傾向のあること，そして職業間で認知能力の果たす役割の異なる傾向のあることも示された．とりわけ，専門的・管理的職業では，認知能力がそうした職業へのアクセスを規定するだけでなく，その中での所得格差の重要な要因をなしている．したがって，学校

が認知能力の育成を図る側面に限ってみたとしても，教育の機会均等化が所得分配政策として重要な意義をもつことになる．

所得格差の形成には家庭背景要因の違いも重要な役割を果たしている．しかし，それは主として教育の質，あるいは親の職業，価値観の違いがもたらす性格や達成意欲の違いを通して効果を発揮すると考えられる．こうした点を統計データから確かめることは，今後における良質なデータの蓄積に依存するところが大きい．しかし，いずれにせよ教育機会の均等化を考える際には，質の均等化にとくに注意を向けることが重要である．

いまなお残された大きな問題は，一部の職業について認知能力の役割が確認されたとしても，なお残る大半の職業において学歴がもたらす経済効果をどのように理解したらよいかという点である．そのひとつの解答は，教育が果たす社会統合化機能である．その点を次節で検討することにしよう．

4.4 教育の社会統合化機能と対応原理

教育が子供たちに人としての基本的認知能力(読み書き，理解力，理由づけ)を訓練し，それと同時に社会に現存する価値を伝達し，既存の社会体制・規範の中に彼らを統合させる役割を演じていることは，われわれが日常経験するとおりである．この点を社会体系論の中で整理して論じたのは，社会学者タルコット・パーソンズである(Parsons[1959])．パーソンズの分析を出発点として，生産組織の社会構造と教育機構自体の社会構造との対応関係に着目したのがGintis[1971]である．本節では，ギンタスの議論を発展させたいくつかの研究を検討しよう．

現代の代表的生産組織としての企業は，位階的な人間の配置，情報の管理，そして意思決定を特徴としている．位階の上位者は下位者に具体的な作業を指示する権限を持つ．位階はそこに働く人たちの間に，権威と従属という社会的関係を作り出す．むろん，位階の上位者と下位者の関係はそのような一方的関係だけとは限らない．下位者どうしの連係も可能であり，しばしば強力な対抗力が形成される．対抗力は顕在的な労働組合の姿をとって発揮されることもあ

れば，潜在的な場合もある．しかし，現代の日本や米国の巨大な労働組合のように，経営者の基本的な権威とルールによる労働者の行為規制を承認したうえで，組合員のより有利な雇用条件の獲得に限定して対抗力が発揮される場合には，位階構造自体の安定性はむしろ高まることになる．また，組織の円滑な機能を支える秩序は，明確な行為ルールの樹立によって達成される．そこでは，個人個人の自由，独立は往々制限される．しかし，働く者それぞれが独自の意思と統制力を最終的に確保している以上，そのような制限にもおのずと限度がある．位階的構造が予定する権威・従属の関係と個人の自己統制の間に矛盾が生ずるとき，企業の生産は危機に瀕する．生産過程は単に技術的関係としてだけでなく，すぐれて社会的関係を孕んだものとして見る必要がある．

　社会的組織として企業を捉えるとき，企業の生産性およびその中で働く個人個人の生産性は，各人の既得の認知能力や自己表現力だけではなく，各人がどれだけ組織のルールや組織の目標を内面的に受け入れるか，また，位階的構造の下位から上位への昇進の機会ないし給与の増減といった報償と賞罰の誘因体系にどれだけ安定的に反応するかにかかっている．さまざまな性格特性の中で「ルール志向が強く，権威による指示にも従順である」，「行動が予測可能で，信頼できる」，「仕事を内面的価値として受け入れ，忍耐強い」という性格が望まれる．さらに，こうした性格・意識面での容量（「感情容量」と呼ぶ）はすでに蓄積された認知能力と相俟って職場訓練の効力を高める重要な要因だといえる．すなわち，われわれがトレーナビリティと呼んだもののひとつの重要な内容をなすと考えられる．

　むろん個人のどのような属性が生産性と関係するかは，個人が位階の中で占める地位に大きく左右されよう．ルールの遵守や権威的指示への従順さは，位階の下位で重要となる．逆に，位階の上位になればなるほど，全体の管理・統合を図る高い認知能力と，それを発揮する独立性と創造性，そして内面化された自己規律が要求されよう．中位の個人には，両者の中間であることに加え，予測可能で，信頼できる性格が重要となろう．このような議論は，印象的議論としてはもっともらしいかもしれない．しかし，実際のデータによる検証は稀である．

位階的企業組織にとって労働者の性格属性が重要な生産性規定要因となるという仮説の実証的証拠の1つは，Edwards[1977]の事例研究によってもたらされた。彼は，政府系機関の複数の事業所(主に事務系)と民間企業(製造業プラント，主に事務系)で働く，位階内で中位以下に属する労働者を対象として，それぞれ共通の監督者を直接の上司とする1グループ当り平均15名程度の労働者グループ数十の標本をとり，(i) 個人の学歴など背景情報，(ii) 個人のIQスコア，(iii) 同僚による互いの性格属性評価のスコア，そして (iv) 組織の人事資料からとった監督者による業績評価スコアと，政府系機関の場合にはさらにグループ内(同僚間)の賃金格差のデータを収集した．これらのデータ相互の関連を調べることで，エドワーズは次のような発見をした．

第1に，政府機関・民間企業を通じて，「辛抱強い」，「頼りがいがある」，「上司の必要や指示を察する」，「当該の仕事に同化できる」，「一貫した出勤態度」，「実際的(創造的でなく)」，「気ままでない」，「率直性」といった性格属性が上司の評価やグループ内賃金格差と高い相関をもつ(Edwards[1977：130, Table 1])．第2に，一旦性格属性変数を制御してしまうと，学歴やIQスコアが上司の業績評価や賃金格差に対してもつ影響は統計的に有意でなくなる[同論文：133, Table 4 および 135, Table 6][21]．

これらの個人的性格属性は長期にわたる日常生活・社会生活を通して形成されるものであり，言うまでもなく家庭や学校は大きな影響力をもっている．企業組織は上記のような性格の保有者を選別するだけでなく，実際に配分する仕事を通してそれらの性格をさらに強化する役割を演じている(Kohn=Schooler[1973])．

ところで，学校教育の現場を見ると，学校の管理者や教員と生徒との間にあたかも位階的な生産組織を投影したような社会的関係が成立している．規則正しい出席はもとより，ルールの遵守，教員・管理者の権威への従順が要求され，学業を内面的価値として受け入れ，教員の抱く期待に応えることが奨励される．さらに成績制度によって学生に報償を与えたり，罰則を科したりすることで，外的な誘因も与えている．その制度のもとでは，単に学力(認知能力)テストの成績だけでなく，個人の全般的な性格的発展(とりわけ各人が将来担うであろ

う社会的役割と適合的な性格の形成)もまた評価の対象としているのである．

　企業の位階構造内の地位によって重視される性格が違うように，学校教育もその段階ごとに学生に対する接し方が違ってくる．中学・高校のレベルでは，権威の承認，ルールの遵守，社会的協調が重視され，学習内容の選択の余地も限られるが，短大，大学へと進むにつれ，独立性と自己規律・自己規範の形成が期待され，学習内容についてもより大幅な選択肢が許される．むろん，これらの違いは心身の成熟と認知能力の蓄積に負うところも大きいが，各段階の卒業生がやがてつく生産組織内の地位・役割と適合的な性格の発達が奨励されるという側面からも説明できる(Gintis [1971], Bowles = Gintis [1976：131-133] 訳書(I)：223-226)．

　実際，Bowles = Gintis = Meyer [1975] は，米国のある高校を事例として Edwards [1977] と対応するデータ，すなわち各生徒の IQ ないし認知能力のテスト結果と生徒仲間での互いの性格属性評価スコア，そして学校側から各生徒の学業成績や教員による評価の資料を集め，相互の関係を分析した結果，次のような特徴を見いだした．第1に，学業成績の評価は，予想どおり認知能力のスコアが最大の説明要因である．しかし，たとえその要因を制御したとしてもなお，学生の性格属性と社会的態度(感情容量)のスコアは認知能力とは独立に成績評価に有意な影響を与えている．第2に，その際プラスに評価される属性は，エドワーズが見いだした，位階的生産組織の中で上司によって積極的に評価される性格要因(前述)ときわめて似かよっていることである．したがって，学校自体が意識的にそうした配慮をしているかどうかのいかんにかかわらず，学校教育は将来生徒が位階的な生産組織の中に組みこまれた際，よくそれに適合して生産性(およびトレーナビリティ)を発揮しうる性格を備えた人間を創り，かつ選別する社会的機能を果たしているといえる．ボウルズ = ギンタスは，この関係を「対応原理」と呼んでいる．

　この対応関係が実際に学校と職場を結んで成立するのを確かめるには，個人の追跡調査が必要となる．そのようなデータを得るのは難しい．しかし，きわめて示唆的な事例が Brenner [1968] によって与えられている (Bowles = Gintis [1976：Appendix B])．このデータは，民間のある巨大な航空機製造プラント

に雇用されている男女合計100名の労働者について，上司の人事考課と出勤記録，そして高校在学時代の成績と教員による評価，出席記録とを1人ひとり収録したものである．4-9表は，学校時代の各種評価と職場上司による各種評価との間の相関係数を示したものである．認知能力は，高校では「成績平均点」，職場では「能力評価」に反映され，他方，感情容量については，高校では教員による「勉学態度」と「社会的協調性」の評価，職場では「行為・態度評価」に反映されると考えられる．そして労働者が職場で実際に発揮する生産性は，上司の「生産性評価」に反映されよう．

この表から，(i) 高校時代の認知能力と職場での各種評価の間に比較的高い正相関があること，(ii) しかし同時に，高校時代の勉学態度や社会的協調性の評価と職場での各種評価にも同程度の正相関があり，とくに職場の生産性評価との間では高校時代の認知能力より高い相関を示すこと，(iii) 欠席率および欠勤率と職場での各種評価の間には，予想どおり負の相関のあることが分かる．

4-9表 学校での評価と職場での評価の相関——航空機製造プラント労働者の事例

	高校時代の成績評価				職場での成績評価			
	欠席率	3年次成績平均点	勉学態度	社会的協調性	欠勤率	能力評価	行為・態度評価	生産性評価
平　　均	21.5	2.2	2.1	2.4	11.2	3.4	3.5	3.4
標準偏差	19.6	0.6	0.4	0.3	9.2	0.9	0.9	0.9
高校								
欠席率	1.00	−0.11	−0.28	−0.27	0.30	−0.25	−0.31	−0.21
成績平均点		1.00	0.78	0.67	−0.16	0.36	0.37	0.34
勉学態度			1.00	0.85	−0.26	0.34	0.44	0.41
社会的協調性				1.00	−0.29	0.30	0.45	0.39
職場								
欠勤率					1.00	−0.14	−0.31	−0.23
能力評価						1.00	0.61	0.72
行為・態度評価							1.00	0.73
生産性評価								1.00

出所：Brenner [1968：30, Table 1].
注）　高校時代の勉学態度(work habits)，社会的協調性(cooperation)の評価は，高校教員による．職場での能力(ability)，行為・態度(conduct)，生産性(productivity)の評価は，直接の上司による．

問題はしかし，高校時代の成績評点と勉学態度・協調性の評価自体にも高い相関があり（それ自体は，ボウルズ＝ギンタス＝マイヤーの指摘とも整合的である），感情容量がどれだけ認知能力と独立の貢献をしているのか，この表だけからは明らかでない点である．

その設問に答えるために，グリリカス＝メイソンの研究と同様の手続きをとり，職場の各種評価と在学時代の成績評点との相関が，高校時代の他の指標を制御変数として加えることによってどれだけ減少するかを見よう．4-10表は，職場における上司の評価の高校時代の成績評点(3年次平均点)に対する回帰係数値が，次々と制御要因を説明変数に加えることでどのように変化するかを見たものである．表にはまた，回帰式の説明力を表わす決定係数(R^2)も書き入れてある．

この表から，学校時代の成績評点が職場での評価に与える影響に関して，「能力評価」と，「行為・態度評価」および「生産性評価」との間で大きな差異の存在することが分かる．まず職場上司による「能力評価」に対しては，学校時代の成績評点は他の変数をすべて制御し，その影響を除いてもなお統計的に有意であり，しかも係数値はほとんど変わらない大きさを保つ．実際，学校時代の社会的協調性，勉学態度の評価は，統計的に有意な影響をもたない．他方，職

4-10表 職場の評価に対する在学時代認知能力の回帰係数推定値
——航空機製造プラント労働者の事例

被説明変数	非制御	＋欠席率	＋(欠席率, 協調性)	＋(欠席率, 勉学態度)	＋(欠席率, 協調性, 勉学態度)
職場上司による能力評価	0.540 (0.141)	0.505 (0.139)	0.473 (0.188)	0.447 (0.226)	0.447 (0.227)
R^2	0.13	0.17	0.18	0.18	0.18
行為・態度評価	0.555 (0.141)	0.510 (0.136)	0.228 (0.179)	0.193 (0.217)	0.183 (0.216)
R^2	0.14	0.21	0.25	0.24	0.25
生産性評価	0.510 (0.142)	0.481 (0.142)	0.238 (0.188)	0.124 (0.225)	0.119 (0.226)
R^2	0.12	0.15	0.18	0.18	0.19

出所：Bowles＝Gintis [1976：Appendix B] および Brenner [1968] のデータにもとづく回帰推定．
注） 括弧内の数値は，標準誤差．

場上司による「行為・態度評価」および「生産性評価」に対しては，学校時代の成績評点は一旦在学時代の「社会的協調性」や「勉学態度」を追加変数として導入すると係数値が大きく低下し，しかも統計的有意性は失われてしまう．これに対し，「社会的協調性」や「勉学態度」の変数の方は統計的に有意となる[22]．

以上の結果から，職場での生産性は学校の成績が測定するような認知能力と必ずしも関係しないこと，そして，むしろ在学時代の社会的協調性，ないしは勉学態度の示す仕事への同化能力といった感情容量と深くかかわることが示された．もとより，このデータには，それがひとつのプラントの限られた職種の事例に過ぎず，しかも職場を所与としてそこからさかのぼった標本であるという点ですでに大きな選別を経ていること[23]，また，教員や職場上司の評価の基準が明確でないこと，といった不完全性の否めない制約もある[24]．しかし，少なくとも一部の職種について人々の感情容量が認知能力とは独立に生産性を高めること，そして教育過程でそのような感情容量が評価の対象とされていることは事実だといえよう．

第4章 数学注

*1) この式の厳密な導出は，以下のとおりである．

いま，第 t 期において仕事 M が仕事 O に対しもつ所得の現在価値上の優位を「学習資産の価値」と呼び，それを $V_L(t)$ で表わすと，

$$(\text{A-1}) \quad V_L(t) = \frac{1}{1+r}\{y_M(t) - y_O + V_L(t+1)\} \quad (1 \leq t \leq T)$$

という再帰的関係の満たされる必要がある．$V_L(T+1)=0$ である．なお，各期の所得は各期末に発生するという約束を置いている．仕事 O および仕事 M が無差別だということは，t から $t+1$ にかけて生ずる学習資産の価値の増分 $V_L(t+1) - V_L(t)$ が，その期の学習費用 $C(t)$ とちょうど見合うということを意味している（そうでなければ裁定が生じ相対賃金が調整されよう）．すなわち，

$$(\text{A-2}) \quad V_L(t+1) = V_L(t) + C(t) \quad (1 \leq t \leq T-1)$$

でなければならない．この関係を異なる t について順次右辺第1項に代入すると，

(A-3) $$V_L(t) = V_L(1) + \sum_{n=1}^{t-1} C(n)$$

が得られる. 両方の仕事が無差別であるためのもうひとつの条件は, 仕事を選択する時点 $t=1$ において学習資産価値がゼロとなることである. したがって,

(A-4) $$V_L(1) = 0$$

この条件が

$$\sum_{n=1}^{T} \frac{y_M(t)}{(1+r)^n} = y_0 \sum_{n=1}^{T} \frac{1}{(1+r)^n}$$

の関係と同等であることは, (A-1)より明らかであろう. (A-4)を(A-3)に代入することで,

(A-5) $$V_L(t) = \sum_{n=1}^{t-1} C(n)$$

すなわち, 学習資産の価値 $V_L(t)$ は過去の投資の累積額に等しいという性質が確かめられた. (A-5)を(A-1)に代入して(A-2)と対比すれば, 本文の式(4-5)が得られる.

なお, 2期間モデル(4-2図参照)における対応する表現は, 第1期の投資費用を $C=y_0-y_M$ とするとき,

$$y_M{'} - y_0 = (1+r)C$$

となる.

第4章 注

1) この関係式および(4-1)は, (i) 教育の直接費用がゼロ, (ii) 無限の収入期間, (iii) フラットな年齢-所得曲線の3つの仮定に依存している. これらの仮定を外した場合の(4-1)に対応する ρ_s の定義式は, s 期の教育に要する直接費用を $c(s)$, 収入期間を T, 各学歴の年齢-所得曲線を $y(s,t)$ (ここで t は年齢を表わし, $t=s+1$, $s+2, \cdots, T$ である)とするとき,

$$\sum_{t=s+1}^{T} \frac{y(s+1,t) - y(s,t)}{(1+\rho_s)^{t-s}} = y(s,s) + c(s)$$

で与えられる. 後述するハノッホの推定値も, 原則としてこの定義式にもとづいて算出されている.

2) 136ページ, 数学注*4)を参照. T が有限なら, その関係は近似的にのみ成立する.

3) この点は，Becker[1964：79-82]によって検討されている．ベッカーは，大学時代の学業成績と企業就職後の所得の展開との比較，あるいは大学中退者と卒業者の間の収益率の比較といういくつか入手可能なデータを頼りに，能力バイアスは比較的小さい(収益のタームで1.5-2%おし下げる程度)と評価した．Blaug[1972：227]も，英国のデータをもとに学業能力の相違を調整後の内部収益率が高校卒業者について13%，大学卒業者について14%になると推定している．能力バイアスの問題は，4.2, 4.3節でも繰り返し登場する．

4) 異なる学歴水準 s_1, s_2 に対応するグラフをつなぐ労働市場均衡の制約は，次のようにして表現される．それぞれの仕事につく場合の最初の期で評価した所得の現在価値を $V(s_1), V(s_2)$ としよう．直接的な教育費用がかからないという前提のもとでは，各人が教育投資を決意する時点で生涯所得の現在価値が等しい，すなわち，

$$\frac{V(s_1)}{(1+r)^{s_1}} = \frac{V(s_2)}{(1+r)^{s_2}}$$

となる必要がある．これより，

$$V(s_2) = (1+r)^{s_2-s_1} V(s_1)$$

の関係式が得られる．こうして，異なる学歴，異なる訓練機会(計6種類)の仕事がすべて均等化差異の原則で結ばれることになる．したがって，もし4-2図が s_2 の学歴に対応するグラフであるとすれば，s_1 の学歴に対応するグラフは，$V(s_1)$ を定義する接線の位置が上記の関係式の示唆する縮尺で原点に接近したものとなる．両者を描き入れるのは，図が煩瑣になるので避けた．

5) 英国のデータは，1972年『一般家計調査』(*General Household Survey*)にもとづく，男子，15-64歳，常雇労働者の(税引き前)年間稼得収入である．標本数は，7,000弱である．

6) ミンサー自身は，さらに労働時間の一時的変動要因を除去して推定した恒常的所得のみを対象とすると，その全変動の2/3が教育投資によって説明されると主張している(Mincer[1974：96])．労働時間の調整については，Psacharopoulos = Layard[1979：490]がその変動を一時的なものと恒久的なものとに分割するより適切なモデルを示している．本書では詳細に立ち入らないが，年間所得の変動のうち労働時間の変動が引き起こす部分も重要であることに留意する必要がある．

7) ここでの評価は Psacharopoulos = Layard[1979]が与えた解釈(経験年数9-

11年を所得径路の交差点として選び，教育投資の貢献度は，ミンサーとほぼ同じ 0.53 だとする)とは大きく異なる．問題は，なぜこの特定の経験年数が交差点(追越し点)として選ばれるのか，選択の基準が明確に示されていない点である．この点に関する説明[同論文：496]は説得力に欠けている．

8) もともとミンサーの理論的制約は確実性ないしはリスク中立的な世界を前提として導かれたものであるから，学歴係数推定値と，それとは独立に推定された機会利子率との差の部分を人々の認識するリスク・プレミアムだと見なして事後的に帳尻を合わせることは論理的に正しくない．

9) たとえば，Mincer [1974：56, 93]．とくに学歴係数 r の意味についてのミンサーの次の説明[同書：93]には驚かされる．「学歴の係数は，学歴に対する平均的収益率の推定値である．限界的な収益率は(s についての)非線形の定式化を図ることで近似でき，……それによって各学歴水準での異なる収益率の推定が可能となる．」この文章は，彼自身の理論上の議論[同書：11]と明らかに整合的でない．このような解釈上の不整合性が教育の収益率推定の作業に大きな混乱をもたらしていることは，すでに Rosen [1977：9, 11] が指摘したとおりである．しかし，その後も事態は一向に改まっていない．

10) Thurow [1983：168] は，ミンサーの仕事を「手の込んだトートロジー」と評し，教育で説明できない残差を直接に観察できない職場訓練に帰せしめているだけで，職場訓練が重要であることを何ら証拠だてていないと論じている．

11) 関数の線形性ゆえ，限界収益率は学歴の長さとは無関係である．これはわれわれの理論的説明における収穫逓減の仮定とは相容れないが，逓増的な借入れ利子率といった資本市場の不完全性の存在のもとでは最適な投資水準を決定することができる．

12) より厳密には，学歴の決定段階で所得決定にあずかる誤差項 u_i の値の未知であることが必要である．その場合には所得の期待値にもとづいて(またはリスクを追加的に考慮して)教育水準が選択されるため，所得の説明変数 s_i と誤差項 u_i の独立性は維持され，通常の最小2乗法が妥当となる．しかし，もし誤差項 u_i があらかじめ当該個人によってその値を知ることのできる，個人に特有の要因である場合には，s_i と u_i の独立性は維持できなくなり，いわゆる同時性のバイアスが生まれる．同時性バイアスを除去する作業については，Griliches [1977] および Willis = Rosen [1979] を参照のこと．このような計測作業の精緻化をめぐる議論は，本書の

範囲を超える問題である．また，稼得収入関数をめぐる最近のサーベイとして Willis[1986]をも参照されたい．

13) ダンカン指数とは米国の社会学者 Otis D. Duncan によって考案された Socio-Economic Status 指標のことである．それは，職業ごとの社会的な名声の調査にもとづき，最大値を 100 として数値化した指標である．米国では，建築家，裁判官，弁護士，医師，歯科医，化学技術者などが最高位のグループを構成している．詳細は Blau = Duncan [1967：119-123, とくに Table 4.1] を参照のこと．

14) ここでの偏相関係数とは，s_B と A のそれぞれを H および人種変数の線形の関数によって説明したあとに残る残差間の相関係数のことであり，次のようにして算出される(Johnston[1972：61-65, 132-135]を参照のこと)．

人種変数を C と表記したうえで，A, s_B, H, C 間の相関係数行列 R を，

$$R = \begin{bmatrix} 1 & \rho_{A, s_B} & \rho_{A, H} & \rho_{A, C} \\ \rho_{s_B, A} & 1 & \rho_{s_B, H} & \rho_{s_B, C} \\ \rho_{H, A} & \rho_{H, s_B} & 1 & \rho_{H, C} \\ \rho_{C, A} & \rho_{C, s_B} & \rho_{C, H} & 1 \end{bmatrix}$$

と定義しよう．$R_{i,j}$ を第 (i,j) 要素の余因数とするとき，H, C の要因を制御したもとでの A と s_B 間の偏相関係数 ρ' は，

$$\rho' = -\frac{R_{1,2}}{\sqrt{R_{1,1}R_{2,2}}}$$

で与えられる．H を父親の教育水準にとる場合は $R_{1,2}=-0.376, R_{1,1}=0.920, R_{2,2}=0.867$，また職業上の地位にとる場合は $R_{1,2}=-0.366, R_{1,1}=0.898, R_{2,2}=0.861$ となり，ρ' は小数 2 桁をとっていずれも 0.42 となる．

15) 0.065 という数字は，4-7 表，行(4)の A の係数 0.00105 をもとに，$\ln Y, A$ それぞれの標本標準偏差の比で割って求めたものである．4-7 表より，

$$\sigma(\ln Y) = 0.40, \quad \sigma(A) = 24.8$$

であるから，

$$\frac{0.00105}{0.40/24.8} = 0.0652$$

となる．本文のその他の数値は Griliches = Mason [1972：S 89，注 18] を参照のこと．若干の繰上げ誤差のため正確には一致していない．

16) フェーガーリントのモデルは 4-3 図のモデルと似かよっているが，両親の社会経済的背景要因(H)の影響は教育(s)と幼時 IQ(A_0)によってすべて吸収され

ると想定している点と，成年時IQ(A)と所得の間に職業(以下ではOと表記する)を介在させている点で異なっている．誤差項を除いたモデルを示すと，次のようになる．

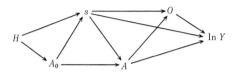

ここで学歴変数sについては，学歴の長さで測る場合と学歴の種類で測る場合の2つのケースを分析している．本文(4-11)式と同様の記号法(ただし職業を表わす添え字はoとする)を用いると，所得と学歴の間には次の2つの関係式がある．

(a) $\quad \rho_{ys} = p_{ys} + p_{yo} \cdot \rho_{os} + p_{ya} \cdot \rho_{as}$

(b) $\quad \rho_{os} = p_{os} + p_{oa} \cdot \rho_{as}$

(b)を(a)に代入して整理すると，

(c) $\quad \rho_{ys} = \{p_{ys} + p_{yo} \cdot p_{os}\} + \{(p_{ya} + p_{yo} \cdot p_{oa})\rho_{as}\}$

4-8表は，(c)によるρ_{ys}の分解結果を示したものである．合計欄はρ_{ys}，右辺の最初の中括弧内が「直接ルート」の大きさ，第2の中括弧内が「認知能力ルート」の大きさを表わしている．

17) ここで学歴の種類とは，(1) 法定最小限の初等教育，(2) 6年ないし7年の国民学校(初等教育)，(3) 国民学校卒業と何らかの職業訓練，(4) 中学校卒業または何らかのギムナジウム(高校)教育，しかし大学入学資格はなし，(5) 大学入学資格取得または高校卒業後師範訓練，あるいは経済的ないし技術的訓練取得，(6) 何らかの大学教育取得，の6つに分類されており(Fägerlind [1975: 48])，フェーガーリントは(1)から(6)へ順に1から6の数値を付与している．したがって，この数値は単に教育の長さだけでなく，教育の質をも反映した指標となっている．

18) このデータは，ウィスコンシン州で1957年当時高校4年生であった個人の10年後の姿を追跡調査したもので，能力要因，家庭背景要因についてくわしいデータが得られる点，とくに他の調査にない両親の恒常的な課税所得(高校4年次およびその後3年間の所得)が得られる点に特色がある．しかし，地域的に限定されること，高校の少なくとも3年間は修了しているという点で標本の取りうる学歴の幅があらかじめ限定されていること(同一年齢層の1/3ほどが排除されてしまう)という短所がある．なお，家庭の背景要因をめぐるその他のデータおよび実証研究のサ

ーベイとして Leibowitz[1977]を参照のこと．

19) 米国の場合には，公立学校の経費は居住地域ごとの財政負担で賄うという原則が長い間貫かれてきた(連邦財政による補助が始まったのは1970年代に過ぎない)ため，裕福な居住地域とそうでない居住地域の間で公教育への資源投入が大きく異なるという事態が発生し，教育の質の格差を一層大きなものとした．Wachtel[1975]は，実際に学校(高校・大学)の質の差が所得形成に直接の効果をもつことを示している．

20) 兄弟が完全に同一の家庭背景要因を共有しているとすれば，各変数につき両者の差をとって推定することで稼得収入関数の正しい推定ができ，また同時に個人に特有の要因の大きさを調べることができる．もっとも遺伝的要因については，兄・弟で高い相関があるとはいえ，要因の完全な共有とはいえないため，より複雑な考慮が必要となる(Griliches[1979：S41-S42])．純粋に遺伝的要因の影響の大きさの推定には一卵性双生児のペアのデータを用いればよい．そのような試みはBehrman＝Taubman[1976]によってなされている．

21) 上司の業績評価と賃金の両方のデータが利用できる政府機関の場合，本文であげた性格属性とそれぞれの業績評価変数との相関は同じ方向であるが，その程度については(予想どおり)賃金の方がやや小さい．なお，考慮された他の性格対とは以下のものである．第1のグループは，「時間について規則正しい／正しくない」，「報償を必要とする／しない」，「行動が予想できる／できない」，「思慮深い／浅い」，「従順である／独立心旺盛」であり，これらは政府機関では上司評価と(また「従順さ」を除き賃金格差とも)有意な順相関を示したが，民間企業では有意でなかった．第2のグループは，「アグレッシブである／ない」，「給与への関心が高い／低い」であり，これらは逆に民間企業で上司評価と有意な順相関を示した．最後に，「孤独を愛する／社交的である」の要因は，どちらの組織でも有意でなかった．なお，有意性の評価にあたっては全標本数が政府機関で340名，民間企業で115名と，後者の方が小さいことに留意する必要がある．

22) もっとも在学時代の「社会的協調性」と「勉学態度」の両方を含む回帰方程式では，両者とも符号は同一であるが，統計的有意性は失われてしまう．もともと両者の相関は0.85と高く，情報的に区別しがたいからであろう．したがって，「社会的協調性」と「勉学態度」のどちらがより大きな説明力をもつかについては答えられない．

23) そのため在学時代の変数が本来の広いばらつきを示さず，推定にバイアスの生ずる余地がある．

24) 調査対象の労働者が満たす要件は，(a) ロスアンジェルス市の学区域の高校卒業生である，(b) 卒業した学校に少なくとも2年間通っている，(c) 卒業後1年以内に調査企業(ロッキード・カリフォルニア社)に雇い入れられた，(d) 少なくとも1年間雇用が経過している，の4点である．しかし，労働者の間でどの程度職務の違いがあるのか，経験年数の違いはどの程度か，これらの点をブレンナーは明らかにしていない．それゆえ，上司による生産性評価が果たして同一の職務の標準的生産性に比しての評価なのか，それとも職務間の生産性の差異をも含むものなのか明確でない．ここにもデータの不完全性がある．

第5章　労働市場と所得分配──
　　　二重労働市場的接近

　市場で交換の対象となる「労働力」、すなわち時間単位で測った労働サービスは経済の物的生産を支える基本的生産要素のひとつである．しかし，労働力はまた，実体としてそれを供給する人間から切り離すことができないため，他の生産要素ではほとんど見られない複雑な諸相を見せる．それゆえに労働力を厳密な概念として定義し，数量化することは容易でない．

　複雑な諸相とは，次のような事情である．(i) 各人は相異なる「労働能力」(「労働力」とは区別された意味での)を保有している．(ii) 各人は自己にとって好ましい仕事，好ましくない仕事を選別する．つまり仕事の属性についての嗜好を保有している．(iii) 各人は労働サービスを提供しながら，同時に自己の労働能力を変形したり，それが何であるかをよりよく知ることができる．(iv) 各人は一定の時間内に自己の労働能力をどれだけの密度で発揮するか，ある程度裁量の余地を保有している．(v) 各人は共に働く他の人たちと集団的協調行動をとる可能性を保有している．

　これらの事情はいずれも教科書的な市場交換の枠組で労働力の交換を分析し尽くすことはできないことを教えている．それではどのような枠組を用意すればよいのか，それを示すところに労働市場の理論固有の問題がある．

　(i)–(iii)の要因をめぐる分析枠組の拡張は，第3章で解説した新古典派的接近によってほぼ完成されたといえる．実際，比較優位と均等化差異の原則が異質な労働能力や嗜好の問題を処理し，さらに結合交換の理論が職場での能力の学習や情報的学習の問題を処理する基本的な枠組となることをわれわれは見た．そして一部の例外(企業に特有の知識や情報の非対称性がもたらす市場の不完全性)を別とすれば，競争市場機構の効率的な資源配分機能と完全雇用の達成を再確認した．

　これに対し，(iv)および(v)の要因を強調し，労働市場の不完全性を不可避に

するさまざまな事情を論じたのが，制度派労働経済学の流れを汲む二重労働市場的接近である（「分割された労働市場」(segmented labor market)と呼ぶ場合もあるが，以下では同じものと考える）．二重労働市場とは，高度に組織化された職場が形成されその中で労働者の学習（熟練形成）の進行する「企業内部労働市場」と，学習のほとんど生じない「外部労働市場」との2つの部門に労働市場が分割され，それぞれにおいては雇用や所得の決定が異なる論理に支配されているというものである．そこでは(i), (ii), (iii)の要因をめぐって新古典派的接近が果たした理論上の貢献を認めつつも，それらの要因は雇用機会の配分や所得分配の形成に対して部分的な影響力をもつに過ぎないと主張するのである．二重労働市場的接近からの理論的分析の枠組は，最近急速に整備されつつある．その背後には，4.1-4.3節で説明した新古典派的接近からの所得分配の実証研究が必ずしも予期した成功を収めなかったという事情がある．また，マクロ経済学の分野でも労働市場の不完全性を人々の合理的行動と整合的な形で説明する必要性が再認識されたという事情もある．

　本章は，二重労働市場的接近の基本的主張と新たな論理的分析の枠組を構築するこれまでの試みを展望するとともに，なお残されている重要な論点を指摘しつつ，労働市場をめぐる統合的な理解の枠組の方向を提示することを目的としている．以下，本章の構成について述べよう．

　5.1節では，新古典派理論に対する実証的批判点を検討し，新たな分析の枠組の必要性とそれが満たすべき条件を論ずる．この節は，あわせて5.3節以下の理論的検討の導入部分の役割を果たしている．5.2節では，新古典派理論で外生的とされた技術体系ないし分業の決定要因を，歴史的，政治経済的観点から考察しつつ，二重労働市場理論の鍵となる概念である企業内部労働市場の歴史的誕生過程を展望する．

　5.3節では，二重労働市場仮説の内容を検討する．5.4節では，二重労働市場を含む経済のモデルを構成したうえ，長期的な所得分配形成要因を分析する．さらに新古典派競争市場理論との論争点の所在を指摘し，検討する．5.5節では，(iv)と(v)の要因をめぐる分析の枠組を「誘因依存交換」の理論として整理したうえ，雇用機会の配分や所得分配の形成に対する含意と，新古典派理論と

の競合関係を検討する．こうした考察から，(a) 新古典派的接近と二重労働市場的接近とが真っ向から対立する，市場が競争的均衡か，それとも数量的割当てのもとにあるかという論点については，教義的に結論してはならないこと（体系の与件次第でどちらの状態も発生するからである），(b) 労働者の社会的協調行動がたしかに雇用機会の配分や実質所得の形成に影響を与える局面が存在すること，その意味で労働者の社会的行動は現実の表象に過ぎないと主張してきた新古典派理論の見解は修正を迫られることが明らかにされる．これらの結論は，5.6 節にまとめられている．

5.1 競合する労働市場観

人々が保有するストックとしての「労働能力」とフローとしての「労働力」（労働サービス）とを区別し，労働能力の形成と配分を検討するところに新古典派的接近の最大の眼目があった．そこでは，(1) 各人は自己の労働能力をもっとも有利な仕事にふり向ける，(2) 労働能力自体も教育，または職場での学習を通じてもっとも有利な形で蓄積を図る，(3) 自己の労働能力に関する知識や市場の機会につき不確実性のある場合には，もっとも有利な形で情報の蓄積とリスク回避の処置をとる，といった経済合理的な供給行動が想定された．それとともに労働力の市場も単純な商品交換と違い，職場のアメニティや訓練・学習機会，そして保険といった有形・無形の財が労働力と結合交換される市場として，その把握に概念上の拡張が図られた．すなわち，人々が労働力の供給の際有利さの尺度として着目するのは，単に余暇の代償としての賃金だけでなく，結合交換される有形・無形の財の経済的価値を合わせたものになる．

こうした事情の変化にもかかわらず，第3章でわれわれが確認したことは，各人の労働能力は賃金の競争的調整を通じ最終的にいずれかの仕事に配分され尽くすこと，そして均衡においては各仕事の賃金水準につき限界生産力の原理と均等化差異の原理とが同時に満たされることである．したがって，不確実性と均等化差異の作用を除くと，個人間の所得格差は同じ個人間の労働能力の差を反映したものとなる．4.3 節で見た稼得収入関数は，これらの除外要因を残

差と見なしつつ,人々に労働能力の違いをもたらす源泉を各人の教育,経験および家族の社会経済的背景要因に求めたものにほかならない.

新古典派理論に対する実証的批判

以上のような労働市場観は,個々の経済主体の経済合理性と市場競争の前提に立脚した,いわば国籍を問わない普遍的観点だといえる.しかし実際には,これらの前提がもっともよく妥当すると広く信じられている米国においてさえ,現実に観察される事実はいくつか重要な点で上述の理論的含意と整合的でないのである.

第1に,稼得収入関数の説明力がとても弱い点である.4.3節で見たように,性別,年齢を制御したうえで教育や認知能力要因,家庭の社会経済的背景要因の差異を考慮しても,これらの要因が稼得所得の差異を説明できる程度は,分散比(決定係数)でみてせいぜい2-3割に過ぎない.大半が不確実性(労働能力に関する情報の不完全性,市場の需給ショックなど),均等化差異(もっとも以下に見るように,この要因にはあまり説明力を期待できない),ないし純粋に運のなせる業であるという含意は,この労働市場観と形式的には整合的だとしても魅力ある解釈だとは言いがたい.全体としての枠組から何か重要な要因が抜け落ちていないか反省する必要があろう.

第2に,教育年数の平等化にもかかわらず所得の平準化が進まない点,とくに高学歴取得者の所得分配上の優位が衰えない点があげられる.3.1節より明らかなように,高等教育の大幅な普及は,それが同時に中・初等教育と比較して質的に大幅なレベルアップを伴わず(現実にはむしろ逆であろう),またその他の条件にも変化がない限り,高等教育に対する収益を相対的に低下させるはずである.しかし,米国の実際の経験では,(i) 1950年と1970年を比較して,白人男子(25-64歳)中の教育年数の分布にはきわだった平等化が見られるのに,稼得収入の分布にはほとんど変化が見られない(Thurow[1975:62, Table 11],訳書:82),(ii) 推定された教育投資収益率にほとんど時間的変化が見られない(Fallon = Layard[1975:279-280])と指摘されるように予測どおりにはいかなかったのである[1].

もっともこれらの事実だけから限界生産力仮説が妥当しないと即断することはできない．というのは，前述の議論では資本設備の蓄積が同時に進行している事実が捨象されているからである．しかし，資本蓄積を考慮すれば問題点が氷解するというわけではない．もし高学歴の熟練労働力の方が低学歴の非熟練労働力より資本設備との(生産要素としての)補完性が高いなら，資本蓄積の結果，高学歴の熟練労働力と低学歴の非熟練労働力間の所得格差は増大することになる[2]．したがって，高学歴者の相対的増加が資本蓄積と同時進行する限り，所得格差を低下させる要因と増加させる要因とが相殺しあい，結果的に高学歴者への収益が低下しない場合も十分発生しうるのである．実際，Griliches[1969]と Fallon = Layard [1975]は，それぞれ米国の時系列データと国際間のクロス・セクション・データを用いて三要素生産関数を推定した結果，熟練労働力と資本設備間の補完性の方が非熟練労働力と資本設備間の補完性より強いことを示している．

しかし，それでも問題は残る．1960年代後半は資本蓄積率も高く，労働者の高学歴化と相俟って当然，労働生産性を大きく上昇させたと期待されるにもかかわらず，現実には生産性上昇率はそれ以前の時期に比して低下しているからである[3]．限界生産力仮説にはやはり疑問が残ると言わざるをえない．以上第1，第2の論点を合わせ「学歴パラドックス」と呼ぼう．5.4節は，このパラドックスの理論的解明に向けられる．

第3に，均等化差異の原理について実証的に積極的な支持が得られていない点をあげなければならない．実証結果を展望した Smith [1979] によれば，均等化差異の作用が一貫して明確に認められるのは，仕事が労働災害の危険，とりわけ労働者の死亡災害の危険を伴う場合だけである．しかもその場合でも，補償の規模は平均的な危険を伴う仕事の賃金と比べ3-4%程度である．その他の潜在的な要因につき均等化差異の作用を明確に支持するものは存在しない．

5-1表は，仕事のもつ種々の属性が賃金の面でそれぞれどのような方向と規模の補償を生みだしているか，統計的に検証した独立の研究成果が一体いくつあり，その結論がどのように分布するかをまとめたものである．＋は，当該の属性に正の方向の補償，つまり賃金を増加させる方向の補償がなされるという

5-1表 均等化差異をめぐる実証研究の集計結果

仕事の属性/補償の方向	+*	+	−	−*	計
死亡の危険あり	8	2	0	0	10
傷害の危険あり	4	2	4	0	10
肉 体 労 働	0	0	3	2	5
繰り返しが多い	1	0	0	1	2
ペースが速い	1	1	0	0	2
自由裁量の余地がない	0	2	2	0	4
苛酷ないし緊張が激しい	2	1	1	0	4
仕事ないし所得が不安定	1	1	1	1	4
機 械 作 業	1	0	0	0	1
他の労働者の監督	2	0	0	0	2

出所：Smith[1979：3, Table 1 および Table 2] を
もとに作成.
説明：＋は賃金を増加させる方向, − は賃金を低
下させる方向を表わし, ＊はその効果が統計的に有
意である場合を意味している. 表の数字は, 当該方
向への効果を検出した研究成果数を示している.

結果を得た場合, − は負の方向の補償がなされるとの結果を得た場合, ＊は各方向の効果が統計的に有意であると判定された場合を表わしている. もとよりそれぞれの研究はデータの取り方, 計測方法などを異にし, 単純な集計は危険であるが, それにもかかわらずこの表はおおよその傾向を表わしているといってよい. 表の中で多くの人が明確にプラスの補償を期待すると考えられる「傷害の危険」,「苛酷ないし緊張が激しい」,「仕事ないし所得の不安定性」という属性につき明確な支持が得られないことに注意すべきである. さらに著者にとっては「肉体労働」に比較的有意なマイナスの補償が生じ, また「他の労働者の監督労働」にプラスの補償が生ずるという結果は理解しがたく, むしろ均等化差異の作用を打ち消して余りある他の分配決定の論理が存在する可能性を示唆しているように見える[4].

第4に, そしておそらくもっとも明白な事由は, 失業, しかも非自発的失業の存在である. 非自発的失業の存在は, 労働市場が伸縮的な価格調整による労働能力の完全利用を達成できない事実を示している. もっとも, すべての失業を非自発的と見なすことには声高な反論がある.「新しい失業理論」と銘うって出されたこの反論は, 失業の大部分は人々がより有利な仕事の機会を求めて

意図的に失業し,サーチすることとして了解できるというものである(Phelps [1970]). この議論は,価格情報の完全性の仮定を放棄することで,各経済主体の経済合理性と市場の競争性という新古典派理論の前提と,事実としての失業の存在とを両立可能なものにしようという理論的工夫である. そこでは,価格情報の取得に費用がかかるため,人々は短期的には硬直的な「留保賃金」(すなわち,当該水準以下の賃金では働かず,サーチに専念することを選択する,そのような境界値)を設定する. それゆえ,経済全体として総需要が低下し,労働力に対する派生需要が減少しても,人々は全般的な賃金の下落に気づかず,自己の労働力の対価(現在失業中の者は,ただちに手にできる就業機会の対価)のみ下落したと錯覚することになり,自発的に労働供給を減少させる(失業を増加させる)のである.

よりわずかな仮定の変更で新古典派的枠組を救済しようとしたのは,ルーカス゠ラッピングによる通時代替(intertemporal substitution)仮説である(Lucas゠Rapping [1969]). そこではサーチ理論における留保賃金の観念は,恒常賃金の観念で置きかえられる. 余暇の消費が時間を通じて代替可能だと想定すると,現行賃金の恒常水準よりの低下は現在の余暇の消費の増加,すなわち労働供給の減少をもたらす. サーチ理論の場合と同様,現行賃金の低下によって生ずる失業は,人々が現行賃金に不満なため労働供給を抑制するということを意味しており,自発的なものである.

これらの仮説に共通する最大の難点は,労働異動をめぐる様式化された事実と符合しない点にある. 第1に,入職率の内訳を見ると,不況時にはたしかに新規雇入れが低下するが,入職率全体に占める再雇用(リコール)の割合は増大する. この事実は,それ以前の離職が非自発的であった可能性の高いことを物語っている. 第2に,不況時には自発的離職は明らかに低下する. この点は,問題の仮説の含意と真っ向から対立するものである(Tobin [1972:8])[5]. したがって,「新しい失業理論」は現実の失業の主要な部分を説明するとはいいがたい. 非自発的失業がなぜ持続するかを説明するには,労働市場を伸縮的な価格調整機構と見なしてきた従来の分析の枠組から抜け出ることが必要となる.

新しい分析枠組の必要性

　以上，新古典派理論と米国における観察事実とのギャップを検討した．むろん，ギャップが存在するからといってその分析の枠組を放逐する必要はない．個々の論理は，いまなおきわめて有用だと思われる．それにもかかわらず，新古典派の枠組に対しては，次に述べる3点で視点の大幅な拡張が求められる．

　第1に，労働需要側の分析が生産関数による形式的な定式化を除けばほとんどまったくといっていいほど欠けていることである．3.1節の議論を想い起こしてみよう．生産に2種類(A, B)の仕事が必要で，それらは各々ある能力ともっとも良くマッチしていると想定した．個人の保有する能力がたまたまある仕事に良くマッチした能力に近い場合には，その能力にレント(差額準地代)が発生し，これが個人間の所得の差異の源泉となること，人々は教育・訓練を通じてこのレントを高めようと行動することをわれわれは見たわけである．しかし，なぜある特定の能力ともっとも良くマッチする仕事の組み合わせが選ばれたのか，また，そもそもなぜ仕事の数が固定されているのか，理由は述べなかった．よく考えてみると，ここでのレントの発生は，仕事の種類が固定されているという仮定に決定的に依存している．

　仕事の種類・構成が所与だという想定の一見もっともらしい説明は，その仕事を用いた生産過程が他の生産過程に比べ「技術的に優越している」というものである．技術的に優越しているとは，その経済の現在の資源(資本設備，土地，原材料，個人間の能力分布を含む)と財需要の非飽和性を所与とした場合，特定の仕事A, Bに人的資源をふり向けることで，その他のどのような仕事の編成をとる場合と比べても，経済全体の生産フロンティアが一様にもっとも外側に位置することを意味している(この定義は静学的であるが，もし人的投資を考慮するなら，通時的な生産フロンティアを考えなければならない．問題は複雑になるが，事柄の本質は変わらない[6])．この定義を出発点として，他のどのような生産過程によっても技術的に優越されない生産過程の集合を「効率的な生産技術」と呼ぼう．

　もしある仕事の組み合わせ(A, B)が他のいかなる仕事の組み合わせより技術的に優越している，言いかえれば効率的な生産技術(仕事の編成方法)が唯一

つ存在すると想定するならば,それはきわめて強い仮定に違いない.一般には,効率的な生産技術は複数(無数であるかもしれない)存在するだろう.

いま極端なケースとして,3-2図の能力の円環上,円の中心を通る弦の両端に位置する能力さえ組み合わせれば,どのような組み合わせであれ,(A, B)の場合とまったく同一の効率を達成できる(同一の労働時間投入に対し,各財同一量の産出が得られる[7])としてみよう.それぞれの仕事が分担する具体的作業の範囲を変えることで仕事にもっとも良くマッチした能力の位置が移動すると考えればよい.このようなケースの最終的帰結は,単一技術下でたまたま幸運な能力を持っていた者のレントは完全に消滅し,人々の所得が完全に均等化することである.個人間の能力の分布は最終的に採用される技術の頻度分布を決定するということで,すっかりその役割を変えてしまう.なぜだろうか?

その理由を考えるには,単一技術が支配する均衡状態を出発点として,新たにある生産者が他の仕事の編成方法でいままでとまったく同じ効率で生産できることに気づいたとしてみればよい.新たな仕事の編成にもっとも良くマッチした能力は,以前の技術ではもっとも良くマッチしているというわけではなかったのであるから,賃金はその能力が新たに生みだす限界価値生産物に比べ割安になる.しばらくの間,当該生産者は超過利潤を獲得するだろう.しかし,やがて他の生産者が参入し,次第に賃金は競り上げられ初期の利益は消滅してゆく.また同時に,第3,第4の仕事の編成にも同様な利益の期待されることが分かり,以上述べたプロセスが繰り返される.最終的には,能力分布上どの点についても,その点ともっとも良くマッチする仕事がオファーされ,しかも各人は同一の所得を得ることになる.

以上の議論は,むろん仮想的な事例に過ぎない.しかし,それはもし効率的な仕事の編成が複数存在する場合には,その中でどの編成が採用されるかによって個人間の所得分配のあり方が大きく変わることを明確に示している.

経済発展の過程では,仕事の編成にも大きな変化があった.小規模な家族営業から,高々数名のパートナーシップ,問屋制前貸しシステム,そして,一層の分業と協業,さらには大規模な位階組織で特徴づけられる近代的工場ないしオフィスと,組織のスペクトラムも大幅に拡大した.初期の組織では,労働力

の供給者が自ら産出物の内容や作業の構成・活動レベルを決定したのに対し，協業以降の組織では，資本家がその決定にあたるという点で質的に大きな違いがある．雇い主としての資本家は労働者に対し雇用関係という一定の枠内ではあるが，自由裁量によって作業を指示することになった．もとより資本家の最大の動機は，利潤の獲得と資本蓄積にある．それゆえ，仕事をいかに編成するかをめぐってたとえ技術的に効率的な編成が複数あるとしても，最終的にどの編成が採用されるかは資本家の分配面の動機によるところが大きい[8]．資本の論理が奔放におもむくところ，しばしば人間性に欠ける苛酷な労働の編成に向かいうることは，たとえば産業革命期英国の婦女子・児童労働の厳しい現実が雄弁に証言している．仕事の編成の基本的決定要因については，引き続く5.2節で詳細に検討しよう．

第2の反省は，市場で交換される商品としての「労働力」と，実際に労働者が供給する労働との乖離が捨象されていることである[9]．市場で交換される労働力とは，あらかじめ制限された範囲(職種)内で，一定時間雇い主の指示に従うというものである．対価としての報酬は，(果実採集など)一部で完全な歩合給が行なわれ，他方で労働者への利潤分配が制度化される場合もあるが，通常はある一定の時間当りいくらという時間給の形態がとられる．一定時間拘束がなされるとしても実際にどれだけの密度で労働が提供されるかは，一般には別個の問題として考えざるをえない．

むろん，各人の労働成果が容易に把握でき，しかも採用・解雇に何の費用もかからない場合には，市場の競争の力が労働者に十分規律をもたらす．そこでは，所与の(時間給)賃金と労働者の限界価値生産物との均等は容易に達成されよう．しかし，現実にはこれら2つの条件はなかなか充足しがたい．第1に，各人の労働過程が相互に深く関連しあい，いわゆるチームの要素をもつ場合には，各人の成果を分離することは難しい．また，各人の実際の労働投入の程度をチーム外の者が把握することも難しい[10]．第2に，実際には，採用・解雇のいずれにもコストがかかることである．採用にあたっては選抜のための費用や組織の環境に適応させるための初期訓練費用(むろん企業に特有の訓練である)がかかるのが普通であり，この事実だけで「労働力」は固定要素としての側面

を帯びることになる．加えて，解雇に伴い摩擦が生ずるとすれば，その追加的費用も併せて考慮しなければならない．採用コストおよび解雇コストの存在は，労働者にとって継続的雇用の保証を受ける安全地帯を提供することになる[11]．もっともこの安全地帯は必ずしも強固なものでなく，景気後退の著しい場合には取り払われる危険を有している．

いずれにせよ，一定の範囲内ではあるが，労働者には自らの意思で労働密度を管理する余裕が生まれる．かくして，労働力の交換と労働(量)の交換との乖離が生ずることになる．雇い主が労働力から実際に(自発的供給の水準を超えて)労働を引き出すには，賞罰を含む何らかの誘因を労働者に与えなければならない．ここから，労働市場を単純な商品交換市場，または他の有形・無形財との結合交換市場と見るだけでなく，「誘因依存交換」と見る観点が打ち出される．

以上では，各期の仕事の密度という静学的レベルで考察したが，問題はさらに動態面にも及ぶものである．職場訓練が結合交換される場合を想像してみよう．企業に特有の訓練であるか，一般的訓練であるかは問わない．訓練機会の提供は雇い主が約束するものであるが，実体として訓練を担うのはすでに雇用されている労働者である．先輩の労働者が期待どおりその任を果たすかどうかは，やはり雇い主がこれらの労働者に与える誘因のいかんに依存しよう[12]．その任が果たされない場合は契約不履行となる．したがって，誘因依存交換という視点は，職場訓練をめぐる結合交換についても併せ考慮されなければならない．誘因依存交換に関する理論的検討は，5.5節の主要テーマである．そこでは，分析の結果，賃金の硬直性，非自発的失業，さらには分割された労働市場という現象の引き起こされることが示される．

第3の反省は，労働者が雇用条件をめぐり有形・無形の集団的な力を発揮する可能性が捨象されていることである．むろん社会的組織やルールが存在するといっても，それらはきわめて複雑な詳細を伴う表面の現象に過ぎず，基本的に資源配分や所得分配の形成とは無関係であるという反論もありえよう．実際，伝統的な労働市場理論において労働組合など組織的要因が無視されてきたのは，市場に存在する匿名の競争力が最終的にいかなる組織的力をも圧倒するとの見

方があってのことだと思われる．しかし，そうした見方が本当に正当化されるのか，それとも単なる思い込みに過ぎないかは，それ自体論理的に吟味しなければならない．5.4, 5.5節の分析は，労働者の集団的な力が体系の資源配分に実質的影響を及ぼす局面のあることを教えている．

5.2　分業と技術体系

　分業の程度は市場の広さによって決定される，というのはアダム・スミスのよく知られた命題である．スミス自身，分業とは，われわれが一般に「社会的分業」として理解している職業間の分立から，生産物を作る工程の中における分業――「工程分業ないし労働過程分業」――までの幅広いスペクトラムを考えていた．もっとも「社会的」分業と「工程」分業とをどう区別するかの境界は自明でない．たとえば問屋制前貸しシステムでは，工程分業は各作業が地理的，経営的に独立になされるという点で社会的分業としての性格を併せもっており，またそれと類似の性格は現代の部品下請け生産の場合にも見られる．

　しかし，スミスの命題の中で真に革新的な主張は，工程分業が同一量の労働投入からの生産量を飛躍的に増大させるという意味で技術的効率を高めるということ，またこの効率の増進に際限はなく，生産組織の直面する産出物需要の大きさによって制限されるのみだという点である．現代の用語で収穫逓増の状況に対応する．アダム・スミスが眼前にしたのは動力革命前の手工業の経済であり，大型の動力機械のもたらす不可分性に収穫逓増の源泉が求められているのではない点に注意しよう．規模の利益は，ひとえに労働の細分化，専門化に由来するものと観念されている[13]．

　ピン製造における労働過程細分化の事例は『国富論』冒頭のもっとも有名な一節である．1人の職人が針金の引き延ばしから切断，頭部の穴開けまですべての作業を自分で行なうのでは，1日にせいぜい数十本のピンしか製造できないが，各工程を多数の職人でそれぞれ専門化して生産すれば，1日1人あたりの製造量は，その数百倍にも高められるというものである．スミスは分業の利益が発生する理由として，第1に，個々の労働者の技巧の増進，第2に，ある

仕事から他の仕事へ移る際,通常失われる時間の節約,第3に,労働を容易にし,短縮させ,そして多人数の労働を1人でこなせるようにできる機械の発明の誘導,をあげている(Smith[1776(1904):(I), 9],訳書(I):69-70).

スミスの分業論に対する批判

たしかに単一の仕事への集中と繰返しが熟練を発生させること,仕事への習熟が労働節約的な機械の発明を促すことは,改めて説明するまでもない.しかし,スミスの議論に対してMarglin[1974]は周到な批判を加え,工程分業の決定因について再検討する必要性を提起している[14].スミスが考察しているのは際限なく細分化された仕事である.したがって,第1の熟練の余地についても,それは仕事が細分化されればされるほど,短時間で利用され尽くしてしまうだろう.第3の発明の可能性についても,マーグリンはスミス自身の後段の議論を引用して否定する.単調な仕事の繰返しは,およそ人間の創造性の芽をつみとりこそすれ,それを発展させることはないというものである[15].たしかにヤング,ピオーリも指摘するように,機械の発明には一旦ばらばらに分解した労働過程の一部を別の形で再統合するという意味がある(Young[1928:530], Piore[1980(b):76]).したがって,個々の作業に特化した労働者には他の作業との関連を観念することも難しく,およそ再統合の契機は生まれにくい.

分業の利益の技術的に可能な源泉は,スミスの第2の理由である.
「人は,ある仕事から他の仕事へ手を切りかえる際,しばらくぶらぶらするのが普通である.新たな仕事に着手した当初は,熱心に仕事に打ち込むということはまずない.いわゆる気のりしないという状態にあって,しばらくの間は,よい成果をあげるというよりは,むしろその仕事をもてあそんでいるのである.」(Smith[1776(1904):(I), 10-11],訳書(I):74-75,訳文は若干変更)
しかし,マーグリンも指摘するように,この理由は,仕事の効率性を高めるためには同一の人間が一定期間(おそらく,高々数日間)連続して同じ作業に従事することが要求されるということであり,同じ人間が別の時期に他の作業に同様にして打ち込むという形で仕事を構成することを排除するものではない.要

するに，仕事の全過程の中に占める物理的・精神的起動時間の割合を小さくするように仕事を編成すればこと足りるのであって，人間の労働を単一の作業に専門化させる理由とはならないのである(Marglin[1974：66-67]，訳書：100-101)．

仕事の細分化・専門化と労働者管理仮説

以上の議論から，分業による技術的効率の増進は認められるとしても，純粋に効率追求という観点からすれば，必ずしも極端なまでの仕事の細分化および個々の労働者の専門化が必要だというわけではないことが理解できよう．しかし，それでは現実になぜスミスのピン工場が例示するような細分化・専門化という特有の形態での分業が進行したのだろうか？

第1に，交替的な分業形態を実際に達成しやすい環境を備えた家内制営業あるいは小規模のパートナーシップは，資本制企業と比べ他の側面できわめて不利な位置に立たされていたことが指摘できよう．同一作業を数日間連続して行なうことで技術的には効率の達成は可能であっても，完成品の産出まで，十，二十といったステップを踏まねばならないということになれば，生産期間も相当な長さのものになるはずである．産出物の市場で安定的な供給主体だという信頼を得るには，相当量の完成品在庫をもつ必要が生まれ，その持越し費用だけでも多額に上るだろう(例外は生産物が十分差別化され，注文生産でも十分利益をあげられるような場合である)．さらに将来の需要や価格変動のリスクも生産期間とともに増大することになる．また，金融市場の未発達な世界では，このような分業の時間的サイクルを始動させるのに必要な運転資本(生計費，在庫費用)の確保も難しい．生産過程の同時的進行(synchronization)を達成し，需要変動のリスクも十分に引き受ける準備のある資本家による分業の編成の方に明らかな経済的優位が生じたのである．

第2に，それではなぜ，資本家(＝企業家)は細分化・専門化という分業の方向を選んだのだろうか？　マーグリンはマルクスの一世代前の経済学者ウア(Ure[1835])の示唆を敷衍しながら，その最大の理由は資本家の労務管理上の必要にあったと論じている．生産の組織者としての指示に対し規律正しく従順

な労働者を確保するためには、独立独歩の気風と誇りを持ち、管理された生産の秩序を受容しようとしない職人たち(あるいは将来の潜在的な職人たち)から、そうした気風と態度の精神的基盤となる知識と技能(それは原材料に関する知識から生産技術、工程、生産物の知識、さらには市場の販路に関する知識を含む、きわめて幅広い知識である)を崩壊させる必要があったというのである。問屋制生産段階から工場制生産への移行もまた、純粋に技術的効率性というよりはむしろ効果的に労働者を管理したいという資本家の願望がより直接の契機になったと論じられている(Marglin[1974：81-83]、訳書：116-117)。こうした主張を「労働者管理仮説」と呼ぶことにする。

一方、分業の進展が機械の発達を促したことは疑いをいれない。前述のように、もともと細分化された作業の部分集合を新たな形で再統合するところに機械の意味を認めることができるからである。さらに動力革命が機械の発達に新しい可能性を開き、それが再び分業の編成に影響を与えるという反復の過程がスタートしたこともまた、明白である。しかし、そうだとすれば、一旦、機械化のプロセスがスタートしたあかつきには、分業の形態は自生的な科学技術知識の発達に全面的に依拠することになってしまったのだろうか？ ある意味では、マルクスは飛躍的な機械化の進行に眩惑された経済学者のひとりである。彼は、機械の発達にともない人間労働は傾向的に単純で同質な労働に還元されてゆくと見たのである[16]。しかし、そうした認識は正しいといいがたい。その理由は、近代的工場の創始者とされるアークライトについてウアが語っているところに象徴的に表現されているといってよい。

「私の見る所では、(アークライトが直面した)主な困難は、綿糸を引き伸ばし、よりをかけるための自動機械を発明することよりも、……人間を訓練して、気まぐれな作業性癖を断ち、複雑な自動装置の一定した動きについていかせることである。工場における勤勉さの必要に適合した首尾よい工場規律を考案し、管理することは超人的な企てであり、それこそアークライトの見事な業績であった。」(Ure[1835：15]、Marglin[1974：84]、訳書：119に引用)

すなわち、アークライトの成功の秘密は、彼の発明した紡績機械自体にはなく、

機械とともに働く労働者の規律の育成にあったというのである．新たな技術知識および発明自体は純粋に知的な所産であり，技術的可能性を拡大させるものには違いないが，それが生産プロセス内で実際に分業の一翼を担うことになるかどうかは，機械の操作，あるいは機械化されない部分や機械と機械のはざまの作業を担う労働者の作業態度を十分管理できるかどうかに大きく依存するのである．

労働者管理仮説をめぐる歴史的研究

以上の議論は，労働者の規律管理の問題が機械化の歴史的過程を経たうえでも依然重要な問題として残ることを指摘しこそすれ，仕事の細分化・専門化という工程分業の特有な形態が資本家による労働者管理の動機から採用されたとするマーグリンの主要な論点を論証するには到っていない．しかし，労働者管理仮説が少なくともある程度現実に妥当するということは，一方で引き続く歴史的研究(Stone[1974], Edwards[1979], Edwards＝Gordon＝Reich[1982])から，他方で「労働生活の質」と仕事の再設計をめぐる数々の実験成果から示されているといえる．

第1の歴史的研究の分野から，ここではその代表としてストーンによるアメリカ鉄鋼業における労働組織の変貌に関する研究(Stone[1974])をとり上げ，紹介しよう．

この研究は，後述の企業内部労働市場が歴史的にどのような過程をたどって形成されてきたかを例示する意味をもあわせもっている．周知のとおり，鉄鋼業は今世紀における生産力の飛躍的発展の土台となった産業である．ここでの技術革新は19世紀後半まで待たなければならなかった．しかし，近代工業を象徴する巨大な溶鉱炉技術，鋼鉄生産に関するベッセマーの転炉法あるいはジーメンス-マルタン平炉法といった真に革新的な技術も，(技術自体の完成もさることながら)その実際の導入にあたっての道は平坦でなかった．分業の再編成にあたって既存の労働組織ときびしい対立が生じたためである．

ストーンによれば，米国の鉄鋼業の生産組織は，1890年から1910年までの20年間に大きな変貌を遂げた(ちなみに1890年というのは，米国がそれまで最

大の鉄鋼産出国であった英国を凌ぎ,銑鉄,鋼鉄ともに世界最大の鉄鋼国となった年である).そのうちもっとも重要な変化があったのは,熟練工の占める地位とその果たす役割であった.1890年以前に支配的であったのは,資本と設備を提供する資本家と技術的知識・技能・労働を提供する熟練労働者との間の対等なパートナーシップという生産の組織形態である.この組織の制度的支柱は,第1に,スライディング・スケール(sliding scale)・システムと呼ばれるパートナー間の所得分配を定めた制度と,第2に,コントラクト(請負契約)・システムと呼ばれる熟練工と非熟練作業工とを包摂する雇用と分配決定の制度にある.スライディング・スケール・システムとは伸縮賃金支払制度と言いかえてもよいものである.産出物たる鋼材1トン当りいくら(tonnage rateと呼ばれた)という形で熟練労働者に賃金が支払われるわけであるが,重要なことは市況の変化によって産出物価格が変化する場合には,このトン当り賃金も変化するというように,市場のリスクと利益をパートナーの双方が分け合う,実質的な利益分配制度のことである.他方,請負契約システムとは,熟練工が自己のトン当り賃金を源泉として自分の手で賃金を支払って未熟練の労働者を助手(helper)として雇い,作業を行なう体制のことである.かくして,熟練工は作業過程の管理と実行,さらには賃金の労働者間の分配の隅々まで決定権を持っていたのである.未熟練の助手は熟練工から仕事上の知識・技能を伝授されたわけであるが,ここに成立した徒弟制訓練制度は,熟練工の職能組合(Amalgamated Association of Iron, Steel and Tin Workers)による管理と規制を受けていた.

しかし,このような体制は技術進歩と市場の拡大の中でみるみる桎梏化していった.ベッセマー転炉あるいはジーメンス-マルタン平炉の導入,そしてそれらに対応した高炉の大容量化は,いまだ人手に依存するままに残された原料運搬・装入・出銑等々,ひとつの設備から他の設備への工程のつなぎめの所で明らかな隘路を生じさせてしまい,大規模生産の障害となった[17].こうした隘路の存在は,純粋に技術的理由というよりはむしろ作業管理権が熟練工に所属するという事情に由来するものであった.さらに市場における競争の激化とともに産出物の価格が低下し,トン当り賃金が契約上の下限値に張りついたまま

資本家の分配シェアが低落を続ける(つまりスライディング・スケール・システムも有名無実化してしまう)という事情も加わった．こうして熟練工と資本家のパートナーシップは正面から利害の対立する事態を迎えたのである．結局，この対立は資本家側による職能組合組織の徹底的な弾圧・破壊を招来した．1892年のカーネギー・スティール(当今USスティールの前身のひとつ)ホームステッド製鉄所におけるロックアウトは，資本家が旧来の生産組織の破壊を目的とした劇的な事件であった．4か月にわたって労働者側に多数の死者を出す，文字通り銃口を開けての戦闘の結果，最終的には連邦，州政府が資本家側について労働者は敗北し，職能組合の強固な砦は落城したのである．当事件後この組合は急速に衰退し，1910年には完全に壊滅してしまうのであった．これは同時に，従来の分業および熟練形成の体制全般の崩壊をも意味した．以後，製鉄所は電動クレーンなど重電機器をもって前述の隘路を埋めることになった．従来もっとも熟練を要するとされた平炉の熔解作業ですら，6-8週間で一人前の労働者にできるとある資本家が豪語したほど，従来の熟練作業の大半は機械を操作する，いわゆる「半熟練」作業に置きかえられていったのである[18]．

　こうして新しく形成された組織は，機械の積極的導入により，従来熟練労働者によって独占されていた技術上の知識・ノウハウを労働者から取り上げることを主要な目標とした．その結果，企業内には生産活動全般にわたって企画・設計・調整，そして自身の管理に携わる比較的少数の(主として大学卒の中から選ばれた)新しい経営管理階層(すなわちスタッフ)と，細分化された作業をもっぱら管理者の指示のもとに遂行する大多数の労働者，およびその監督者としての職長(すなわちライン)との明確な区別が生まれ，ピラミッド型の位階構造が形成されたのである．こうした転換の中でひとつの象徴的な出来事となったのが，ベスレヘム・スティール工場管理者フレデリック・テイラーによる「科学的工程管理」の研究と実践である．この試みは，人間の肉体労働を機械と同様に見たてたうえ，むだな動作，むだな時間を徹底的に排除して作業過程を合理化しようというものである．テイラー自身の偏執狂的な管理手法はそのままの形では定着しなかったとしても，作業の管理権およびそのベースとなる知識を労働者から取り上げるという発想の根本はその後の工程管理の基本原理と

なって現在も生き続けている[19]．

　新たな位階構造の重要な構成要因となったのは，仕事の階梯と内部昇進制度である．労働者の新規雇用は，きわめて限られた職種を入口(ports of entry)として行なわれ，その後あらかじめ定められた径路——仕事の階梯(job ladder)——に沿ってより上級の関連する仕事へと移動していくシステムのことである．この径路は技能・知識のいわば自然の発展径路をベースに組み立てられていった(したがって，ある作業に従事しながら，次の段階の作業を見聞きすることで，昇進した場合にその仕事を担当する準備がほとんどできていることが期待された)が，同時に労働者の自発的離職を防ぎ，労働密度を高める誘因制度としての性格，さらには労働者の間に地位の相違を作りだすことで均質化しつつあった労働者の団結を妨げるという政治的性格(いわゆる「分断にもとづく統治」の性格)をも色濃くもちあわせていたといえる[20]．

　こうして形成された位階構造の中で，労働者の熟練は消滅してしまったわけではない．機械の操作をめぐるノウハウ，機械化できない作業に関する熟練，機械の維持・補修をめぐる熟練，あるいは事務部門，販売部門それぞれにおけるノウハウと，いまなお広く存在する(実際，3.2節でわれわれが想定した職場訓練は，この種の熟練にかかわるものである)．しかし，こうした熟練はいずれも生産活動全体の中でみれば必ずしも相互に脈絡のないローカルなものであって，その点従前の職人的熟練と比較して大きく変質している[21]．

　鉄鋼業の生産組織をめぐる以上のような歴史的展開は，熟練の局所化・内部的昇進の階梯といった複雑な衣服をまとってはいるが，本質的には仕事の細分化・専門化(および機械による部分的統合)という工程分業形態が支配的となっていったことを物語っている．そこで，このような生産組織の変化をもたらしたのは結局のところ科学技術上の進歩に対応した技術的効率の追求であって(その点でアダム・スミスと同じである)，ただ技術進歩の速度が余りにも著しかったがために移行過程で激しい摩擦(生産の隘路，労使紛争)を招来せざるをえなかったのだという解釈が当然提起されるだろう[22]．本当にそのような解釈で良いのだろうか？

　たしかに機械化の過程には，旧来の技術下での労働過程の再統合という側面

のほかに，新しい科学技術知識が付加される場合が多く，また発見・発明には科学技術知識独自の発展のモーメンタムが当然大きくかかわっている[23]．それゆえ，経験集積的な熟練だけでなく，抽象的な原理を会得した専門的技術者や経済的有効性を評価できる専門的経営管理者の分化が不可避となるだろう．

　しかし，こうした点を認めることと上記の解釈を認めることとは，まったく別のことである．科学技術上の発見，発明は，生産可能性集合を拡大しこそすれ，果たしてそれが実際の経済過程で採用されるかどうか，また，採用されるとしてもどのような形で採用されるかまで指図するものではない．言うまでもなく，それらは経済計算によって決定されるのである．とくに問題となるのは，誰による選択なのかという点である．先の鉄鋼業の事例を想い起こそう．旧来の組織形態のもとで，競争激化による生産物価格の低落ゆえ資本家の取り分が相対的に低下しつつあったにもかかわらず，作業の編成・管理および労働者の訓練の権限は熟練労働者にあった．新しい動力機器は，資本家が市場の利益機会の一層の利用とみずからの分配上の地歩の回復・増進の目的に適い，かつ生産の管理権を獲得することに適うからこそ導入された．そして，生産組織の変革は，いわば生産の管理権，技術の選択権の帰趨と直接かかわるものであったからこそ徹底的なものとなったのである．したがって，単なる摩擦ないし技術上の効率化という概念では捉えきれないものがある．この点で労働者管理仮説を支持するひとつの材料を読みとることができる．

　米国鉄鋼業の世界に労働組合が復活したのは，1930年代後半の長期不況過程においてである(1937年にUSスティールとの間で初の労働協約が結ばれている)．しかも新しい組合は，以前のような職能別組合としてではなく，既成の企業生産組織の基本的枠組を承認したうえでの産業別組合として結成されたものである．その結果，賃金の水準あるいは格差是正，雇用の保証(とりわけ先任権のルール化)という点で大きな前進をみせ，また，作業の管理についても一定の制限力を行使するまでになった．しかし，熟練労働者がおよそ半世紀前に失った地歩を回復するには到っていない．

仕事の拡大と再設計の試み

次に,労働者管理仮説を支持するもうひとつの証拠について,簡潔に触れておきたい.それは純粋に技術的効率という観点からすれば同様の生産効率を発揮しつつ,しかも労働者により大きな主体性を保証するような作業の編成が他にあるのではないか,という問いに対する回答として得られたものである.実際,労働組織の編成替えを行ない,労働者1人ひとりの職務の拡大と多様化,あるいは流れ作業の廃棄,グループごとの自主的な作業管理といった仕事の再設計を図る試みが,1948年から10年間にも及ぶ英国の炭坑での実験以来,数多くの国で行なわれてきた.そして,ほとんどの場合,その成果として労働への自主的意欲の高まりと末端の監督労働の節約を通じて,欠勤率の低下,質・量両面での生産性の向上を達成することが明確に示されたのである[24].

しかし,それならなぜ,このような労働組織は広く採用されないのだろうか? 実際,多くの場合,こうした試みは1,2年ほどの実験で終わってしまっている.その最大の理由は,労働者の参加や権限・責任がより実質的になればなるほど,生産の効率は上昇しても,職場での雇い主・労働者間の力の再分配が不可避になるという二律背反が生じてしまうからである[25].換言すれば,雇い主側にとって関心のある「生産性」とは,過去のいきさつから次第に労働者側が関与するウェイトの高まった仕事の割当て,チームの大きさ,生産の標準量などをめぐる決定権を取り返す方向にこそあれ,生産効率自体にはないのである.この点は,分業の決定要因が,アダム・スミスの強調した技術的効率性だけにあるのでなく,資本家の分配動機ならびに労働の場における労働者の統制・管理の動機にもあるというマーグリンの論点をまさに確認するものだといえる.

結 語

以上,おおまかにではあるが労働過程(工程)分業の形成を規定する種々の要因を検討した.議論が歴史的過程の考察に及んだのは,それなしには技術進歩を単純に科学技術知識上の進歩と見なす技術決定論(technological determinism)に陥ってしまう恐れがあったためである.新古典派理論は与えられた

技術のもとでの経済過程の分析には優れているが，根底にある技術や生産組織の基本的枠組を一体何が変化させるかにつき，ほとんど沈黙を保ったままである．本章の主題である労働市場の二重性ないし分割という性質も，その発生原因を正しく理解するためには，歴史をさかのぼって生産の基本的枠組の変更をもたらす経済的・社会的原動力を把握することが不可欠である．ストーンの叙述は，鉄鋼業という一産業についてではあるが，企業内部労働市場と呼ばれる，労働市場全体の中でもっとも組織化された中核の部分が歴史的にどのような経緯をもって形成されてきたかを生き生きと教えてくれる．そこでは，この市場が仕事の階梯，それぞれの仕事ごとの熟練（およびその再生産を行なう訓練体制），内部昇進制度，さらには誘因的要素を含む賃金その他の報酬体系の存在によって特徴づけられる姿が浮彫りにされた．次節以降は，歴史的考察を離れ，労働市場の分割された構造に一層の分析の光をあてるとともに，それが個人間の所得分配の形成に及ぼす影響を考察しよう．

5.3 二重労働市場仮説

　現代資本主義世界の横断面に話題を転じよう．労働市場は全体としてどのような構造をしているのだろうか？　また，なぜそのような構造が生まれるのだろうか？

　二重労働市場仮説（ないし分割された労働市場仮説）として知られている構造把握のシェーマは，国々によって発達の具体的ないきさつや形態に多少の差異はあるものの，ほぼ共通して (i) 労働市場が「内部労働市場」群と「外部労働市場」の質的にきわめて異なる2つの部分に分割されること，またそのような分割の生ずる一般的な理由が存在する，さらに (ii) 個々の内部労働市場では，「上位層」と「下位層」というやはり質的に大きな差異のある部分に分かれる，という重層的な分割構造（segmentation）の存在を主張するものである．従来から都市と農村，近代部門と在来部門，大企業と中小企業等，経済に二重構造が存在するという指摘はさまざま存在するが，ここで言う二重性とは明確に区別しておく必要がある（企業規模間の二重構造概念との関連については，6.1節

第5章 労働市場と所得分配——二重労働市場的接近　223

で再論する).

ピオーリの二重労働市場仮説

二重労働市場仮説の基本的定式化はドーリンジャー＝ピオーリ(Doeringer = Piore [1971])によって与えられた．その後のピオーリの著作(Piore [1975], [1980(a), (b)])を通じてこの仮説は一層明確なものとなった[26]．ピオーリの貢献は，分割された市場の特徴がそれぞれの市場における労働者の学習機会あるいは知識・技能の差異によって深く規定されていることを指摘した点にある．以下，ピオーリの特徴づけを振り返ってみよう．

最初に，内部労働市場を構成する各部分市場について述べる．「上位層」(upper tier)は，専門的・技術的・管理的仕事に従事する「スタッフ」によって構成される．仕事には多大な学習が伴う．その学習は，当該の仕事の内容や他の仕事との関連をめぐる抽象度の高い構造的理解を多分に含むものである．したがって，学校教育の認知能力的機能がそれ自体として，あるいはトレーナビリティの要件として最大限発揮される場である．また，学習の結果得られた知識は他所にも持ち運びできる一般性の強いものであり，この階層に属する労働者は，当該企業の内部・外部を問わず，常に広くより高い所得，より良い学習機会を求めることになる．それゆえ，労働者の移動性は潜在的にきわめて高く，仕事の配分・所得決定にあたって競争的な市場の力がいかんなく発揮されるといってよい．ちょうど3.2節で論じた一般的な人的投資をめぐる結合交換の論理が模範的に適用される部分である[27]．さらに，競争市場で比較的容易に自己の蓄積した能力・知識に対する評価を受けることができるという意味では，雇用も安定している．所得も一般に高く，また経験とともに上昇する．この階層では仕事の遂行にあたって個人の独立性は高く，仕事の規律・統制も内面化される度合が高い．また，仕事自体に対する興味がこの階層の労働者に特別高い動機づけを与えている場合が少なくない．言うまでもなく，もっとも恵まれた労働者の階層である．

「下位層」(lower tier)とは，前節でその発生の経緯をたどった階層にほかならない．生産労働者と事務労働者の「ライン」を主体とする階層である．仕事

はやはり学習機会を伴うが,その成果としての知識・技能には具体的・暗唱的な性格が強い.一般に定型化されにくく,機械化・自動化からとり残された作業であることが多く,他の仕事との相互の脈絡をつけ,労働過程全体の中での意味を抽象的・構造的に認識することは難しい.それだけに,労働者の内面から仕事への動機を期待することは難しく,規律・統制のため作業の監督や外的誘因が雇い主にとって必要となる.知識が具体的・暗唱的だということは,第1に,学習が先輩労働者の手とり足とりの指導による職場訓練に依存する度合を高めること,第2に,熟練の企業に特有な性格を強めること,第3に,学校教育はその認知能力的機能というより,むしろ従順さ,規則志向,信頼性といった感情容量の発達を促す機能(4.4節参照)のゆえに雇い主によって評価されること,を意味している.第1,第2の要因ゆえに雇い主には労働者の雇用を安定に保つ動機が生まれる.また,労働者にとっても他の企業へ移るコストは大きい(こうした事情が訓練の費用を双方に分担させることについては,3.2節で見たとおりである).こうして5.1節で述べた雇用の安全地帯が誕生し,賃金競争の抑制,内部昇進制度,その他の誘因システムを伴う労働慣行が形成されてゆくのである.労働慣行は,労働組合との間の明示的な協約という表現をとることもあれば,組合こそないが暗黙のうちにほぼ同等の内容の規制を達成させる場合もある.この階層においても,賃金は上位層と比較すれば低いものの,勤続とともに上昇してゆく傾向をもつ.

　上位層と下位層のいずれにも属さず,職人的熟練で特徴づけられる階層も存在する.「職人層」と呼ぼう.鉄鋼業におけるかつての熟練労働者(前節参照)がその典型的事例である.現在でも建設工,配管工など,一部の職業にその勢力を温存させている.この階層の知識・技能は,その1つひとつの構成要素が具体的・暗唱的であるという点では下位層と共通するが,やがて経験の集積とともに労働の全過程をカバーするようになり,一定の構造的理解に到達しうる点,さらに熟練の性格は一般的である点で上位層と共通している.こうした学習の性格を反映して,仕事の遂行にあたっては内面的に動機づけられる側面をもち,また独立性も高いが,同時に学習過程が徒弟制的職場訓練に依拠する部分も大きく,熟練形成,その他労働条件の決定に対して職能別組合が広範な規

制を及ぼしている．当然ながら，学校教育の認知能力的機能は重視されない．このように職人層は多くの性格面で上位層と下位層の中間に位置している．

これに対し「外部労働市場」では，ほとんど何の学習もなく，仕事上の前進もない．まさに「袋小路」(dead end)の形容詞があてはまる仕事で構成される市場である．機械やキャッシュ・レジスターの単純な操作を含む生産・販売・事務労働，あるいは重量物の運搬・清掃・夜警といった肉体的な労務作業を主体としている．外部労働の最大の特徴は，学習がないという事実の裏返しとして，雇入れに際しての訓練等の費用，そして解雇に際しての費用が無視できるという点にある．つまり，雇い主にとって何ら固定性が存在しない．したがって，労働者の組織はもとより，ルール化された雇用慣行が成立することもなく，雇用の持続は大部分景気の動向や雇い主個人の気質ないし折々の気分といった不確定な要因に支配されることになる．賃金は一般に低く，法定の最低賃金に張りつく場合も多い．また，たとえ同一の仕事を続けたとしても，賃金は一向に上昇しないという事態も稀でない．学校教育は，ほとんど雇い主の評価の対象とならない．このような仕事に対して労働者が内面的に動機づけられることはなく，労働者は(歩合給制でもない限り)雇い主のきびしい指揮と監督下に置かれる場合が多い．外部労働市場にとどまり続ける限り，内部労働市場に属する労働者との間に生涯の生活展望上，間違いなく大きな懸隔が生まれる．

それではなぜこのような労働市場の分割が発生するのだろうか？　また，外部労働は明らかに条件の悪い労働であるにもかかわらず，なぜ実際に労働を供給する人たちがいるのだろうか？　こうした疑問が当然湧いてこよう．

最初の疑問に対するピオーリの回答の第1点は，市場が拡大し，大企業による生産の集中が進んだとしても，なぜ小企業はなくならないのかという問題をめぐる産業組織論上の古くからの議論と相似している．すなわち，外部労働に対する需要は，経済環境の中で除去できない変動と不確実性に対するバッファーとして生みだされる，つまり変動リスクの負担を資本家が労働者(の一部)に転嫁する装置としての機能を外部労働市場がもつというのである[28]．第2に，内部労働者層(ことに下位層)の拡大は，ただ単に企業の固定的支払いのコミットメントを増大させるだけでなく，労働者組織の勢力拡大を通じた雇い主側の

交渉力の相対的な低下を招く．実際，ピオーリは，米国における外部労働市場は，1930年代後半の労働組合活動の合法化および大戦時統制経済の遺制に対処する形で拡大したこと，イタリア，フランスでの外部労働市場の急速な発達は1968年の労使紛争に触発された部分が大きいと論じている（Piore[1980(a)]，Edwards = Gordon = Reich[1982 : Chapter 5]も参照）．

　第2の疑問，すなわち外部労働がなぜ供給されるのかという点についてはどうだろうか？　ピオーリによれば条件の悪い外部労働でも敢えて労働を供給しようとする人たちには，2つのグループが存在する．第1は，内部労働市場への就業を希望しながら目的を果たせなかった，明らかに非自発的な供給者である．第2は，理由はさまざまであるが，労働供給に対するコミットメントが低いため，客観的にはいかに条件が悪くても十分それに適応して労働を供給しようという人たちである．第1のグループには，女性や民族的少数者が高い比重で含まれている（Doeringer = Piore[1971]）．第2のグループは，他に主たる活動の場を持ち，補助的所得の獲得を主要な目標とする農業従事者，学生，家庭の主婦，短期的出稼ぎ労働者，あるいは両親から未だ完全に自立していない若年層から成り立っている．これらの人たちは就業を補助的ないし一時的だと認識するからこそ，悪条件下でも労働を供給するのである[29]．

二重労働市場仮説の統計的検証

　内部労働市場の各層と外部労働市場に，実際どれだけの人たちが属しているだろうか？　また，雇用の安定，賃金水準の高低，年齢-所得曲線の形状，学校教育の重要性，権威・従属関係をめぐり各層について述べた特徴が実際に確かめられるだろうか？　外部労働には非自発的に就業している労働者が多く含まれているという指摘は正しいだろうか？　これらの問いが二重労働市場仮説の検証テーマとなることは明らかである．ここで検証とは，数量データを用いた実証を指している．もともと内部労働市場や外部労働市場の概念は，専門的訓練を受けた研究者による個別企業や労働組合，そして個別地域の労働市場に関する多数の実態調査の積み重ねの上に形成されたものであるから，それ自体が実証研究を基礎とした理論化である．しかし，もしこうしたシェーマが現実を

第5章 労働市場と所得分配——二重労働市場的接近　227

的確に把握することに成功しているなら，当然，統計的な分析からも裏づけられてしかるべきだろう．

　二重労働市場仮説をめぐる統計的検証は，最近新しい展開と関心の高まりをみたとはいえ，未だ十分な蓄積があるとはいえない．その最大の理由は，個々の職場について内部労働と外部労働とを分類することは比較的容易にできても，いったん労働市場全体に視野を広げた場合に適用できるような一律で，しかも数量的データをあてはめることのできるような分類基準を設定することはきわめて難しいという点にある．

　本来理想的なデータがいくらでも得られる状況にあれば，二重労働市場仮説の中心に位置する職場学習の性格と規模について個人個人のデータを収集し，数量指標化したうえ分類するという正攻法での検討が可能になる．しかし，前章でも述べたように，労働者の学習・訓練に関する直接的な情報はきわめて得にくいのが実情である．したがって，データの取れる雇用経験や賃金の情報から逆算して分類基準を設けるという，自明でない方法の開発を必要とした．

　こうした事情から，従来，産業ないし職業の細目分類ごとに，まずそれぞれの産業ないし職業が賃金水準や雇用の変動度，資格必要度など特定の変数に設定した基準に照らして内部市場部門に属するか，それとも外部市場部門に属するかを判定したうえ，両部門で異なる賃金形成様式が存在するかどうかを調べるという方法がとられてきた．しかし，第1に，分類変数や判定基準の設定に，往々恣意性が残ること，第2に，賃金水準ないしそれと相関をもつ変数を基準にとる場合には，賃金が低いゆえに外部市場と分類される産業・職業で学歴や年齢の効果が低く出るのは当然となる推定上のバイアス(すなわち，被説明変数の値域が制限されることによるトランケーション・バイアス)が生まれること(Cain[1976：1246-1247])から，仮説の説得的な検証が行なわれたとはいいがたい[30]．

　外部労働の非自発性をめぐる検証については，従来，内部労働市場と外部労働市場間でどの程度(世代内)部門間移動があるかという形で接近されてきた．とくに新古典派的接近の側からは，実際に外部部門から内部部門へ向かってかなり高い移動性があるという研究結果(Okun[1973], Leigh[1976])にもとづき

二重労働市場仮説は妥当しないと論じられてきた(Wachter[1974：649], Cain[1976：1231])．しかし，移動可能性の規模については異論もある(Osterman[1977：221])．青年層の職場移動を考察したOsterman[1980：Chapters 2, 3]は，人口統計および米国東部における若年層のくわしい面接データの分析から移動可能性の問題は主として年齢の問題であり，年齢の進行に従い内部労働市場へのアクセスが低下すること，とくに20歳代に内部市場部門への移行を終えないと以後困難になることを指摘している．しかし，部門間労働移動の存在と外部労働市場への非自発的幽閉の存在とは，厳密には別個の問題であることに注意する必要がある(5.5節を参照)．経済成長や景気変動の過程で内部労働市場の需要制約が継続的ないし一時的に緩むことは十分考えられる．実際，1960年代を主要な分析対象とする研究において労働者の上方移動が頻繁に観察されたとしても，何の不思議もないのである．それゆえ，労働移動の有無と二重労働市場仮説の妥当性を直接結びつける見方は妥当でない．

　内部・外部両部門への市場の分類の有効性と外部労働の非自発性両面にわたる統計的検証として積極的に評価できるのは，最近のDickens = Lang[1985(a), (b)]の研究である．彼らは，個人のさまざまな属性(年齢，学歴，経験，婚歴，人種，居住地域)に対し異なる方式で報酬を支払う2つの仮想的な部門があるとして，各人が両部門における支払い方式の正しい認識のもとに生涯所得を計算し，より高い生涯所得をもたらす部門に就業するものと想定したとき，(1)果たして現実に観察される個人のデータは，実際に2つの部門のいずれかに属していると理解した方がすべて同一部門に属していると理解するより，より良くデータ全体の変動を説明できるかどうか，(2)もしそうであるなら，両部門間で賃金支払い方式にどのような違いがあるか，(3)各人がどの部門に属するかの決定にあたって生涯所得の差以外の要因が関与しているかどうか，を調べるという形で明確な統計的仮説検定にかけた．データとしては，1980年における米国の男子世帯主(全国，未婚・既婚を問わず，就業先は民間であり，過去1年間に1,000時間以上就業した者)の標本2,800強が利用され，2部門それぞれの稼得収入関数と期待生涯所得をベースとした各人の部門選択行動とを同時推定するスウィッチ回帰分析の手法が採用されている．データ自体に分類の有効

性と各標本の部門別帰趨を判定させることで分析者の恣意性を排除するのがこの手法の最大の特色である．

その結果，第1に，部門がひとつだけという仮説は棄却されること，第2に，仮説が述べるとおり，一方の部門では，所得(時間当り対数値)は学歴，経験と統計的に有意な関係をもつのに対し，他方の部門では，これらの変数は何の影響ももたない(賃金曲線は水平である)こと，しかも，後者では，所得はほとんどすべての学歴の範囲にわたって前者より低い水準であること，第3に，就業部門の決定にあたり生涯所得以外の要因として人種要因が統計的に有意な効力を発揮すること，つまり，非白人に対して第1部門へのアクセスが制限された状況になっていることが示された．そのことは，非白人が白人より第2部門を選好する度合が強いという簡単には受け入れがたい解釈を排除する限り，第2部門への非自発的な閉じ込めの存在(いわゆる人種にもとづく差別の存在)を物語っている．第1部門は内部労働市場，第2部門は外部労働市場と見なすことができよう．

さらに推定結果からは，男子世帯主全体の平均で見て12%が外部労働市場に属すること，単一属性別に見た場合に注目される点として，第1に，学歴12年未満の者の18%が外部労働市場に属するのに対し，学歴が12年を超える者でもその割合は10%もあること，第2に，白人の外部労働市場に所属する割合は11%であるのに対し，非白人の場合には31%にのぼること，第3に，年齢別にみた場合，25歳未満，60歳以上の者の外部労働市場に所属する割合が高く，それぞれ19%，30%に達するのに対し，その他の階層では，9-12%とほぼ一様であることが分かる(Dickens = Lang [1985(a)]: 800, Table 2 (unrestricted model)])[31]．

この研究は，質的被説明変数モデルという計量経済学上の新しい方法論が見事に応用された一例であるが，こうした手法が常に安定的な構造推定を達成するものかどうか，さまざま異なるデータで試される必要性を残している．また，男女間の市場の分割の可能性や内部労働市場内の一層の分類の有効性についても，分析の拡張が図られてよいだろう．ともあれ統計的検証をめぐっては，これから一層の展開が期待される．

5.4 二重労働市場と学歴パラドックス

　二重労働市場仮説は個人間の所得分配の形成に対してどのような含意をもつだろうか？　前節で，競争市場の論理が機能すると認めた上位層，およびその階層と似かよった側面のある職人層を除外し，下位層を内部労働市場の核を構成する主体だと見なして考えると，まず第1に，企業それぞれの内部労働市場では，相異なる仕事間での雇用の配分や賃金水準，仕事間の賃金格差の決定は，需給の差が賃金の調整を通じて埋められるという賃金競争の論理でなく，労働者の動機づけ，あるいは労働者が保有する熟練を源泉とする交渉力という組織の論理に主役の座を渡さなければならないこと，第2に，外部労働市場は，市場の動向如何では制度的に定められた最低賃金が有効となる可能性を残しつつも，本来は開放された競争市場として捉えられること，が指摘できる．その結果，学校教育がたとえ期待どおり個人の限界生産性を高めたり，限界生産性の高い個人を選抜できたとしても，教育を受けた個人が必ずしもその生産性を発揮できる雇用の機会に恵まれず，競争機構なら支払われたはずの所得を得られないという事態も発生しうる．このような性質は，5.1節で提起した「学歴パラドックス」現象を説明するひとつの重要な手掛かりを与えてくれる．

　実際に，こうした観点を理論的に定式化したのが，レスター・サロウの仕事競争(job competition)モデルである(Thurow [1975])．いま，(a) 各人の最大可能な労働生産性の水準は(当人の保有する能力でなく)就業する仕事によって定められる，(b) その生産性は学校教育でなく，職場訓練によって実現される，他方，教育の主な役割は訓練の行なわれやすさ(トレーナビリティ)を高めるところにある，(c) 内部労働市場への入口の雇用機会は制限されており，賃金競争の力は働かない，と想定してみよう．このような想定のもとではそれぞれの仕事に労働者の待ち行列(queue)が発生する．そして，これから仕事を求めようという人たちは，良い仕事の待ち行列の先頭に立ちたいと争って高い学歴を求めることになる．サロウはこの様相を「仕事競争」と呼んだのである．この議論の最大のポイントは，学歴は高い所得を獲得するための必要条件ではあっ

ても,十分条件ではないということにある.

ところでサロウの議論では,各仕事に対する雇い主の労働需要および仕事間の賃金格差は外生的に所与とされているので,学歴の平等化が賃金の格差・個人間の所得分配にいかなる影響を及ぼすか,内部労働市場における労働者の交渉力が増大する場合の影響はどうか,といった問いには答えられない.そこで以下では,内部労働市場の仕事は1種類と限定し,交替的な仕事の機会は外部労働市場のみだと想定してサロウのモデルを簡単な二重労働市場のモデルに改組しつつ,他方で,分析を一般均衡論的に拡張することでこれらの設問に答えたい.内部労働市場の入口における賃金競争の制限の有無が,長期的な個人間所得分配の決定にあたってきわめて対照的な差異を生みだすことが明らかにされよう.以下の分析は,Ishikawa[1981]によりくわしく展開されている[32].なお,労働者に対する動機づけの問題は,次節でとり上げるまで一切捨象するものとする.同様に,労働者の交渉力の強さを決定する要因についても分析対象とはしない.

モデルの枠組

再び生産技術の体系を所与とする世界に戻って,議論を進めよう.3.1節で導入した企業の生産モデルを手直しし,単一財を2種類の労働のほかに資本設備(K)を加えた3つの生産要素を用いて生産する代表的企業を考える.第1種の労働(L_1)は,企業に特有な知識・技能を体化した「内部労働」,第2種の労働(L_2)は,非熟練で完全に可変的な「外部労働」である.生産技術については,(i) 3つの生産要素について規模に関する収穫不変性がある,(ii) 資本設備と内部労働間は完全補完的で,しかも比例関係を常に過不足なく満たす,(iii) この2つの要素と外部労働との間には滑らかな代替関係がある,と仮定する.仮定(ii)は5.1節で言及した実証研究の成果を反映させたもので,分析を容易にするため極端な形を想定している.以下では内部労働市場で働く労働者を「内部労働者」と呼び,内部労働者1人当り毎期1単位の内部労働(力)が供給されるものとする.同様にして「外部労働者」を定義する.外部労働者1人当り毎期1単位の外部労働(力)が供給される.

企業がその生産容量を拡大するためには，単に新たな資本設備を購入するだけでなく，既存組織との調整を図る必要がある．しかも仮定(ii)より，同時に内部労働者を増加させなければならないわけで，そのためには新規に労働者を雇い入れ，職場訓練を施さなければならない．反対に，生産容量を縮小させる場合には，たとえ資本設備の売却が可能であったとしても，組織的調整のための費用や，内部労働者の解雇に伴う摩擦費用が発生しよう．こうした費用を総合して，企業の「成長費用」と呼ぼう．既存の資本ストック1単位当りの成長費用は，生産設備および内部労働者の成長率(g)の関数であり，しかも成長率の正・負にかかわらず成長率に関して逓増的だと仮定する．急激な拡張や縮小が組織に負担をかけることは明白だからである[33]．

こうして，資本設備と内部労働者は企業にとって固定的な資源となる．生産物に対する需要の増減が一時的だと考えられる限り，企業は外部労働者の雇用調整で対処し(ここに外部労働のバッファー機能が表現されよう)，長期的な利益機会に変化があった場合にのみ，(正または負の)成長を決意することになる．

外部労働市場は競争的だとの想定から，外部労働賃金 w_2 は限界生産力原理に従って決定される[34]．他方，資本と内部労働の限界生産力は，それぞれ単独では定義できず，資本1単位と対応する内部労働のペア(以下，「合成固定要素」と呼ぶ)につき初めて意味をもつことになる．仮定(ii)より，実質的に外部労働と合成固定要素との2種類の生産要素に還元されてしまうからである．収穫不変の性質から，合成固定要素の限界生産力は，生産物から外部労働に対しその限界生産力に等しい支払いをなした残余と一致する．この限界生産力に対する(資本1単位当りで表現した)市場の評価を「固定要素レント」(R_c)と呼ぼう．

問題は，固定要素レントがどのように資本に対する利潤率(R)と内部労働者の賃金(w_1)に分けられるかである．その解は，5.1節の議論を踏まえ，内部労働者にとっての雇用の安全地帯内で行なわれる交渉解として定められるものと想定しよう．長期的文脈の中で「雇用の安全地帯」を厳密に定義するとすれば，現存の内部労働者が全員継続的な雇用を望み，しかも資本家の合理的行動のもとでそれが保証されるような内部労働賃金 w_1 の集合だということになる．その集合の下限は，明らかに外部労働賃金 w_2 である．他方，その集合の上限は，

資本家がちょうど現存の設備と内部労働者のストックに満足して成長率ゼロを望むような利潤率(R_0としよう)を達成可能とする賃金水準として与えられる。もっとも、R_0の水準がどのように決定されるかは、企業が将来の利益機会の推移についてもつ期待に大きく依存する。現時点での利益率がたとえ同じでも、将来同一率で推移すると期待する場合(静学的期待が妥当する場合)と、将来次第に低下すると期待する場合では、明らかに後者の場合の方が R_0 の値は高くなるだろう。以下では分析の対象を長期の分配形成に限定するため、静学的期待が妥当する状況を想定して考察を進める[35]。

交渉解 (w_1, R) は、こうして定義された雇用の安全地帯の上限値と下限値の間で労働者の交渉力の強さを反映した加重平均値として得られるものと想定する。交渉力の強さは外生的に与えられ、しかも長期的に安定的な場合に考察を限定する。以上述べた要素価格相互間の関係は、5-1図に整理されている。図の横軸には内部労働と外部労働の賃金水準を、縦軸には固定要素レントおよび利潤率の水準をとっている。右下がりの曲線 AA' は、外部労働賃金 w_2 と固定要素レント R_c 間の要素価格フロンティアである。競争価格として w_2 が定まると、それに対応して R_c が定められる。ところで資本1単位と内部労働 a 単

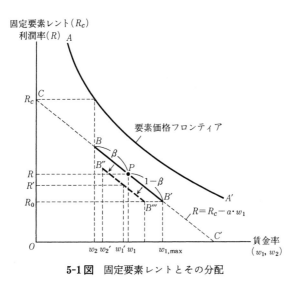

5-1図 固定要素レントとその分配

位がペアをなすものとすると、R_c, R, w_1 の間には

(5-1) $$R_c = R + a \cdot w_1$$

の恒等的関係がある。この関係を表わしたのが線分 CC' である。R_0 の水準を所与とするとき、この線分の一部、線分 BB' が実際の交渉フロンティアとなる。雇用の安全地帯を定義する w_1 の集合は、横軸上の区間 $[w_2, w_{1,\max}]$ として表現される。内部労働者の交渉力の強さをパラメータ β $(0<\beta<1)$ で表わすとき、交渉解 (w_1, R) は交渉フロンティア BB' を内分比 $\beta : 1-\beta$ で分ける点 P として求められる[36]。

外部労働賃金 w_2 が上昇するとき、交渉解はどのように変化するだろうか? その効果を5-1図で調べよう。w_2 の上昇は R_c を下落させるため、曲線 CC' は下方にシフトする。したがって交渉フロンティア BB' も下方に移動し、新たなフロンティアは $B''B'''$ と、より短い長さの線分となる。図から、内部労働賃金 w_1 に対する効果の方向は不確定だが、賃金格差 $w_1 - w_2$ は必ず減少すること、利潤率 R もまた必ず下落することが確認できる。ところで、外部労働賃金 w_2 は各時点における資本と外部労働者(=全労働人口ー内部労働者)の存在量から決定される。実際、w_2 は各期の資本・外部労働比率 $(K/L_2 = k)$ と単調増加の関係にある。

次に、労働供給側の構造について説明しよう。各期に存在する労働人口 (N) のうち、あらかじめ定められた一部が内部労働者として働き、残りが外部労働者となることはすでに述べたとおりである。人口の成長率を λ とすると、毎期 λN の新しい労働者が誕生してくる。問題はこの新規労働者がどのようにして内部労働市場または外部労働市場に吸収されてゆくかである。そこで次のように考えよう。各人は、誕生した期に(後述のように)内部労働市場への雇入れ要件である一定水準の教育を受けるかどうかを期待収益と費用にもとづいて決意し、実行する。教育にかかる時間の経過は無視しよう。そして期末には雇用先が決定され、次の期からは既存労働力の一員として実際に労働力を供給することになる。なお、人々の間には(4.3節で論じた)さまざまな背景要因の差があり、これらが一定の教育を受ける際の費用の差となって現われると考えよう。しかし、個人間の多様性は外生的で、しかもそのパターンはどの世代にとって

も共通だと仮定する[37]．

　新規労働者の需要については，次のように想定しよう．第1に，各期の企業成長に伴う内部労働者の新規雇入れは，その期の新規労働者のうち（外生的に）一定の教育を受けた者の中からなされると仮定する．新規労働者，しかも教育を受けた者に限るのは，既存の組織に組み込み，職場訓練を行なう上で可塑性が高く，容易なためである．第2に，いったん雇用先の決まった（内部労働市場が雇用先の場合には訓練を受け，組織に適応した）労働者は，教育・背景要因の如何とはかかわりなく，つく仕事に固有の生産性を発揮する．この2つの仮定は，サロウの仮定(a), (b)に対応するものである[38]．

　最後に，企業の投資や人々の教育投資の決定に影響する市場利子率(r)は，外生的な一定値に保たれるものと想定する．このことは投資（企業設備・教育・訓練）を金融するものとしての貯蓄の形成が暗黙裡に投資の決意に対して受動的になされることを意味している．所得分配理論として完全に閉じた一般均衡体系を作るためには，利子率の調整を通して貯蓄と投資の均等化が図られる機構を新たに導入しなければならない．しかし，ここでは稼得所得分配をめぐる従来の議論の伝統に従い，これらの間接的要因は分析の対象外に置く（市場利子率の決定については，7.3節で検討する）．

所得分配の長期的決定要因

　サロウの仕事競争モデルに表現された内部労働市場の重要な特徴は，本節冒頭に述べたように，賃金w_1が市場の入口における需給のギャップに反応しないことである．われわれの定式化では，需要はgL_1，供給は，新規労働力のうち教育を受けた者の割合をpと表記すると，$p\lambda N$である．このような世界で所得分配の決定因を分析する際には，逆に考えて，もし理想的な競争が作用したとすれば何が起こるかを見てゆくのが有効である．

　より具体的に，企業が教育を受けた新規労働者の獲得に際し，当労働者に支払う価格を「学歴プレミアム」と呼び，xで表わすことにしよう．この価格は，厳密には学歴を積んだ労働者が企業の固有労働力として将来とも当該企業で働くというコミットメントの取得する価格である．労働者は解雇されることもな

く,また自発的に離職することもないという前提のもとに評価がなされると想定されている[39]. 注意すべきは,学歴プレミアムは負ともなりうることであり,その場合は労働者が内部市場における雇用機会を確保するために支払いをすることを意味する(符号を反対にした値を,内部労働市場への「参入料」と呼ぶ[40]).

さて,学歴プレミアムの支払いが定着した世界では,企業も新規の労働者も,期末に成立すると期待される x の予測(x^e)のもとに,それぞれの投資の意思決定を行なうと考えられる.もっとも,われわれが考察する長期均衡の状況では予測値は必ず実績値に等しくなるので,以下ではとくに区別せず,x の記号を用いて議論を進めよう.

それでは,学歴プレミアムの水準はどのように決定されるのだろうか? まず,新規労働者の需要側を規定する企業成長率を検討すると,成長費用に関する先の想定から,最適成長率は毎期の利潤率 R から内部労働者に対する学歴プレミアムの恒常的利子支払い額(資本1単位当り)rax を減じたものとして定義される純利潤率 $R-rax$ のある定まった単調増加関数となることが分かる[41]. この関係を $g=g(R-rax)$ と書こう. そこで,内部労働者にとって雇用の安全と両立する最低限の(粗)利潤率 R_0 は,$g(\underline{R})=0$ を満たす定数 $\underline{R}$ を定義したうえで,$R_0=\underline{R}+rax$ として求まる. $\underline{R}$ は成長費用の性質(および利子率 r)に依存するだけであるから,その水準は外部労働賃金 w_2 とは独立である[42]. こうして R_0 が決定されると,R および w_2 は,5-1図の関係を用いて($R_c=R_c(w_2)$ と表記する),それぞれ

(5-2) $\qquad R = \{(1-\beta)R_c(w_2)-(1-\beta)aw_2+\beta\underline{R}\}+\beta rax$

(5-3) $\qquad w_1 = \dfrac{1}{a}\{\beta R_c(w_2)+(1-\beta)aw_2-\beta\underline{R}\}-\beta rx$

として求められる. 両式の右辺は,学歴プレミアム x に依存する部分と依存しない部分とに分離できることに注意しよう. しかも x に依存しない部分(それぞれを w_2 と β に依存することを明示して,$R^*(w_2,\beta)$, $w_1^*(w_2,\beta)$ と表記する)だけをとりあげたとしても,両者の間に固定要素レントの分配をめぐる恒等的関係(5-1)の成立していることが分かる. すなわち,

$$R_c(w_2) = R^*(w_2, \beta) + a \cdot w_1^*(w_2, \beta)$$

である[43]．

以上の議論を要約すると，企業成長率は w_2, β および x を所与とするとき，

$$g = g[R^*(w_2, \beta) - (1-\beta) rax]$$

として決定される．

次に，新規労働者のうち教育を受ける者の割合 p はどのように決定されるかを見よう．教育を受けた労働者は学歴プレミアムの調整によって必ず内部労働市場に雇用されると期待できるわけだから，労働者にとっての将来を通した教育の収益の現在価値は $\{(w_1-w_2)/r\}+x$ として表わされる．他方，各人の教育費用を c と表記すると，教育収益の現在価値が教育費用を上回るような c を持つ人が教育を受け，そうでない c を持つ人は教育を受けないということになる．個人間の教育費用の分布は仮定より外生的に与えられているので，p は結局 $\{(w_1-w_2)/r\}+x$ のある定まった単調増加関数として表現できる．その関係を(5-3)を用いて

$$p = p\left[\frac{w_1^*(w_2, \beta) - w_2}{r} + (1-\beta)x\right]$$

と表わそう．

学歴プレミアムの決定が $p\lambda N = gL_1$ の条件からなされることはすでに述べたとおりである．この条件と定常成長の条件 $g=\lambda$ を合わせると，最終的に経済の長期均衡は，

(5-4) $\qquad g[R^*(w_2, \beta) - (1-\beta) rax] = \lambda$

(5-5) $\qquad p\left[\dfrac{w_1^*(w_2, \beta) - w_2}{r} + (1-\beta)x\right] = \dfrac{ak(w_2)}{ak(w_2)+1}$

(ここで $k(w_2)$ は，資本・外部労働比率 k を w_2 をパラメータとして表現したものである)を満たす x と w_2 として求められることが分かる．5-2図を見よう．曲線 GG' は，企業側の成長意図がちょうど定常成長率に等しいという(5-4)の関係を表わす軌跡である．この曲線が右下がりであることは容易に確かめられる．他方，曲線 PP' は，定常成長下で労働者側の供給意図がちょうど満たされるという(5-5)の関係を表現している．この曲線が右上がりであることも

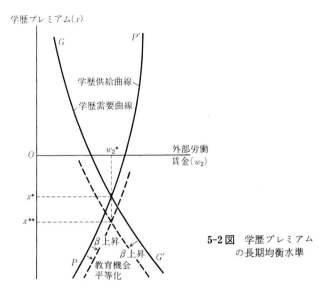

5-2図　学歴プレミアムの長期均衡水準

容易に理解できる．前者は「学歴需要曲線」，後者は「学歴供給曲線」と解釈することができよう．経済の長期均衡は，両曲線の交点(w_2^*, x^*)で表わされる[44]．図では学歴プレミアムが負，言いかえれば労働者が企業側に参入料の支払いをするケースが描かれている．

議論を先へ進める前に，この均衡の比較静学的性質を2つ述べておこう．第1は，教育機会の平等化の効果である．機会の平等化は，モデル上，人々の間の教育費用の分布に変化があり，多くの人にとって教育費用が低廉化した事態に相当する．その場合，学歴供給曲線 PP' は下方にシフトする．学歴需要曲線 GG' はそのままである．したがって，新たな長期均衡では，以前の均衡と比べ外部労働賃金は上昇し，学歴プレミアムは低下する．さらに，実際に教育を受ける人たちの割合 p は上昇し，内部労働，外部労働間の恒常的賃金格差 $w_1^*(w_2, \beta) - w_2 + (1-\beta)rx$ も減少する．つまり，教育機会の平等化は明らかに所得分配を平等化させる．しかし，この点はまさしく競争的労働市場（3.1節参照）を前提とした人的投資理論の含意にほかならない．

より衝撃的なのは第2の性質，すなわち労働者の交渉力（β）の変化の効果である．交渉力の変化は，学歴需要曲線 GG' と学歴供給曲線 PP' を必ず下方に，

5-2表 学歴プレミアムの支払いを伴う長期均衡の比較静学的性質

	外部労働賃金 (w_2)	内部労働・外部労働間恒常賃金格差	純利潤率	内部労働者比率 (p)
教育機会の平等化	+	−	0	+
内部労働者の交渉力	0	0	0	0

注) 内部労働・外部労働間恒常賃金格差 $= w_1^*(w_2, \beta) - w_2 + (1-\beta)rx$,
純利潤率 $= R^*(w, \beta) - (1-\beta)rax$.

しかも同率でシフトさせる[45]．それゆえ外部労働賃金 w_2 は変化せず，学歴プレミアムのみ変化する．また，先の均衡条件(5-4), (5-5)から，純利潤率，恒常的賃金格差，そして教育を受ける人口比率のいずれにも一切変化のないことが分かる．すなわち，学歴プレミアムの調整は，交渉力の変化が与える影響をすべて中立化してしまうのである．

以上の結果は 5-2 表に要約されている．内部労働市場を特徴づける組織・制度的要因は，他の側面ではともかく，こと資源配分および価格形成に関してはまったく無力化させられてしまうのである．したがって，教育機会の平等化について新古典派的競争市場と同様の効果が得られたとしても何ら不思議はない．新古典派的伝統に従う研究者の多くが二重労働市場仮説の意義に懐疑的であったのは，暗黙のうちにこのような議論を想定していたからではないかと思われる[46]．

制約された長期均衡

もし，学歴プレミアムないし参入料の支払いが現実に行なわれないとすれば，事態はどのようになるだろうか？ その場合，もともと Clower [1965] によって定式化された数量制約の事態が発生する．いわゆるショート・サイドの原則を認めると，均衡点が偶然達成される場合を除けば，需要者または供給者のいずれか一方はその意図を実現できず，数量的制約の認識のうえに行動の適応を迫られることになる．5-2 図を用いて説明しよう．まず，学歴プレミアムの支払いがないということは，x がゼロに固定されることを意味している．すると，図の場合には学歴供給が学歴需要を上回る，つまり教育を受けた新規労働力が

超過供給になる。その場合，体系の長期均衡は学歴需要曲線 GG' と横軸の交点で与えられ，労働者の雇用には割当てが生ずる。内部労働市場で雇用されない新規労働者は，外部労働市場で吸収されるのである。反対に，もし学歴需要曲線と学歴供給曲線が横軸の上部で交わる場合には，雇い主側が割当てを受けることになる。その場合，体系の長期均衡は学歴供給曲線 PP' と横軸の交点で与えられる。前者を「需要制約下の状況」，後者を「供給制約下の状況」と呼ぶことにする。

教育機会の平等化が経済の長期均衡に影響を及ぼすのは，供給制約下の状況のみである。他方，内部労働者の交渉力の変化は，どちらの制約下でも影響を及ぼす。これらの効果は，すでに述べた両曲線のシフトの方向と，どちらの曲線が長期均衡の決定にあたって有効かを調べることで，容易に確認することができる。他の変数に対する効果をあわせて要約すると，5-3表のとおりとなる（なお，$x=0$ であるので，恒常賃金格差は普通の賃金格差，純利潤率も普通の利潤率と一致する）。

需要制約下の状況で教育機会が平等化した場合，5-3表最上段の結果が得られることは明白であろう。教育を受ける人の比率(p)は高まるが，より大きな割合の人が割当てを受けることになり，結果的に両者が相殺しあって，内部労働者比率は不変となるのである[47]。ここに，一般均衡の枠組における学歴パラドックスの明確な表現を認めることができる。教育の平等化が達成されても所得分配は一切変化せず，しかも教育と所得の相関はかえって弱まるからである。

5-3表 制約された長期均衡のもとでの比較静学的性質

	外部労働賃金 (w_2)	内部労働・外部労働間賃金格差 (w_1-w_2)	利潤率 (R)	内部労働者比率 ($p\theta$)
需要制約下の状況				
教育機会の平等化	0	0	0	0
内部労働者の交渉力	−	+	0	−
供給制約下の状況				
教育機会の平等化	+	−	−	+
内部労働者の交渉力	+	+	−	+

注）説明は本文を参照。供給制約下では，$\theta=1$ である。

こうして，サロウの解釈は一般均衡論的にも妥当することが示された[48]．

他方，需要制約下において労働者の交渉力の上昇がもたらす影響は，次のように説明できよう．もし，仮に外部労働賃金が同一のままだとすると，固定要素レント $R_c(w_2)$ は変わらず，交渉力の増大は明らかに利潤率を低下させる．しかし，他方で，同一の成長率 λ が企業側の成長意図を満たし続けるためには利潤率は一定に保たれなければならず，そのためには固定要素レントの大きさ自体を引き上げなければならない．これが外部労働賃金を押し下げるわけである．外部労働市場は競争的なので，それは外部労働に対する供給が相対的に増加して初めて可能となる．したがって，内部労働者比率は低下するのである．内部労働者の賃金 w_1 は二重の理由で上昇する．第1に，固定要素レントの上昇，第2にその中での分配シェアの上昇のためである．こうして賃金格差 w_1-w_2 も拡大するのである．数量制約認識後において新規労働者中，教育を受ける者の比率は賃金格差の拡大とともに必ずしも上昇するとは限らないが，教育を受けた者のうち非自発的に外部労働市場で雇用される比率（すなわち割当て比率）は必ず上昇する．

この結果は，前項の中立性の結果とはきわめて対照的に，組織・制度的要因が資源配分および分配形成に効力を発揮するということを意味している．同時に，内部労働者の交渉力の増加は，需要制約下の状況では内部労働者の所得を利潤に比して相対的に高めるものの，個人間の賃金所得分配は不平等にする効果があることに留意しよう．より少数の内部労働者に，より高い所得を与える反面，外部労働者の所得は下落してしまうからである．

最後に，供給制約下の状況では，教育機会の平等化は賃金所得分配の平等化をもたらすという点で前項の競争的状況と類似しているが，他方，組織・制度的要因が効力を発揮するという点では需要制約下の状況と共通している．また，賃金所得の分配に対する効果は両方向入り乱れて必ずしも明確でない．これは，内部労働者の賃金上昇が教育を受ける誘因を増大させるため，外部労働市場に対する労働者の供給圧力を緩和させるからである．

結　語

　本節では二重労働市場を含む経済の生産要素価格形成と所得分配の長期的決定因を論じた．内部労働市場を特徴づける組織・慣行・交渉力といった要因が果たして所得分配の決定要因として効力を発揮するかどうかは，学歴プレミアム（ないし参入料）が実効的な価格として内部労働市場の入口における労働力の需給を調節するかどうかにかかっていることを見た．もし実際に学歴プレミアムの支払いがなされるなら，二重労働市場の理論は少なくとも分配形成のメカニズムとしては意義が乏しいことになる（むろん，5.2節で扱った分業の様式・程度をめぐるより広い観点からの検討を捨象する限りである）．本節の結びとして，学歴プレミアム（参入料）の現実性を論じておこう．

　まず，現実の雇入れの際，プレミアムが実際に支払われるかどうかの事実の観察から解答を出すことはできるだろうか？　たしかに職業スポーツ選手等，一部の職業では契約金という形でのプレミアム支払いが行なわれている．それが対象者のトレーナビリティに対する雇い主の稀少性の評価を反映していることは明白である．しかし，通常の雇用に際し，一方から他方へ一時金の形でプレミアムが支払われることはほとんどない．けれども，このような印象論に頼ることは禁物である．雇用期間中の継続的利子支払い，あるいは年齢-所得曲線の操作（6.2節参照）など，直接には目に見えない形でなされる可能性が残っているからである．

　他方，現実に支払いがなされる場合に，それが長期にわたる可能性は低いと考えられる．というのは，中途での支払いには当事者によるデフォールトの可能性を排除できないからである．とくに，短期的変動や雇用機会に関する情報の不完全性にさらされる現実の経済では，この問題は重要となろう．したがって，支払いが生ずるとすれば一時金に近い形となるだろう．

　ところで，潜在的な学歴プレミアムが正の場合と負の場合では事態が非対称的となる可能性がある．まず，負の場合，言いかえれば内部市場の雇用機会が不足し新規労働者による参入料の競り合いが必要とされる場合に，実際に参入料が支払われるとは考えにくい理由がある．第1に，資金市場の不完全性がある．とりわけ学校を卒業したばかりの新規労働者にとって，資金の借入れ制約

はきびしいものとなる．第2に，参入料は労働者が仕事の機会を金銭で購入するということを意味している．しかし，現代の経済で仕事の機会を(能力，資格など他の条件を同一にして)金銭で買うということには社会的公平という観点から強い抵抗がある[49]．他方，潜在的な学歴プレミアムが正の場合には，支払い者が企業であるという点で資金市場での借入れ制約は弱く，また労働者の獲得のために追加的報酬を支払うことに対し，少なくとも長期均衡においては社会的な制約は何もない(短期的変動の局面では既存労働者との報酬の調整という制約が生まれるが，その点については6.2節で述べる)．

以上，学歴プレミアム・参入料の現実性をめぐっては，潜在的な学歴プレミアムが正か負かの相違に応じてその支払いが現実のものになるか否かの違いが生まれる可能性を示唆した．ここでの非対称性は，貨幣賃金率の上方への調整は起きても，下方への調整は起きないというケインズの賃金下方硬直性の仮説と類似している．こうした推論の真偽は，元来実証研究によってのみ決着のつけられる問題である．そのような観点からの本格的な実証作業は将来に待たねばならないが，少なくとも著者の試行的な研究からは日本の新規労働市場において上記の非対称性仮説とおおむね整合的な結論が得られる．その点については6.2節で説明する．

長期均衡の理論の世界に戻って，正の学歴プレミアムを生じさせやすくさせる事情を列挙すると，(1) 教育費用の相対的高さ，ないし機会の不均等，(2) 内部労働者の交渉力の弱さ，(3) 企業家の楽観的なアニマル・スピリット(すなわち将来収益機会の楽観的評価)となる．さまざまな国，さまざまな時期の経験をこれらの要因に照らして解釈してゆくことは，興味ある課題として残されよう．

5.5　生産性誘因と労働者の交渉力

前節では，制度的な賃金決定の行なわれる内部労働市場を含む二重労働市場について，企業の投資行動と人々の教育投資行動の相互作用を検討しながら，長期的な所得分配の決定因を論じた．しかし，分析の焦点は内部労働市場と外

部労働市場との関係にあり，内部労働市場自体を深く検討したわけではなかった．分析のひとつの帰結として，もし企業部門の成長志向が人々の教育投資意欲に比して相対的に高い場合には，企業部門が学歴に対するプレミアムを支払ってでも新たな労働者を獲得しようと競争する可能性のあること，そしてその場合，内部労働市場内の組織的な賃金決定は無力化され，あたかも自由な競争市場が存在したのと同じ状態が長期的に出現することを確認した．

本節の最大の論点は，このように外部労働市場との関連でたとえ内部労働市場に組織を無力化する力が働くとしても，それで論議が終結することはないという点にある．外部との競争を認めても，なお内部労働市場(下位層)自体に需給の一致を阻害する別の要因が存在するからである．これが動機づけの問題であり，5.1節で誘因依存交換と呼んだ側面にほかならない．この側面を理解するには，学歴の取得が内部市場参入のための要件になるといった複雑な構造は必要なく，内部労働市場がつねに外部労働市場からの潜在的な競争にさらされている状況を考えれば十分である．そこで，以下の説明では，同一の初期訓練を受けさえすれば誰でも等しく内部労働者となれる，まったく同質な労働者を想定しよう．

効率賃金仮説

誘因依存交換についてのもっとも初歩的な定式化は，「効率賃金」または「生産性賃金」と呼ばれる仮説である．賃金上昇とともに企業に対する労働者内面の帰属感あるいは公正な交換の意識が高められ，自発的に労働密度が高められるというものである．想定が労働者の選好・心理に決定的に依存しているという弱点はあるが，議論の到達先を十分よく示してくれる[50]．

いま，資本設備は一定で，労働力のみを生産要素とする代表的企業を考える．労働者1人当りの労働時間は制度的に固定されている．生産量は，労働者数と，各労働者の労働密度の積に依存するものとする．経済全体に，同質の企業が一定数存在するものとし，財市場は競争的だとしよう(財をニュメレールとする)．賃金については，あらかじめ雇用に先だって定めた時間給に従って支払う制度的慣行を前提としよう．そうした制度的慣行樹立の背景に歩合給をめぐる企業

と労働者間の歴史的確執があったことはよく知られている[51]．労働人口 N は固定的で，供給は非弾力的と仮定する．以上は，本節全般にわたる共通の仮定である．

さて，各労働者の労働密度は，賃金率に関し右上がりで上方に強く凸の曲線で表わされる関係をもつとしよう．その形状は，後出5-4図の曲線 EE' と同様である．企業が経験を通じてこの関係を知ると，提示する賃金率の操作を通じて労働密度の供給量を制御できるという意味で，企業に購買独占力が発生する．そこで企業は雇用量（労働者数）と賃金率の双方について最適化を図ることになる．賃金率を所与としたときの内部労働力に対する需要は限界生産力原理に従う．すなわち，もう1人追加雇用する場合の生産物の増加額が効率1単位当りの賃金率に等しい．他方，雇用量を所与としたときの最適賃金率は，1人ひとりの労働者に対しあと1円賃金を追加する場合の効率の増加がもたらす生産価値額の増分が，ちょうどその費用（1円）に見合う水準として決定される．曲線が上方に強く凸だという仮定より，この水準は一義的に決まる．

ところで，この2つの条件を比較すると，最適な賃金は，ちょうど生産効率の賃金率に関する弾力性が1に等しいという基準により，雇用量に先だって決定できることが分かる．その基準は，生産効率単位当りの労働費用を最小化する条件にほかならない．効率賃金仮説の名称の由来は，この点にある．

こうして代表的企業の最適な賃金率と雇用量が決定されるが，企業全体としての労働需要の総和が労働力人口 N に満たない場合，企業の意思は実現され，逆に労働需要の総和が供給を上回る場合には，最終的に賃金は市場の競争によって労働の需給を一致させる水準に決定される．後者の場合，企業の購買独占者としての地位は停止する．

以上の帰結は，5-3図を参照すると理解しやすいだろう．代表的企業の賃金 (w)・雇用(L) に関する上記の最適基準は，(L, w) 平面上，それぞれ右下がりの曲線 WW', LL' として描くことができる．また曲線 WW' は曲線 LL' と比べて常に低い傾きをもつことも分かる．むろん両者の交点 E^A が最適賃金率（以下，「効率賃金」と呼ぶ）w^* と最適雇用量 L^* を与えることになる．点 E^A を中心に描かれた等高線は企業の等利潤曲線であり，当然中心に向かうほど利

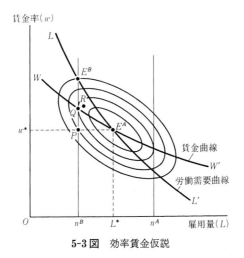

5-3図　効率賃金仮説

潤の水準は高い．さて，代表的企業の手にすることのできる労働供給量 (N/企業数)が n^A として与えられる場合に (w^*, L^*) が実現することは，利潤がその点で最大になるということで明白であろう．逆に，供給量が n^B しかない場合，企業の意図は制約される．企業が n^B を数量制約として認識すれば，対応する賃金曲線上の点 Q まで賃金率を上昇させるだろう．しかし問題は，それぞれの企業がなお利用されていない利潤増加の機会を認識する点にある．いま，ある企業が賃金をわずか引き上げることで，他企業から労働者を獲得する——たとえば図の R 点を達成する——よう図ったとしよう．いちはやくその機会に気づいた企業は，たしかに超過利潤を達成するだろう．しかし，他企業もその機会に気づくにつれ，結局賃金は競り上げられ，もはや何ら創業者利得の余地のない図の E^B 点で事態は均衡を迎えよう．しかし，この点はまさしく完全競争均衡にほかならない．

　言うまでもなく効率賃金仮説が新しい主張を発揮するのは，図の n^A のケースのように効率賃金が潜在的な競争均衡賃金より高く，市場に超過供給を残したまま均衡する場合である．そこでは，仕事のない労働者が賃金を切り下げようとしても，企業は雇い入れようとしないのである．したがって，これらの労働者は非自発的に失業する(または外部労働市場で働く)ことになる．ここに，

企業の政策の中に市場の需給一致を阻害する傾向が生まれるという冒頭の主張がもっとも簡単な形で示されたわけである．

　しかし，以上の議論については，2つの限界を指摘しなければならない．第1に，効率賃金を定義するうえで労働者の自発的な努力供給態度が議論の要となっていることである．そうした選好・心理的態度を労働者が持つことについて著者はむしろ現実的だとの判断を持っているが，生産性誘因をめぐる事態の正しい把握は，企業が労働者の労働密度供給態度を単に利用するだけでなく，それをより積極的に創造するという点である．その意味で，未だ十分な理論化とはいえない．

　第2に，労働者がまったく受動的な存在として認識されている点である．5.2節で見たような，生産の現場は雇い主と労働者間の規律・管理をめぐる永遠の葛藤の場だという認識とはまったくかけ離れた定式化にとどまっている．これら2つの批判点を考慮し，改善したモデルを以下説明しながら，内部労働市場における雇用と分配の決定因を論じていこう[52]．

一般化された誘因依存交換仮説

　賃金をあらかじめ定めた時間給に従って支払う制度的慣行を引き続き前提としよう．労働者は上司の指揮のもとに一定時間働くが，どれだけの密度で働くかについては労働者の側に最終的な意思決定力があるものとする．それは，5.1節で述べたように，あらかじめ個々の労働サービスの詳細にわたって取引契約を結べないという（コースの意味で）契約の不完備性があるためである．むろん企業側に労働者各自の労働成果が簡単に分かるなら，企業は能率の悪い労働者を解雇しようとするだろう．しかし，労働者を解雇しても代わりの労働者の雇入れや訓練に費用がかかるかもしれないし，労働者全体が解雇に反対して生産が阻害されるかもしれない．それゆえ，もし労働密度の低い労働者がいたとしてもただちに解雇することはできないというのが実際の企業の姿である．こうして労働密度をめぐる企業，労働者個人，そして労働者集団の綱引きが発生するわけである．そのような綱引きを理論的にくわしく分析することによって労働者の力あるいは交渉力の性格と，それが雇用と分配形成上果たす役割を

的確に理解する展望が開けると期待される.

そこで, 企業は労働者に対して一定の賃金をオファーするとともに, もし作業態度 (労働密度, 以下では i と表記する) が良ければ次期の雇用を保証するものとしよう. 雇用保証の具体的基準として, 企業による毎期の作業成績の相対的評価で一定ランク以上である労働者には次期の雇用を保証し, それ未満の労働者には雇用を継続しないものとする. 後者の割合を「解雇率」と呼び, f と表記しよう. 企業は, こうした意図を, どれだけ緊密に労働者を監督するか (つまり, どれだけの正確さで作業成績を評価するか) の意図とともに労働者に周知徹底させるものとしよう (監督密度は s と表記する). 換言すれば, (w, f, s) を労働契約の内容として企業は提示しながら, 市場で労働力を需要するわけである. 最終的にどのような (w, f, s) の組み合わせが市場均衡として成立するか, そこでの雇用の分布, 所得分配はどのように決まるかがわれわれの知りたいところである.

企業側がどのような契約を提示するかは, 一般に生産の技術的条件, 監督費用, 労働者個人および集団の態度, それに労働市場全般の需給状態に依存する. このうち, 生産技術および監督費用の条件の効果は明白で, 新たな考察は要しないだろう. とりわけ, 後述のように, もし1人当りの労働費用が雇用量と独立になる場合には, 先の効率賃金仮説の場合に w が生産技術と独立に決定されたのと同様, (w, f, s) は生産技術とまったく無関係となる. 他方, 市場全般の効果として, もし市場で超過需要が生まれる場合には解雇率はゼロとなるだろう. なぜなら, 労働者を解雇してもその労働者はただちに他企業で働くことができるわけだから, 何ら労働者に (追加的) 誘因を与えるものとならないからである. 言いかえると, 失業することで労働者に実質的な損失が生じる状況で初めて, 解雇率は誘因としての意味をもつ.

問題となるのは, 労働者個人および集団の態度である. 解雇政策は労働者個人間で相互の競争を引き起こさせることで労働意欲を引き出し[53], さらに政治的にも労働者相互の協調を阻害する効果を目ざしたものである. 労働者には, たしかにこうした個人的誘因に積極的に反応する理由がある. そもそも個人的な経済的動機こそ, 雇用を求めるきっかけとなったわけだからである. しかし,

同時に他の労働者との共働の過程で生まれる互助，連帯の社会的意識が個人的誘因の支配にブレーキをかける．個人的動機と社会的動機の相対的比重がどのように決まるか，未だ一般理論として十分な説明のないのが現状である．そこで，次善策としてわれわれは次のような二分法をとることにする．自己の労働密度を選択する際には，各労働者は個人的動機にもとづいて行なう．しかし，事後的に解雇が発生する段では，集団全体として雇い主に抵抗し，結果的に摩擦費用を雇い主に賦課する．この摩擦費用は，解雇される労働者数に比例し，解雇された労働者の投下した労働密度が高ければ高いほど増大するものとする．労働者にとって，公正なペナルティでないと映ずる度合が高まるからである．

企業は，労働者のこうした2種類の行動様式をにらみながら(w, f, s)を選ぶ．企業の選ぶ3つの変数のうち，監督密度sの上昇は同一の解雇率の誘因としての効力を高める働きをもつ（したがって，企業の費用投入として解雇率と代替的な役割をもつ）ことで労働者の行動に影響を与える．しかし，議論の全体としての展開に何ら本質的役割を果たさないので，以下ではsを外生的に所与として(w, f)の決定に焦点をあてることにする．

企業数は一定（その数を1と基準化する）で，経済全体として定常的な状況を仮定しよう[54]．定常的とは，つまり雇用契約の内容および雇用量は時間的に変化せず，解雇される労働者がいるとすれば，その補塡のためにのみ，新規の雇用が発生する状況である．毎期初め市場の開かれる直前の時点で，労働者はどこかの（まったく同様の）企業に内部労働力として雇用されているか，それとも失職しているかのいずれかの状態にある．後者の場合，労働市場が開かれると，内部労働市場に雇われるか（これを「再雇用」と呼ぶ），それとも期間中「失業」するかが決まることになる．

「失業」とは，外部労働力としての雇用までを含むものと考えてよい（現実には外部労働力と失業とは重層構造をなしていると考えられるが，以下の理論的分析は容易に拡張可能である）．しかも，失業期間中はuの（効用タームで測った）所得を得るものとする．この所得は，自家労働の価値，制度的な社会保険給付，ないしは最低賃金水準にある外部労働所得と伸縮的に解釈してよい．また，ここで実際に仮定として採用することはしないが，前節のように外部労働

の需給均衡によって内生的に決定されると考えても議論はわずかの拡張ですむ．この所得を「外部効用所得」と呼ぶ．

労働市場の均衡の定義とその種類

労働市場の競争は (w, f) の契約が労働者各自にもたらす効用をめぐって行なわれること，しかも来期以降に期待される効用の流列にも依存することは容易に想像されよう．いま，毎期首の時点で，すでに雇用された者と雇用されていない者と2種類の労働者がいることに注意して，それぞれのタイプについて見ると，雇用された労働者は，今期の所得と労働密度に依存する当期の効用フロー $u(w, i)$ を受けとり，さらに期末時点で引き続き雇用されるか，それとも失職するかが確率的に決められる．いま，失職する確率を d で表わし，雇用された状態の期待効用流列の現在価値を V_e，失職した状態の期待効用流列の現在価値を V_u で表わすと，定常的状況のもとで

$$V_e = \frac{1}{1+r}\{u(w, i) + dV_u + (1-d)V_e\}$$

となる．ここで r は時間を通じて一定とされる市場割引率である．この関係から V_e を解けば，

(5-6) $$V_e = \frac{u(w, i) + dV_u}{r+d}$$

と表わせる．他方，雇用されていない労働者は，市場が開かれた際，再雇用されるか，それとも失業するかが確率的に決まり，失業した場合には外部効用所得 $\underline{u}$ を受けとり，次期期首において再び雇用されていない状態にたたされることになる．再雇用される確率を a で表わすと，上記の記号を用いて，

$$V_u = aV_e + \frac{1-a}{1+r}(\underline{u} + V_u)$$

という関係が得られる．これから V_u を解くと，

(5-7) $$V_u = \frac{1-a}{r+a}\underline{u} + \frac{a(1+r)}{r+a}V_e$$

として表わせることが分かる．V_e, V_u の表現に登場した2つの確率量のうち，d は企業の設定する個人的誘因 f に依存し，労働者の選択によって可変的とな

るのに対し，a は市場における失職者プールの大きさ $(N-(1-f)L)$ に対する補塡需要の大きさ (fL) の比率であり，失職者の直接の制御下にはない．

雇用された労働者各人は，上記の仮定から，企業の提示する契約 (w, f) と失職した場合の効用現在価値 V_u を所与として V_e を最大にするように行動する．V_u を所与とするのは競争市場参加者が価格を所与とするのと同じで，労働者1人ひとりが直接変化させることはできないからである．こうして最大化された V_e と企業全体の生みだす a の値をもとに(5-7)から導出される V_u の値がもともと所与とした V_u の値と一致しない場合には，労働者も企業もその行動を変更するだろう．そして，ちょうどある水準で両者が一致するとき，労働者，企業はいずれも予想が満たされる状態となり，もはやどの主体もその行動を変えようとしないという意味で労働市場は「均衡」を達成する．このように，失職者の効用現在価値 V_u は，誘因依存交換市場として見た労働市場における競争価格の役割を果たすのである．

最大化された V_e は，少なくとも V_u に等しいか，またはそれより大でなければならない．その意味で V_u は雇用された労働者にとっての(現在価値タームで表わした)「留保効用」を表現している．労働市場にどのような種類の均衡があるかを考えるために，まず(5-7)を変形して，

$$(5\text{-}8) \qquad V_e - V_u = \frac{1-a}{r+a}(rV_e - \underline{u})$$

となることを確認しよう．これから V_e, V_u 両者が等しくなるのは，$a=1$，つまり完全雇用の場合か，$rV_e = \underline{u}$ の場合しかないことが分かる．後者の条件は，(5-6)と合わせて $u(w, i) = \underline{u}$ と書きかえることができる．すなわち，働いても働かなくてもまったく同じ最低限の効用しか得られない状態で，「自発的失業」の状況として理解される．あるいは，内部労働でも外部労働でも無差別の状態と解釈してもよい．これに対し $V_e > V_u$ となるのは，$a<1$，つまり不完全雇用の場合に対応することが分かる．ここに生ずる失業は，もちろん非自発的なものである．さらに「非自発的失業」の場合も，$a=0$，つまり元来の効率賃金仮説同様，何ら解雇を伴わないケースもあれば，$0<a<1$ となり解雇を伴うケースもある．

労働契約および雇用量の決定と比較静学的性質

以上は，この労働市場に発生しうる長期的定常均衡のパターンを示したものである．次に，実際どのように(w, f)および雇用量Lが決められるのかを見てゆこう．最初に，与えられた市場条件V_uと企業の誘因(w, f)のもとでの労働者個人の行動から，労働密度の等産出曲線(生産関数)を導こう．5-4図は上方の象限に労働者の無差別曲線の平面，下方の象限に企業の誘因の平面をとったものである．横軸は両者に共通に賃金水準wをとり，縦軸には上方に向かって労働密度iを，下方に向かって解雇率fをとっている．

労働者の無差別曲線の形状については，むろんさまざまな議論がありうるが，ここでは図のように，左方に向かって凸となり，しかも垂直線との接点の軌跡(図の曲線EE')が右上がりとなる場合を想定する．この想定には，(i) 賃金所

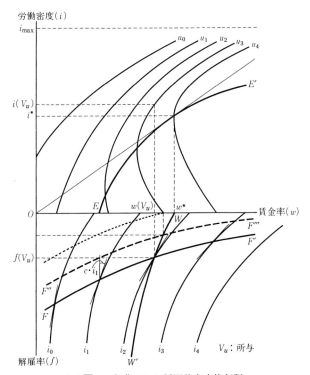

5-4図　一般化された誘因依存交換仮説

得は高ければ高いほどよい，(ii) 労働者は，与えられた賃金のもとで公正と考える労働密度の水準を持っており，その水準は賃金の増加につれて上昇する，という仮定が含まれている．曲線 EE' が表わすのは，まさにこの公正な労働密度の水準にほかならない．もともとの効率賃金仮説で想定した賃金と労働効率との右上がりの関係も，実は暗黙裡にこのような無差別曲線の形状を前提していたのである．先に求めた効率賃金水準 w^* は，この図の原点 O から出る直線が曲線 EE' とちょうど接する点に対応している．当面 $u(w^*, i^*)$ が外部効用所得 $\underline{u}$ より大となる場合を仮定する[55]．

　企業が解雇率を追加的誘因として起動させるということは，図の曲線 EE' のさらに上方で労働者を働かせるということを意味する．労働者は自分が他の労働者より低い密度でしか働かなかったという評価を避けるため，自発的供給の水準を超えて働くのである．なぜそのような行動が生まれるのだろうか？ それは，企業の解雇率 f は所与であっても，なお個人にとっての解雇される確率 d は可変的である，つまり自己の労働密度が労働者平均の労働密度から乖離する度合に応じて変化するからである（この関係の具体的形状は，企業が設定する特定の監督方式のもとで客観的に導出することができる[56]）．そして，労働者の主体的均衡は，限界的に労働密度を高めることで失う当期効用が，ちょうど当該企業に継続雇用されることで受ける効用上の優位 $(V_e - V_u)$ にその優位を確保することのできる確率 $(1-d)$ の限界的増分を乗じた値で定義される限界的利益に等しい，という条件で達成されるからである．この条件は，解雇率の誘因としての有効性は V_e と V_u の間にプラスの格差があって初めて生まれるということを意味している．労働者各人が同様に行動するとき，最終的には誰しもが平均水準で働く均衡（労働者の「グループ均衡」と呼ぶ）が生まれるが，そのときでさえ相互の競争効果は作用し続けている[57]．

　他方，もし市場が完全雇用ないし自発的失業の状態を達成し $V_e = V_u$ となる場合には，労働密度の供給はちょうど労働密度の限界不効用がゼロとなる点で決定される．それは，まさに曲線 EE' 上の水準にほかならない．むろん，そのような場合には，企業もわざわざコストをかけて解雇することはない．この局面では労働者相互の競争効果は効力を停止する（グループ均衡は各人の相互に

独立な主体的均衡として達成される).

5-4図の下部には,こうして得られたグループ均衡としての労働密度の等量曲線が描かれている.この曲線群は V_u をパラメータとしているため,横軸切片を除き V_u の増加とともに右方にシフトする.横軸切片は曲線 EE' 上の点に対応しており,それぞれの労働密度を自発的に供給させる賃金水準を表わしている.曲線 EE' 上では競争効果が働かないため, V_u が変化しても労働密度は変化しないのである.曲線の形状は,一般には労働者の効用関数および競争効果の性質に依存し一定しないが,図に描いたようなケースが正常な場合だと考えられる.

次に,企業の選択を考えよう.企業にとっての制約は,いま求めた労働密度に関する等量曲線と,労働密度の増加関数としての解雇者1人当りの費用 $c(i)$ である.利潤最大化の要件である労働密度単位当りの労働費用 $\{(w+c(i)f)/i\}$ の最小化から, f と V_u を所与としたときの最適な賃金 w,および w と V_u を所与としたときの最適解雇率 f をそれぞれ求めることができる.図上,前者は「賃金曲線」(曲線 WW'),後者は「解雇率曲線」(曲線 FF')として描かれている.

賃金曲線は,賃金の限界的増加はちょうどそれがもたらす限界生産物の純価値(粗価値から摩擦費用の増加分を減じた値)に等しいという,先の効率賃金仮説同様の条件を表わしている.賃金曲線は,必ず横軸上の w^*(効率賃金)を切片とする以外,一般には右上がりにも右下がりにもなる曲線である.しかし,右上がりとなる場合,すなわち解雇率の上昇がいくらか賃金支払いの節約をもたらす場合が正常な場合であろう(実際,厳密な議論として,効用関数を線形で近似した場合の賃金曲線は必ず右上がりである).

他方,解雇率曲線は,労働密度の産出にあたって投入要素 (w, f) 間の限界代替率がそれぞれの要素の限界費用の比 $(1/c(i))$ に等しいという条件を表わし,幾何的には等量曲線と当該労働密度のもとでの $1/c(i)$ の値を傾きとする直線との接点の軌跡となる. i の上昇とともにこの傾きは下落するため,解雇率曲線は必ず右上がりで,しかも等量曲線より勾配は緩やかである.両曲線の交点で費用最小化が達成されることは言うまでもない(ただし,賃金曲線が右上が

りの場合,交点で賃金曲線の勾配の方が解雇率曲線の勾配よりもきつくなければならない).図では,実際に正の解雇率が選択される場合が描かれている.

このような企業行動に対して,労働者の集団的な力の増大はどのような効果をもつだろうか? われわれは,そのような変化を摩擦費用の増加として捉えることをすでに述べた.簡単のために,単位解雇費用 $c(i)$ が c を比例定数として,i と比例的な場合を考えよう.そして c を労働者集団の力を表わすパラメータと考える.こうした仮定のもとでは,c が上昇した場合,賃金曲線は不変で,解雇率曲線のみ上方にシフトすることが分かる.実際,その場合の賃金曲線は先の弾力性条件の軌跡に帰着し,c とは独立である.新しい解雇率曲線は,図上,破線の曲線 $F''F'''$ として描かれている.新しい交点は右上方に移動し,企業の新しい選択は解雇を抑制し,賃金の誘因に傾斜した契約となることが確認できよう(もっとも,もし賃金曲線が右下がりであれば,賃金,解雇率ともに下落することになる).さらに c が一層上昇すると,点線の曲線が示すように解雇率曲線はもはや $f>0$ の領域では賃金曲線と交点をもたず,結局 $(w,f)=(w^*,0)$,つまり先の効率賃金仮説と同一の状況が現出することになる.

以上の労働者,企業の行動に関する分析は,すべてある一定の留保効用 V_u の水準を所与として行なったものである.その V_u の水準が労働市場全体としての均衡をもたらす保証は何ら存在しない.市場均衡の成立は,前述のとおり,労働者,企業の行動によって((5-7)を通じ)客観的に生みだされる V_u の値が,人々の行動の決定にあたってもともと与件とされた V_u と等しいことを要求するのである.しかし,ある一定の制約のもとで,こうした行動で特徴づけられる労働市場に均衡の存在することを示すことができる.また,先の労働者集団の力に関する比較静学的性質は市場実験としても(つまり市場による V_u の調整を考慮にいれたうえでも)妥当すること,さらに外部効用所得が上昇する場合,もともとの均衡がプラスの解雇率を伴うケースでは,賃金率は上昇,解雇率は下落,労働密度は上昇し,雇用水準は下落して失業率は上昇するといった効果をもつことを(いずれも少なくとも第1次効果の範囲で)確認することができる.外部効用所得の上昇がもたらす留保効用 V_u の上昇は,企業に労働者の

数よりも労働密度の上昇で有効な労働サービスを確保することを有利にさせるというのが、この性質の背後にある理由である[58]。

労働市場均衡の諸局面とその規定要因

労働市場全体としてどのような均衡が生まれるかは、結局、もともとの効率賃金仮説で登場した労働人口(N)の相対的大きさと労働者の自発的労働(密度)供給態度の要因に加えて、労働者の集団的力の強さに依存することになる。その概要を整理すれば5-4表のとおりである。「自発的供給あり」と名づけたケースは、5-4図のように、曲線 EE' が右上がりとなる場合である。他方、労働者の選好において労働が常に不効用となるケースでは、曲線 EE' は横軸と一致してしまう(その結果、労働密度の等量曲線は決して横軸と切片をもつことはなく、したがって賃金曲線と解雇率曲線はかならず解雇率がプラスの領域で交点をもつことになる)。これが「自発的供給なし」と名づけた場合である。後者の場合には、賃金だけでは誘因としての効力がないため、企業はいかに c が高くとも、失職のもたらす損失という誘因を発動しなければならなくなる。その結果、市場全体で見ても非自発的な失業者の存在が必然化するのである。

5-4表 労働市場均衡の諸局面とその規定要因

労働密度	労働力供給(N),集団的力の大きさ(c)		労働市場均衡における賃金および雇用の特徴
自発的供給あり	N:小		競争的均衡賃金、完全雇用
	N:大	c:大	$u(w^*, i^*) > \underline{u}$ の場合　効率賃金、非自発的失業 $u(w^*, i^*) < \underline{u}$ の場合　外部効用所得、自発的失業
		c:小	解雇を伴う誘因賃金、非自発的失業
自発的供給なし	Nおよびcと無関係		解雇を伴う誘因賃金、非自発的失業

以上の分析は、労働者がまったく同質であっても、なお雇用と所得の分配に不平等の生まれることを示している。ここで論じた生産性誘因システムは、実際には内部労働市場に設定されたピラミッド型の位階構造と内部昇進システムによって一層強化されたものとなっており、それに伴い所得格差にも一層の広がりが生ずる[59]。労働者の集団的力も、分配の形成に影響力を発揮する。集団

的力の増大は(解雇率が正となる局面で,また第1次効果として)失職の危険を低下させるという意味で内部労働者の雇用の安定性を高めるが,他方で内部労働賃金と外部効用所得との格差を増大させ,利潤を減少させるとともに,全体としての内部雇用量を低下させる効果をもつ.後半の効果は,定性的に5.4節で見た需要制約下の局面における労働者交渉力 β の上昇の効果と同様であることに注意しよう.かくして,マクロ的に見た場合,労働者の結束は平均的に見た労働者所得を増加させるが,必ずしも労働者全員に等しく利益を分配するものではないというディレンマを抱えることになる.

保証金の競争による完全雇用達成の可能性

さて,以上の議論に対して伝統的競争市場観の立場から異論が唱えられていることに触れておかなければならない.労働者の生産性誘因は通常の(ワルラス的)競争市場の枠組でも十分解決できる問題であり,交渉力といった組織的要因はまったく無力だという主張である[60].いま,議論の現実性の検討は後回しにして,内部労働市場に職を求める労働者は,雇用に先だちある一定の保証金 b (効用タームで測った)を雇い主に預けるものとしてみよう.そして,いままでの (w, f, s) 契約に追加条項を加え,もし期末に解雇される場合には,労働者は預けた保証金を放棄し,雇用が継続される場合には雇い主は保証金を返却するものとしよう.その場合, V_e は

$$V_e = -b + \frac{1}{1+r}\{u(w, i) + dV_u + (1-d)(V_e + b)\}$$

と表わされ,これより(5-6)は

(5-6′) $$V_e = \frac{u(w, i) + dV_u}{r + d} - b$$

と,修正されることになる.それゆえ, V_e の値はちょうど保証金の額だけ減少し,しかも保証金は労働者の労働密度に関する意思決定には何ら影響を与えないことが分かる[61].他方,企業にとっては,解雇の摩擦費用 $c(i)$ がちょうど保証金の(金銭相当)額だけ減少することを意味している.したがって,保証金の導入は,ちょうど労働者の集団的な力が低下したのと同様の効果をもつことが

分かる.いま,保証金の導入以前に非自発的失業が存在したとしてみよう(解雇率はプラスでもゼロでもよい.以下,プラスの場合を例にとろう).もし,職を得られない労働者が企業に対して保証金を積むことをオファーしたとすると,企業は喜んでそのオファーを受けるだろう.結局,(従来雇われていた労働者を含む)どの労働者も保証金を積まなければならなくなり,保証金の額をめぐって競争が生まれることになる(この点,5.4節の参入料(負の学歴プレミアム)をめぐる競争とまったく同様である).保証金の上昇が賃金を低下させ,雇用を増大させることは(集団的力の低下と同一の含意をもつという前記の性質より)すでにわれわれの知るところである.したがって,非自発的失業が存在する限り,保証金は上昇し,最終的に完全雇用,または外部効用所得という制度的下限での自発的失業の均衡が達成されることになる.いわば裏木戸を通しての賃金競争によって,組織は完全に無力化されるわけである.

保証金契約は,金銭貸借における抵当の設定と同様の発想にもとづくものである.しかし,一方で貸借上の抵当が法的にも抵当権として保護され,広範に機能しているのに対し,労働契約においては文字どおりの保証金契約を現実に見いだすことはない.それはなぜだろうか? その理由として3つの事情をあげることができよう.

第1に,保証金そのものはいかに純粋に金銭的な形をとるとはいえ,理念的に人間を抵当におくのと同等の効果をもっている点である.人々の理性は,自由市場経済の枠内であるとはいえ生計的に緊迫した境遇に置かれる人々の尊厳を守るために,人身売買の禁止を含むさまざまな社会的規制や社会福祉制度を発達させたわけであるが,その同じ理性が道徳的規制としてそうした契約を阻止する力を発揮していることは間違いない.

第2に,保証金には金銭貸借と異なる事情のあることにも注意する必要がある.すなわち,金銭貸借の場合には借り主が借金を返済するということで負債の消滅が誰にとっても明白となるのに対し,労働契約の場合には債務の返済履行に対応する適切な労働密度の供給の有無を,誰が,またどのように判定するのかという困難が伴う.(5-6′)をめぐる定式化では,保証金の返却をめぐって労働者が企業主の善意を無条件に信頼するということが暗黙のうちに前提され

ている.しかし,そのような信頼は先験的に存在するものではない.むしろ,企業側の債務履行判断の正当性をめぐって紛争の絶えない事態も容易に発生しうる.そのような場合,保証金の存在は,逆に摩擦費用を増加させる原因となるだろう.

第3に,保証金が実際に雇用開始時点での預託を伴うものである限り,すでに参入料をめぐる議論で指摘した資本市場の不完全性の問題が再び意味をもってくる.借入れ制約の存在のため,市場で決定される(潜在的な)保証金が高額になるとこの機構が作動しないことも十分ありうる.

むろん,文字どおりの保証金とは異なる契約のあり方を考えることもできる.いわゆる年功賃金制度がその典型である.たしかに年功賃金制度には保証金契約と同等の効果が期待できるばかりか,第1の事情に関する人々の心理的抵抗感を和らげることができ,しかも第3の事情を相当程度緩和させることができる.しかし,問題は残る.第2の事情がもたらす困難には,依然直面したままだからである.そして,著者には,この第2の事情こそ,もっとも重要な事情だと考えられる.もちろん,経済を支える社会的・文化的環境や歴史的時期の如何によっては,前記の信頼関係が機能し,年功賃金制度の形態をとった保証金契約が実際に作用する可能性を認めてもよいだろう(日本に関する実証研究の結果については,6.2節で後述する).ともあれ,そのような契約が本節の議論をまったく無効にしてしまうまで機能するという主張は明らかに極端に過ぎる.

誘因依存交換と雇用・所得の分配

次に,以上のモデル分析がもつ,労働市場の構造および所得分配に対する他の含意を検討しよう.第1に,ここで定式化した誘因依存交換の場としての内部労働市場は,あくまでも競争市場であることに注意しよう.したがって,たとえば労働供給人口の増加がある場合には,賃金率が効率賃金水準または外部効用所得水準に張りついた不完全雇用の局面を除き,競争を通して均衡内部労働賃金率は低下するというように,通常のワルラス市場と同様の性質をもちあわせている.しかしながら,ワルラス的競争市場との本質的相違は,超過供給

(非自発的失業)を残したまま均衡する場合のある点である．

第2の特徴として，解雇率がプラスの非自発的失業均衡の場合には，失業・外部労働のプールと内部労働市場との間で，実際に労働者の出入りが生みだされることである．現実には外部市場と内部市場の間でかなりの労働移動が起きているので，両市場に属する労働者が非競争集団を形成しているとはいえないという批判がかねてから二重労働市場仮説に向けられてきた(5.3節参照)．われわれの結果は，労働移動がありながら，なお市場に割当ての存在するケースが理論的に構成できることを示している．その意味でこうした批判をかわすことができるのである．

もっとも現実の統計データに現われる規律上の解雇の頻度は，自己都合の離職，あるいは景気変動に伴うレイオフ，解雇に比してはるかに小さい[62]．したがって，現実に観察される両市場間の労働移動を説明するには，いままで捨象していた自発的離職あるいはレイオフといった事情を考察する必要がある．外生的な自発的離職であれば，即座にモデルに取り込むことができる．また，離職発生率が他企業の賃金水準(ないし効用水準)との差異に依存する場合には，他企業との競争要因が賃金水準を一層押し上げるため非自発的失業の起こりやすくなることが，Stiglitz[1974]，Calvo[1979]らによって指摘されている．短期的な需要変動の影響については，予期されない需要ショックに対して企業は主としてケインズ的な雇用調整を図る傾向のあること(Akerlof = Yellen [1985])，その反面，予期される確率的な需要変動に対しては内部労働者を部分的にせよ保蔵する傾向を示す(Gintis = Ishikawa [1986])といった，すでにいくつかの予備的結果が得られ，現在もなお考察が進められている．こうした研究は，短期の経済変動が雇用と所得の分配にどのような効果を与えるかという本節のテーマの範囲外にある重要な問題に対して解答の手がかりを与えるはずである．

第3に，均衡においても割当てが存在するという性質は，一見，労働市場における賃金，雇用両面にわたるいわゆる差別現象の説明に利用できるのではないかと考えられよう．しかし，こうした解釈は慎重にする必要がある．第1に，人々の行動の背後にある経済的能力，選好の状態が同一である限り，性・人種

などそれらと無関係の属性をめぐる労働市場全体規模での差別は決して生じない．たとえば男子と女子の間で再雇用率が異なったとしてみよう．男子について高いものとする．その場合，いったん失職した場合の女子の効用の損失は男子より大きくなるので，同じ(w, f, s)契約のもとでの労働密度は女子の方が高くなる．したがって，利潤最大を目的とする企業は，女子を優先的に雇用するだろう．ということは，男子の再雇用率が高いという想定と矛盾する．つまり，性，人種といった顕在的な属性の間で，結果的に再雇用率を異ならせるような差別は発生しえないのである．むろんこのことは，個々の雇い主によるそれぞれ秘かな差別を排除するものでない．最終的なマクロの再雇用率に影響を与えるものでない差別であれば，雇い主は無費用で実現できる．

もし人々の間の(性別などの)顕在的な属性と(選好としての)自発的離職性向との間に有意な相関があれば，議論はまた別となる．実際，女子の各年齢層の離職率は男子のそれより高いことが知られている．自発的離職の可能性のため，たとえ内部労働の継続が生涯効用の面で有利であっても，女子労働者はその優位を高い率で割り引いてしまう．それゆえ，他の条件を不変とすれば，企業は同一労働密度の確保のためにより高価な誘因の提供を迫られる．そこで，企業は女子の雇用を制限するというわけである(Bulow = Summers [1986])．しかし，ある属性を持つ人たちに特定の性向を想定するときは，いま少し慎重でなければならない．たとえば，女子の離職性向が高いとしても，それだけ現在の仕事への意欲(われわれのモデルにおける自発的供給態度)が高いという可能性もある．そして，それが離職性向のもたらす不利を相殺して余りある場合もあるだろう．したがって，離職性向の高さが生産性誘因の高価さゆえに均衡においても差別を引き起こすという議論は，論理的命題としては正しいとしても，現実の男女間の雇用機会格差の説明としては十分な議論とはいえない[63]．

5.6 労働市場と所得分配：結論

個人間の稼得所得分配形成の理解は，割当て現象を均衡状態として含むことのできる労働市場の枠組の中で，人々の教育・訓練を通ずる学習がいかになさ

れ，その成果が雇用の配置にいかに反映されるか，労働密度の供給をめぐる人々の自発的動機と集団的な協調の動機がそれぞれどれほどの強さで，雇い主側がどのような誘因を実際に発動するか，これらの事情の帰結としてどのような市場の局面（完全雇用，非自発的雇用など）が実際に達成されるのか，という事情の考察を基軸として行なわれなければならない．5.4節および5.5節の分析は，相互に補完しつつ，さまざまな国と時期の経験を解釈する理論的枠組を提供すると同時に，所得分配の平等化をめざす社会政策の批判的視座を与えるだろう．

　新古典派アプローチは，経済主体の合理的な選択，とりわけ人的投資，不確実性下での情報学習の論理を明らかにすることで，分配現象に対するわれわれの分析用具を大いに豊かなものにした．しかし，その論理の発揮される世界を，一方では現実把握として，他方で社会的効率性の観点からの理想として，ワルラス的競争市場（われわれの用語で，単純商品交換市場ないし結合交換市場）に求めたため，教育・訓練の平等化が所得の平等化を達成する主要な手段であるという理論的予測と社会政策指針に終始した．果たして，そのような指針のもとに1960年代米国で行なわれた大量の社会的教育・訓練投資（「偉大な社会」政策）は期待された成果を生まなかったのである．この反省のうえに二重労働市場仮説（および仕事競争仮説）が展開されたわけである．二重労働市場仮説は，市場に恒常的に需要制約が存在すると強調する点で，ケインズ的なマクロ経済理論と親近性がある．実際，平等化を図るための政策的指針としては，マクロ的な高需要管理と公共的な内部労働需要創出を強調してきた[64]．

　しかし，本章の分析は，新古典派的競争市場仮説，二重労働市場仮説とも教義的に二者択一の対象としてはならないことを示している（5.4, 5.5節）．実際，(i) 労働者の自発的労働供給態度が高く，(ii) 集団的な結束力が強く，(iii) 経済成長率が高いといった条件が揃えば，複数の種類の仕事を含む新古典派的労働市場が生まれる可能性がある．第1に，生産性誘因の面で完全雇用の局面を生みだす力が働き，第2に，学歴プレミアム（負の参入料）の競争が生まれうるからである．反面，これらの条件のいずれかが満たされないときには，非自発的な失業（ないし外部労働）および学歴パラドックスの発生する可能性がある．

これらの事情は，むろん国々の違い，歴史的時期の違いによって変化するわけで，ここに国際的な比較研究ならびに歴史的比較研究の意義と課題が浮かび上がる．

労働者の自発的労働供給態度について，われわれの分析では外生的だと想定したが，本来は経済体系にとってすぐれて内生的な変数だと考えられる．第1に，人々の労働意欲は，仕事の内容と無関係ではありえない．新しい学習の余地，責任ある意思決定の行使を含む仕事については，労働意欲は自然に高められよう(5.2, 5.3節)．他方，何の学習も伴わない袋小路的な仕事には，内発的な労働意欲を期待するのはむずかしい．袋小路的な仕事への従事が労働そのものへの忌避を助長し，それが一層そうした仕事への従事を恒久化するという悪循環の存在も指摘されている．さらにこうした効果は，親から子供へと，世代を超えて及ぶ危険もある．第2に，経済体系にどのような仕事のスペクトラムが存在するかは，5.2節で検討したように，それ自体雇い主の経済的意思決定の結果であり，雇い主と労働者による生産過程の管理をめぐる社会的葛藤をも反映したものである．5.5節の分析は，雇い主・労働者間の社会的関係の一部を内生化することで，生産過程を純粋に投入産出の技術的関係として扱う理論的伝統を修正したわけであるが，未だ仕事の内容，範囲の決定は外生的なままにとどまっている．

これら2点は，所得分配の平等化を推進する上で前記の2つの政策アプローチ以外の方策，すなわち労働過程の質的改善が重要になる可能性のあることを示唆している．とりわけ長期的な経済成長の余地が限られ，（累積財政赤字の負担など，さまざまな理由で）短期的な需要管理政策の機動性も制約された今日の経済においては，一層重みを増しているのではないかと思われる．これらの諸点に関する実証研究を携えながらの詳細な検討は，稼得所得分配に関するこれからの主要な研究課題となろう[65]．

第5章 注

1) なお，日本では1960年代から70年代にかけて教育の平均収益率は傾向的に低下している（貝塚ほか[1979：35-36, 42]）．しかし同時に［同：56，表2-11］が示

すように，学歴別の推定収益率は，中卒，高卒，大卒ともほぼ同様の割合で低下しており，広範な普及をみた高等教育の収益率が相対的にとくに大きく低下した兆候はない．したがって，教育収益率の低下という事実だけから日本における限界生産力仮説の妥当性を結論することはできない．

2) ここで「補完性」と呼んだ尺度は，厳密には Hicks [1970] による「q-補完性」尺度のことである．資本設備 v_K，熟練労働 v_S，非熟練労働 v_U という3つの生産要素につき1次同次となる生産関数を，$x = F(v_K, v_S, v_U)$ と書こう．それぞれの要素価格を，w_K, w_S, w_U と表記する．費用最小化の1階条件として，限界費用を λ ($= \lambda(x)$) と書くとき，

$$w_i = \lambda F_i \quad (i = K, S, U)$$

が成立する．ここで，限界費用 λ を一定に維持する条件のもとで，生産要素 j の投入 v_j の(比例的)変化を正当化する第 i 要素の価格 w_i の(比例的)変化を評価すると，λ を定数と見て先の1階条件を対数微分することにより，容易に

$$\frac{\partial \ln w_i}{\partial \ln v_j} = \frac{F_j v_j}{F} \cdot \frac{F F_{ij}}{F_i F_j} \quad (i, j = K, S, U)$$

の関係式が得られる．右辺の積の第1項は，この生産要素の所得シェアを表わしている．ヒックスは右辺の積の第2項を i, j 生産要素間の「補完の弾力性」(C_{ij} と表記)と定義し，この値がプラスになる場合を q-補完財，マイナスになる場合を q-代替財と呼んだ．$C_{ij} > 0$ とは，結果的に w_i を上昇させることになっても v_j と v_i の投入をともに高めることで限界費用を一定に保つ状況に対応しているからである．これらの概念は Sato = Koizumi [1973] によって手際よく説明されている．本文の性質は，この定義を用いて

$$\frac{\partial (w_S / w_U)}{\partial v_K} = \frac{F_S F_K (C_{KS} - C_{KU})}{F_U F}$$

となることから示される．すなわち，$C_{KS} > C_{KU}$ ならば

$$\frac{\partial (w_S / w_U)}{\partial v_K} > 0$$

である．

3) Bowles = Gordon = Weisskopf [1983：56, Figure 3.7] によれば，米国における労働時間当りの資本ストック(資本集約度)は，1948-66年では1.8%，1967-73年では2.5%，1974-79年では1.2%ほど上昇した．1960年代後半から70年代初期に

かけての時期は、平均的にもっとも資本蓄積が進んだ期間であった。これに対し、労働時間当りの実質国民純所得の上昇率(労働生産性の上昇率)は、やはり年率でみて、1948-66 年では 2.9%、1967-73 年では 2.0%、1974-79 年では 0.6% と、傾向的低下を示している．

4) 均等化差異をめぐるパネル・データを用いた最近の周到な実証研究として Brown [1980] をあげよう．産業間の賃金格差をめぐる Dickens = Katz [1987]、Krueger = Summers [1988] らの研究もまた、均等化差異の作用に否定的な結論を導いている．

5) 最近の数字については、U. S. Bureau of Statistics, *Handbook for Labor Statistics*, 1981：Table 82 から容易に確かめられる．さらに通時代替仮説に対する最近の実証的批判として、恒常賃金水準に対する人々の期待が時系列情報を駆使したり、消費行動と連係させる形で合理的に形成されるとの想定を置くと、現実の米国の時系列データは理論の予期する労働供給関数の符号条件を満たさないことを Altonji [1982] および Ashenfelter = Card [1982] が示している．

6) 生産過程の効率性、および通時的な生産フロンティアの概念については Malinvaud [1977：Chapter 3, Chapter 10(B)] の解説を参照のこと．

7) 能力円周上の任意の2つの直径の両端を (A, B)、(A', B') として、それぞれの点にもっともマッチした仕事を便宜上同一の記号を用いて表わそう．仕事 (A, B) を用いる第 i 財の生産関数を $F(L_A^{(i)}, L_B^{(i)})$、仕事 (A', B') を用いる第 i 財の生産関数を $F'(L_{A'}^{(i)}, L_{B'}^{(i)})$ と書く．ここで、$L_A^{(i)}, L_B^{(i)}, L_{A'}^{(i)}, L_{B'}^{(i)}$ は、共通の人・時間単位で測った労働投入量を表わすものとする．われわれの仮定は、以上の記号を用いると、どの i についても、もし

$$L_A^{(i)} = L_{A'}^{(i)} \text{ かつ } L_B^{(i)} = L_{B'}^{(i)}$$

ならば、必ず

$$F^{(i)}(L_A^{(i)}, L_B^{(i)}) = F'^{(i)}(L_{A'}^{(i)}, L_{B'}^{(i)})$$

になるということである．

8) ミクロ経済学における通常の生産者の議論では、所与の技術のもとで費用を最小にするという意味で効率的な産出活動の中から利潤を最大にする産出水準が選ばれるとされるわけであるが、ここでは、いかなる技術体系が選択されるか自体を問題としているのである．

新古典派の枠組の中で生産組織の編成それ自体を論じたわずかな例外は、企業組

織の成立をめぐる Coase[1937] の古典的討論である．コースは，労働者に対する自由裁量的な指示の余地が，必要な各サービスをそれぞれの市場で買い揃えるという交替的な生産の編成にあたって必要となる取引費用を減じさせ，企業組織存立の根拠を与えると論じている．こうした論点は，Simon[1951]，Williamson[1975：Chapters 2 and 4] によって敷衍されている．しかし，これらの議論においても分析の焦点は組織的形態にあり，生産技術や仕事の分業をめぐる選択にはない．

9) 労働力と労働(量)の区別を強調したのは，マルクス『資本論』第1巻における相対的剰余価値をめぐる議論である．しかし，そこで中心をなすのは資本の有機的構成の高度化の問題であり，新古典派経済学における限界生産力概念と類似の，いわば技術論的見地からの議論である．ここで論ずる問題は，むしろマルクスの一世代前の経済学者 Ure[1835]で強調されたものである．5.2節を参照のこと．

10) もっとも単純な事例は，重い荷物を2人の労働者で持ち上げる場合である．当事者どうしではそれぞれ互いにもう1人がどれほど力を出しているか分かっても，外部には分からない場合が多い．この点を強調したのは，Alchian=Demsetz [1972]である．

11) この点を明確に指摘したのが，Becker[1962]，Oi[1962] である．Lindbeck=Snower[1986]，Solow[1985]による「内部者-外部者」的接近は，この観点を賃金の硬直性と失業の発生の説明に適用したものである．

12) この要因を指摘したのは Doeringer=Piore[1971：84] である．Thurow [1975]の仕事競争仮説(5.4節を参照)も，この論点を出発点としている．

13) アダム・スミスの分業と市場の広がりをめぐる議論の現代的解釈として，Young[1928]，Piore[1980(b)] を参照のこと．マルクス『資本論』第1巻においても等しく収穫逓増の要因が強調されたが，資本設備がその主たる源泉であると観念されている．資本家が資本蓄積を最大の動機とするのは，まさにこの収穫逓増が引き起こすサバイバル・ゲームのゆえだというのである．アダム・スミス自身の議論で収穫逓増の事実認識と自由競争の理念とがどのように調和すると考えられていたかについては，Negishi[1989：89-95]を参照のこと．

14) マーグリンの問題提起は，生産技術や経営に関する知識，さらに技能・熟練が経済主体間でいかに分配されるか，また実際に生産技術を選択するのが誰であるかを，経済的力の重要な源泉かつ表現として認識しようというものである．それは，労働力を生産要素一般のなかの1つとして，あるいは高々摩擦ないし市場の不完全

性を伴う生産要素としてしか見ない従来の新古典派経済学的伝統を批判するものであり，同時にまた，資本と労働の「階級的」対立を基本的視点として強調しながら，実際には(新古典派同様，外生的に所与の技術体系下での)所得分配をめぐる政治力学的説明以上に分析を深化させえなかったマルクス経済学を批判するものである．マーグリンの考察は，労働市場がどのようにして現在の分割された市場の姿をとるようになったかをめぐる急進派経済学者の優れた歴史的研究を刺激する(Stone [1974], Edwards [1979], Edwards = Gordon = Reich [1982])とともに，制度派労働経済学の伝統の上に築かれたピオーリを中心とするグループの二重労働市場論においても，労働者の学習・熟練の内容についての考察を深化させるなど，その理論的土台をより堅固なものにする役割を果たした(後者の成果は Piore [1980(b)], Sabel [1982]に代表される)．この両者は，もともと強調点の置き方を異にするだけでなく，最近ではとみに論争的色彩を強めているが(とりわけ Edwards = Gordon = Reich [1982], Sabel [1982]を参照のこと)，本節の労働市場構造の把握という主題についてみる限りきわめて補完的な研究だといえる．以下の本文では，こうした評価にたって両者の成果の統合を図るものとする．

15) スミスは次のように述べている．「分業の進展とともに労働によって生活する人々の圧倒的部分……は，少数のごく単純な作業に……限定されるようになる．ところで大半の人々の理解力は，不可避的に日常の職業によって形成される．その一生が少数の単純な作業に費やされ，その作業の結果もまた，おそらくつねに同一かほとんどまったく同一であるような人は，決して起こりもせぬような諸困難を除去するための便法を発明するのに自分の理解力を働かせたり，また発明力を働かせたりする必要がない．それゆえ，彼は自然にこういう努力を払う習癖を失い，およそ創造物としての人間が成り下がれる限りの無知蒙昧の徒となる．」(Smith [1776 (1904): (II), 267], 訳書(II): 1125-1126, 訳文は若干変更．)

16) むろん，マルクス自身，「1830年以降，ただ資本に対する労働者階級の反抗を押さえる武器としてだけのためになされた発明がいかに多いことか，それだけで十分な発明の歴史が書ける．」(『資本論』第1巻(訳書(岩波書店版，以下同じ)(I): 553)．Rosenberg [1976: 118]に引用)と述べているように，労働者の集団行動が労働節約的技術進歩＝機械化を促進させると指摘する点で，技術の変化が外生的だと論じてはいない(Rosenberg [1976: 117-120])．しかし他面で，歴史的方向として機械化が人間労働を同質かつ単純なものへ還元してゆくという点については，次の

引用が示すように疑いを持たなかったと思われる。マルクスは，アダム・スミス『国富論』の叙述「同一量の労働は，あらゆる時代あらゆる場所において，労働者自身のために同一価値をもっていなければならぬ。労働者の健康，力および活動の正常な状態において，そして彼のもっている熟練の平均度とともに，彼はつねにその安息，その自由およびその幸福の，それ相応の部分を犠牲としなければならぬ。」を引用したうえ，次のように批評している．「(スミスは)(労働力)の支出をただ安息，自由，および幸福の犠牲とのみ解していて，正常な生活活動と解していない．もちろん彼は近代賃金労働者を眼前に浮かべている．」(『資本論』第1巻，訳書(I)：61．)

この短い批評の中には，2つの意味が込められていると筆者には考えられる．第1に，マルクスの周知の論点であるが，労働は本来自然への積極的・主体的な働きかけであり，人間生活の中でもっとも積極的な活動のひとつだという点である．第2に，実際の労働がもつ意義は歴史的に変化する．とりわけ資本制経済下での生産力の発展，とくに機械化・分業の進展のもとで労働の内容が漸次単調化し，人間労働本来の意義が実現できなくなりつつあるという点である．

17) Landes[1972：255，注2]によれば，従来のパドル法では，炉の容量は屈強な労働者が熔解した鉄を人力でかき混ぜることのできる分量(約200 kg)に限られたが，ベッセマー転炉では機械がどれだけ自身を傾け熔解した鉄を抽出できるかという制約のみとなった．その結果，初期のもので2-5トン，19世紀末には20トン，25トンといった炉が使用できた．ランデスの直接の叙述対象は英国やドイツであるが，米国でも同様であったと考えられる．

18) Stone[1974：133]の引用した，1902年のベスレヘム・スティール会長C. Schwabの言明による．しかし，Sabel[1982：60-61]も指摘するように，資本家のこうした言明を無批判に受容するのは願望と事実とを混同する惧れを伴う．

「半熟練」という言葉は1910年の政府報告に登場し，「その大部分はクレーンの運転などかなり複雑な作業やその他の機械や冶金学上の知識を教授された労働者によって占められる．こうした労働者の増加は，主として近年のこの産業(鉄鋼業)における機械と電動力の使用の発達に伴って発生したものである．」(Stone[1974：124]に引用)と説明されている．同じ時期に人口センサス上，新たに「熟練」労働者と分類されたのは，機械修理工や機械技術者，ないし労働者や機械を指揮・調整する監督業務従事者である(同：注*)．

ここでの半熟練，熟練といった用語の区別は，筆者にはむしろ知識・熟練が局所

的なものか,それとも包括的で抽象度も比較的高い知識,熟練(かつての熟練工の保有していた知識もこの範疇に入る)かの違いに対応していると言ってよいもので,熟練の量を直接反映した区別ではないと思われる.それゆえ,半熟練労働者にはほとんど技能・知識がないと強調するストーン自身の議論は適切だとはいいがたい.

19) この点は Braverman[1974:85-152] がくわしく論じている.

20) ストーンは,鉄鋼業界紙 *Iron Age* の記事から,こうした制度採用の勧告を1900年までさかのぼって跡づけている.また1918年に刊行された工場管理の手引書 *Labor and Compensation*(Broomfield 著)の引用から,当時すでに十数年にわたって「袋小路」(dead-end)と呼ばれる仕事が批判の矢を浴びてきたこと,「動けない,前へ進めないことが人を落ち着かなくさせる,という人間性の本質がしばしば忘れられてきた」こと,そして「仕事そのものが問題であるというより,仕事の編成・管理に誘因と魅力が欠けていた」こと,またその解決策として「より自由な昇進と配転のシステム」が上首尾な効果をあげ,広く採用されるようになったという指摘を引きだしている.

21) ストーンは,熟練そのものが消失してしまったのだから仕事の階梯と内部昇進システムはほとんどまったく人為的なものだと論じている(Stone[1974:136]).しかし,この主張は,注18)で述べた点に照らして,極端に過ぎるといえよう.

22) こうした歴史的変化を新古典派理論の枠内で表現するとすれば,従来の技術体系(等量曲線群)における労働集約的生産点からまったく別の等量曲線上の資本集約的生産点への移動に伴う雇用調整の過程だということになる.さらに,熟練の質に変化があったために,問題の雇用調整は単なる雇用量の限界的調整にとどまらず,すべての労働者(粗雇用量)の調整となった.それゆえ激しい摩擦が生じたということになる.

23) こうした過程の優れた叙述として Landes[1972],とりわけ鉄鋼業については[同書:249-269]を参照のこと.また,Rosenberg[1976]も知識が独自のモーメンタムをもって発達することを「知的不均衡」と呼んで,技術発展の方向を左右する重要な3つの要因の第1として強調している.他の2つの要因としては,本文ですでに論じた労働者管理の問題(この要因は,とくに19世紀英国できわめて重要であったと述べている)と,戦争など純経済外的理由にもとづく物資の供給源からの切断をあげている.

24) 仕事の再設計の効果をめぐっては，1970年代初め米国保健・教育・厚生省によって行なわれた「労働と生活の質」に関する大規模な研究のレポート(U. S. Department of Health, Education and Welfare [1973])，およびその報告の基礎になった研究論文集 O'Toole [1974] (とりわけその中に収められた Davis = Trist [1974] のサーベイ)，そして最近の状況をめぐって Levitan = Werneke [1984] のサーベイを参照のこと．

25) この点は，Levitan = Werneke [1984 : 33] の強調するところである．彼らは同時に，労働者の側も経営への参加がかえって労働の強化と雇用の減少，さらには先任権制度の崩壊をもたらすだけに終わってしまわないかと案じて，必ずしも変革への態度を明確にしないことを指摘している．

26) 労働市場の分類に際して仕事に随伴する学習の性格の差異が基本的役割を演ずるという視点は，Piore [1975] で展開されたもので，最近における彼自身のもっとも包括的な二重労働市場論の記述である Piore [1980(b)] においても繰り返されている．なお，内部労働市場と外部労働市場への分割をめぐる急進派経済学者による説明(注14)を参照)は，学習の性格の差異というより，むしろ産出物の需要が安定した中心部門(center)とそれが不安定で変動の大きい周辺部分(periphery)との差に分割の基礎を求めている．後述のように，ピオーリも産出物需要の安定性をめぐる差異を内部・外部市場間の重要な特徴的差異として認めているが，それはむしろ労働自体に内在する差異が需要の安定性を異にする産出部門間で(雇用の性質の差として)強く発揮されることとして理解しようという点で違いがある．なお，米国の研究者に先駆けて二重労働市場仮説を展開した氏原 [1954] との共通点と相違点については，6.1節を参照のこと．

27) もっとも私見を加えれば，ここでの結合交換を時間資源の投入を伴う職場学習のケース(3.2節参照)として理解することには，次に述べるような不自然さがつきまとう．むしろ，ここで結合交換の対象となる学習機会は，仕事上の思考と意思決定がどのような成果をもたらすかのフィードバックを通してなされる側面が強いという点で，純粋の遂行学習(同じく3.2節参照)の方に近いと考えられる．不自然さとは次の点である．

Rosen [1972(b)] による労働と学習機会との結合交換の定式化では，学習の密度が高いほど訓練の費用がかかると想定されている．したがって，生涯の長さが有限である限り，若いうちは高密度で学習し，年をとるにつれ低密度の学習を伴う仕事

に移っていくという労働者の行動が生まれる。そのことは、年齢と内部労働市場内の地位とが正相関すると想定する限り、より高い地位はより低密度の学習と対応するということを意味する。しかし、そのような含意はわれわれの直観にそぐわない。内部労働市場の上位層では、より高い地位はより広範囲の情報にもとづく、より高度で責任の重い意思決定と対応していると捉えるのが自然であり、その結果として生まれる学習も地位が高ければ高いほど大きいと考えるのが適切であろう。

　純粋な遂行学習の機会をめぐる市場の結合交換とそこで生み出される賃金曲線の性質をめぐる考察は、著者の学会報告(Ishikawa[1984])にくわしい。

28)　「中心企業」が「周辺企業」をバッファーとして利用し、景気変動のリスクを転嫁するという視点は、たとえば Averitt[1968]に見られる。

29)　ピオーリは、これらの人たちの多くが目標所得達成の行動をとる可能性を論じている(Piore[1973])。その場合には、賃金率が低ければ低いほど長時間ないし長期間にわたって労働を供給する行動——右下がりの労働供給曲線——が生まれることになる。しかし、女子の労働供給行動など、関連する数量的研究からは、むしろ標準的な留保賃金設定の行動とそれにもとづく労働供給行動として理解した方がよいようである。たとえば、労働供給関数の実証成果を展望した Killingsworth[1983 : Chapters 2 and 3]は、女子の労働供給に関する賃金弾力性が非常に高いことを指摘している。日本でも女子のパートタイム労働者の賃金率は(1970年代以降)景気変動とほとんど無関係であり、とくに景気の後退期に低下しない特徴がある(つまり、あたかも労働供給の弾力性が無限大のように見える)。それは、これらの労働者が固定的な留保賃金を設定しているからだと考えられる。

30)　こうした研究の先駆けとなった Osterman[1975]は、主として仕事の安定性(stability)、自律性(autonomy)に注目して職業を分類したうえ、各階層ごと(米国、全国男子)の稼得収入関数を推定し、内部労働市場上位層では通常の学歴・年齢効果が見いだされ、しかも収入関数の説明力が非常に高いのに対し、外部労働市場では、学歴・年齢は賃金に何らの影響ももたないことを示した。ちょうど理論仮説が予測するように両部門で賃金決定様式が異なるというわけである。しかし、この研究の欠陥は、第1に、自律性という基準を客観的に測定する尺度がなく、分類に恣意性が残る(実際に、経営管理的、技術的専門職業のほとんどが下位層に分類されているなど、本節での説明と合致しない部分もある)、第2に(オスターマン自身の反論(Osterman[1977 : 223])にもかかわらず)職業の安定性や自律性という特色は、

理論上賃金と並ぶ従属変数であり，しかも相互の間に高い相関があるため，本文で問題としたバイアスを避けえない，という点にある．

その他，小分類の産業を対象として，各産業のもつさまざまな特性をめぐる因子分析を行なって二重構造をよく反映する変数が支配的な因子として存在することを確認し，その変数にもとづき中心部門と周辺部門とを分けられることを示したOster [1979] の研究がある．この分類方法は，Edwards = Gordon = Reich [1982：192-227] でも実際に応用されている．しかし，これはあくまで産業の分類であって，労働者の分類でない点に注意する必要がある．中心産業内にも，外部労働者は多数雇用されているし，逆に周辺産業でも，経営管理層など，内部労働者として分類すべき労働者が多数いるのである．日本で伝統的に根強い見解として，大企業と中小企業の二重構造があるが，これもまた，ただちに内部労働，外部労働の区分を意味しないことに注意する必要がある(6.1節を参照)．

31) ここにあげたパーセント値の厳密な定義を述べておこう．これらの値は，推定されたモデルを用いて各人の外部労働市場(第2部門)へ所属する事後的な確率を算出した際のそれぞれの標本グループの平均値である．

32) 都市と農村の二重経済を構成し，都市部門における非競争的賃金決定が都市労働に対する待ち行列(ないし割当て)と農村における過剰雇用を招くという，定性的に似かよった結論を導くモデルがHarris = Todaro [1970] によって作られている．著者の議論は，異なる分脈ではあるが彼らの分析を一般均衡論的に一層発展させたものだと見なすことができよう．

33) こうした成長費用の概念は，もともとUzawa [1968] によって展開されたものである．なお，簡単のために雇い入れた労働者の訓練費用はすべて企業が負担するものと想定している．

34) 短期的な景気低下の局面では，外部労働市場をクリアーする賃金率は法定の最低賃金率または労働者の留保賃金率以下となり，失業の発生をみる場合がある．しかし，その場合でも雇い主側の意図は満たされるので，形式的には限界生産力の原理が妥当する．

35) 本節の分析の枠組は，経済が変動を繰り返す短期の状況についても適用できる．しかし，いくつかの追加的考慮も必要である．

第1に，本文の議論は雇用の安全地帯が空集合でないことを前提として進められている．むろん，その前提は長期均衡の近傍では正当化されよう．しかし短期の局

面では，将来に対する悲観的期待から R_0 が大きく上昇し，この想定が満たされない場合も十分発生しうる．そのような場合，内部労働者は雇用を最大限守るか，それとも雇用を多少犠牲にしても賃金水準を守るかの選択が生じよう．この問いに対する解答は，現実には代替的な雇用機会の内容，内部労働者内の力関係などに依存しよう．われわれのモデルの中で議論するには労働者間の多様性という新たな構造を導入しなければならない．

第2に，労働者は単に現行の賃金だけでなく，雇用されている企業の成長率に対しても積極的な関心を寄せるはずであるという主張もある．それは，現実の位階組織では昇進（とそれに伴う昇給）の機会は上位へゆけばゆくほど限定されており，もし組織全体として成長率が上昇すれば，当然昇進の確率も上昇し，期待生涯所得は高まるからである（Marris[1964]，Aoki[1982]）．しかし，この点の分析もわれわれのモデルに追加的な構造があって初めて意味をもつ議論である．長期的な分配の要因を分析するという本節の目的からすると，これらの追加的構造に深入りする必要はない．

36) Ishikawa[1981：9, 脚注8]にくわしく述べたように，この交渉解の形については伝統的な交渉ゲーム論的解釈（Zeuthen[1930]，Nash[1950]，Harsanyi[1956]，最近の応用として Aumann=Kurz[1977]，Aoki[1980]）を与えることもできる．その場合，β の値は交渉当事者が協議不成立の事態をどの程度避けたいと願うか，つまり両者のリスク回避度の相対的強さによって決定される（むろん，労働者が強気であればあるほど，β の値は高くなる）．しかし，こうした解釈については，労働者の一枚岩の団結と，強気・弱気を決める集団的選好のあり方とを最初から所与としている点に不満が残る．

37) 本節の分析にとって人々の永久の寿命や瞬時的な教育の仮定が本質的でないことは容易にうなずけよう．

38) もっともサロウの仮定(a)では最大可能な生産性とされており，それはあくまで潜在的な容量に過ぎない．しかし，あらかじめことわったように，本節では動機づけの問題は考えず，潜在的な生産性がそのまま達成されるものと想定している．

39) あるいは，あらかじめ解雇・自発的離職が存在しないと想定するかわりに，$x>0$ の場合には，労働者が企業にとどまり続ける限り毎期プレミアムの利子相当額（rx）を支払い，逆に $x<0$ の場合には，企業が労働者を雇い続ける限り，毎期労働者が参入料 $|x|$ の利子相当額 $r|x|$ を支払うということでもよい．しかし，この種の

支払い方式は，結局，雇い主側の解雇と労働者側の自発的離職のうち，どちらか一方を防止する誘因を与えても，他方を防止する手段とはならない．むしろ，逆に促進する危険すらある．例えば $x>0$ の場合，上記の方式をとると，企業が一時金として x の支払いを済ませてしまう場合と比べ，景気の下方ショックに直面した際の解雇の誘因は増大する．後述のように，互いのデフォールト（契約不履行）の可能性の考慮が x の評価と支払いを現実に実行不可能なものとするひとつの要因であろう．

40）誤解を避けるために注意しておく点がある．ここでの x の水準の決定は企業に特有な訓練（3.2節）をめぐる訓練費用の分担率（a）を説明するものではないかと考える読者もいるかもしれない．企業に固有の労働力となることは企業のオファーする学習機会を受容することを意味しており，$x<0$ の場合には企業が負担した訓練費用（注33）を参照）を一部とり返す効果をもっているからである．しかし，そのような解釈は，次の2点で誤りである．第1に，x が評価しているのは，あらかじめ固定された収益流列をめぐるレントであり，訓練費用の負担（a）の変化に応じて双方の収益流列が変わる投資のシェアリングという体裁をなしていない．第2に，そしてより本質的に，a の決定の議論は市場の賃金率を所与としたときの主体的均衡（もっとも企業対労働者のゲーム論的均衡という意味で複雑であるが）の問題であり，投資に参加する労働者の稀少性とは何の関係もない．他方，x の決定は，企業の内部組織がいったん決定した賃金率を市場が労働者と雇用機会の相対的稀少性をにらみながらどう修正するかという，まさに市場均衡の問題なのである．a がどのように決定されるかは，本書の考察対象外として残される．

41）Uzawa [1968]に従い，企業の成長費用を $I=\phi(g)\cdot K$ （$\phi'(g)>0, \phi''(g)>0$）で表わすと，企業の株式価値最大化行動より，最適な成長率 g を決定する条件は

$$\frac{R-(\phi(g)+axg)}{r-g} = \phi'(g)+ax$$

として与えられる（等しくなった両辺の値が，いわゆるトービンの q である）．辺々を整理すると

$$\frac{(R-rax)-\phi(g)}{r-g} = \phi'(g)$$

となり，g は r と $R-rax$ の関数となる．r は仮定によって所与であるので，本文の表現が得られる．

42）実際，注41）の最適成長率の条件に $g=0$ を代入することで，$\underline{R}$ は

第5章　労働市場と所得分配——二重労働市場的接近　275

$$\underline{R} = \phi(0) + r\phi'(0)$$

として表現される．

43)　さらに(5-2), (5-3)より，ここで定義した $R^*(w_2, \beta)$, $w_1^*(w_2, \beta)$ の w_2 に関する偏微係数は，それぞれ R, w_1 の w_2 に関する偏微係数の符号と同一になる．

44)　長期均衡外における x^e および k の動態過程の定式化については，Ishikawa[1981：13-14]を参照のこと．

45)　w_2 を固定したうえで，学歴需要曲線，学歴供給曲線双方のシフトの様子を調べると，前者は，

$$(1-\beta)r \cdot \varDelta x = \left(\frac{1}{a}\frac{\partial R^*}{\partial \beta} + rx\right)\varDelta \beta$$

後者は，

$$(1-\beta)r \cdot \varDelta x = \left(-\frac{\partial w_1^*}{\partial \beta} + rx\right)\varDelta \beta$$

となる．ところで，すでに述べたように，β の値のいかんにかかわらず

$$R_c(w_2) = R^*(w_2, \beta) + a \cdot w_1^*(w_2, \beta)$$

が成立するから，

$$-\frac{\partial w_1^*}{\partial \beta} = \frac{1}{a}\frac{\partial R^*}{\partial \beta}$$

でなければならない．したがって，どちらの関係から得られる $\varDelta x/\varDelta \beta$ の値も必ず等しくなければならない．$\partial R^*/\partial \beta$ を具体的に評価して上式に代入すると，

$$\frac{\varDelta x}{\varDelta \beta} = \frac{-1}{ra(1-\beta)} \cdot \{R_c(w_2) - aw_2 - R_0\}$$

となり，5-1図より｛ ｝内は必ず正となる．したがって，$\varDelta x/\varDelta \beta < 0$ である．ところで，このような結果が生まれるうえで本質的なのは固定要素レントの分配に関する恒等式であり，われわれの想定した特定の交渉解の形に依存するものではない．

46)　ここで述べた制度の無力化現象は，Tobin[1980：50](訳書：82)が企業金融に関するモディリアーニ＝ミラーの定理および財政政策に関するバローの中立性定理を評して「社会的制度の格下げ」と呼んだものと，まったく類似の現象である．

47)　内部労働で雇用の割当てが起きるという数量制約を認識したうえでの教育収益の割引現在価値は，期待割当て率を θ^e と表記すると，$\theta^e(w_1-w_2)/r$ である．したがって，数量制約下で人々が教育を受ける比率は

$$p = p\left[\frac{\theta^e(w_1 - w_2)}{r}\right]$$

となる．需要制約下の長期均衡においては，$\theta^e = \theta$ であることに注意して，

$$p\left[\frac{\theta(w_1 - w_2)}{r}\right] \cdot \theta = \frac{ak(w_2)}{ak(w_2) + 1}$$

が成立する．したがって，教育機会の平等化は $p(\cdot)$ 関数を上方にシフトさせるが，その際，w_2, w_1 に変化のない限り，θ は下落，p は上昇しなければならないことが分かる（証明は容易なので省略する）．なお，長期均衡外における θ^e および k の動態過程の定式化については，Ishikawa[1981：18]を参照のこと．

48) 学歴パラドックスをめぐる本文の説明は，教育量が可変的な場合についても拡張することができる．Ishikawa[1981：28，脚注19]を参照のこと．その場合，学歴プレミアムをめぐる仮想的市場は，学歴プレミアムを発生させる原点となる教育の水準と，追加的な教育1単位当りの報酬率（価格）の2つの変数をもって調整されることになる．こうしたプレミアム市場が存在しない場合，内部労働市場に雇用されるための最小限の教育量をめぐる数量調整が，本文における単純な割当て現象にとって代わる．また，その場合，教育機会の平等化があっても，内部労働市場に雇用されるために必要最低限の教育水準が引き上げられるだけだ（学歴インフレーション）という形の学歴パラドックスを発生させる．

49) 本節の考察の対象外にある内部労働市場の上位層（専門職，技術職，管理職）については，仕事が実際に金銭で購入され，しかも社会がそれを許す場合もある．その典型は，株式の購入による経営権の獲得（＝経営管理者としての仕事の購入）であろう．その他，身近な例として医師の子息が高額の寄付金を支払い医科大学に入学するという事例も，入学がほぼ確実に将来の医師を約束するものだけに，仕事の購入としての意味をもっている．こうした慣行に対する社会的批判は存在するが，未だそのような慣行自体を排除させるだけの力にはなっていない．

50) アダム・スミスは賃金格差発生のひとつの理由として，高額の金品を扱うなど，信用が大事な仕事にあっては，労働者に高い賃金を支払うことで信頼のおける職務の遂行が保証される可能性をあげている（Smith[1776(1904)(I)：116-117]，訳書(I)：219-220)．なお，その着想はカンティヨンにまでさかのぼることができる．賃金によって生産性が変化するという考え方の萌芽をここに認めることができる．Akerlof[1982]は，社会学的に人々の間の公正な交換の概念に踏み込んだ説明

を試みている。マクロ経済における非自発的失業の説明に適用できることを指摘したのは Solow[1979] である。効率賃金仮説の展開をめぐっては Yellen[1984] が手際よい展望を与えている。

51) ストーンは，米国の鉄鋼業における職能組合壊滅(5.2節参照)後誕生した半熟練労働者に対して，最初(20世紀初頭)歩合給制度が生産性上昇のための誘因システムとして導入されたが，それが完全に失敗に終わったことを述べている。

「(しかし，導入してすぐ)雇い主は純粋な歩合給システムが労働者に自身の報酬に対する過大な管理権を与えてしまうことに気がついた。つまり，それがたしかに生産性を上昇させるに足る刺激を与える場合には，同時に彼らの賃金も市場の水準よりはるかに高騰してしまうのである。そこで市場の賃金にあわせようと雇い主は歩合レートを切り下げるということになった。しかし，一旦そうすると，歩合給制度は単に同じ賃金のもとでの作業の高速化に過ぎなくなる。労働者は歩合レートの切下げに対し，集団的に作業速度を下げるという形で応答した。こうして結局，歩合給システムは自己崩壊し，雇い主にとって事態はまったくの振りだしに戻る結果に終わったのである。」(Stone[1974：129])

すなわち，歩合給制度が機能しないのは，雇い主にとって一方で生産性誘因の問題を解決するとしても，他方で，実際にどれだけ労働を供給するか，どれだけ所得を獲得するかの管理・決定権を労働者の側に委譲してしまうことになるからである。

ある意味で歩合給制度の評価ほど，新古典派的接近による評価と歴史的・政治経済学的接近による評価とが対照的になることはない。新古典派理論の側では，一体どのような誘因報酬システムが社会的(雇い主，労働者双方)に最適かという形で問題が設定されている。Lazear = Rosen[1981], Green = Stokey[1983] の一連の研究は，個々の労働者の作業成果の評価にあたって，全員に共通する生産性ショックと個人の努力の変動によるショックとを完全に見分けられない状況のもとで，どのような報酬システムが最適かを考察したものである。ラズィアー＝ローゼンの結果によれば，もし労働者がリスク中立的なら，観察された労働密度に従って歩合給で賃金を支払うのが最適となる(より一般的仮定のもとでの議論についてはグリーン＝ストーキイの成果を参照のこと)。しかし，支払い制度が自由に選択できるという想定は生産の現場を政治的真空と見なすに等しく，現実には妥当しがたい。

52) 以下の分析は，Calvo[1979], Shapiro = Stiglitz[1984] の研究を拡張させた Gintis = Ishikawa[1987] を基礎においている。このうち，カルボ，シャピロ＝ス

ティグリッツは本文第1点を理論的に改善したが, 第2点は関心の対象としていない. また, 労働密度の水準がどのように決定されるかについて, カルボはミクロ経済学的構造をブラック・ボックスのまま残しており, 他方, シャピロ＝スティグリッツはあらかじめ外生的に固定されたノルマの存在を仮定することで理論的説明を回避している. 本文の第2点を考慮したうえ, 労働密度の内生的な決定を論じ, 厳密な比較静学的性質を導出すること, また, 労働者の所得, 労働密度に関するより一般的な効用関数の想定のもとで労働市場全体としての可能な均衡のタイプを検討し分類すること, ここに Gintis ＝ Ishikawa [1987] の主題がある. モデルのくわしい数学的分析および関連する文献との関係に興味を持つ読者は原論文を参照されたい.

53) ここでの中心的な着想は, かつて著者が労働者間のエミュレーション（張りあい）の要因として論じたものである. 石川 [1981] を参照のこと.

54) この想定の代わりに, 産出物市場に自由な参入を許し, 長期的に利潤がゼロ（ないし投下資本に対する競争的収益率の水準）になるという条件を設けたとしても結論は変わらない.

55) $u(w^*, i^*) < \underline{u}$ の場合には, 効率賃金水準での非自発的失業均衡の代わりに, 誰しもが等しく $\underline{u}$ の効用を受ける, 自発的失業を含む均衡が可能な均衡のタイプとして出現する. $u(w^*, i^*)$ と $\underline{u}$ の間で大小関係を先験的に決定することはできない.

56) たとえば, もし企業による各労働者の労働密度の評価が相互に独立で, 真の値を中心に両側に m, 最大確率密度 m の三角分布をなす場合には, 各労働者が同様に行動することで生まれるグループ均衡の近傍, かつ $1/2 > f > 0$ が満たされる範囲で, d 関数は

$$d = \frac{1}{2m^2}(i - i_g - m\sqrt{2f})^2$$

という表現をとる. ここで, i_g は労働者間の平均労働密度である. 解雇に伴う摩擦費用が十分大きい限り, $1/2 > f$ の仮定は容易に満たされる (Gintis ＝ Ishikawa [1987: 113-118] 参照).

57) 注56) の想定のもとでは, 各人が

$$V_e - V_u = \frac{m}{\sqrt{2f}} \{-u_i(w, i_g)\}$$

の条件によって決定される労働密度 $i = i_g$ で働く, 対称的なナッシュ均衡の存在す

ることを示すことができる(Gintis = Ishikawa [1987：Appendix])．このナッシュ均衡をグループ均衡と呼ぶのである．なお，最終的に各人が同一密度で働き，労働者間の密度の差は観察誤差だけになるのだとすれば，企業が監督資源を投ずるのは非合理的だという反論が起きるかもしれない．しかし，それは結果論であり，正しい議論とはいえない．監督資源を投ずるからこそ，各人の労働誘因を高め，企業利潤を増加させることができるからである．

58) ここで述べた諸性質は，Gintis = Ishikawa [1987：Propositions 4-6] において厳密な証明が与えられている．なお，比較静学的性質に関する「第1次効果」とは，均衡点の近傍で労働者の効用関数 $u(w, i)$ を線形近似した場合の効果を指している．そのような近似をするのは，われわれの問題について非線形の効用関数のまま比較静学分析を行なおうとしても，一般性のある符号条件を得るのはほとんど不可能だからである．むろん，2次項，さらには3次項をとって分析することで，第1次効果を相殺して余りあるケースも生じうる．

59) しかし，純粋に内部昇進システムだけで労働誘因を高めることもできる．その場合には「非自発的失業」はすべて企業内部の問題(すなわち，昇進することのない労働者が発生する)に還元されてしまい，企業外部に失業者を作り出すことはない．現実には，本文で論じた誘因システムと内部昇進システムがともに機能していると考えられる．労働誘因という観点から企業内部の位階構造に対応した賃金構造を分析した研究としては Calvo = Wellisz [1978], [1979] がある．しかし，それらは未だ十分説得的な議論とはいえない．

60) この点は，多くの文献が問題としている．Yellen [1984], Carmichael [1985] を参照のこと．保証金メカニズムとその現実妥当性は，すでに Becker = Stigler [1974] が検討している．Eaton = White [1982] は，資本市場の不完全性のもたらす制限をくわしく論じている．他方，Lazear [1979] は，純粋な年功賃金制度が保証金と同様な効果をもつことを示している．

61) もし，預託された保証金を返却する際に利子をつけて返す場合には，保証金の水準は労働者の労働密度の選択に影響を及ぼす．実際，その場合，V_e は (5-6′) でなく，

$$(5\text{-}6'') \qquad V_e = \frac{u(w, i) + d\{V_u - (1+r)b\}}{r+d}$$

と表わされるので，労働者にとってはあたかも留保効用 V_u がちょうど保証金の元

利合計 $(1+r)b$ だけ低下したのと同じ状況となる．$f>0$ の局面では，企業の政策 (w, f, s) に変更のない限り，b の上昇は労働者が選択する労働密度を高める(Gintis = Ishikawa [1987：Proposition 1])．しかし，b の上昇が内部雇用を増大させ，失業を解消させるという中心的論点については，本文の場合と変わりない．

62) この点は，日本および米国の離職率統計から実際に確かめられる．もっとも，注56)の定式化では，企業の主体的均衡における解雇率は必ず市場割引率 r より小さいことを示すことができる(もし自発的離職率がプラスなら，その率と r との和より小さい)．したがって理論上も，f が大きな値をとるとは予期していない．

63) 男女間の雇用機会の差異とそれに付随して生まれる所得の差異を理解するうえで男女間の平均的な離職率の違いに着目するのはごく自然なことである．実際，あらかじめ個々の労働者の離職性向を知る立場にない雇い主が性別などの属性別にみた平均の離職率を情報として用いることから雇用機会の格差が生まれるという点は「統計的差別の理論」(Arrow[1972], Phelps[1972])として広く受け入れられている．しかし，男女間の離職性向の違いをすべて男女間の選好の違いに還元してしまうことには問題がある．一旦人為的に作られた職場の学習機会上の障壁が(たとえそれ自体は利潤最大化を求める雇い主間の競争によって長期的に解消するとしても)，もともと選好上男子と何ら違うことのない女子労働者までその人たちの生涯の展望に影響して離職率を高め，それが再び職場の学習機会を狭めるという形で悪循環が進行することも十分あるからである．離職性向の違いを純粋に選好の部分と職場の環境から派生した部分に分割する実証的な作業が課題として残されている．

64) もっとも Sabel [1982：Chapter 5], Piore = Sabel [1986] などの最近の著作では，そうした政策的指針の枠を超えて，生産技術と組織そのものの変更の必要性が主張され，代案が模索されている．

65) 以上とは別に，賃金支払い制度を収入分配制度ないし利潤分配制度に改めることで，市場に超過労働需要を発生させる歪み(distortion)を意図的に作り出そうという Weitzman [1983] の提案も存在する．雇用の拡大とともに平均所得の低下する収入分配賃金は，すでに雇用された労働者にとってのメリットは少なく，純粋に私的誘因からは採用されにくいが，税制など政策的誘導によって達成しようというわけである．しかし，この主張も生産技術や労働過程の編成をめぐる雇い主と労働者の社会的関係に実質的な改善がなされ，雇い主と労働者間に信頼関係が芽生えて初めて現実に機能しうる提案ではないかと思われる．

第6章　二重労働市場仮説と日本の労働市場

　いままで展開した労働市場の理論は，実際の労働市場を理解するうえでどのような貢献を果たせるだろうか？　本章では，日本の労働市場をめぐるいくつかの重要な側面のうち，従来多くの研究者の関心を引いた労働市場の二重構造に焦点をあてて検討したい．他の側面への応用は，将来の課題として残すことにする．

　本章は，2つの節で構成される．6.1節では，日本における賃金二重構造の意味を確認するとともに，それが発生する理論的根拠を検討する．労働市場の二重構造を単純に企業規模間の労働条件の差異と等置するのでなく，むしろ二重労働市場仮説に戻って内部労働市場と外部労働市場への分割として捉えるべきこと，企業規模間格差については，大企業が内部労働市場をより広範，かつより深く発展させている結果として捉えるべきこと，また労働者にとって真の格差が存在しているかどうかは，外部労働市場から内部労働市場への参入にあたって非自発的な障壁が存在するかどうかで判定されるべきことを確認したうえ，従来の実証研究が二重構造の存在を過小評価する傾向をもっていることを指摘する．

　6.2節では，内部労働市場への参入障壁をとり崩す役割を果たすはずの参入料・保証金メカニズムが日本で実際に機能したかどうかを，内部労働市場への主要な入口である新規学卒者の市場につき，『賃金センサス』のコーホート・データを用いて検証する．従来，日本の新規労働市場はきわめて競争的な市場として考えられてきた．

　6.2節の結論を前もって述べておこう．内部労働市場が典型的に発達した製造業(大企業)の高卒生産労働者については，高度成長期にあたる1960年代前半から70年代初めまでの期間について，参入料メカニズムが機能したとみられる比較的強い証拠が見いだされた．しかし，この期間は新規の労働力に対して旺盛な需要のあった局面であり，雇い主が労働者にプレミアム(負の参入料)

を支払ってでも来てもらいたい時期であったといえる．これに対して，日本経済が低成長局面に入り，比較的顕著な景気変動を示すようになった1970年代半ば以降80年代初期までの期間では，参入料の競争を示す関係は消滅してしまった．賃金曲線の勾配もほとんど変化していない．それゆえ内部労働市場への入口では，ケインズの賃金下方硬直性と類似の関係が見られる．

製造業生産労働者以外の産業，学歴，職種グループについては，高校卒グループに関し，上記の製造業生産労働者ほどの明瞭な結果とはいえないものの，ほぼそれと同様の傾向が観察された．しかし，大学卒グループについては，参入料・保証金効果の作用を示す証拠はほとんど見いだされないか，もしくは高校卒グループよりはるかに弱いという結果が得られた．また高校卒の場合と違って高度成長期に負の参入料が発生した形跡はまったく認められなかった．日本の大企業の形成する内部労働市場への入職口において(正の)参入料・保証金メカニズムの作用は顕著だとは言いがたい——それゆえ不況時には割当てが生ずる——というのが，6.2節の全般的な結論である．その結果は，前章の結論で述べた，労働市場は好況時には新古典派的競争を出現させ，不況時には非自発的割当てを生みだすという統合的理解の枠組を支持するものといえる．

6.1 企業規模間賃金二重構造[1]

大企業，中小企業間の二重構造が日本で叫ばれてからすでに久しい．労働についても，賃金，ボーナス，福利厚生給付，雇用の保証，職場環境と安全，労使問題の解決手段など，いまなお多くの側面で規模間格差の存在することが繰り返し指摘されている．すでに1-4表で見たように，日本の労働者の過半数はごく小規模の企業に所属しており，そのためこうした格差の存在は，日本の稼得所得分布の形成に際し量的にも重要な役割を演ずると考えられる．

それではなぜそのような格差が生まれるのか，その理由をめぐってさまざまな説明と実証の努力が繰り広げられてきた(Shinohara[1970：Chapter 8]，小池[1981(a)：6.1節]，尾高[1984：第1,8章]，Hashimoto = Raisian[1985])．しかし，いまなお論者の間に確固とした合意が形成されたとはいい

第6章　二重労働市場仮説と日本の労働市場　283

がたい．その一因は，何をもって「企業間格差」と見なすか，評価の枠組が共通でないためだと思われる．本節では，前章までの労働市場の理論を応用しながら，企業規模間にどのような意味で二重構造が存在するのか検討したい．

まず，大企業，中小企業間の賃金格差の現状を見よう．6-1図は，1985年の『賃金センサス』(賃金構造基本統計調査)をもとに，特定の年齢階層について従業員規模1,000人以上の企業と10-99人規模の企業間での賃金の分布を描いたものである．データは，製造業，男子(学歴計)の1か月当り所定内給与の額を生産労働者と事務・管理労働者別にとり，それを対数表示している．年齢階層として，30-34歳と45-49歳をとったのは，前者が職場での初期訓練を終え収穫期への転換期と考えられること，後者は，平均的に所得のピーク期であるこ

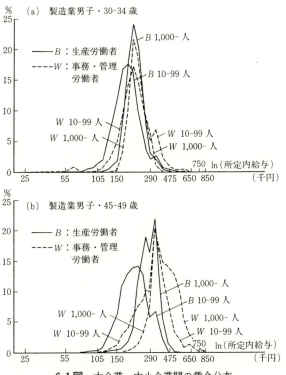

6-1図　大企業，中小企業間の賃金分布
出所：労働省『賃金センサス』1985年，第1巻，第3表をもとに作成．

とによる．この図から次のような特徴が観察されよう．

30歳代前半の階層については，生産，事務・管理労働者のそれぞれについて規模別の分布の重なり合いの程度が高い．事務・管理労働者では，分布のモードもほぼ同水準である．しかし，分布の形をさらに細かに観察すると，事務管理系・生産系にかかわらず，(a) 1,000人以上の企業(以下，大企業と略す)の方が10-99人の企業(以下，小企業と略す)に比べ分布のばらつきが小さい，(b) 低所得での分布の厚みが小企業で大きい，という特徴がある．

40歳代後半の階層については，分布はなお重なり合うものの，生産・事務管理系のいかんを問わず規模間の分布のずれは拡大する，(c) 生産労働者については，30歳代前半と比べ，大企業ではいまなお集中度が高いが，小企業ではばらつきが増大し，しかも全体として分布が下方に移動している，(d) 事務管理系ではばらつきの程度およびモードの位置は規模間でほぼ同じだが，分布の厚みが小企業では低所得に，大企業では高所得に大きく偏って存在していることが分かる．

以上の(b), (c), (d)の特徴が規模間の(グロスの)賃金格差を表現している(なお，図は割愛するが，卸売・小売業について見た分布も製造業の場合とほぼ同様の特徴を示す)．大企業の方が中小企業に比べ平均で見た年齢-所得曲線の勾配が高いという，よく指摘される性質だけでなく，年齢の進行とともに規模間格差の拡大することが読みとれる．ボーナス所得，その他の福利厚生給付を含めた場合には，格差はさらに拡大する．また，女子については男子と比べ格差は一層拡大することが知られている[2]．なお分布が相当重なり合っていることは，所得形成に上記のデータ分類で考慮されなかった，規模とは独立の要因が大きく作用していることを意味している．実際，稼得収入関数の研究(後述)の多くは，これらの要因を学歴，勤続年数などに求め，その影響を除いた純粋の規模間格差を求めることをテーマとしてきた．

なぜこのような賃金分布が生まれるのだろうか？　もっとも単純な解釈は，完全競争的労働市場の前提のもとで，個々の労働者が生来的に，または教育，職場訓練を通して獲得した能力の差を反映しているというものである．そして，企業規模間の賃金分布の差は，学校教育修了時点で能力(トレーナビリティ)の

高い人を大企業がより高い確率で選別し入職させることに成功するからだということになる．実際，日本の労働経済学者の間でこの能力差仮説に対する支持は高い（尾高［1984：第1章］，小池［1981(a)：第6章］）．

　この解釈の最大の問題点は，競争市場を前提とする限り，なぜとくに大企業が能力の高い人をより多く入職させることができるのか，説得的な説明のないことである．もし規模の大きさ自体が労働者の選好するブランドとなるのであれば，大企業はブランドのレントを徴収できるわけで，賃金はその分低下するはずである．同様に，大企業が稀少で優れた学習機会を与えることが相対的に多い——事実認識として正しいと思われる——としても，やはり稀少性のレントを労働者から徴収できる（5.4節の参入料の概念を想起しよう）．このように大企業のもつ特別の魅力が能力の高い労働者を引きつけるとしても，そうした労働者が魅力の源泉に対する支払いをしたうえ，なおネットとして高い賃金を受けるかどうか，必ずしも自明ではない．つまり，それらの労働者は所得上の犠牲を払って大企業に入職するわけである（均等化差異の原則）．しかし，そうだとすると大企業が能力の高い人をより多く含むがゆえに平均賃金が高いという説明は必ずしも成り立たなくなる[3]．

　労働市場に関するもうひとつの捉え方は，市場は一枚岩の競争市場でなく，いくつかの部分市場に分割されており，しかも部分市場相互間，および一部の部分市場内部で競争は不完全だと見なすものである．前章で検討した二重労働市場仮説がこれにあたる．この仮説は，もともと日本と米国の経験的考察から互いに独立に発展したものである．そこでは入職前の労働者間の能力差は副次的な役割しか与えられず，むしろ市場に発生する割当て現象こそ賃金格差の主要な説明要因となる．この仮説は，直接規模間の賃金分布の差を説明するものではない．市場分割のメルクマールが規模自体にあるとは考えられていないからである．しかし，大企業が割当て現象を示す部分市場を中小企業より高い割合で含むため，結果として規模間賃金格差が発生すると解釈するのである．

　本節では，主として後者のアプローチから規模間の賃金分布の差を説明する．しかし，職場の学習機会が所得形成上重要な役割を果たすと想定する点では，前者のアプローチと共通している．分割された市場のそれぞれにおける学習機

会の性格，およびそれと対応する労務管理上の必要が割当て現象の発生と深くかかわりをもつというのが，後者のアプローチに特有の主張である．

以下では，まず，賃金の格差をどのように定義すべきかを論じたのち，二重労働市場仮説を想起しつつ，そうした賃金格差を持続的に生みだす要因を検討する．続いて，本来企業規模とは異なる構造把握の座標軸をもつ二重労働市場仮説がいかに企業規模間格差の説明に役立つかを論じ，前記の能力差仮説を批判的に評価してゆくという順序で議論を進めよう．

真の賃金格差の定義

市場の評価としての賃金の差異すべてが，分配上の問題をはらんだ「格差」を意味するわけではない．人々が過去に費用と努力を投じた教育や訓練の成果を反映した賃金の差異，あるいは仕事の質に対する人々の嗜好の差を反映した賃金の差異は，均等化差異と呼ばれるように，まさしく無害な格差の典型である．さらに，人々に天賦の才として与えられた能力（芸術的才能，運動能力，論理的思考力，経営的才覚など）を理由とする所得の差異は，分配上の問題を提起するとしても，それはむしろ市場評価のレベルを超えた再分配の対象として考慮するのが適切であろう．市場的評価のレベルで問題とすべき「真の賃金格差」が存在するのは，同一の能力・嗜好を持ちながら同一の所得機会に恵まれない人々のいる場合である．労働市場の二重構造論が明確な意義をもつのは，このように定義される格差が存在する場合である．

企業規模の差異は，元来それ自体としては真の意味での賃金格差を生じさせることはない．まず，競争的労働市場機構で成立するもっとも基本的な命題を2つ確認しよう．第1に，労働者が同質である限り，雇い主側の資本装備・組織の規模とは無関係に賃金は各人同一となる．大企業が小企業に比し，資本装備率も高く，労働者1人当りの平均生産性が高いとしても賃金は変わらない．このように労働市場の現象を生産物市場の多様性から遮断するところに限界生産力原理の果たす重要な役割がある．第2に，やはり各人が同質である限り，人々の間で発生するいかなる熟練（学習）の差も，その成果が労働市場で一般に通用する限り，生涯のタームで所得格差を発生させることはない．後述のよう

に効果が企業内に限定されるような学習の場合でも，意図せざる離職による損失のリスクを割り引いて評価すれば，事前的な意味での生涯所得は他の就業機会と均等化される．各人が多様な学習機会に等しく直面している限り，初期における多費用の学習は必ず後の高所得によって補塡される必要がある．したがって，たとえ大企業が職種の幅・奥行きの深さの点で中小企業に優り，訓練をより盛んに行なう結果として，各時点で賃金の差(理論上，若年齢時の逆格差と高年齢時の順格差)を発生させるとしても，それは真の格差には該当しない．

現実の労働市場が同質でない人々によって構成されているとしても，質を同じくするグループについて上記の意味での格差が存在しているかどうかが評価の基準となる．

二重構造論と二重労働市場仮説

現実の観察から，労働市場を質的に異なる複数の市場で構成されるもの(それに伴い賃金形成機構も複線的となる)として構造を把握しようという見方は，日本では氏原正次郎の「二重構造」模型(氏原[1966(1954)])として，米国ではドーリンジャー＝ピオーリの「二重労働市場仮説」として，それぞれ独自に形成をみた．両者は，企業に特有な訓練を中心概念とする企業内労働市場と，過剰労働力のプールとしての縁辺(外部)労働市場とを二重構造の根幹にすえる点できわめて似かよっている．氏原の仮説が提出されたのは1950年代前半であり，その独創性はきわだったものであるが，他面，それは時代性にきびしく制約されたものになった．というのは，氏原は企業に特有の訓練や労働者が企業内に封鎖されること自体を日本経済の前近代性(すなわち，農村，都市零細自営層に潜む未熟練過剰人口の存在，技術の後進性による手工的熟練の残存，独占的大企業と中小企業の並存という日本特有の資本蓄積の展開に由来する企業間技術ギャップのため，取得した熟練の汎用性に欠けること)の表象と見なし，このような構造がより普遍的な合理性の論理を備えていることを見抜かなかったからである．この点で，より後発であるが，人的投資理論とそれにもとづく実証研究との相互批判をもちながら形成された米国の二重労働市場仮説に，理論としてより高い評価を与えるべきだと思われる[4]．

二重労働市場仮説については，5.3節でくわしく解説した．企業内部労働市場と外部労働市場の分割に加え，前者がさらに上位層，下位層，そして両者の中間的な職人層に分割されること，そのような市場分割の基礎として労働者の学習機会や知識・技能の特徴的差異が指摘できること，また，それらの差が労働者の規律管理上，対応する工夫を生みだすこと，一部の市場では職場の学習・熟練体制の維持のため競争制限的慣行の生まれることを見た．さらに，もともと労働市場を内部市場・外部市場に分割する雇い主側の誘因として，生産物需要の変動と不確実性に対するバッファーの必要性および内部労働者組織の勢力拡大による賃金コストの上昇と労務管理上の硬直性防止の必要性を指摘した．

　こうした労働市場の二重構造の把握と，大企業と中小企業といった企業間の規模分布とは，一体どのように関係するのだろうか？　前者は労働者の学習・熟練の側面からの分類，後者は雇い主側の組織規模の分類であるから，本来分類の座標軸が違っている．しかも，ひとことで中小企業といっても，質的にきわだって異なる企業の集まりである．中小企業の中には，医師，弁護士など，明らかに上位層の特徴をもつものもあれば，卸売，小売サービス，建設，運輸業における生業的(生存維持的)企業の従事者のように，職人的階層，あるいはほとんど熟練を要しないという点で外部労働者に近い場合もある．さらに，下請け制下の製造業企業の場合には，上部の親企業との関係において外部労働化されつつ，同時に当該企業内では上位層としての経営管理層と基幹的労働者の下位層による秩序だった内部労働市場を形成しているという重層的構造をもつ．再下請け，再々下請けと進むにつれ，さらに多段の重層構造をなすだろう．このように中小企業を単一かつ同質の特徴をもつ組織と見なすことはできない．

　しかし，おおまかにいって大企業が比較的安定した財・サービスの需要に大規模生産で応えるのに対し，中小企業は大企業の周辺で下請け生産を行なうか，それとも少量で差別化された生産物需要に応えるか，あるいは小口の生業的経営を行なうといった特徴がある．大規模生産はごく自然に，秩序だった内部生産・訓練組織の発達を促すだろう．それゆえ，大企業は中小企業に比べ内部労

働市場，とりわけその核心部分である下位層をより大きな割合で含むと考えられる．

真の賃金格差発生の根拠

　二重労働市場仮説の重要な論点のひとつは，非自発的な外部労働供給者の存在である．学習機会へのアクセスに割当てのある状況だと言いかえてもよい．もし内部労働市場下位層が競争市場としての要件を十分満たしていれば，内部労働賃金率の調整を通じて，やがて非自発的供給者は解消するはずである．しかし，5.3節で見たように，内部労働市場下位層にはその学習・熟練の性格を反映して，均衡においても割当ての発生する理由がある．第1に，学習が企業に特有な性格を色濃くもつため，労働者の離職防止誘因として共同投資の様相が生まれることである（共同投資という捉え方は，氏原にはない）．第2に，安定的雇用関係の持続は労働者に集団としての力を与え，労使間のさまざまな利害調整の問題を表面化させ，ルール化ないし慣行化させてゆく．とりわけ重要なのが，職場訓練の遂行である．職場訓練の安定的な実施は労働者相互の信頼と協力を必要とする．したがって，労働者間の競争と反目を招来しかねない外的競争要因は，雇い主として制限せざるをえない．その結果，内部労働市場下位層と外部労働市場間で割当て現象が発生するというのである．これら2つの理由は，ドーリンジャー＝ピオーリの指摘したものである．ここに生ずる賃金格差は，真の格差の基準を満たしている．

　企業に特有の熟練が労働者の解雇・離職防止誘因として雇い主と労働者の間の共同投資行動，すなわち費用と投資収益のシェアリングを要請するという点は，すでに3.2節で説明したとおりである（3-10図を想起されたい）．いま，企業間で企業特有の熟練機会をオファーするA企業（グループ）と，オファーしないB企業（グループ）があるものとしてみよう．A,B両企業は他の点では同一条件に服するものとし，労働者の熟練なしの限界価値生産物はどちらの企業でも同じ（3-10図の$B(0)$）だと想定しよう．考察を簡単にするため，雇用量にかかわらず限界価値生産物は一定だと仮定する（より一般的な議論でも結論は変わらない）．熟練の結果，A企業の労働者はB企業の労働者より高い生涯所

得を獲得する．競争的賃金以上の所得といってよい[5]．他方，企業にとっても超過レントが発生する．

しかし，このようにして生まれた真の賃金格差が長期にわたって維持されるためには，2つの条件が満たされなければならない．その第1は，労働者の就業入口での参入料をめぐる競争が，何らかの事情で制約されること，第2は，学習機会が一部の企業によって実質的に独占されることである．第1の条件から見てゆこう．

労働者は，A企業，B企業の間では当然A企業に就職したいと考える．労働者側に発生する競争圧力は，A企業が労働者から参入料を徴収すれば吸収できる．結局，労働者にとっていずれの企業で働いても無差別となる点まで，参入料は上昇するだろう．しかし，その場合には，A企業で労働者が獲得するはずだった超過レントの取り分(3-10図のQR)の現在価値額はそっくり企業に取り上げられてしまう．つまり，共同投資とは名ばかりのものとなってしまうのである．ドーリンジャー＝ピオーリは，企業が労働者間の競争を許すと職場訓練の遂行基盤が揺らぐと論じたが，その議論はたしかに中途採用や企業内部における賃金競争の制限の説明にはなっても，新規採用の入口では妥当しない．したがって，5.4節で導入した参入料概念の現実性を検証する必要が生まれる．

第2の条件に移ろう．超過レントをまるまる得るA企業は，B企業に比べ，はるかに高い率で成長することができる．しかし，そのような事態が継続しうるためには，すでに3.2節で指摘したとおり，A企業が市場で学習機会を独占できなければならない．それが可能となるのは，(i) 学習機会がA企業の保有する真に稀少な経営資源に根ざしている場合，(ii) 学習機会は他の企業によって模倣可能であっても，生産物市場が他企業の参入を許さない寡占的構造をとる場合，もしくは(iii) 同じく模倣可能であっても，人的投資費用の資金手当てに制約があり，他企業が学習機会を有効に活用できない場合であろう．

逆に，もし学習機会自体が制約なしに模倣可能であれば，B企業のみでなく他の企業も超過レント目当てに続々と参入することになる．こうして労働者の奪い合いが生じ，結局，企業側に帰属したはずの超過レントはすべて労働者にわたることになる．実際，その過程でα（企業の訓練費用負担割合）は下落を続

け,限りなくゼロに近づくだろう[6]. 究極的に,すべての労働者の生涯所得が現在価値タームで3-10図の $B(0)U$ だけ上昇して,長期均衡が生まれる.つまり,熟練が一般的な場合と変わらない状況となり,労働者間の真の賃金格差は解消してしまう.なお,この長期的均衡は,もし収益にうまみがないとして学習機会のオファーを中止する企業が現われれば,残った企業に再び超過収益が発生し,やがて元の均衡が回復するという意味で安定的である.

労働市場に割当てと真の賃金格差を発生させるもうひとつの有力な要因は労務管理の問題である.単純な効率賃金仮説(5.5節参照)をわずかに変形して,その点を明らかにしよう.

再びA企業(グループ)とB企業(グループ)が経済に存在するものとしよう.B企業では,労働者の監督が直接に及び,労働密度は常に1であると想定する.A企業では,労働密度 i はA企業のオファーする賃金とB企業のオファーする賃金との差に応じて定まるものとしよう.そのありさまは6-2図の左側に労働密度曲線として描かれている.図では,縦軸に財の単位で測った各企業の賃金率 w_A および w_B をとっており,B企業の賃金率 w_B は所与と想定している.労働密度曲線は所与の w_B のもとで引かれているため,もし w_B が上昇すれば,上方にシフトする.当然,w_A が w_B に等しいもとでのA企業の労働密度は低い($i(0)=\underline{i}<1$)と想定する.図の右側の象限には,5-3図の労働需要曲線 LL' に対応するB企業の限界生産力曲線 $L_B L_B'$ とA企業の限界生産力曲線 $L_A L_A'$ が描いてある.後者は,w_A の変化に伴う労働密度の変化をも織り込んだもの

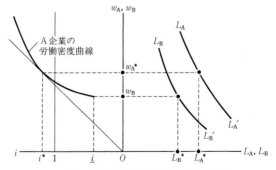

6-2図 効率賃金仮説と企業間賃金格差

である[7]．各曲線は w_B, w_A それぞれの水準を所与としたときの各企業の最適雇用量 L_B, L_A を示している．A企業にとって最適な誘因賃金は，(5-4図の上方の象限とまったく同様に)図の左側の象限において，ちょうど図の原点から出る直線が労働密度曲線に接する点に対応する賃金の水準 w_A^* として求められる．w_A^* と w_B との間には，たしかにプラスの差が生じている．

こうした構造をもつ労働市場の均衡はどのように定義されるだろうか？ 労働の総供給量は所与とする．短期的にはA，Bそれぞれのタイプの企業数は固定されていると考えられる．するとB企業の賃金が市場全体として労働の需給調整の役割を演ずる．w_A は，w_B が変化しても常にプラスの格差を維持しながら推移する．ちょうど労働の総需要が総供給に等しいとき，市場全体としての均衡が達成される．長期的には，各タイプの企業に発生する利潤が投下資本に対する正常利潤を上回るかどうかで企業数が増減し，参入・退出の止んだ状況で均衡が達成されよう．こうして短期，長期どちらをとっても，A企業の労働誘因確保のために真の賃金格差が生ずる．労務管理上異なるパターンをとる企業の存在が賃金二重構造を生みだすわけである．ただし，こうした格差が長期的に持続可能となるためには，5.5節で説明したように保証金をめぐる競争が不完全にしか機能しないことが必要である．

企業規模間賃金格差

以上，内部労働市場の核となる下位層を特徴づける，企業に特有な熟練と労務管理上の誘因の必要性という2つの要因が，どのような条件のもとで外部労働市場との間に真の賃金格差を発生させるかを論じたわけである．A企業が下位層労働の雇用主体，B企業が外部労働の雇用主体としての姿をそれぞれ純粋な形で表現していることは明白であろう．次に，以上の議論がわれわれの本来の関心の対象である大企業，中小企業間の賃金格差とどのようにかかわるかを見よう．それによって，いまなお観察される賃金の差異が真に構造的格差といえるかどうか，判定することができる．

すでに述べたように，秩序だった内部労働市場下位層は，一般に中小企業より大企業の間で，より頻繁，かつ被雇用者全体の中でより大きな割合を占める

形で含まれている．したがって，参入料競争の制限を含むいくつかの留保条件の満たされる限り，大企業と中小企業間の賃金格差は雇用の割当てに付随する真の賃金格差を含むことになる．

さらに，企業規模の差異自体がもたらす追加的事情を指摘することもできる．第1に，労務管理面を見よう．規模の相違が労務管理上，企業に異なった対応を引き起こすことは想像に難くない．大企業では，広範な分業に対応して位階的な官僚機構が整備され，それが同時に労務管理の基本装置としての機能を果たしている．このような組織では，外発的な労働誘因の役割が重要となろう．前項で見たような誘因賃金のシステムが内部昇進制や年功賃金制と併用される可能性が高いと考えられる．これに対し，小企業では経営者と労働者の日常的距離が小さいため，直接の監督が容易であり，また疑似家族的な雰囲気を職場にかもしだすことで労働意欲の内発化を図ることもできる．こうして，大企業ほど先のAタイプ，小企業ほどBタイプに接近してゆく．

第2に，企業に特有な熟練の側面について見よう．大企業と中小企業では，同じ内部労働者(下位層)をとっても，両者の熟練の程度に差の生まれる余地がある．そのような差は，当然，賃金格差を拡大するものとなる．

もっとも企業特有の熟練という概念に対しては，それが現実にどれだけ重要であるか，疑問を呈する向きもある．たしかにドーリンジャー＝ピオーリが述べる「個々の機械特有のくせ，煙の臭い」といった事例では，なかなか人を納得させることはできまい．また，具体的・暗唱的技能といっても，人間が純粋に反射的動物でない以上，異なる職場，異なる環境に対する適応力を高めるという意味で一般的学習の要素を必ず伴うはずである．したがって，純粋に企業特有の熟練というのは見いだしにくく，むしろ程度問題だといった方がよい．

小池の一連の著作(小池[1977]，[1981(a)]，[1981(b)])を通ずる別の批判もある．日本の企業では，労働者が職場のローテーションを通じて幅広い学習を行なうため，個々の作業自体はいかに狭く，特殊性の高いものであっても，次第に生産過程全体を見渡せる一般性の高い知識を獲得してゆくというものである．しかし，著者は企業特有の熟練概念がこうした批判に十分耐えられると判断している．その理由のひとつは，幅広い熟練が(すでに述べたように)たしか

に状況の変化に対する労働者の適応力を高め，また労働者の内発的意欲を高めることに貢献するとしても，もともと相互の関連が薄い具体的知識を母体としている以上，脈絡のある高次の知識として統合される程度には限度があると考えられる点である．もうひとつの理由は，労働者各人が多様に異なる能力を持ち，しかもどのような能力を持つか即座に分からない状況では，労働者各人の情報を蓄積する情報的学習過程(3.4節参照)自体，企業特有の学習としての側面を強くもつと考えられる点である[8]．むろん，蓄積された情報(各人の向き，不向き)の一部は他企業に流布可能であり，その段階で一般的知識となるが，(i) 情報的学習のベースとなった労働者の仕事が個別的，具体的であればあるほど，成果として得られる情報の他企業にとっての有用性は相対的に低下する，(ii) 企業には人事に関する情報は可能な限り秘匿するという傾向があり，意図的に知識の特殊化が図られている，ということができる．このように解釈すると，職務のローテーションを通しての幅広い熟練形成という事実は，企業による広範な情報的学習の努力を意味すると解される．換言すれば，日本の企業は(欧米諸国の企業と比較してはるかに)豊富な企業特有の知識を蓄積しているというわけである．

ところで，小池はもうひとつ興味深い事実を述べている(小池[1981(a)]：1,2章])．日本の中小企業においても，(i) 職務のローテーションを土台とした内部的人材形成が行なわれている，(ii) しかし，実施の規模をめぐり企業間で大きなばらつきがある，(iii) たとえ実施されていても，平均的に労働者の移動する職域が狭く，また移動の主体となる労働者も限られる傾向のあることである．このように，情報的学習としての企業特有の知識形成につき企業規模間で大きな差異のあることは，大企業と中小企業間の賃金格差の源泉のひとつを供給するものである．

前項で，企業特有の熟練については，たとえその成果が特殊性の条件を満たしていても，学習機会自体が企業間で自由に移植可能であれば，長期にわたって賃金格差の発生する条件のひとつが崩れると述べた．労働者の能力をめぐる情報的学習にさまざまなノウハウが必要だとしても，他企業へのノウハウの移植にそれほど困難があるとは考えにくい．しかしながら，幅広い職務のローテ

ーションは機会費用が高く，企業がそれをファイナンスできるかどうかの問題が生ずる．しかも個人の人的投資の場合と同じ理由で，企業にとっても人的投資のための借入れ機会には大きな制約がある．それゆえ，資金的能力の欠如ゆえに投資機会の利用が制限されることは十分可能である．ちょうど3-10図で，最適投資率 λ^* が借入れ制約のため実現できない場合に相当する．大企業，中小企業間の資金的余裕の差を考えれば，労働者の企業に特有な技能・知識の蓄積および労働者の資質に関する情報的学習の規模をめぐり両者で差異が生ずるのは明白となる．これと参入料メカニズムの不完全性とが揃えば，長期にわたって大企業，中小企業間の真の賃金格差が発生する[9]．

企業に特有な学習の重要性と整合的な統計的事実は，Shimada[1974]以来の日本の賃金関数の研究で繰り返し示されている．6-1表の列(1)は，Mincer = Higuchi[1988]による賃金関数の推定結果をもとに，追加的な1年の就業経験が同一企業内での勤続という形をとる場合と外部での経験という形をとる場合とで，賃金に与える効果がどのように異なるかを見たものである．外部経験に比し，内部経験の効果がはるかに大きく，しかも内部経験の効果は労働者の年

6-1表 賃金率，転職率に対する外部経験・内部経験の影響

	(1)賃金率(1979)		(2)転職率(1982)	
	15-30歳	31-55歳	15-30歳	31-55歳
外部経験年数	+2.1%	+0.5%	+0.3%	0.0%
内部経験年数	+5.5	+4.3	-3.2	-0.3

付表

	標本平均	
	15-30歳	31-55歳
賃金率(自然対数)	8.70	9.19
転職率(1981-82)	8.6%	3.5%
学歴年数	12.5	11.7
外部経験年数	2.2	9.7
内部経験(勤続)年数	4.7	14.4

出所：Mincer = Higuchi [1988: Table A.1 の標本属性；Table A.2, Column(C) と Table A.3, Column(B)の計測値]を利用して算出した．賃金率に関する計測は，1979年の『就業構造基本調査』個票からの抽出標本，転職率に関する計測は，1982年の『同調査』個票からの抽出標本をベースにしている．いずれも臨時雇い，日雇いを除く男子労働者が対象である．
表の説明：表の各数値は，追加的な1年の外部経験または内部経験がどれだけ賃金率ないし転職率を変化させるかを評価したものである．なお，計測式が説明変数の2乗項を含むため，各変数の標本平均値の点で評価している．外部経験年数とは

外部経験年数 = 年齢−学歴−当該企業での勤続年数−6

として定義される．計測に用いた変数の標本平均は右の付表のとおりである．賃金率とは，調査時点(10月)前の1年間の主要な就業所得を年間労働時間で割った値(0.1円単位)を自然対数表示したものである．

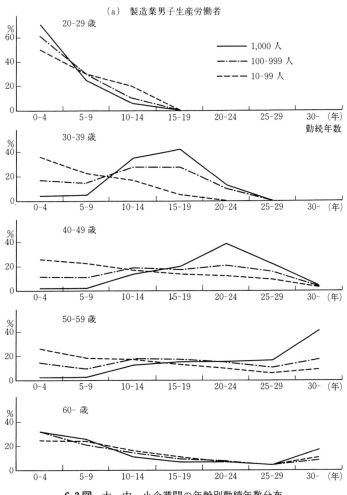

6-3図　大，中，小企業間の年齢別勤続年数分布
出所：労働省『賃金センサス』1985年，第1巻，第2表より算出．

齢が進んでもなかなか衰えないことが分かる[10]．さらに，同じ表の列(2)が示すように，内部経験の蓄積は勤続の継続確率を一層高めることを意味している．

他方，6-3図は，6-1図と同一の資料（製造業，男子，学歴計，生産労働者・事務・管理労働者別）にもとづき，企業規模（10-99人，100-999人，1,000人以

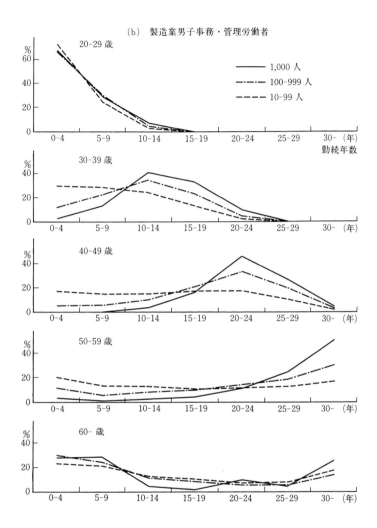

(b) 製造業男子事務・管理労働者

上)別，10歳刻み年齢階層ごとの勤続年数の分布を見たものである．全体として，事務系の方が生産系に比して長期勤続の頻度が高いことを除けば，両者同様のパターンを見てとることができる．大企業(1,000人以上)，小企業(10-99人)間では，60歳代でほとんど差はないが，30-50歳代で大きな違いが認められる．中企業(100-999人)は，両者のちょうど中間にあたるといえる．小企業と

大企業の相違は，(i) 30 歳代で，小企業では事務管理系で 30%，生産系で 36% の人がすでに転職を経験しているのに対し，大企業で転職経験があるのは 4% 程度にすぎない，(ii) 小企業では 40-50 歳代で 20-26% の人が勤続 0-4 年層であり，勤続年数の分布もきわめてフラットであるのに対し，大企業では長期勤続者の大きな山がはっきりと存在している，という事実に象徴されている[11]。これらの事実は，明らかに中小企業における (a) 熟練に対する労使共同投資の小ささ，(b) バッファーとしての外部労働依存度の高さを反映しているといえる。

能力差仮説に対する留保点

ところで本節冒頭でも紹介したように，日本の労働経済学者の間では，企業規模間の賃金格差の大半は大企業と中小企業に働く労働者の質ないし能力の差を反映したものだという見解が有力である．大企業は入職時の選別を通じて一般的能力の高い人たちを集めるだけでなく，豊かな職場訓練を通して一層労働者の生産性を高めるというのである．実際，企業規模間賃金格差をめぐる実証研究の多くは，『賃金センサス』の多重クロス表を利用して，性別，職種とともに学歴，年齢，勤続年数という労働者の能力規定要因を制御したうえ，なお企業規模の差に帰属させうる変動部分の計測を行ない，そうして取り出した格差（「純粋の格差」と呼ばれる）が年齢や勤続年数によって測定される経験（または能力）要因に比してはるかに小さいことを示している[12]。

こうした計測結果を受け入れ，さらになお残る純粋の規模間格差は上述の変数では測りきれない，労働者の本源的ないし学校教育の質を反映した能力に由来するものだと解釈すれば，企業規模間の平均賃金格差は労働者の平均的な質の差によってすべて説明されることになる．本当にそうだろうか？

この議論には，2 点ほど留保をおかなければならない．第 1 に，抽出された純粋の規模要因が観察されない労働者の本源的能力や学校教育の質の差に解消してしまうという可能性は，4.3 節で見たように（専門的・管理的職業など上位層を除くなら）IQ テストが測る認知能力の説明力がきわめて低いという点から支持しがたい．

第2に，そしてより重要な点であるが，経験年数(年齢，勤続年数)の影響を除いた残差の中で純粋の規模間格差を定義する上述の方法論は，明らかに規模間格差の過小評価をもたらす．6-3図が示すように，大企業では中小企業と比較して(同一年齢労働者間の)勤続年数の分布が上方に偏っており，その事実は入職後の学習と能力の蓄積が大企業で高密度かつ息長く行なわれている点を反映していると考えられる．したがって，勤続年数分布の違いを生みだす要因を規模間格差の中に含めていかなければならないのである[13]．むろん，学習密度と期間の長さは，そのままずべてが真の賃金格差の原因とならないことは明らかである．(i) 企業間の学習密度の幅自体は，均等化差異の現象をもたらすだけかもしれないし，(ii) 大企業がトレーナビリティの高いという意味で生来的能力の高い労働者を選別することができるなら，通常の場合，より高密度で学習を実施するのが合理的だからである．しかし，高度成長期のごく一時期を除けば(性，職種，学歴の制御のうえ)規模別にみた若年齢時の平均賃金(初任給を含む)において逆格差が発生したことはないという事実は，(i), (ii)以外の理由の存在，つまり学習機会の割当てを通ずる真の賃金格差の存在を証拠だてていると思われる．

以上から，大企業，中小企業間の真の賃金格差は，従来の研究で純粋の規模間格差として計測されたものの大部分と，勤続年数の相違の影響として計測されたものの一部を含むことが分かる．この主張にいま以上精密な量的表現を与えることは，将来の課題である．

結 語

日本の大企業，中小企業間では賃金その他の労働条件がいまなお大きく異なっている．本節は，その中の賃金の差異に焦点をあて，規模間の賃金の差異がなぜ長期にわたって存続するのかを検討したものである．本節では，規模間賃金格差は雇い入れる労働者の平均的な質の差を反映したものだという従来の実証研究の解釈を批判的に検討するとともに，労働市場の構造把握をめぐる二重労働市場仮説との関連に注意を払いながら説明を試みた．そして，(i) 真の賃金格差は，同質の労働者がその労働力の供給にあたって市場で非自発的な割当

てを受けることに対応して発生するものとして把握しなければならないこと，(ii) 二重労働市場仮説において市場構造の分類・把握の基礎概念となっている労働過程における学習の性格および対応する労務管理方式（とりわけ労働意欲に対する外的誘因の必要性）の差が，真の賃金格差を生みだす理由となること，(iii) そして，実際にそれらの要因が，大企業，中小企業間の賃金格差を説明するうえで有効であると主張した．議論を整理すると，次のようになる．

内部労働（下位層）と外部労働という二重労働市場仮説の中心的概念の対比からすると，大企業，中小企業はともに両者を含んでおり，その限りで賃金格差の基本的源泉は内部労働（下位層）の割当て現象にあり，規模自体にはない．しかし，大企業，中小企業間では，(a) 大企業の方がより大きな割合で内部労働を含んでおり，(b) しかも，内部労働者どうしを比較した場合，大企業の方が企業特有の学習（これには労働者の適性に関する情報上の学習も含まれる）密度が高いことから，平均的に見た場合，規模間の格差が生まれるのである．このうち(a)は，中小企業の中で大きな比重を占める下請け（製造）企業が大企業の外部労働としての役割を演じているという事情を強く反映している．下請け制企業が大企業と同程度内部労働者を保有しようとしても，それはリスクが大きすぎるのである．(b)については，たとえ中小企業が雇い入れた労働者を大企業と同程度で学習させる（ローテーションを含む）のが最適だとしても，借入れ制約の存在から制限される可能性が強い．

労務管理面についても，労働意欲に対する外的誘因が重要となるのは内部労働者（下位層）であるわけであるが，上記(a)の要因が大企業内で誘因賃金の支払われる人たちの割合を高めること，他方，中小企業ではその規模の小ささ自体が経営者による直接の監督ないし意欲の内発化を比較的容易なものとさせるため，誘因賃金の必要度が低下すること，を指摘した．こうした側面からも規模間の賃金格差が生まれるのである．

6.2　参入料・保証金メカニズムをめぐる実証分析

労働市場を内部市場・外部市場の二重構造として把握し，さらに前者下位層

における制度的賃金決定機構の存在が非自発的な雇用の割当てを生じさせる可能性を 5.4 節および 5.5 節で論じた．また，内部市場が中小企業より大企業において広範に発達していることを想起すると，この種の割当ての存在が企業規模間で真の賃金格差——賃金二重構造——を発生させることを前節で論じた．

ところで企業の内部で競争がないとしても，企業への入口では賃金競争は生まれうる．5.4 節では入職口での労働需給の調整を担う価格として参入料（学歴プレミアム）を考察し，その自由な競争のある場合には，あたかも賃金本体に自由競争があったのと同じ資源配分が長期的に達成されることを見た（5-2 表参照）．同様のことは，生産性誘因の確保を重視する観点についてもいえる．5.5 節で確認したように，もし労働者が入職時点で保証金を積み，勤務態度の不満足な際はそれを雇い主が取り上げるという制度が成立するなら，誘因賃金による非自発的な雇用の割当ては実質的に解消してしまう．保証金の水準が競争的に変動する限り，賃金自体に競争が働かなくても，立派にその代役を果たすからである．つまり，参入料・保証金メカニズムは，裏口から労働市場の不完全性を取り除く役割を果たすわけである．

参入料ないし保証金のメカニズムが現実に作用するかどうかは，すぐれて実証的な問題である．その検証にあたっては，次のような事情に留意しなければならない．

すでに 5.4, 5.5 節で論じたように，市場に超過需要が発生する場合と超過供給が発生する場合とでは，事態が非対称になる可能性がある．第 1 に，効率賃金仮説の世界では，超過需要は競争的な賃金上昇を招くだけで，決して割当ては生じない．それゆえ，保証金はマイナスとはなりえない．第 2 に，企業の新規労働需要が強力で市場に超過需要が発生する場合には，企業はすでに入職した労働者に格差是正のための補償をしてもなお，入職者にマイナスの参入料（プレミアム）を支払おうとするかもしれない[14]．しかし，市場が超過供給の場合には，参入料・保証金メカニズムの作用を現実に阻む要因が存在する．結局，負の参入料の支払いはなされるが，正の参入料および正の保証金の支払いは現実化しないという意味で「非対称性」が発生しうる．上方伸縮性と下方硬直性というケインズ的労働市場と類似の事態である．

次に,たとえ入職者による正の参入料ないし保証金の支払いがなされるとしても,その支払いは雇入れ時に一回的に行なわれるのではなく,継続的な分割払いになると想定するのが現実的である.初めての労働者にとって借入れ制約はきびしいと考えられるからである.しかし,他方で,分割払いといっても期間が非常に長期にわたるとは考えにくい.労働者には離職の自由があり,しかも買い手市場では雇入れ側が交渉力上,優位に立つからである.こうして正の参入料および保証金は,現実には雇用開始初期における正味賃金の低下として現われることになる.

6-4図(a)は,定額の分割払いとなる場合の正味賃金曲線を例示的に描いたものである.階段状の折れ線という形をとっている.むろん,毎期の支払い額が定額である必要はない.支払い額が漸次減少する場合には,正味賃金曲線はなだらかな上昇カーブを描くだろう.本節では,その形状がどのように決定されるかまで議論する必要はない.以下の議論の前提は,正味賃金曲線がどのような形状をとるにせよ,参入料・保証金の総額の変化に従い,曲線が上下に比例的にシフトするということである.他方,6-4図(b)は,負の参入料が支払われるケースを表わしている.やはり,定額の分割払いを想定している.売り手市場を反映して交渉力上,入職者側が優位に立ち,短期間での支払いの完了を要求するからである.

参入料ないし保証金が正,または参入料が負いずれの場合にも,入職時(t_0)の正味賃金と入職後一定期間経過後(t_0+h)の正味賃金とを比較すると,図の点線の線分が示すような年功賃金的な勾配を定義することができる.ただし,

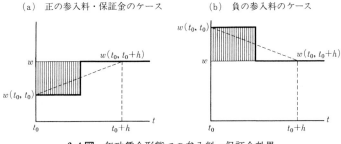

6-4図 年功賃金形態での参入料・保証金効果

負の参入料の場合には,負の勾配となる(しかし,後述のように時間とともに賃金 w を上昇させる他の力も同時に働いているため,実際に観察される年齢-所得曲線が負の勾配を示すことはない).

以上の議論から,もし参入料・保証金メカニズムが年功賃金の形をとって作用するとすれば,入職期別にとった労働者コーホート間で年齢-所得曲線の勾配が入職期の景気動向と逆相関を示すはずである.本節では,そのような逆相関が日本の労働市場で実際に観察されるかどうか,『賃金センサス』による産業大分類・学歴別のコーホート時系列データを用いて検証した結果を解説する[15].

観察される年齢-所得曲線と純粋の年功賃金勾配との関係

労働者コーホートの賃金水準の変化を時間を追って観察する際注意すべきは,名目賃金の変動には参入料・保証金以外にさまざまな要因の影響が混在している点である.(a) 技術進歩を通ずる全般的な生産性の変化,(b) 消費者物価や景気変動,あるいは労働者の交渉力の変化を反映した内部労働賃金水準の全般的変化,(c) 職場訓練を通しての熟練形成および労働者の適性をめぐる情報的学習である.

このうち要因(a)および(b)の影響は,コーホートの所属するグループ(すなわち産業・企業規模・学歴・職種が同一の労働者グループ)全体の平均名目賃金の変化を割り引くことで除去できる.むろん,グループ内で時間を追って経験年数の分布に変化があれば,それだけで平均賃金の値は変化してしまうので,比較する時点間でグループごとに労働者の経験年数構成の変化の影響を補整する工夫が必要である.もっとも景気の動向如何で労働者グループ内の賃金再配分があるなら,グループ平均賃金で割り引くだけでは済まされない.その点については後述する[16].

要因(c)については,労働者の受ける職場訓練(情報的学習を含む)の質,密度やその時間的配置は安定的で,長期的趨勢としての変化のみ発生しうると想定する.つまり,景気変動の過程で訓練対象者数に変化があっても,個々の被訓練者の訓練内容が大きく変わることはないというわけである(この想定をめぐっても再論する).

要因(a), (b), (c)の影響を取り除いた年齢-所得曲線の勾配を「純粋の年功賃金勾配」と呼べば，この値こそ6-4図の点線の線分の勾配に対応するものである．そして，その勾配こそ検証の主役となる変数にほかならない．

賃金勾配方程式

以上の議論を式の形で整理しよう．同一の産業・学歴に所属し，入職時点(t_0)を共有する労働者のコーホートについて，その入職時点の名目賃金(初任給)を $w(t_0, t_0)$，入職後 h 年たった時点での名目賃金を $w(t_0, t_0+h)$ と表わそう．さらに同一の産業・学歴の労働者グループ全体としての平均の名目賃金について，その t_0 時点の値を $\underline{w}(t_0)$，t_0+h 時点の値を $\underline{w}(t_0+h)$ と表わそう(以下，データは産業・学歴ごとにとるが，産業，学歴を表わす記号は省略する)．このとき，時点(t_0, t_0+h)間における要因(a), (b)除去後(ただし経験年数構成補整前)の年功賃金勾配は，

$$(6\text{-}1) \quad S(t_0, t_0+h) = \frac{w(t_0, t_0+h)}{w(t_0, t_0)} \bigg/ \frac{\underline{w}(t_0+h)}{\underline{w}(t_0)}$$

として定義される．分母の項 $\underline{w}(t_0+h)/\underline{w}(t_0)$ が経験年数構成変化補整前の要因(a), (b)の割引項である．もちろん，S は実質値となる．(6-1)の各項は，直接観察値として得られる．

次に，当該コーホートが所属する産業・学歴グループの t_0+h 時点における経験年数構成を t_0 時点でのそれに合わせた場合の，仮想的なグループ平均名目賃金を $\underline{w}^*(t_0+h)$ と記すとき，経験年数構成補整後の年功賃金勾配は，

$$(6\text{-}2) \quad N(t_0, t_0+h) = \frac{w(t_0, t_0+h)}{w(t_0, t_0)} \bigg/ \frac{\underline{w}^*(t_0+h)}{\underline{w}(t_0)}$$

として表わされる．(6-1)と(6-2)の比較から，

$$(6\text{-}3) \quad N(t_0, t_0+h) = S(t_0, t_0+h) \cdot \frac{\underline{w}(t_0+h)}{\underline{w}^*(t_0+h)}$$

の関係がある．$\underline{w}^*(t_0+h)$ は直接観察できないため，稼得収入関数を設定して推定する．いま，経験年数の構成をグループの平均勤続年数(D と記す)で代表させるものとして，稼得収入関数を

$$(6\text{-}4) \quad \ln \underline{w}(t_0+h) = b_0(t_0+h) + b_1 \cdot D(t_0+h)$$

と書こう．ここで $b_0(t_0+h)$ は勤続年数以外の説明変数ベクトルの線形式である．勤続年数が高い説明力を発揮することは，6-1表で見たとおりである．$\underline{w}^*(t_0+h)$ は，(6-4)のモデルで変数 D を t_0 時点の平均勤続年数の値で固定して評価した値に相当する（他の変数の値は共通である）．すなわち，

(6-5) $\qquad \ln \underline{w}^*(t_0+h) = b_0(t_0+h) + b_1 \cdot D(t_0)$

である．(6-4)と(6-5)の差をとると

(6-6) $\qquad \ln \dfrac{w(t_0+h)}{\underline{w}^*(t_0+h)} = b_1(D(t_0+h) - D(t_0))$

が得られる．$D(t_0+h)$ と $D(t_0)$ については直接観察できるので，$\underline{w}^*(t_0+h)$ を求める作業としては未定係数 b_1 の推定を残すのみとなる．推定は，後述のように最終計測式の中で間接的に行なう．

要因(c)の影響を見るために，$N(t_0, t_0+h)$ を，熟練形成ないし情報的学習を反映した個別生産性の上昇を表わす部分 $a(t_0, t_0+h)$ と，参入料ないし保証金の水準を反映する年功賃金契約にもとづく賃金変化を表わす部分 $\beta(t_0, t_0+h)$ との積として分解できるものと仮定しよう．

(6-7) $\qquad N(t_0, t_0+h) = a(t_0, t_0+h) \cdot \beta(t_0, t_0+h)$

$\beta(t_0, t_0+h)$ こそ，6-4図で定義した純粋の年功賃金勾配にほかならない．$a(t_0, t_0+h)$ については，すでに述べたように長期的にのみ変化すると仮定する．より具体的に，指数トレンド

(6-8) $\qquad a(t_0, t_0+h) = a_0 \cdot \exp\{a_1 \cdot t_0\}$

を想定しよう．a_0, a_1 は，産業，学歴，そして h の長さに依存して決まる定数である．(6-7), (6-8)の両辺の対数をとって比較することにより

(6-9) $\qquad \ln \beta(t_0, t_0+h) = \ln N(t_0, t_0+h) - \ln a_0 - a_1 \cdot t_0$

が得られる．

われわれの検証対象は，こうして求めた純粋の年功賃金勾配 $\beta(t_0, t_0+h)$ が年功賃金契約の結ばれる (t_0-1) 時点における新規労働市場の需給逼迫指標（ないし産業ごとの景気指標）$X(t_0-1)$ と負の相関関係をもつかどうかという点である．すなわち，回帰式

(6-10) $\qquad \ln \beta(t_0, t_0+h) = c_0 + c_1 X(t_0-1)$

における $X(t_0-1)$ の係数 c_1 が負の値をとるかどうかを確かめればよい．

ところで，$\beta(t_0, t_0+h)$ は直接観察可能な変数ではないので，実際の推定にあたっては，(6-9)と(6-6)を対数表示した(6-3)に代入したうえ，(6-10)を書きかえた

$$(6\text{-}11) \quad \begin{aligned} \ln S(t_0, t_0+h) &= (c_0+\ln a_0)+a_1 t_0 - b_1(D(t_0+h)-D(t_0)) \\ &\quad + c_1 X(t_0-1) + u(t_0) \end{aligned}$$

を推定式として用いる．ここで導入した攪乱項 $u(t_0)$ は右辺の他の独立変数と無相関だと仮定する．係数に対する制約として，b_1 は非負であり，通常の名目収益率のオーダーであることが期待される．以上のような工夫により，稼得収入関数(6-4)を直接推定する必要は生じない．a_1 は正，負いずれの符号をもちうる．実際の計測上，a_1 には訓練投資密度の変化以外のすべての趨勢要因を取り込む可能性がある．

分析対象とデータ

分析対象とする産業は，『賃金センサス』大分類の製造業，金融・保険業，卸売・小売業，そして運輸・通信業であり，製造業ではさらに生産労働者と事務・管理労働者を区別した．学歴は，高校卒と大学卒を区別した．さらに男子，しかも従業員 1,000 人以上の企業に勤める常用労働者に限定した．内部労働市場の特徴をもっともよく備えた部門だと考えられるからである．被説明変数 $S(t_0, t_0+h)$ は，入職時点と 5 年勤続後，および入職時点と 10 年勤続後の所定内給与を比較することで算出した．h の長さとして 5 年ないし 10 年をとれば，その期間中に参入料・保証金を反映した純粋の年功賃金効果は十分発揮され尽くしてしまうだろうという仮定にもとづく．1964-87 年のクロス分類表をもとにコーホートを構成した．したがって，5 年間の賃金勾配としては入職時点 t_0 が 1964 年から 1982 年までの 19 個，また 10 年間の勾配としては入職時点 t_0 が 1964 年から 1977 年までの 14 個のデータがとれる[17]．

次に，もうひとつの主要な変数である景気指標について説明しよう．新規労働市場の競争性の検証が目的であるから，本来その市場の逼迫度を直接表わす指標が欲しいところであるが，通常利用される「新規有効求人倍率指標」につ

いては，産業別データを分析期間全体にわたってとることができない．そこで代理変数として2種類の産業別マクロ景気指標を利用することにした．

第1は，各入職期の1年前（t_0-1時点）の産業別国内総生産の対前年実質成長率（以下，簡単に「粗生産成長率」と呼ぶ）である．第2は，各入職期（t_0）における産業別の進捗ベース実質設備投資率（以下，簡単に「投資率」と呼ぶ）である．前者は，『国民経済計算』，後者は『民間企業資本ストック』によった．いずれも経済企画庁から公表されている統計である．投資率について入職期と同一年のデータを利用する理由は，今年の進捗ベースの投資を規定するのは昨年における企業家の将来収益に対する長期期待であり，その期待が同時に今年入職した労働者に対する需要の大きさを規定したと考えられるからである[18]．

データの相関関係

製造業の高校卒生産労働者および大学卒労働者について年功賃金勾配（S）と景気指標（X）との相関関係を見たものが6-5図である（他の産業については割愛する）．図の左側は，景気指標として前年の粗生産成長率をとった場合，右側は投資率をとった場合である．各図とも，実線の折れ線は5年間の勾配に関する散布点，破線の折れ線は10年間の勾配に関する散布点を，それぞれ時間を追って結んだものである（図中64の数値を付した点は，観察期間の始まりである1964年の位置を示している）．破線のグラフが実線のグラフより上方に位置しているのは，5年間の追加的勤続による経験の蓄積（あるいは，それにもとづく内部昇進）を反映している．この間の全体としての労働生産性の上昇は，Sの算出の際，すでに割り引かれていることに留意しよう．また，共通期間について，両者はほぼ上下平行に推移していることが見てとれる．

図から得られる印象として，高校卒生産労働者では1964年から1970年代初期までの時期について，SとXの間に右下がりの関係が観察される．それはわれわれの検証仮説と整合的な関係である．ただし1970年代半ば以降は，そのような関係は消滅してしまったように見える．大学卒労働者については，たとえ時期を限ったとしても，右下がりの関係をいまひとつ明瞭に見いだすことはできない．

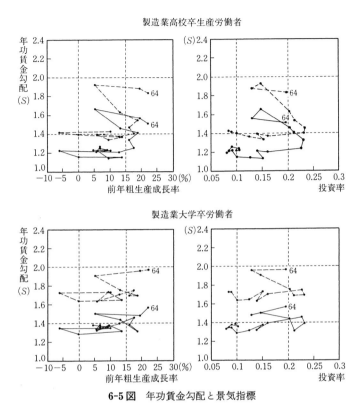

6-5図 年功賃金勾配と景気指標

しかし,このグラフだけから性急に結論を下してはならない.というのは高校卒生産労働者全体の勤続年数構成が1964年から1970年代初めにかけて急速に長期化しており(実際,$D(t_0+5)-D(t_0)$で見て,1964-68年平均の0.22から1969-73年平均の2.06まで上昇している),(6-11)を想起すると,この変化がSの値を低下させたとも考えられるからである.もしその効果が十分強いなら,この期間のSとXの右下がりの関係は見かけ上のもので,参入料・保証金メカニズムの作用とは無縁だということになる.それゆえ,純粋の年功賃金勾配と景気指標の間に真の相関があるかどうかは,(6-11)の推定結果を待って判定しなければならない.

入職後5年間の年功賃金勾配$\ln S(t_0, t_0+5)$を被説明変数とする回帰モデル

6-2表 年功賃金勾配の景気指標に関する回帰係数推定結果
（製造業，5年勾配自然対数値）

コーホート	期間	前年粗生産成長率	投資率
高校卒生産労働者	1964-82	$-0.202(-1.54)$	$-0.069(-2.07)$
	1964-73	$-0.553(-3.37^*)$	$-0.135(-2.71^*)$
	1974-82	$-0.111(-1.12)$	$-0.048(-0.96)$
大学卒労働者	1964-82	$0.048(0.27)$	$0.002(0.31)$
	1964-73	$-0.021(-0.07)$	$0.002(0.03)$
	1974-82	$-0.056(-0.63)$	$-0.024(-0.62)$

表の説明：数値は(6-11)の係数 c_1 推定値，括弧内はその t-値を表わしている．景気指標が粗生産成長率の場合は，通常最小二乗法，投資率の場合には操作変数法によって求めた．後者の場合，利用した操作変数は，前年の投資率，前年の粗生産成長率，そして前年のグループ平均実質賃金の上昇率である．
＊は 5% 水準で統計的に有意であることを示す．

(6-11)を推定し，c_1 の係数推定値を取り出した結果は，6-2 表に示すとおりである．2種類の景気指標（前年粗生産成長率と投資率）それぞれの場合について結果を報告している．全体の期間(1964-82年)を通じた推定値と，構造の変化の可能性に鑑み，高度成長期(1964-73年)と第1次オイル・ショック以降の低成長期(1974-82年)とを分けて推定した結果の3者を掲げている．なお，同時に推定された限界的な勤続の収益率 b_1 は，高校卒グループで 8%，大学卒グループで 3.5%（景気指標のいかんを問わず）であり，理論上の予想を満たしている．また，係数 a_1 については，全体の期間を通してごくわずかの低下トレンド（ただし，高校卒では第1次オイル・ショック以降に限った場合には解消する）が見いだされた．

高校卒生産労働者については，全体を通して係数は負の傾向があるが，統計的に有意とはいえない．しかし，区間別に推定した場合，いずれの景気指標をとるかに無関係に，高度成長期では統計的に有意な負の係数が得られるが，他方，低成長期では係数絶対値が高度成長期の 1/4 から 1/3 の大きさに減少してしまい，しかも統計的な有意性は解消してしまうことが見いだせる．他方，大学卒労働者については，全体の期間を通しても，あるいは区間別に推定しても何ら統計的に有意な方向性は見いだされない．こうして，先の留保事項にもか

かわらず，ほぼ6-5図の印象どおりの特徴が回帰分析を通じて確認されたわけである．

推定結果の含意

同様の推定を他の産業・学歴グループおよび10年間の年功賃金勾配についても実施した．勾配の部分調整の可能性，攪乱項の時系列相関の可能性など，(6-11)の定式化の変更も種々試みた．これらのくわしい検証結果から導かれる含意を次に述べよう．

(1) 歴史的に企業内部労働市場が典型的な形で発達を遂げた製造業の高校卒生産労働者については，1970年代初めまでのいわゆる高度成長期には純粋の年功賃金勾配と景気指標との間に顕著な逆相関が観察されたが，低成長期への移行とともに逆相関の傾向はほとんど消滅した．6-5図に見るように，景気指標は高度成長期では高水準かつ主として上昇運動，その後の期間では低水準(かつ投資率の場合には下降運動)によって特徴づけられる事実を想起しよう．すると，新規労働市場が逼迫した前者では，参入料効果は新規労働者が雇い主からプレミアムを受けとるという形で機能したが，新規労働需要の停滞した後者では，参入料・保証金効果はほとんど機能しなかったと解釈される．

(2) 製造業，高校卒生産労働者以外の産業・学歴グループについては，純粋の年功賃金勾配と景気指標間の相関をめぐり高校卒と大学卒の間でかなりきわだった特徴の差異が見られる．まず，高校卒労働者については，若干の例外を除き，製造業生産労働者と大体同様の傾向が認められる．すなわち，高度成長局面でのプレミアム支払いの存在と低成長局面での参入料・保証金効果の消滅という非対称性である．ただし，こうした特徴は，景気指標として投資率をとる場合により頻繁に現われ，粗生産成長率をとる場合には弱いという傾向がある．労働者の新規雇用は，一時的な景気動向でなく，企業の長期的期待により強く反応するものとして理解できるのかもしれない．

(3) 大学卒労働者については，いずれの産業でも高度成長期，低成長期の如何を問わず，純粋な年功賃金勾配と景気指標の間で明確な相関は見いだしにくい．それは，大学卒業者の労働市場では割当て現象が継続的に存在したことを

物語っている. ただし, 金融・保険業および運輸・通信業など一部の産業では, むしろ低成長局面で純粋な年功賃金勾配と投資率との間に逆相関の傾向が見いだされた. 新規雇用市場の競争性を示唆する結果とも受けとれる. しかし, 高校卒とは逆方向の非対称性の性質を現段階でどれだけ重視すべきか, 議論の余地が残る. 証拠がきわめて断片的だからである.

(4) (3)の結論の曖昧さをひとまず別にすると, (1)と(2)の結論から, 日本の労働市場は高度成長局面では実質的に新古典派的競争市場として機能したが, 低成長局面では需要制約にもとづく新規雇用の割当てを発生させるという二重労働市場仮説特有の性質を示したという形で把握できることが分かる. こうした解釈は, 5.6節で提起した著者の統合的な理解の枠組と整合的である.

高度成長期の日本経済で, 個人間の所得分布が平等化したことはよく知られている. しかし, その事実の背景理由をたどると, 同時期, 日本の労働市場が構造的に新古典派競争市場として振舞ったという上記の点に行き着くのではないかと思われる. 3.1, 3.2節で見たように, 新古典派的労働市場は需要・供給の力の作用する世界であり, (i) 資本蓄積に伴う労働需要の増加が, 他の資源サービスに対し労働所得を相対的に引き上げる, (ii) 学歴・熟練のもたらす高所得の機会が人々の人的投資を誘発して労働所得の平準化を招く, という性質をもっている. これらの性質が実際に所得分布の平等化をもたらした原因だと考えられるのである. ところが, 二重労働市場局面に入った1970年代半ばから少なくとも1980年代前半にかけて, そのような力は作用しなくなった. そして, そのことは1.2節で紹介した, 日本の所得分布をめぐる平等化傾向が1970年代半ば以降反転したという事実と符合している[19].

高校卒・大学卒労働市場間の構造的差異

それでは上記の(3)の点, つまり大学卒と高校卒労働者間の結論の違いはどのように解釈したらよいだろうか? 2つの点を検討したい. 第1は, 高校卒・大学卒労働市場間の構造的差異について, 第2は, 高学歴化の進行という労働供給構造の変化についてである.

大学卒労働者の相当の部分は専門的・管理的ないし技術的職業につく. これ

らの職種は内部労働市場の上位層として把握される．われわれはピオーリの議論を基礎に，この階層の労働市場は一般に競争的だと論じた(5.3節)．つまり，それは情報的に顕示された限界生産性にもとづき報酬の支払われる世界であり，また，一般的熟練機会と労働サービスとが結合交換される世界でもある．

しかし，現実への適用という観点から留意すべき点もある．第1に，大学卒とはいえ，中間管理的職務など，むしろ下位層に特徴的な職務につく場合も多い．大学卒労働者の供給が増加すれば，当然そのような仕事につく者の割合も増えよう．そこでの賃金形成は，下位層に特徴的な制度上のルールに従うと考えられる．また，日本のように通常内部昇進を通してキャリアーの形成される世界では，雇用の初期局面では下位層的職務に従事し，次第に抜擢されて上位層に達する場合が普通であろう．したがって，大学卒労働者の新規雇入れに際し，いきなり賃金競争が作用するとは考えにくい．

第2に，内部昇進制のもとでは，将来の潜在的な上位層労働者の雇用は，雇い主に対しトレーナビリティの高い労働者を雇入れ時点で選別する強い誘因を与える．しかし，雇い主・求職者間の情報非対称性が著しい新規雇入れ過程では，高い能力を持ち，それゆえ留保賃金の高い労働者を確保するため，市場に超過供給がある場合でも雇い主は需給をクリアーさせる水準以上の期待生涯賃金(職務上の権限，昇進の速度，到達先など，不確実性を残しながらも将来の仕事，所得のコースに関するおおよその見通しを体化した)を支払う可能性がある．そのような場合，雇い主と求職者間で暗黙に契約される期待生涯賃金水準は，上方には伸縮的となっても，下方には硬直的となろう[20]．最後の点は，Weiss[1980]が1期間モデルの中で厳密に定式化している．結論として，(労働者間で)期待される平均生産性単位当りの賃金費用を最小にするという，効率賃金仮説と同一の企業行動が導かれる[21]．

以上，日本の新規大学卒労働市場は競争的に賃金が形成される市場と考えるより，むしろ雇い主の情報選別の手段として効率賃金が選択され，雇用の割当てが生ずる市場だと理解する余地のあることを論じた．ここで労働意欲の誘因を根拠とする標準的な効率賃金仮説と異なる側面を強調するのは，ピオーリが指摘するように，上位層(ないし将来上位層となることが見込まれる)労働者に

とっては，仕事のもたらす一般的知識と仕事に付随する責任が彼らの内発的な努力と自己規律を生みだすこと，また，将来の大きな内部昇進の展望が(選抜というプロセスをとることを含め)彼らに十分な努力誘因を与えると考えられるからである．この点で大学卒労働市場と高校卒労働市場との間に構造的差異を認めることができる[22]．

ところで，情報選別的観点からの効率賃金仮説についても，標準的な効率賃金仮説同様，保証金水準の競争によって需要制約下の割当てが突き崩される可能性がある．ここで保証金にあたるのは，事後の情報的学習によって労働者の適性があらかじめ定めたレベルに満たないと雇い主が判断する場合には，労働者が積み立てた金額を雇い主が没収するというものである．大学卒労働者に関する上記の実証結果は，そのような保証金効果が低成長局面において(一部の産業における例外の可能性を除くと)ほとんど機能しなかったことを示している．

労働供給構造の変化

以上は，高校卒・大学卒の新規労働市場が構造的特質を異にする可能性を論じたものである．しかし，結論として好況期の負の参入料と不況期の割当てを期待できる点では，両市場とも共通の性質を保有している．それでは，なぜ大学卒市場では高度成長期の労働需要逼迫局面で負の参入料が発生しなかったのだろうか？　その解答は，労働供給構造の変化にあると考えられる．

本節で用いた景気指標は主として労働需要側の指標であり，新規労働市場の逼迫度を必ずしも正確に表現するものではない．とくに1960年代後半から70年代前半までの労働需要増大期には，高学歴化の進行によって大学卒，高校卒間の相対的な労働供給のバランスが大きく変化したと考えられる．実際，文部省『学校基本調査報告』から，次のような特徴が指摘できる．(a) 卒業者数の変化で見た労働供給量の変化は，高校卒，大学卒とも1975年以降比較的小さいが，それ以前にはかなり大きな増減があった．(b) 1964年から1973年にかけて，1965，66年のいわゆるベビー・ブーム世代を例外として，大学卒業者および大学卒就業者の増加率は一貫して高校卒業者および高校卒就業者の増加率を

上回った．1974年以降は，そのような明確な傾向はない．(c) 1968年から1976年までは，高校卒就業者は毎年減少する傾向にあり，しかも前年比 -9% を超える年がしばらく続いた．この時期には高校卒業者数の増加率と高校卒就業者数の増加率とが大きく乖離したが，その乖離こそ大学進学率の上昇に対応するものであった．(d) 大学卒就業者は1974年まで一貫して増加しており，とりわけ1964年から1971年までは対前年比5%から15%という著しい増加を示した．

以上から，1970年代前半までの旺盛な新規労働需要期において，一方で高校卒就業希望者の相対的，さらには絶対的な減少によって高校卒新規労働市場が著しく逼迫した反面，大学卒新規労働市場については供給側の大幅増によって需要圧力の大半が相殺されてしまったと推察される．したがって，大学卒新規労働需給の逼迫度を投資率や粗生産成長率など労働需要側の指標で表現すると，本来の逼迫度を過大に評価してしまうおそれがある．1970年代前半までの高度成長期に大学卒労働者に対してプレミアム（負の参入料）の支払われなかった主要な原因がこのグループの大幅な供給増加にあることは間違いないと思われる．

交替的な解釈の可能性

参入料・保証金効果の検証結果をめぐる先の解釈(1), (2), (3), (4)は，実際のところ考えうる唯一の解釈ではない．というのは，われわれの検証手続きの中には，(a) 入職した労働者が受ける訓練の密度は趨勢的に変化することはあっても，入職時点の景気動向には依存しない，(b) 各時点の景気変動はその時点のすべての経験年数階層の賃金率に一様な影響を及ぼす，という前提が設けられているからである．これらの前提が満たされない場合には，異なる解釈が生まれる．その点を説明することで本節の結論に対する留保点を明確にし，同時に既存の年功賃金勾配をめぐる実証研究との関連を述べよう．

まず(a)の条件について検討しよう．もし入職時点の景気動向が入職する労働者のトレーナビリティの分布を大きく変える場合には，労働者間の訓練投資の密度も変化するだろう．たとえば，もし景気上昇によって労働市場が逼迫し，

トレーナビリティの低い労働者まで雇い入れる場合(Reder[1955])には，トレーナビリティが投資効率を規定する限り，訓練投資の密度を低下させるのが合理的となる．その場合には，投資費用の負担が小さいという理由でコーホートの年功賃金勾配は平坦化する．つまり，年功賃金勾配と景気指標間の逆相関の関係は，このような人的投資要因の作用によっても発生しうる．参入料・保証金効果とは，一切無関係である．

しかし，他方で，景気上昇の際むしろ投資密度を上昇させるのが合理的だと考える理由もある．既存の生産過程に労働者を組み入れるためにはどうしても一定の熟練レベルを達成しなければならないとすれば，トレーナビリティの低い労働者に対してより多くの資源を投ずる必要がある．その場合には，コーホートの年功賃金勾配は増大し，結局景気指標との間で順相関の関係が生まれることになる．

どちらの想定がより現実的かを先験的に述べることはできない．訓練投資量を直接把握できるようなデータを取得できない限り，これらの想定を最終的に検証することはむずかしい．また，こうした人的投資論の立場から現実に観察された非対称性の現象をどのように解釈するかの問題も残されている．ともあれ，われわれ自身の解釈は，ここにあげた2つの相反する方向の相関関係がちょうどお互いに他を打ち消しあう場合に妥当となる．これが第1の留保点である．

次に(b)の条件について検討しよう．年功賃金勾配(または，年齢間の賃金格差)をめぐる従来の実証研究は，むしろ(b)の仮定が妥当しないと考え，現行の景気動向とクロス・セクション年齢-所得曲線の勾配との関係を調べてきた．日本での先駆的な研究である小野[1973：第7章]は，主として1950年代から60年代にかけての製造業の賃金データを分析したうえで，景気が上昇すると年齢間賃金格差が縮小する傾向(すなわち，賃金勾配と景気指標との間の逆相関の傾向)にあること，また，日本では1960年前後を境に年齢別賃金格差は拡大から縮小に転じ，1960年代を通して縮小を続けたことを指摘している．その理由として，小野は新規労働市場の競争性と労働組合内部における若年層の発言力の強化をあげている．

「労働力不足は新規学卒労働者に最も強い影響を与え，かれらの初任給を大幅に引き上げた．もしここで組合があくまでライフ・サイクルに沿った年齢別賃金に固執したなら，賃金格差の縮小は阻止されたか，あるいはもっと軽微であったに相違ない．……(その方針を貫徹できない)事情というのは，労働力不足が若い組合員の組織内部における発言力を強化したことである．そのため，組合自身も，賃金総額の増加分のうちより多くの割合を，若年層に配分する政策をとらざるを得なかった．」(小野[1973：135-136]，括弧内は引用者による)

以下，この仮説を「組織内再配分効果」と呼ぼう．ところで，景気上昇とともに初任給をはじめ若年層の賃金が相対的に上昇したことは，われわれの負の参入料効果によってもまったく同様に説明できる．組織内再配分効果の作用を否定する必要はないが，かといってその効果が量的にどれほど重要であるか，積極的に測定されているわけではない．それゆえ，同時点の景気と賃金勾配との逆相関の傾向を(b)の条件が満たされない証拠と見なす必要はない．

他方，組織内再配分効果とまったく逆に，同時点における年齢-所得曲線の勾配は景気動向と順相関を示すはずだというHashimoto[1975], Raisian[1979]の主張がある．企業に特有な熟練が雇い主と労働者の費用分担によって継続的に進行する場合，年齢の高い(勤続年数の長い)労働者ほどすでに投下した費用が大きいため，雇用継続の価値が高い．したがって，景気の下降に際し若年層より大きな賃金カットを受け入れる一方，景気上昇期には雇い主との間の交渉の立場が逆転し，若年層より大きな賃金上昇を獲得する．したがって，年齢-所得曲線の勾配は景気の動きと同方向に変化するというのが主張の骨子である．この議論を「サンク・コスト効果」と呼ぼう．

サンク・コスト効果が存在する場合には，後述のように回帰式(6-11)の景気指標の係数に過大評価バイアスがかかる．その場合，c_1がゼロという推定結果を得たとしても，それは必ずしも参入料・保証金効果の非存在を示すものといえなくなる．したがって，その際にはわれわれの解釈は変更を迫られる．

しかし，サンク・コスト効果をめぐっては，未だそれを支持する明確な実証結果は得られていない．Raisian[1979：492]は，米国のサーベイ・データ

(Panel Study on Income Dynamics)を用いた研究から,非労働組合部門ではサンク・コスト効果と整合的な結果が得られるが,労働組合部門では,むしろそれと逆方向の関係が見いだせると述べている.しかし,なぜ労働組合部門と非労働組合部門でそのような差が生まれるのか,説得的な説明はない.

日本においては,先に述べたように1960年代を通じサンク・コスト効果とは反対の傾向が認められている.最近の研究としては,一方で『賃金センサス』データの分散分析の結果から,1970年代を通じ年齢ないし経験年数間賃金格差はほぼ不変であったとの報告がある(Tachibanaki[1982：449-450],橘木[1984：20,表11]).他方,同じデータを用いた研究として,Higuchi[1989：484-486]は1970年から87年までの期間について製造業の年間賃金増加率方程式を推定し,勤続年数と有効求人倍率のクロス項に対し統計的に有意な負の係数を得た(この結果は,大,中,小,各企業規模共通に成立する).その結果は,好況期には短期勤続者の賃金が長期勤続者の賃金に比べ大きく増加することを意味している.それは,サンク・コスト効果とは反対の結果である.もっとも同時に,同一期間につき産業をさらに分類したうえ年齢階層別の産業間相対賃金の動きを調べると,輸出財産業では(非輸出財産業との対比で)為替レートの増価がとくに中高年齢層に対して有意な賃金引下げ効果をもつことが示されている[同：494-495, Table IV].それは,むしろサンク・コスト効果と整合的な結果である[23].このようにサンク・コスト効果をめぐる実証結果は一定していない.

参入料・保証金効果とクロス・セクション効果の分離

これらの研究成果は,われわれの解釈が少なくとも参入料・保証金効果を誤って否定してしまう方向の明白なバイアスにはさらされていないことを示唆するものである.しかし,われわれのデータ自体の中でこうしたバイアスの有無を確かめることはできないだろうか? 幸いコーホート・データには同一時点内の賃金再配分効果を分離できるだけの豊かな情報が含まれている.それを引きだすべく,次にわれわれのモデルの修正を考えよう.

前提(b)を取りはずし,クロス・セクション年齢-所得曲線の勾配が同時点の

景気指標に依存すると想定してみよう。(6-2)の右辺に含まれる2つの比率を再編成したうえ，

$$(6\text{-}12) \quad \ln \frac{w(t_0, t_0)}{\underline{w}(t_0)} = \ln r(t_0) - (s_1' + s_1 X(t_0-1))$$

$$(6\text{-}13) \quad \ln \frac{w(t_0, t_0+h)}{\underline{w}^*(t_0+h)} = \ln r(t_0+h) - (s_2' + s_2 X(t_0+h-1))$$

であると想定しよう。ここで s_1, s_2 は同一時点内の賃金再配分効果を表わすパラメータで，プラスであればサンク・コスト効果，マイナスであれば組織内再配分効果を意味する。「クロス・セクション効果」と総称することにしよう。s_1 と s_2，そして定数項 s_1' と s_2' は，それぞれほぼ同一の値をとると期待される。他方，$r(t_0), r(t_0+h)$ はクロス・セクション効果を除いた後の賃金勾配形成要因であり，純粋の年功賃金勾配 $\beta(t_0, t_0+h)$ を定義する際 $r(t_0+h)/r(t_0)$ の値が従来の $N(t_0, t_0+h)$ にとって代わることになる。(6-9)は，いまや

$$(6\text{-}14) \quad \ln \beta(t_0, t_0+h) = \ln r(t_0+h) - \ln r(t_0) - \ln a_0 - a_1 \cdot t_0$$

と書きかえられる。むろん，(6-10)はそのままである。ところで $r(t_0+h)/r(t_0)$ と観察される賃金勾配 $S(t_0, t_0+h)$ との間には，(6-3), (6-6), (6-12)および(6-13)を用いて

$$(6\text{-}15) \quad \begin{aligned}\ln r(t_0+h) - \ln r(t_0) &= \ln S(t_0, t_0+h) + (s_2' - s_1') \\ &\quad + s_2 X(t_0+h-1) - s_1 X(t_0-1) \\ &\quad + b_1(D(t_0+h) - D(t_0))\end{aligned}$$

の関係がある。(6-15)を(6-14)の右辺に，(6-10)を(6-14)の左辺にそれぞれ代入して整理すると，(6-11)に代わる回帰方程式は

$$(6\text{-}16) \quad \begin{aligned}\ln S(t_0, t_0+h) &= \{c_0 + \ln a_0 - (s_2' - s_1')\} + a_1 \cdot t_0 \\ &\quad - b_1(D(t_0+h) - D(t_0)) + (c_1 + s_1) X(t_0-1) \\ &\quad - s_2 X(t_0+h-1) + u(t_0)\end{aligned}$$

となる。それゆえ，クロス・セクション効果が実在する場合には，従来の c_1 の係数推定量は，s_1, s_2 がプラスなら過大推定，s_1, s_2 がマイナスなら過小推定を意味する。新しい回帰式では，s_1 と c_1 とは識別可能でないが，s_2 の値を同時に推定することで，c_1 の推定で生じたバイアスの程度を調べることができる。

試みに，上記の分析でもっとも基本的な推定結果となった製造業高校卒生産労働者の5年勾配 $S(t_0, t_0+5)$ を対象に，景気指標として粗生産成長率 ($CHGDP(-1)$, $CHGDP(+4)$) を用いて(6-16)を推定した．その結果得られた景気指標の係数推定値は，6-3表が示すとおりである．全期間(1964-82年)を通して推定した結果と，1964-73年および1974-82年の部分期間に分けた場合の双方が示されている．なお，従前の結果との対比を容易にするため，(6-11)の $CHGDP(-1)$ の係数推定値も併せ示している(各期上段の数値)．

6-3表は，いずれの期間をとっても新しい変数 $CHGDP(+4)$ は統計的に有意でなく，他方，もともとの変数 $CHGDP(-1)$ の係数推定値には，t-統計量を含め，ほとんど変化のないことを表わしている．ただし，新しい変数の係数 $-s_2$ は，1964-73年ではプラス，1974-82年ではマイナス，そして全期間を通してプラスであった．方向としては前半の時期および全体を通してみると組織内再配分効果と整合的，後半の時期ではサンク・コスト効果と整合的であるが，効果の大きさについて統計的な有意性はない．

以上の結果から，次の2点を結論することができよう．第1に，クロス・セクション効果を捨象できるとした前提(b)は，少なくともこの産業・学歴グループについては支持できること，第2に，高度成長期を通じた年功賃金勾配と景気指標との逆相関の事実は，小野の主張する組織内再配分効果として理解するより，むしろわれわれの負の参入料効果として理解する方が適切なことであ

6-3表 参入料・保証金効果とクロス・セクション効果の対比(製造業，高校卒生産労働者・5年勾配対数値)

期　間	粗生産成長率(前年) $CHGDP(-1)$	粗生産成長率(4年後) $CHGDP(+4)$
1964-82	$-0.202(-1.54)$ $-0.175(-1.34)$	— $0.179(\ \ 1.21)$
1964-73	$-0.553(-3.37^*)$ $-0.526(-3.04^*)$	— $0.094(\ \ 0.79)$
1974-82	$-0.111(-1.12)$ $-0.130(-1.20)$	— $-0.217(-0.69)$

表の説明：左側の数値は回帰方程式(6-16)の s_1+c_1，右側の数値は $-s_2$ の係数推定値，括弧内はいずれも t-値を表わしている．通常最小二乗法によって求めた．*記号は，5%水準で統計的に有意であることを示している．なお，s_1 と s_2 とは理論的にほぼ同じ大きさであると期待される．

る. 実際, s_1 が s_2 と近似的に等しいという性質を用いて, 6-3 表における 1964-73 年の $CHGDP(-1)$ の推定値 -0.526 を s_1 と c_1 に分解すると,

$$s_1 \simeq -0.094, \quad c_1 \simeq -0.432$$

となる. つまり, 全体としての(統計的に有意な)負の係数のうち, 組織内再配分効果として説明される部分は 18%, 参入料効果として説明される部分は 82% であり, 後者が支配的だといえる. この結果は, 年功賃金曲線の勾配を検討する際には, 事前の長期契約の可能性を考慮し, コーホート・データを分析することが重要になることを示している.

結 語

以上から, 交替的な解釈の成立する可能性をなお残す必要は認めるとしても, われわれの上記の解釈(1)-(4)がかなり堅固なものであると主張することができるように思われる. むろん, データ数の拡大, 市場の需給指標の改善, 賃金勾配の趨勢的変化の意味の理解, 異なる企業規模あるいは女子労働者に関する検証など, 今後に残された課題も多い. さらには, 他の国における検証も興味深いテーマである. より広範, 詳細な分析は, 将来の研究に託したい.

第6章 注

1) 本節は, 石川 [1989] に加筆したものである. 基本的な論点に変更はない. 加筆にあたっては尾高煌之助および森嶋通夫の両氏から与えられたコメントが有益であったことを記して感謝したい.

2) Morishima [1988] は, Tachibanaki [1982] のデータ(最近時点のデータの追加を含む)をもとに, 企業規模間の賃金格差が次に要約するような形で存在することを示している(本論文は未公刊であるが, 著者の許可を得て利用させて頂いた). 第1に, 男子, 女子のホワイト・カラー層について, 30-34 歳層では 1958-85 年の期間にわたって規模間賃金格差は何ら増減のトレンドがないという意味で不変であった(なお, 年齢と同時に勤続年数も制御している. 以下, 同様である). しかし, 中高年層では賃金格差に改善が見られた. 大企業での年功賃金勾配が低下したからである. 第2に, ブルー・カラー層では, 男女とも, いまなお相当大きな賃金格差が

ある．小企業では大企業に比して，男子の30-34歳層で7割程度，中高年層では以前より改善されたとはいえ，いまなお6-7割である．女子の中高年層では，いまなお6割に満たない．しかも，女子のこの層については，学歴の大小はほとんど無関係である．

3) 6.2節で論ずるように，もし入職する労働者の能力をめぐる情報の非対称性が存在し，しかも能力の高い労働者が高い留保賃金を要求するなら，企業には競争均衡水準以上の賃金率をオファーする誘因が生まれる．もし，支払い能力の点で大企業にそのような行動がより頻繁に見いだされるとすれば，規模間の賃金格差のひとつの説明になりうる．しかし，その議論は入職時の賃金契約にとっては意味があるが，入職後生ずる労働者の能力に関する情報的学習を考慮すると，必ずしも各時点の賃金格差を説明するものとはなりにくい．

4) 氏原の前近代性論にいち早く異をとなえ，さらに日本の内部労働市場と米国の内部労働市場との共通性を指摘したのは，小池和男の初期の業績([1971]，[1977])であった．最近の氏の論調は，日本の職場訓練の幅の広さを強調することで，むしろ米国との相違をきわだたせる方向にシフトしているように見える．

5) さらに，もし企業装備が学習機会と補完的関係をもつなら，賃金格差は平均生産性の差にも依存することになる．大企業，中小企業間の賃金格差の説明としていわゆる「支払い能力説」が一定の支持を得ているが，それが正当化されるのはこのような場合であろう．企業に特有な熟練を反映して賃金水準が企業の平均生産性に依存する具体的ケースは，5.4節のモデルで示したとおりである．またそのような世界では，篠原(Shinohara[1970])によって強調された資本市場の二重性の要因も賃金格差発生の理由として効力を発揮することになる．注9)を参照のこと．

6) なぜ α が下落するかというと，3-10図の $\triangle RQT$ 内の契約をオファーする企業は，市場が逼迫しても労働者を獲得することができるためである．結局，企業の参入が続く限り，雇い主間の競争によって契約の内容は図の左上方に移動してゆく．もっとも，最終的な α の値は，厳密には0よりわずかに大きいはずである．労働者は単独では投資を行なわないからである．

7) 最適雇用条件は，生産関数を $X_A = f_A(i \cdot L_A)$ とするとき，$f_A' \cdot i = w_A$ である．それゆえ，この条件を表わす曲線(w_B を所与)の勾配は，

$$\frac{dL^A}{dw^A} = \frac{1 - i'f_A'}{i^2 f_A''} - \frac{i'L_A}{i}$$

として求められる.ここで $i=i(w_A-w_B)$, $i'>0$, $i''<0$ であることが仮定されている.右辺の符号は一般には定まらないが,右辺第2項は必ず負,右辺第1項の符号は $(i'w_A/i)-1$ の符号と等しいことから,少なくとも $i'w_A/i\geqq1$ である限り,必ず負となる.

8) 情報的学習に関する以下の叙述は,大橋[1978]の興味深い分析から触発されたものである.しかし,企業に特有の訓練以外の理由から労働者の固定性が導かれるメカニズムをモデル化するという大橋の意図[同:98]は完全には成功していない.というのは,各労働者の所得は職務の遂行を通して漸次明らかになった各人の期待生産性には直接依存せず,同一の仕事についた労働者全体の平均生産性によって決定されるといった想定がなされているが,そのような情報的スラックを含むシステムが維持可能であるのは,労働者について得られた情報が企業特有の知識になるという場合だからである.もし他の企業が情報を容易に入手できるなら,各労働者の期待生産性どおりに賃金が決定される.その点は Harris = Holmstrom [1982] が論じたとおりである(3.4節参照).しかし,本文の次の叙述が示すように,大橋の暗黙の仮定は必ずしも非現実的ではないと思われる.

9) Shinohara [1970] によって強調された企業規模間の資本市場の不完全性の要因は,企業に特有な訓練のファイナンスという問題に強い適用可能性をもつと考えられる.さらに,伊東[1962]によって強調された生産物市場の寡占的構造が付加的要因となることも正しいと考えられる.

10) 同様の性質をもつ賃金関数は,『賃金センサス』(1980年)の男子クロス表をベースにした Hashimoto = Raisian [1985:730, Table 5] によっても示されている.そこでは大・中・小の企業規模別に推計がなされており,勤続年数の強い効果はとくに大企業に特徴的に現われている.また,米国の賃金関数との比較対照もなされている.

他方,小野[1989:第2章]は,同じ『賃金センサス』(1980年)の男子,職種・非職階所属者の膨大な個表を用いた賃金関数の計測結果から,勤続年数の効果に比し,年齢効果の大きなことを示し,企業特有の訓練仮説より熟練と無関係な生活給保障仮説の方の妥当性が高いことを主張している.勤続年数の効果が小さいという結果は,6-1表の結果を含め,従来のほとんどすべての計測結果と対立する結果である.著者は,内部労働市場には生活給保障の要素を賃金の中にもたせる余地があり,しかもそうした要素が労使関係を安定化させ,技術進歩への対応を容易なものとさせ

た積極面のあることを否定するものではない．しかし，勤続変数の効果が小さいという結果は，5.3節で言及した被説明変数の値域制限バイアス（トランケーション・バイアス）などのバイアスを免れないように思われる．第1に，『賃金センサス』でいう「職種」とは，もともと製造業の中分類産業ごとにそれぞれの分野を代表する単能種を選んだものが主要部分を占めており，そのほかに職業資格のはっきりした他産業の職務が加えられていった経緯をもつ．こうした「職種」に属する男子労働者は，『賃金センサス』母集団換算で30%に過ぎない（労働省統計作成者による説明である．数字は1989年調査分）．小野が計測対象とした標本は職種欄に記載のある個人であり，労働者全般を代表しているとはいえない．とくに資格要件の明確な仕事を多く含んでいる点で，勤続年数の効果を本来より低く評価するバイアスがかかりやすい．第2に，職長，係長以上の「職階」層が標本から除かれていることは，内部昇進が企業への勤続と深くかかわっている以上，被説明変数が一定値以上の標本を除外してしまうことを意味する．したがって，勤続年数の回帰係数を過小評価するトランケーション・バイアスが生じたとしても何ら不思議でない．

11) この特徴は，氏原[1966(1954)：418]によって捉えられて以来，一貫して観察されるものである．Hashimoto = Raisian[1985：726, Table 3]では，1979年における男子労働者の規模間勤続年数分布が米国の場合と比較対照されている．

12) 能力差仮説の積極的支持は，小池[1981(b)]：195-199］，尾高[1984：38-39, 273]に見られる．こうした主張の実証的根拠として，Blumenthal[1968], Stoikov[1973], 小野[1973：第8章], Tachibanaki[1975], [1982], 小池[1981(a)：6.1節]を参照のこと．このうち前4者については，尾高[1984：31-39]が優れた比較と結果の解釈を提供している．属性の標準化ないし分散分析の結果取り出された純粋の規模間格差は，各種要因制御前（グロス）の規模間平均賃金格差とほぼ平行して変動することが指摘されている．

分散分析の代表例として，Tachibanaki[1975：576, Table 9]，[1982：451, Table 1]は，ボーナスを含む稼得収入（『賃金センサス』ベース）を性別，職業，年齢，学歴，勤続（経験）年数，そして企業規模の6要因に分解した結果として，稼得収入の全変動のうちの規模要因が説明する割合は（計算の基礎に関する説明は[1975：576, 注7]）1950年代末の十数パーセントから次第に低下し，1966年に5.1%と最小値をとった後，再び上昇し，1970年代後半には15%となったことを示している．

13) この点は,Stoikov[1973:1103]が正しく指摘している.また,Mincer = Higuchi[1988:103,注15]も同様の含意を述べている.しかし,これらの著者はいずれも企業による学習機会の割当てが発生しているとまでは考えていない.

14) 1989年8月6日の『朝日新聞』(朝刊)が報じた労務行政研究所の調査結果は,こうした可能性が現実のものとなることを示している.記事を引用しよう.「労務行政研究所がまとめた大手・中堅企業の今年の大卒初任給は平均は16万4500円.昨年に比べ7500円,4.7%と大幅アップ.在職者のベア相場をはるかにしのいでいる.このギャップ解消対策を聞いたところ,回答のあった236社のうち,44%にあたる103社がこの春の段階で,初任給アップに合わせ先輩社員の給料を「調整している」と答えた.……(中略)……この「特別昇給」の恩恵を受けるのは若手だけ.入社2,3年目が最も多く,30歳前後が上限になっている.最高年齢は大卒38歳,勤続16年目だった.」

15) 本節の実証研究の遂行にあたっては,東京大学大学院生玄田有史君の協力を仰いだ.分析の詳細は,石川=玄田[1989]にまとめられている.

16) この点は,従来の同一時点のクロス・セクション・データを用いた年齢-所得曲線の勾配の変化の研究との接点になる.本節末では「組織内再配分効果」仮説と「サンク・コスト効果」仮説とを対比する形で検討する.

17) 『賃金センサス』は,毎年の調査時点である4-6月期の産業(大分類)別,企業規模別,学歴別,性別,年齢(18-19,以後は5歳刻み,20-24,25-29,…歳)別,そして勤続年数(0, 1, 2, 3-4, 5-9, 10-14,…年)別の平均所定内給与と当該階層に属する常用労働者の人数を教えてくれる.われわれが欲しいのは共通の新規入職時点と共通の勤続年数を保有する労働者についての年功賃金勾配データであるが,実際の統計上,(1) 雇用の初期における勤続年数の分類は細かいが,勤続5年以上のところ

学歴別コーホートの構成

入職時点	年齢	勤続年数	対応する変数
高校卒			
t_0 年	18-19 歳	0 年	$w(t_0, t_0)$
t_0+5	20-24	5-9	$w(t_0, t_0+5)$
t_0+10	25-29	10-14	$w(t_0, t_0+10)$
大学卒			
t_0 年	20-24 歳	0 年	$w(t_0, t_0)$
t_0+5	25-29	5-9	$w(t_0, t_0+5)$
t_0+10	30-34	10-14	$w(t_0, t_0+10)$

第6章　二重労働市場仮説と日本の労働市場　325

では5年刻みの数字しかない，(2)大学卒の労働者については，年齢20-24歳層がちょうど新規入職時期と重なるが，高校卒労働者については，新規入職時点が年齢18-19歳層に対応するものの，その後の年齢分類と勤続年数分類とが整合しない，という制約がある．そこで，次善策として，高校卒，大学卒別にそれぞれの新規入職時点(t_0)を出発点に，前ページの表に示すような疑似コーホートを作成した．

この表中，高校卒入職5年後 $w(t_0, t_0+5)$ のデータは，実質的に年齢23-24歳，勤続5-6年の労働者，入職10年後 $w(t_0, t_0+10)$ のデータは，年齢28-29歳，勤続10-11年の労働者に限られる．また大学卒は22歳以上に限られるので，大学卒入職5年後のデータは実質的に27歳以上，勤続5-7年の労働者，入職10年後のデータは，実質的に32歳以上，勤続10-12年の労働者に限られる．こうしたコーホート作成上の問題点は，高校卒入職5年後ないし10年後のグループは出発点で19歳かつ勤続1年であった者を含み，同様に大学卒入職5年後ないし10年後のグループは出発点で24歳，勤続1-2年の労働者を含むことである．これらの労働者を平均値の中に取り込んだ5年後ないし10年後の賃金データと，出発点で勤続0年のグループの賃金との比をとって年功賃金勾配を計算するわけであるから，本来の厳密なコーホートについての年功賃金勾配をやや過大に評価してしまうことになる．しかし，ここでの研究は時系列的特徴を分析対象とする点で，こうして算出された疑似コーホート・データも十分使用に耐えると思われる．

18)　ここでの回帰推定の際に採用した $X(i, t_0-1)$ は，正確には

$$CHGDP(t_0-1) = \ln\left\{1+\frac{RGDP(t_0-1)-RGDP(t_0-2)}{RGDP(t_0-2)}\right\}$$

または

$$INV(t_0) = \ln\left\{\frac{RK(t_0)-RK(t_0-1)}{RK(t_0-1)}\right\}$$

として定義される．ここで，$RGDP$ は(産業別)実質国内総生産，RK は(産業別)実質民間企業資本ストック(デフレーターのベースは，いずれも1980年)を表わす記号である．粗生産成長率の定義式括弧内で1を加えた表現をとったのは，実質成長率がマイナスとなる産業・年があるためである．

$X(t_0-1)$ として粗生産成長率をとる場合には，その変数が誤差項と独立だという仮定は満たされると考えてよい．したがって，通常の最小二乗法の利用が許される．しかし，$X(t_0-1)$ として投資率をとる場合には，説明変数 $INV(t_0)$ と誤差項

$u(t_0)$ の間に負の相関が発生してしまう.

その理由は, 次のとおりである. 投資率を説明変数に用いるということは, 新規労働需要圧力を生みだす源泉が企業家の長期期待(組織成長意欲)にあるが, 長期期待の状態そのものは観察可能でないため, それと共変関係にある投資率を観察可能な代理変数として利用しようという発想にもとづく. 実際, 固定資本ストックと熟練労働間の補完性が強いことは 5.1 節でも触れたとおりである. いま t_0-1 時点の企業家の長期期待を $Z(t_0-1)$, 新規労働需要圧力を $X(t_0-1)$ と表記すると,

$$X(t_0-1) = f \cdot Z(t_0-1) + v_X(t_0-1) \qquad f > 0$$
$$INV(t_0) = g \cdot Z(t_0-1) + v_I(t_0) \qquad g > 0$$

(v_X および v_I は, $Z(t_0-1)$ とは独立の誤差項)というモデルを想定できる. 両者から $Z(t_0-1)$ を消去して $X(t_0-1)$ を解き, (6-11)に代入すると, (6-11)は,

$$\ln S(t_0, t_0+h) = (c_0 + \ln a_0) + a_1 t_0 - b_1(D(t_0+h) - D(t_0)) + (c_1 f/g) INV(t_0)$$
$$+ \{u(t_0) + c_1 v_X(t_0-1) - (c_1 f/g) v_I(t_0)\}$$

となる. それゆえ, 2行目の新しい誤差項が説明変数 $INV(t_0)$ と負の相関をもつ. この場合, 通常の最小二乗法では $INV(t_0)$ の係数を過小(絶対値を過大)に推定してしまう同時性バイアスが発生する. そのバイアスを除去するために, 6-2表に挙げた変数を操作変数とする操作変数法を用いるのである.

なお, 各産業の考察期間(1964-82年)全般にわたる景気指標($CHGDP(-1)$, INV)間の相関係数は, 製造業で 0.70, 運輸・通信業で 0.82 と予想どおり高いが, 金融・保険業および卸売・小売業ではそれぞれ 0.28, 0.25 と低い. この2つの産業については周知のように生産物をいかに計測するかの問題があり, 投資率の方がより良い指標を与える可能性が高い.

19) なお, 1987年以来の好景気に支えられて, 1988年, 89年の新規労働市場は再びきわだった売り手市場と化している. このような状況の変化が参入料・保証金効果の検証結果にどのような影響を与えるか興味のある点である. 実際, 初任給の上昇は著しいようである(注14)参照). 近い将来得られるデータは, 1970年代半ばに生じた労働市場の外面の変化が, 市場構造の恒久的変化というより, むしろ下方硬直性という言葉に象徴される同一構造内の局面(レジーム)の転換として理解できるというわれわれの主張の正否を教えてくれるはずである.

20) もともと労働者の異質性を強調しつつ, 景気変動の過程で雇い主がオファーする賃金の変動を回避し, むしろ新規に雇い入れる労働者の質の変動(たとえば

景気拡張期の質の劣化)を甘受する傾向のあることは,レーダーの仮説(Reder [1955])として知られている.しかし,レーダー自身は,賃金の変化と質の維持あるいは賃金の維持と質の変化の選択肢(あるいはその中間)のいずれを雇い主がとるか,その基準を必ずしも明確にしていない.

21) ワイスのモデルは1期間モデルであり,能力の高い人は雇用労働で十分な賃金が得られなければ自営業を起こすと想定されている.雇い主には見えない労働者の能力と留保賃金との間の右上がりの関係こそ,効率賃金が発生する根拠となるものである.本文の議論は1期間の契約を長期間の契約に置きかえ,労働者は将来の雇い主による情報的学習を見越して自己の一般的能力と留保(期待生涯)賃金との間に右上がりの関係を想定すると再解釈しようというものである.自営業で高い能力を発揮できるという考え方は,セットアップ・コストがもたらす費用逓減性を考慮すると,一部の職業を除き現実的とはいえない(Weitzman [1982]).

22) 大学卒労働者については,実際には大学入学の難易度などのインデックスを通じて,労働者の能力情報がより細かに選別されているといえよう.しかし,雇い主によって相対的に適性の高いと見なされる(ハイ・インデックス)グループから雇用が優先的になされ,順次相対的に適性の低いと見なされる(ロー・インデックス)グループに移行するという様相が生まれることを除けば,雇用限界の存在するグループに割当てが生ずることに何ら変わりはない.

23) Higuchi [1989]の前半の結果については,生産労働者と事務・管理労働者とを分けていない点と推定期間が異なる点で,われわれの結果と直接比較可能でない.しかし,後出6-3表の係数推定値と,方向については同じである.後半の結果は,(原データの制約上)年齢階層別の賃金であって勤続年数別の賃金でない点,また為替レートを説明変数とする回帰式において,為替レートの変動のうち恒常的変動と一時的変動とが区別されていない点で,必ずしも厳密な意味におけるサンク・コスト効果のテストとはいいがたい側面が残っている.前半と後半の結果上の対立がどのように説明されるのかは,今後に残されている.

第7章　富の形成と分配

　家計にとり，また一国の経済全体にとって富は年々の所得を生みだす源泉である．富は人的な富(資産)と物的な富(資産)に分けることができる．すでに前者については，人々の労働能力がどのようにして蓄積されるか，また能力に関する情報がどのようにして蓄積されるかの問題を考察した．しかし同時に，われわれは人的な富が単に能力の問題に帰着してしまうものではないことも見た．人々の保有する能力が真に活用されるかどうか，また，常により新しい学習を伴うものであるかどうかは，分業のあり方，賃金と雇用の決定様式，内発的労働意欲を補完する誘因体系など，社会的，制度的要因に深く依存するからである．

　物的資産としての富は現実にはさまざまな形態をとる．実物資産もあれば金融資産もある．通常はそれがもたらす直接の効用ゆえに保有される住宅，耐久消費財，さらには金，宝石，美術品の類も，購買力の備蓄ないし潜在的な所得源泉としての機能をもつことからすれば富の一部と見なすこともできる．取引手段としての貨幣，あるいは購買力備蓄としての現金貨幣もまた，潜在的な所得源泉の意味で富の一部をなすといえる．しかし，物的資産の明らかに中心をなすのは，直接，間接に物的な生産手段へ投ぜられ，生産活動からの収益の獲得を期待する部分である．それが実物資産として直接利潤を求める資産となるか，それとも金融資産として間接的に収益を求める形をとるかは，投資機会をめぐる情報の分布，生産手段の資金的必要規模，リスク負担の形態を反映した金融制度のあり方に依存している．

　それでは，物的資産としての富はどのようにして形成され，人々の間の富保有分布はどのようにして決定されるのだろうか？　富の保有は稼得収入の分布に比べはるかに歪んだ分布を示す．それはなぜだろうか？　物的資産の収益率はどのような要因によって決定されるのだろうか？　また，資産の価値はしばしばごく短期間のうちに大きく変化し，そのため富の分布が大きく変化するこ

ともある．それはなぜだろうか？

　本章では，富の生成と分配を規定する基本的な要因を検討する．現実に即した富保有の規模と形態，その分配のあり方をめぐる問題点については次章で言及したい．本章は，以下4つの節で構成される．

　7.1節では，家計の貯蓄行動の基礎にあるライフ・サイクル動機について年金制度の果たす役割にも言及しながら考察する．さらに予備的動機，遺産動機の発生の仕方と，それが世代内の富の形成と世代間の富の伝達のあり方にどのような影響を及ぼすかを論ずる．親から子への富の伝達は，長期的な富保有分布および社会の階層間流動性の決定要因として古くから注目されてきた問題である．富保有に平均への回帰傾向の生ずる場面と，格差の累積的拡大が生ずる場面双方のあることを説明する．実証研究の重要な成果についても言及したい．

　7.2節では，親子間の富の伝達の手段としての教育の果たす役割について検討する．教育と物的資産とは富の伝達にあたって代替的な資産となりうる．そのような余地が長期的な富保有のダイナミックスにどのように影響するか，さらに親の富の水準の低さが子供の教育機会をどのように制限するかが検討の焦点である．

　7.3節では，議論をマクロ経済の話題に転じ，体系の収益率(利子率)が長期的にどのようにして決定されるかを検討する．この節は，本書の理論体系を(収益率の決定を含む)一般均衡理論として完結させる仕方を呈示する意味をもつ．さらに本節では，7.1節の議論を受け，富保有の水準と貯蓄性向とを異にする複数の家計階層の存在をあらかじめ想定したうえ，経済成長の過程で果たして長期的に複数の階層が維持されてゆくか，それとも均質な単一階層の世界となるか，その境界を規定する条件は何かを論ずる．

　7.4節では，資産価格の変動とその予想をめぐる問題を取りあげる．資産自体が市場で売買される世界では，資産の価値は将来の価値をめぐる市場の予想に依存する部分が大きい．もし人々の間で情報の正確度(情報力)が異なれば，予想能力の差にもとづく鞘とりのレントが発生しうる．これに対し，人々は現行の市場価格から他人の優れた情報を読みとることができるはずで，レントは発生しえないとする見解もある．この節では，後者の見解が人々の情報力に差

異のある場合にも成立する条件を考察し，それらが現実に満たされることは困難であると主張する．資産市場は，実際にはマネー・ゲームを多分に許容する世界であり，情報力に対する過度の投資を誘発することもありうる．

7.1 家計貯蓄と世代間の富の伝達

　本節の目的は，家計の貯蓄がどのようにして決定されるかを検討し，長期的な富保有分布に対する含意を導くところにある．世代内の富の形成，世代間の富の伝達の問題として，古くから検討されてきたテーマである．理論的分析面ではすでに十分な展開を見ており，むしろ最近の研究の焦点は理論を実証的にどれだけ確認できるかという点に移っているといえよう．家計の富に関するデータはなかなか入手しにくいため，データ収集に膨大な努力を投ずるか，あるいは直接のデータを要しない間接的な実証方法を考案するという選択をしつつ，実証研究が進められている．以下では，理論的分析をサーベイしたうえ，重要な実証的論点にも言及してゆきたい．

　本節の構成は次のとおりである．まず最初に，家計貯蓄の問題を考えるうえでもっとも標準的な理論仮説であるライフ・サイクル仮説を検討する．純粋なライフ・サイクル貯蓄の特徴を整理したのち，それが生涯の長さの不確実性によってどのような変更を被るか，年金保険が存在する場合とそうでない場合とで家計行動がどのように異なるかを比較し，いわゆる予備的貯蓄の性質を明らかにする．第2に，親世代から子供世代への遺産動機について考察する．また，遺産動機自体についても親から子への一方的，慈愛的行為としての遺産のほかに，親と子との暗黙の保険にもとづく遺産の存在する可能性を検討する．第3に，遺産動機の存在下で親から子へ物的な富が伝達されることになるが，長期的にどのような富保有のダイナミックスが発生するかを検討する．第4に，ライフ・サイクル貯蓄による富と遺産動機にもとづく富との相対的な規模をめぐる実証的論争と，長期的な世代間富伝達のパターンをめぐる実証的研究の成果を検討する．本節を通じて，賃金，収益率などマクロ的な価格体系は所与として議論を進めていく．

ライフ・サイクル貯蓄

家計は大きな生涯イベントを予期しつつ,消費の時間的パターンを決定する.現在から将来への消費の移転が(事前的な)ライフ・サイクル貯蓄である.大きな経済的イベントとしては,住宅の購入,子供の教育費用支出,老後(退職後)の生活維持があげられる.また,消費者金融の発達した今日では,先に消費して後に負債を返済するという形で貯蓄する場合もある.つまり将来から現在への消費の移転に伴って生ずる事後的なライフ・サイクル貯蓄である.住宅の購入や教育支出の一部については,この形の貯蓄が見られる[1].

ライフ・サイクル貯蓄の第1の特徴は,生涯の終了時に各家計の富がゼロとなる点である.当然,土地・住宅などの実物資産もそれまでの間に現金化され,取り崩される.経済全体として見ても,毎期その生涯を閉じる家計と新たに誕生する家計とで構成員が少しずつ入れ替わる定常経済では,積み立てられる富(正の貯蓄)と取り崩される富(負の貯蓄)がちょうど相殺しあい,総貯蓄はゼロ,富の総額は不変となる.一国全体として正の貯蓄=富の蓄積が生ずるのは,人口の成長ないし生産性(所得)の上昇によって積み立てる側の貯蓄が取り崩す側の負の貯蓄を上回る場合である.

第2は,たとえ一国の貯蓄フローがゼロになろうと,富のストックはプラスになる点である.富は,絶えず持ち手を少しずつ変えながら保持されている.この点を敷衍すれば,一国の富がすべて同一家族一代限りの資産の和として構成されることも可能である.

第3に,家計間の富の格差の最大の説明要因は年齢だという点である.時間はどの家計にとっても等しく与えられた資源であるから,嗜好や年々の稼得収入に大きな差のない限り,富の水準はほとんど年齢の差だけで説明される.もし稼得収入に恒常的な差のある場合には,その差が追加的説明要因となる.しかし,同一年齢で見て富の格差が(恒常)稼得収入の格差を大きく上回ることはない[2].

ライフ・サイクル貯蓄が家計貯蓄の一側面として存在することは疑いをいれない.しかし,現実の貯蓄や富のどれだけをそれだけで説明できるかという点については,否定的な証拠が数多く指摘されている.第1に,老後における資

産の取り崩しは,高々ごく緩やかにしか発生しない.これは,米国,英国,カナダ,日本に共通して見られる現象である.この事実は,さまざまな要因を注意深く制御した実証研究の結果として確かめられているものである(Shorrocks [1975], Mirer [1979], King = Dicks-Mireaux [1982], Menchik = David [1983], Diamond = Hausman [1984], 石川 [1987], Hayashi = Ando = Ferris [1988]).第2に,英,米における検認遺言状の研究から大きな富が世代を超えて継承されているという直接の証拠がある(Harbury [1962], Harbury = McMahon [1973], Harbury = Hitchens [1976], Menchik [1979]).第3に,富の格差については,同一の年齢階層内でも全体の格差と同程度の格差が存在する.つまり現実に存在する富の格差はライフ・サイクルだけではとても説明できない(Atkinson [1971(b)], Brittain [1978: 66-72], 日本については1-6表を参照).たとえ同一年齢内の所得格差,資産収益率の差異を考慮したとしても十分でないことに変わりはない(Oulton [1976]).

予備的動機と遺産動機

それでは上記のような事実はどのようにして説明できるだろうか? 老後への備えに関しては生涯の長さが不確実だという問題がある.しかし,完全な年金保険市場が存在する限り,不確実性は何ら状況の変更をもたらさない.年金保険を選択することで,長生きをするリスクは完全にヘッジされ,先の3つの特徴はもとどおり実現されるからである.しかし,年金保険市場にはよく知られた不完全性があり,公的年金保険によっても十分解消しない.年金保険に供給制約ないし収益上の不利といった不完全性のある場合には,通常の貯蓄手段を利用して多めに貯蓄がなされる.これを「予備的動機」にもとづく貯蓄と呼ぶ.生涯終了時点でも富は余り取り崩されず,結果的に次世代に引き継がれる.

予備的動機にもとづく貯蓄は,退職後も富はごく緩慢にしか減少しないという多くの国の観察結果とも整合的である.そして,たとえ偶然的かつ非自発的とはいえ遺産が発生することは,ライフ・サイクル貯蓄の第2,第3の特徴に対して消極的な観察結果とも整合的となる.

しかし,遺産がすべて偶然的,非自発的である必要はない.家族の絆を基礎

として親子間で消費計画および資産保有を実質的にプールするような暗黙の保険契約が結ばれ，それが年金保険の代役を果たすことも考えられる．その場合，先に死亡した世代は残った世代に遺産を譲渡する．この場合，遺産の発生は偶然的であるが，非自発的ではない．もちろん，他に親の慈愛心にもとづく遺産動機も考えられる[3]．

予備的動機および遺産動機は，家計の貯蓄行動を理解するうえで重要である．以下，簡単なモデルを用いてこれらの動機から生みだされる家計行動の性質を説明しよう．

生涯の長さの不確実性と完全な年金保険

最大限2期間を生きる家計を考えよう．第1期に労働し，期末に退職する．家計が第2期に生存する確率は $p(0<p<1)$ であり，その値は周知だとしよう．家計は第1期の稼得収入 (y) のうちその期に消費しない残りを2種類の資産に投資できる．ひとつは収益の確実な債券 (s) であり，もうひとつは第2期に生存する場合にのみ収益の支払われる年金保険 (a) である．一般に年金保険(annuity)とは，契約した家計が生存する限り，あらかじめ決められた給付額の支払いを保険供給者が続け，家計の死亡とともに元本を含めいっさいの支払い義務が消滅するような資産である．確実な債券の収益率(利子率)を r (また，元本を含めた粗収益率を $\rho=1+r$) と表記する．また，r および y は外生的に所与とする(それらの決定は7.3節の課題である)．

年金保険は，保険数理上の公平性，つまり確実な証券を運用した場合の粗収益と同額の期待粗収益が保証されるという性質と，購入額が自由に選択できるという性質をあわせもつという意味で完全だと想定する．大量の顧客をもつ保険供給主体は大数の法則を通じリスクを完全にプールすることができるので，保険数理上の公平性とは保険供給主体にとっての収支均等条件にほかならない．第1期末に死亡した場合には家計への給付はゼロであるが，第2期まで生きる場合には，給付 ρ_a は

$$(7\text{-}1) \qquad \rho_a = \rho/p$$

となる．家計は，第1期の消費から得られる効用 $u(c_1)$ と，第2期の消費から

得られる効用の期待値 $p \cdot u(c_2)$ の和で定義される生涯期待効用を最大化すると想定する[4]。

以上の想定から家計が貯蓄手段として年金保険のみを購入することは明白である。債券は収益率が低いうえ，もし第2期に死亡してしまえば，まったく無駄になってしまうからである。年金保険の形での貯蓄額は，7-1図の a^* で表わされる。第1期の消費は c_1^*，第2期に生存する場合の消費は c_2^* である。

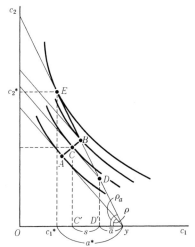

7-1図　完全な年金保険および年金保険数量制約下の家計の貯蓄行動

年金保険市場の不完全性と予備的動機による家計貯蓄

保険市場については，モラル・ハザード，逆選択などの理由で市場が完全に機能しないことが古くから指摘されてきた（Arrow[1963], Akerlof[1970(b)]）。Rothschild=Stiglitz[1976] と Wilson[1977] は，人々のリスクが異なり，しかも供給者は需要者のリスクをよく知らないという情報に非対称性のある場合には，所与のプレミアム（保険料）のもとで供給者はいくらでも保険を供給するというのでなく，需要者の無差別曲線に関する知識をもったうえで価格と供給量とをあらかじめセットして供給する契約が生まれること，また一部の人たちには最適需要量以下の水準で契約の割当てが生ずることを示した。リスクに関する情報の非対称性は，当然年金保険の場合にもあてはまる。実際，

Eichenbaum = Peled[1987]は生存確率の高い人と低い人の2種類の家計が存在する2期間モデルの中で,数量割当てを含む情報分離型均衡がひとつの市場均衡のパターンとなることを確認している.

民間市場型の年金保険が十分な普及を見せないことには,他の理由もある.契約は長期にわたるが,資産の流動性に大きく欠け,将来の予期しないインフレーションのリスクに対して(物価連動契約でない限り)脆弱であること,そして人々には自身の将来の死を見つめたくないという内在的性向のあることがあげられる.これらの理由は,年金保険を公的な強制力をもつ制度として樹立させるうえでの正当性の根拠を与えるものである.しかし,重要なことは,年金が公的に供給されるからといって上記のような不完全性が除去されるとは限らない点である[5].

以下,保険数理上の公平性の条件は満たすが,供給量に数量制約があるという形で年金保険の供給に不完全性が残る場合について,家計の貯蓄行動の変更点を検討しよう.7-1図の C は,年金保険供給額が $\bar{a}$ の場合の次善的均衡の位置を示している. C は D から出る勾配 ρ の予算線が無差別曲線と接する点である. C, D から横軸に垂直に下した線が軸と交わる点をそれぞれ C', D' とすると,線分 $C'D'$ の長さが,確実な債券による貯蓄額 s ,線分 $C'y$ の長さが総貯蓄額 $s+\bar{a}$ となる. B で屈折した曲線 ABE は,年金保険の供給制約額 $\bar{a}$ をパラメータとしてゼロから最適量 a^* に増加させる場合の次善的均衡の軌跡を表わしている.曲線 AB の部分は,相互に平行する勾配 ρ の予算線と無差別曲線との接点の軌跡であり,線分 BE の部分は元来の予算線に沿う軌跡である.前者の局面では両期間の消費は拡大する.制約の緩和のため,第2期の年金収益が増大し,純粋の所得効果が発生するからである(c_1, c_2 とも劣等財でないと仮定している).したがって,年金保険供給量の増加は総貯蓄を減少させる.これに対し後者の局面では,家計は所与の年金供給制約に甘んじ,債券による追加貯蓄は行なわない. B は,追加貯蓄 s がちょうどゼロとなる点である.年金供給制約がもう少し緩む場合に,もし単位利子費用 ρ で借入れができれば,この家計は一方で年金貯蓄をしつつ,他方で借入れをして(すなわち $s<0$)今期の消費を拡大するのが合理的となる.しかし,来期の生存が不確実であ

るので,借入れは生命保険付きの借入れとならざるをえない.結局,借入れの単位利子費用は ρ でなく,保険のプレミアムを含む ρ_a となり[6],実際に借入れが行なわれることはない.したがって,この局面では年金保険供給が増加しても,そのまま総貯蓄の増加となる.

以上から,年金保険の最適利用が妨げられる場合に,それを補完する債券貯蓄の生まれることが確かめられた.予備的動機による貯蓄と呼ばれているものに該当する.また,直接的な供給制約以外にも,結果的に数量制約と同じ効果をもつ事態の発生する場合がある.すなわち,流動性の欠如,他の家計との生存維持確率のプーリングなどの原因で,家計にとって十分魅力ある収益率 ρ_a が得られない場合である.そのような場合,公的強制がない限り 7-1 図の点 A と同じ状況になる.Davies[1981]は,より現実的な多期間のシミュレーション・モデルを作り,こうした予備的動機にもとづく貯蓄が退職後の家計のごく緩やかなペースでの資産の取り崩しを十分説明できると論じている.

予備的な債券貯蓄は,家計が第 2 期まで生き続けない場合,受けとり手のない資産を生みだす.非自発的な遺産である.しかし,現実に存在するすべての遺産がこうした非自発的な遺産だと考える必要はない.

慈愛心からの遺産動機

家計の親世代が子供あるいはそれ以降の世代の生活保障に配慮するとき,慈愛心からの遺産動機が生まれる.いま,各世代は第 1 期末に $N=(1+n)$ の子供世代を誕生させるものとし,そのような世代交代が繰り返し行なわれる経済を考えよう.遺産は子供間で均等に配分されるものと想定し,1 人ひとりへの配分額は,親が第 1 期末に死亡する場合に b_D,第 2 期も生存する場合に b_S (どちらも第 2 期期首時点の評価額[7])だとしよう.親は自己消費の効用 $u(c_1)+p \cdot u(c_2)$ と各子供に残す遺産からの効用($N\{(1-p) \cdot v(b_D)+p \cdot v(b_S)\}$ と表記する)の和を最大にするものとする.親世代がその前の世代から受けとる遺産を b_0 としよう.稼得収入と合わせ b_0+y が親世代第 1 期の消費可能な資源である.

完全な年金保険市場が存在する場合の家計の貯蓄行動は,7-2 図が示すとお

りである．右上の象限は 7-1 図と同じ消費 (c_1, c_2) の平面，左下の象限は遺産 (b_S, b_D) の平面で，上下左右 4 つの軸の変数間の関連が各象限で示されている．消費の平面では，$b_0 + y$ を通って勾配が ρ_a の最大可能消費機会を表わす予算線が引かれ，さらにその左側にいくつも同じ勾配をもつ予算線が引かれている．それらの予算線と無差別曲線との接点の軌跡（拡張曲線）が曲線 OC として示されている．右下の象限では，先と同じ $b_0 + y$ を出発点として，勾配 ρ/N の直線が縦軸と交わるまで引かれている．それを「債券貯蓄の収益曲線」と呼ぼう．本来の収益 ρ を N で割引いているのは，子供 1 人当りに直すためである．左下の象限には 45 度線が引かれている．最後に，左上の象限では，第 2 期の消費の限界効用と子供 1 人ひとりへの遺産の限界効用とが均等になる点の軌跡が曲線 OB として描かれている．両者を等しくするというのが第 2 期を生きる場合の資源の最適利用である．もう 1 つの曲線 DE の説明は後回しとする．

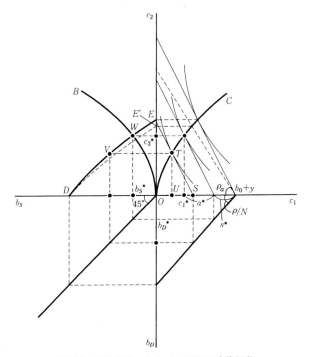

7-2 図 遺産動機のもとでの家計の貯蓄行動

遺産動機のある場合の貯蓄行動は，年金保険の購入が第2期の消費のファイナンスのため，通常債券の購入が遺産のファイナンスのためと，それぞれの貯蓄が目的別に完全に特化することが最大の特徴である．保険市場が完全な場合，リスク回避的な家計は第2期に存命であるかどうかにかかわりなく遺産が同じになるよう選択する（完全保険の状況と呼ばれる）からである[*1]．遺産平面上の45度線は，実は最適な遺産の組み合わせを示している．

いま，家計が任意の債券貯蓄額sを選んだとしてみよう．横軸上の点b_0+yからsだけ左側へよった点Sを出発点として，債券貯蓄の収益曲線上の対応する点を求めると，その縦軸上の値と45度線を介して左側の横軸座標の値が遺産額$b_D=b_S$となる．他方，消費平面上，Sから出る傾きρ_aの予算線と曲線OCとの交点をTとしよう．Tは債券貯蓄がsである場合の消費点を表わす．Tから横軸へおろした垂線の足Uとb_0+yとの差が総貯蓄，線分USの長さが年金保険購入量aとなる．点Tのc_2と，すでに求めた遺産額b_Sとを左上の平面にプロットした点がVである．

7-2図では，点Vは曲線OBより下方に位置している．曲線OBの定義を想起すると，そのような点は遺産が過大，つまり第2期の消費の限界効用の方が，同じ期の遺産の限界効用より大きいことを意味している．したがって，そこではsを減少させる力が働く．

債券貯蓄量sをパラメータと見て，0からb_0+yまで変化させた場合の点Vの軌跡が曲線DEである．$s=0$が点Eに，$s=b_0+y$が点Dに対応している．曲線OBが将来の消費と遺産の望ましい需要のパターンを示すのに対し，曲線DEは同じ変数の達成可能な供給のパターンを表わしている．両者の交点Wが家計にとっての最適な貯蓄行動を表わす．

長生きの確率pが上昇する場合には，家計は年金貯蓄を増加させ，債券貯蓄に代替させる．年金収益率が低下するため，その所得効果で以前より各期の消費，遺産を節約する必要が生まれるわけである．全体としての貯蓄も増加する．この点を図で説明すると，pの変化は消費平面で年金保険の予算線の傾きを緩やかにさせるだけでなく，同じ比率で無差別曲線の傾きをも緩やかなものにさせる．それゆえ拡張曲線OCは不変となる．結局，曲線DEは曲線DE'へと

下方にシフトする(D 点は不動である). 曲線 OB は不変であるので, 新しい主体的均衡は曲線 OB に沿って下方に移動する.

年金貯蓄に数量制約 $\bar{a}$ のある場合はどうだろうか? この場合には, すでに述べた予備的動機にもとづく債券貯蓄が生まれる. そして第2期まで生きた場合には, その粗収益の一部を取り崩して消費をファイナンスする. したがって, 必ず $b_D > b_S$ となる. 次善的均衡では曲線 OB に変更はないが, 2期間の消費の限界代替率は, 完全な保険を達成できないことを反映して ρ と ρ_a の中間の値をとり, 実質的に年金保険の収益率が低下したのと同じ効果をもつ[*2]. 最適な貯蓄の組み合わせ (a^*, s^*) の近傍では, 数量制約 $\bar{a}$ の発生によって年金貯蓄が減少した分を債券貯蓄の増加が完全に補うほどには至らないことを示すことができる. 言いかえれば, 年金保険の供給が過小である局面(ただし最適供給水準に近い)では, 保険供給を増加させることで他の貯蓄は減少するが, 両者を合わせた貯蓄は増加する[*3]. この点は, 7-1図の線分 BE の局面と類似している. しかし, 年金供給が大きく最適水準から乖離する場合には, その限りでない. 7-1図の線分 AB の局面と同じように, 年金供給の制約がもたらす所得効果の大きいかんでは, 年金供給の増加が通常貯蓄の1対1以上の代替を招き, 貯蓄全体を減少させる可能性もある. このように, 不完全保険市場下での年金貯蓄と通常貯蓄の代替関係はかなり複雑である.

家族内の暗黙の契約にもとづく遺産

遺産には, 純粋の偶然的遺産, 慈愛心による遺産とは別種の動機によるものがある. Shoup[1966]は, もし遺産の主眼が子供へ消費可能資源を残すことにあるのなら, (米国の)税制が生前贈与と死後相続との比較で前者を優遇している以上, 遺産はより効率的な生前贈与の形をとるはずであるのに, 実際には生前贈与はきわめて少ないという事実を指摘している. シャウプは, これは人々が富保有のもたらす社会的力に関心を持っているからだと解釈した. 社会的力の中には, 政治・社会の中での権能, 威信を増進させる側面と, 家族内で子供への統制力を維持するという側面の両面がある[8].

親が子供に対してまったく一方的に遺産を残すのでなく, 少なくとも一部に

ついてはむしろ親と子供が(計算上)資産をプールし，共同の消費計画を立てるとともに，一方が先に死亡した場合には他方が残った資産を獲得するという契約を暗黙のうちに結ぶ可能性もある．こうした契約の結果遺産が発生すると理解しようというのが Kotlikoff = Spivak [1981] の提案である．親の生存確率の方が子供の生存確率より低いので，結果的に子供が親から遺産を獲得する頻度の方が親が子供から遺産を獲得する頻度より高いわけである．共同で消費を計画するということは，親が長生きをした場合に子供が親の(あらかじめ合意した)消費生活を保障するということを含意している．こうした暗黙の契約関係が，実はかなりの程度完全な年金保険の代役機能を果たすことが，シミュレーションを通して示されている[同：Table 3]．

この着想は非常に興味深い．そのようなアレンジメントは，本来は家族の枠にとらわれることなく(たとえば，知己の間柄など緊密な小集団で)成立する可能性がある．しかし，実際上家族に限定されるのは，親子という生物的絆帯がそのような暗黙の契約の長期的維持の前提となる構成員間の信頼関係を育むうえで好都合だからである．むろん，家族だからといってそれだけで無条件の信頼関係が確保されるわけではない．それぞれが独立の支出主体である以上，共同計画に従って消費するという約束が履行されていることを，相互に，しかも継続的に確認する工夫が必要である．また，そのような確認を通してこそ信頼関係は強化されてゆくのであろう．履行の継続的な確認の必要性は，一方の主体から他方の主体への金銭的移転が主として経常的所得移転(仕送り)の形をとり，一方の資産を急激に取り崩してしまうような生前贈与は起こりにくいことを意味している．それぞれが死亡時点まで自己の保有する富を維持することで，暗黙の契約の履行を促すということは，シャウプのいう家族内での力の動機とも合致する．

日本の高齢者と子供世代との同居形態には，双方が保険契約を履行していることを継続して確かめあうモニタリング制度としての側面があるとともに，生活の共有，役割の交換を通して信頼関係を強化する工夫としての側面がある．同居は，しばしば親世代が保有する土地や住宅のサービスを提供して実現されており，資産・消費のプーリングが目に見える形で達成されている[9]．

しかし，政治・経済・文化の面で急速な変革を遂げた社会では，一世代の差とはいえ，価値観，生活スタイルなど意識，態度に大きなギャップが生まれ，高齢者と子供世代が同居という形で生活を共有することは次第に困難になっている[10]．その場合，先に述べた履行の確認・相互信頼の増進をどのように果してゆくのか，難問が生ずる．

ひとつの可能性は，暗黙の契約を第三者が執行できるような明示的な契約に変更することである．家族信託基金を創設し，各世代とも，資産はもとより年々の稼得収入もすべてその基金に帰属させ，各人はその基金からあらかじめ合意した年々の消費資源の供給を受けるというものである．信託会社にとってそのような信託契約を設計し，その執行機関となることは，逆選択，モラル・ハザードの問題もないため，十分利益のあがることに違いない．しかし，供給側に十分な誘因があると考えられるにもかかわらず，現実に第三者による執行という形態が普及しないのは，家族内の事情を第三者に開示することへの躊躇，家族の構成員にさまざま予期しない状況が発生するに伴い，契約内容の変更を迫られ，手続き費用がかさむことへの不安，あるいは公的年金保険制度の整備といった事情が原因であろう．さらに，そしておそらく最大の原因として，第三者的解決ではこのようなアレンジメントにとっての必須の条件である家族間の相互信頼を継続的に増進させることができないという点があげられよう．つまり，暗黙の契約であるからこそ信頼を高める相互の努力を誘発するのである．

以上の議論は，親の慈愛心にもとづく遺産の発生を排除するものではない．むしろ，それは親子間の暗黙の契約によって実際に年金保険の代役機能が発揮されるかどうかと並行的ではないかと考えられる．というのは，慈愛心も親子間の信頼の存在を前提とするからである．

世代間の富の伝達

遺産動機を含む世代交代モデルでは，親世代の選択した遺産額は子供世代の1家計当りの初期資産となり，それがまた子供世代の遺産額に影響するという形で，世代間の富の伝達が起きる．比較の基準となる，完全な年金保険市場が存在し，慈愛心による遺産動機が存在する場合について，家計の嗜好，収益率

および稼得所得の世代を通じた定常性の仮定のもとで，長期的にどのような富保有のダイナミックスが生まれるか検討しよう．家計の嗜好について消費の限界効用の弾力性および遺産の限界効用の弾力性がそれぞれ一定の場合に議論を限定する．消費についての弾力性を ε，遺産についての弾力性を μ と表記すると，ε と μ の大小関係は，自身の消費と次世代の消費のどちらが相対的に必需財か，それとも奢侈財かという点に対応する．$\varepsilon > \mu$ は，次世代の消費が相対的に奢侈財で，生涯資源 $b_0 + y$ の増加とともに家計が遺産へふり向ける資源を継続して高める場合に該当する．

ε と μ の大小関係を先験的に述べることはできない（この点をめぐっては，結語の部分で検討する）．7-3図(A)は $\varepsilon < \mu$ の場合のダイナミックス，7-3図(B)は $\varepsilon > \mu$ の場合の3つの可能なダイナミックスのパターンを示している[*4]．「富伝達曲線」と呼ぶ曲線は，親世代が受け取った富 (b_0) と親世代が子供1人ひとりに残す富 ($b_D = b_S$) との対応関係を，7-2図をもとに描いたものである（なお，7-2図の曲線 OB の形状は，$\varepsilon > \mu$ のケースに相当する）．45度線は，富保有の水準が親子代々不変となる状況を表わしている．7-3図(B)の(a), (b)のケースは $\rho > N$，つまり $r > n$，(c)のケースは $r \leqq n$ の場合に発生する．富伝達曲線は，b_0 の上昇とともに勾配が漸近的に ρ/N に収束するからである．ケース(a)では富は上方に発散し，ケース(b)では2つの長期的均衡が生まれる．しかし，図が示すように，2つの均衡のうち原点に近い方，つまり富伝達曲線が

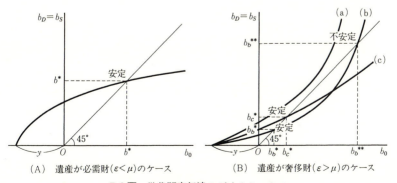

(A) 遺産が必需財($\varepsilon < \mu$)のケース　　(B) 遺産が奢侈財($\varepsilon > \mu$)のケース

7-3図 世代間富伝達のダイナミックス

45度線を上から下へ横切る点が安定的な長期均衡である．したがって，初期世代の富がある境界値より小さい限り，親の富保有と子供の富保有の間には長期均衡への回帰傾向がある．遺産動機の十分強い場合には，初期世代の富保有水準にかかわりなく富は限りなく増大してゆく．ケース(c)では，単一の長期的に安定な均衡が生まれる．(b)と(c)の違いは，子供の人数の多い家計ほど1人ひとりに大きな富を残すことができないという直観的に明らかな性質に対応している[11]．

完全な年金保険市場が存在しない場合には，長生きをする場合の方がそうでない場合に比べ遺産が小さいため，世代間の富の伝達は，確率(マルコフ)過程となる．したがって初期世代の富保有の散らばりに加え，富をさらに分散させる追加的な要因が生まれる．しかし，そのような確率的変動が上述したダイナミックスの基本的なパターンを圧倒し，富の平均への回帰傾向を覆したり，上方への発散の可能性を高めたりするとは考えにくい．年金保険の不完全性は家計にとっての可能な消費機会および遺産機会を縮小し，富伝達曲線を平均的に下方シフトさせる効果をもつからである[12]．

以上の議論は慈愛心による遺産動機を前提して進めてきたが，実は議論が妥当するのはそのケースに限らない．家族内の暗黙の契約による遺産が(単独または並存する形で)存在する場合でも，世代間の富の伝達のパターンは7-3図が示すものとほぼ同様である．その理由は，暗黙契約下の共同消費計画は，(i)完全でないにせよ年金保険の代役を果たす，(ii)親世代・子世代の効用の和を最大にすることを要件としており，すでに7-3図で説明した慈愛心にもとづく遺産動機の場合の目標と(親世代の遺産の効用は子供世代の消費の効用を先取りしたものと考えれば)形式的に同一である，という2点に求められる．

以上，家計の貯蓄行動を規定している基礎的要因と，それが家族世代間の富の伝達にもつ意義を理論的に検討した．次にこれらの理論的仮説の実証的意義を検討しよう．

ライフ・サイクル貯蓄の規模をめぐる実証研究

一国の富の中で純粋な意味でのライフ・サイクル貯蓄は，どれだけのウェイ

トを占めるだろうか？　もしそのウェイトが大きければ，家計間の富保有格差は主として年齢間のものとなり，生涯を通してみれば何ら不平等は存在しないということになる．また，もし人々の稼得収入に差異があっても，富の分布の歪みは恒常的稼得収入の分布の歪みを大きく超えることはない．その場合，いまなお富の分配に何らか関心を寄せる理由があるとすれば，稼得収入の分配の問題に帰着することになり，富保有に固有の問題は解消してしまう．逆に，もしそのウェイトが小さな場合には，世代間の富の伝達が 7-3 図に示した中でどのようなパターンをとるかが長期的に富の分配のあり方を大きく規定することになる．

　この設問への解答をめぐって最近痛烈な論争がコトリコフ＝サマーズと，ライフ・サイクル仮説の生みの親であるモディリアーニとの間で展開された (Kotlikoff = Summers [1981], Modigliani [1988], Kotlikoff = Summers [1988], Blinder [1988])．コトリコフ＝サマーズは，家計の稼得収入と消費との差額の(利子・収益込みの)累積値をライフ・サイクルの富と定義して計測することにより，米国では純粋のライフ・サイクルが生みだす富は家計部門全体としての富のわずか 20% に過ぎないと結論した．この結論の主旨は Atkinson [1971 (b)], Oulton [1976], White [1978] らのシミュレーション研究と整合的な結果であった．

　これに対しモディリアーニは，第1に，直接データをとれる毎年の世代間相続移転額(フロー)を経済の定常成長性の仮定のもとで資本還元することによって遺産として継承された富のストックを推計したところ，それは家計部門の富全体の中でわずか 15-20% に過ぎない，換言すれば，残余として定義されるライフ・サイクルの富は全体の 80-85% に達する，第2に，コトリコフ＝サマーズ自身のモデルについてもいくつか概念的調整を施して計測し直すと，ライフ・サイクルの富が 80% という数字に戻ると反論した．20% と 80% ではおよそ反対の数字であり，富の分配の性質を理解するうえでまったく違った含意が生じる．もしコトリコフ＝サマーズの数字に(モディリアーニが指摘する)親の家計から独立前の子供の扶養費用および教育費用を親世代の消費に含める形に改めるなど，いくつか補整を施したとしてもなお，先のギャップの大部分は

残る.

　両者のギャップのもっとも重要な説明要因は,何をもってライフ・サイクルの富と見なすか,その会計的な定義の違いにある[13]. 純粋なライフ・サイクル貯蓄の世界を一旦離れると,その定義は自明でなくなってしまう. 2期間のモデルで説明しよう.

　慈愛心による遺産動機があり,しかも完全な年金保険が存在する場合を取りあげる. すでに述べた家計を代表的家計とする経済を考えよう. 親世代の家計の数を1と基準化する. したがって,子供世代は N である. 遺産が実際に子供世代に伝達されるのは親の死亡時であるとしよう. 以上の想定のもとで親世代の第2期期首に該当する時点での経済全体の富と家計間の富の保有分布を見よう.

　この時点で富を保有するのは,長生きした親世代と,第1期末に死亡した親世代から富を受け継いだ子供世代である. 前者の保有する富は $p(\rho_a \cdot a + \rho \cdot s)$, 後者の保有する富は $(1-p)\rho \cdot s$ である[14]. 経済(家計部門)全体の富(Wと表記する)は,$p \cdot \rho_a = \rho$ を想起して,

$$(7\text{-}2) \qquad p(\rho_a \cdot a + \rho \cdot s) + (1-p)\rho \cdot s = \rho(a+s) \equiv W$$

となる. すなわち,W は誰が実際にそれを保有しているかとは無関係に,親世代が購入した金融資産の元利合計に等しい. ところで親世代第1期の予算制約式は,

$$(7\text{-}3) \qquad c_1 = b_0 + y - (a+s)$$

であり,この制約式を用いて W を2つの仕方で分解することができる.

　モディリアーニは,W を

$$(7\text{-}4) \qquad W = b_0 + \rho\left(\frac{rb_0}{\rho} + y - c_1\right)$$

と分解し,第1項を遺産の貢献分,第2項をライフ・サイクルの富と定義している. 右辺第2項の( )内は,標準的な所得の定義にもとづく第1期の貯蓄を表わしている. 所得は,期末に発生する利子収入の期首時点における現在価値と,稼得収入 y との和である. したがって,ライフ・サイクルの富とは第1期の(多数期間ある場合は各期の)貯蓄の利子を含めた累積額であり,それが全体

の富 W の中の 80-85%, ないしコトリコフ=サマーズ・モデル内での修正後の数字 80% に達すると主張しているわけである.

これに対し, コトリコフ=サマーズは, 同じ W を

(7-5) $$W = \rho b_0 + \rho(y - c_1)$$

と分解し, 第2項, つまり稼得収入からの貯蓄の元利合計をライフ・サイクルの富と呼び, 残余を遺産の貢献分と見なそうと提案している. それは, 人々が若い時の労働によって得た所得の一部を退職後のために蓄えるという点にライフ・サイクル貯蓄本来の意義があるとの理解にもとづいている. モディリアーニの定義に従えば, 何ら労働せず($y=0$), 遺産の経常的な果実だけで生活し, しかも貯蓄することのできるような大富豪であっても, 多額のライフ・サイクルの富を保有することになってしまう. そのような捉え方には違和感が残るというのが, 交替的な定義の背景にある. モディリアーニの定義に従う場合に比べ, 明らかにライフ・サイクルの富のウェイトは小さくなる.

結局, モディリアーニの定義は, 遺産からの所得はもしそれを消費してしまおうと思えばできるものを実際に消費しないという点を強調し, コトリコフ=サマーズの定義は, 遺産からの所得があればこそ, その分大きな貯蓄ができるという点を強調している. しかし, どちらの議論も消費・貯蓄が内生変数であるという点が十分考慮されておらず, 論理的に正しい評価方法とはいいがたい.

それでは, もともとの設問に対してはどのように解答したらよいのだろうか? Blinder[1988]の示唆に従い, 複数の生産要素を投入して財を生産する場合に産出物を各要素にどう分配するかという問題との類似性を考えてみよう. 初期の富(遺産)と稼得収入(さらにさかのぼれば家計の労働可能時間)を生産要素として, 生産関数に対応する家計の選好を通して生産物としての富が生みだされると見なすとき, それぞれの要素の貢献に応じて生産物を分配する問題と同じになる. これは, ヴィクセル以来, 総和問題(adding up problem)として知られている古典的な問題である. 生産の場合には, それは技術上の大局的1次同次性ないし参入・退出を通じたゼロ利潤達成による局所的1次同次性のもとでの限界生産力仮説によって解決されるわけであるが, 家計の消費・貯蓄についてはそのような性質が満たされる保証はない. したがって, 仮に限界生産

力説と同様に貢献を評価しようとしても，一般にプラスないしマイナスの余剰が発生してしまう．理論上の解決は今後に残された課題である．

　どのような分解方法を採用したらよいか正解が見つからない以上，2つの定義から得られる数字の中間をとるというのは，とりあえずの経験則(rule of thumb)として意味があろう．モディリアーニ自身の遺産ストック(b_0)を推定する接近方法についても，推定根拠となるフローとしての世代間資産移転のデータが断片的ないし不完全なこと，とくに高資産層の過小申告の可能性が高く，また，生前贈与をどれだけ把握できているか疑問がもたれるというように，遺産ストックが過小評価される可能性の高いことが指摘されている．したがって，以上を総合すると，モディリアーニの主張するライフ・サイクルの富が80％を占めるという主張には明らかに与しがたく，遺産によって伝達される富が富の総額の中で相当なウェイトを占めているとの主張に根拠があると考えられる．その規模の定量的な確定の作業，およびその中で予備的動機にもとづくものとそうでないものとを区別する作業は，理論的に正しい測定方法の開発とともに今後の課題として残されよう．

遺産の弾力性をめぐる実証研究

　実証的に見た遺産の重要性は，富の分配の不平等が世代間の伝達によるところの大きいことを物語っている．それでは，世代間の富の伝達は実際にどのようなパターンをとるのだろうか？　それを規定するのは，遺産の弾力性 ε/μ の値の大きさである．

　最高位富保有層に関する英国のハーベリィの一連の研究(Harbury [1962], Harbury = McMahon [1973], Harbury = Hitchens [1976])は，同一家計の b_s と b_0 のデータを集めることで，世代を超えて巨大な富が継承されてゆく階層のたしかに存在することを示している．それは平均への回帰を生じさせないような家計の存在($\varepsilon/\mu > 1$)を裏づけているといえる．

　より直接的に ε/μ の値を推定する研究として，いままでにもっとも周到になされた仕事は Menchik = David [1983] である．彼らは，米国ウィスコンシン州における20年という長期のスパンにわたる個人の税務申告標本をとり，さら

にその個人の死亡時点における公式の遺言記録および付随する相続税徴収記録を収集して，遺産額の生存時恒常所得に対する弾力性の値を推定した．恒常所得とは，われわれのモデルで y に対応する．初期資産 b_0 のデータがとれていない点で完全なデータとは言いにくいが，本人の長期の所得データを収集したという点で先行する研究と比較して画期的なものである．

彼らの結論は，次のように要約される．誕生年をもとにグループ化したコー

7-1表 ウィスコンシン遺言記録・長期所得税申告マッチ・データによる遺産弾力性の計測結果

コーホート誕生年		1910-24年	1900-09年	1890-99年	1880-89年
標本数	(1)	238	464	699	528
遺産額					
メディアン	(2)	8,142	9,270	8,786	7,389
上位20%点	(3)	27,740	28,430	24,970	23,490
恒常可処分所得					
メディアン	(4)	5,740	5,056	3,540	2,416
上位20%点	(5)	7,520	7,115	5,346	4,013
弾力性計測値					
恒常所得分位 0-50%	(6)	0.29^{s5}	0.59^{ns}	0.42^{ns}	0.35^{ns}
恒常所得分位 51-79%	(7)	0.37^{ns}	0.28^{ns}	0.71^{ns}	-9.70^{ns}
恒常所得分位 80-100%	(8)	3.92^{s1}	2.39^{s1}	2.06^{s1}	3.27^{s1}
同，72歳で死亡と制御	(9)	2.70	2.0	2.03	4.75
同，72歳で死亡かつ自営業と制御	(10)	1.88	1.42	1.33	1.97

出所：Menchik = David [1983]：Table 3 for (1)-(3), Table 2 for (4)-(5), Table 6 for (6)-(10). (6),(7),(8)の上添え字は，Table 4.

注）
1) 標本の母集団は，1946-64年の間に米国ウィスコンシン州で租税申告をした男子個人．これらの中で死亡した個人を特定し，さらにその人たちの遺言状をトレースしたものが，ここでのデータである．遺産額とは，ネットの相続資産，生命保険給付額，および遺言状に記録された生前贈与の死亡時点の現在価値（税引き後実質収益率1％を想定）の和である．
2) 絶対額はすべて1967年の消費者物価指数を1とする実質額（ドル）である．
3) 恒常（年間）可処分所得は，各年の実質可処分所得を実質税引き後利子率1％を想定して65歳時点の現在価値に直し総和をとったうえ，データ数で割って算出している．それぞれの家計について平均して十数年にわたる観察値が用いられている．
4) 各分位の弾力性の値は，所得分位25％，65％，90％の点で評価している．
5) 上添え字のs1は，根拠となった推定値［同論文：Table 4］が1％の有意水準で統計的に有意，s5は5％の水準で有意，nsは5％の水準で有意でないことを示している．

ホート内のすべての個人間で見て,遺産は奢侈財である.すなわち恒常所得が高くなるに従い,遺産は比例的以上の率で上昇する.しかし,それはすべての個人が等しく持つ嗜好の特性として $\varepsilon/\mu>1$ であるということではなく,むしろ恒常所得の高い階層で遺産性向が高いこととして理解した方がよい.実際,7-1表が示すように,各コーホート内で恒常所得が低位80%に属する個人については,遺産の弾力性はプラスではあるが1よりはるかに小さく,しかも統計的に有意でない.これに対し,上位20%の家計では2ないし3を超える高い値を示している(死亡時点と職業を制御すると値は低下するが,それでも1より大きい).さらに所得の成長のため恒常所得の絶対的水準を異にする誕生年コーホート間の比較(表中,(4),(5)を参照)から,遺産性向が恒常所得の絶対水準によるのでなく,同一コーホート内の相対的なポジションに依存することが確かめられる.

以上の結論は,他のクロス・セクション・データにもとづく先行研究から得られた,遺産の親世代の所得に関する弾力性が1より大きいという推定結果(Adams[1980:Table II], Tomes[1981:Table 2(eq. 6)])とも整合的である.とくに遺産性向が生涯資源の絶対的な水準でなく,その分布に占める相対的なポジションに依存するという点については,マクロ相続税統計の時系列分析から算出された富保有上位1パーセント階層についての遺産の絶対所得水準に関する弾力性が0.8-0.9と,1より小さいという事実(Adams[1980:Table III])とも整合的である.

結 語

いかに断片的な証拠であるとはいえ,以上の実証研究は大規模な富の伝達が行なわれるのは富の高保有層に限られること,また高保有層内部でも遺産の生涯所得弾力性が高いということを示している.この事実は経済全体がほぼ同質の嗜好によって動機づけられた均質な家計により構成されるという見方とは異なった像を浮かび上がらせる.むしろ,経済全体が,次世代の生活保障のため比較的少額の遺産を残す家計と,自己目的化された富の蓄積を追求する(すなわち,富がもたらす経済的力,社会的力に直接的な効用を見いだす)少数の家計

とに分割され，後者の富が自発的ないし非自発的に遺産として次世代に引き継がれるという見方の支持されることを示唆している．したがって，大方の家計にとっては世代を通じた富の平均への回帰が発生するのに対し，一部の家計については累積的な富の蓄積の発生する可能性が高い．

7.2 富の伝達手段としての教育

　世代間の富の伝達は，物的資産だけでなされるものではない．親世代の費用負担による子供の教育も，その人的投資効果を考慮すると，生前贈与の形をとった遺産となる．いまや教育投資の収益を含む稼得収入の現在価値(＝人的資産)と物的資産の和として定義される総資産について，富の伝達のダイナミクスを見る必要がある．親世代が配慮するのは，独立してゆく子供1人ひとりの稼得能力を含む全体としての生活資源にあるからである．親から子へ伝達される総資産を，前節の議論との対比でグロスの遺産と呼ぶことにする[15]．

　いま前節の2期間モデルを若干修正し，N 人の子供は親世代の第1期 $1-\delta$ ($0<\delta<1$) の時点で経済的に誕生し(＝就労可能となり)，第2期期首に独立するまで δ の期間，親の家計にとどまるものとしよう．親はそれぞれの子に e の期間，教育を受けさせるものとする．教育の費用はその間の逸失賃金所得であり，その他の直接的な費用は捨象する．教育の結果，子供の稼得能力は1期間を1とする単位時間当り $y(e)$ となる．$y(e)$ のグラフを3.2節同様，教育効果曲線と呼び，それは上方に強く凸のなめらかな曲線だと想定する．簡単のために，収益逓減の度合はかなり強く，選択される e は必ず $0<e\leqq\delta$ の範囲におさまるものとする．

　以上の想定から，子供1人ひとりは教育過程完了後 $(\delta-e)\cdot y(e)$ だけ親の家計に収入をもたらし，経済的独立時点では人的資産 $y(e)$ を保有することになる．同じ時点で獲得する物的資産を前節にならい b_D, b_S とすると，総資産(グロスの遺産)は，親が第1期末に死亡する場合と第2期も生存する場合のそれぞれにつき，

(7-6) $$\omega_D = b_D + y(e)$$

(7-7) $$\omega_S = b_S + y(e)$$

として表わされる．同様に，親世代の初期資源を前節の記号を用いて

(7-8) $$\omega_0 = b_0 + y$$

と表わそう．遺産動機の対象が子供の初期総資産に移ったことに伴い，親世代の効用関数は，従来の b_D, b_S の代わりに ω_D, ω_S を置きかえたものとなる．以下，本節全体を通して完全な年金保険市場が存在するものと想定する．その結果，親世代が完全保険の状態 $\omega_D = \omega_S$ を達成するよう行動することは，前節とまったく同様である．

親世代はどのような教育水準を選択するだろうか？　慈愛心からの遺産動機を持つ親は，あたかも誕生時点で子供が自ら選ぶ教育投資水準と同一の水準を選択する．その理由は，親世代が(独立時点における)次世代の生涯資源を自己の予算制約式の中に取り入れたうえで自らの消費とグロスの遺産との間の配分を決める点にある．後述する他の制約がなければ，親と子供共同の資源プールを最大にすることが親世代にとっての効用最大化の要件となる．そのためには，第1期期首または子供の経済的誕生時点で評価した子供の教育投資からのネットの収益の現在価値

(7-9) $$V(e; 1+\delta) = \left(\delta - e + \frac{1}{\rho}\right) y(e)$$

(ここで $V(\ )$ に含まれる $1+\delta$ は計画期間の長さを示す)を最大にする条件

(7-10) $$\frac{y'(e)}{y(e)} = \frac{1}{\delta - e + \frac{1}{\rho}}$$

の満たされる必要がある[*5]．こうして3.2節で見た個人の最適教育投資の理論がそのまま適用可能となる(Becker[1974：1077], Ishikawa[1975：995])．7-4図は，(7-10)の条件を図示したものである．右下がりの曲線 RR' は左辺が表わす投資の限界的収益を，右上がりの曲線 CC' は，右辺の示す回収期間の長さで割り引いた投資コストの要因を表わしている．両者の交点 E が最適な教育水準 e^* を与える[16]．e^* の大きさは明らかに計画期間の長さに依存する．そこでここでの計画期間が $1+\delta$ であることを想起して，$e^* = e^*(1+\delta)$ と書く．

もし，教育効果曲線が所与で，しかも資金市場が完全なら，選ばれる教育水

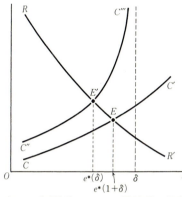

7-4図 親による子供の教育水準の選択

準は親世代の富とは無関係である．最終的に選択されるグロスの遺産から最大化された人的資産を減じた額が，親世代によって遺産として残される物的資産となる．

以上とは対照的に，親が純粋のライフ・サイクル的行動をとる場合など，慈愛心による遺産動機を持たない場合には，親と子供共同の資源プールの観念は意味を失い，親にとっては子供が親の家計に貢献する収入

(7-11) $$V(e;\delta) = (\delta - e) \cdot y(e)$$

を最大化する教育水準が最適となる．内点解の場合を想定すれば，7-4図に示すように費用曲線は回収期間の短縮を反映して上方にシフト，最適点は E', $e^* = e^*(\delta)$ に移動する[17]．事実上，子供は親にとって純粋な補助労働力と見なされるわけである．当然，子供の観点から見て教育は過小となる．経済的独立後に教育を補充しようとしても，投資の回収期間が短いため決して本来の最適水準を実現することはない．そこで子供の側には，すでに述べた年金保険に代わる家族内の暗黙の保険契約と類似の相互扶養契約——子供にとっての最適な教育の付与と子供による老後の扶養とを交換する契約——を親との間に結ぶ誘因が生まれる．しかし，そのような交換が実際に行なわれるためには，契約の履行を保証する家族内の信頼関係の構築が前提となる[18]．したがって，そのような相互信頼が整って初めて，慈愛心の存在する場合と同一の最適な教育投資が達成されることになる．

非負の物的遺産の制約

遺産動機のもとでの最適な教育水準の選択という結論に修正を迫る制度的事情がある．それは，親が子供に負の物的資産を残すことはできないという社会的通念である．$\omega_D = \omega_S$ は ω_0 の低下とともに下落することは明らかであるが，他方で最適化された人的資産 $y(e^*)$ の水準に変更はない．したがって，ω_0 が引き続き下落すると，物的資産の遺産額 $b_D = b_S$ はある点（$\underline{\omega}$）でゼロ，それ以下ではマイナスとなる．

物的遺産が非負，すなわち

(7-12) $\qquad\qquad y(e) \leqq \omega_D$

(7-13) $\qquad\qquad y(e) \leqq \omega_S$

の追加的制約が有効となる局面での最適な投資行動は，完全保険（$\omega_D = \omega_S$）と年金保険による第2期の消費のファイナンス（$c_2 = \rho_a \cdot a$）という性質を維持しつつ，他に(i) ゼロの物的遺産（$s = 0$），(ii) 次善的な教育水準の決定条件

$$(7\text{-}14)\qquad \frac{y'(e)}{y(e)} = \frac{1}{\delta - e + \dfrac{1}{\rho} \cdot \dfrac{v'(y(e))}{u'(c_2)}}$$

および(iii) 親の自己消費（c_1, c_2）を相対的に犠牲にした子供への人的資産の贈与，

$$(7\text{-}15)\qquad v'(y(e)) < u'(c_2) = \left(\frac{1}{p\rho_a}\right) u'(c_1)$$

という3つの性質によって特徴づけられる[*6]．(7-14)と(7-15)の比較から，教育の計画期間が実質的に短縮されること（したがって，この場合にも 7-4 図の曲線 CC' は上方にシフトする）が分かる．つまり，物的遺産の非負制約が有効となる局面では，子供の人的資産および総資産は親の富（ω_0）と単調増加の関係にある[19]．

もっとも，マイナスの物的遺産は先験的に排除されるわけではない．とくに教育水準が最善の状況から乖離することは，遺産動機不在の場合と同様，子供側に親に対して最適な教育を求める誘因を発生させるだろう．その場合，子供がある程度の負債を引き受けることで教育期間の延長を達成するといった，先の相互扶養契約と類似の契約が発生する余地も残される．

最低消費の制約

もっとも貧しい階層で消費が最低生活水準に制約される場合には，子供の教育にさらにきびしい制限が生まれる．親の富 ω_0 が $\underline{\omega}$ からさらに十分大きく低下すると，家計の最低生活水準を $\underline{c_1}$, $\underline{c_2}$ と表記して，

(7-16) $\quad\quad\quad c_1 = \omega_0 + N(\delta - e) \cdot y(e) - a = \underline{c_1}$

(7-17) $\quad\quad\quad c_2 = \rho_a \cdot a = \underline{c_2}$

つまり第1期，第2期とも最低生活をやっと維持する状況の生まれる場合がある(この局面では $s=0$ である)．そのような局面では，教育の水準は(7-16)と(7-17)から

(7-18) $\quad\quad (\delta - e) \cdot y(e) = \frac{1}{N} \underline{c_1} + \frac{1}{N\rho_a} \underline{c_2} - \omega_0$

を満たすよう受動的に決定される．つまり，親の資源の不足分をちょうど補うだけの収入を獲得できる水準に教育が制限されるのである．ただし，親の遺産動機を反映して，子供には可能な限り高い教育水準が与えられている．したがって，親の富にわずかでも余裕のある限り，子供の稼得収入 $V(e;\delta)$ を最大にする $e^*(\delta)$ より高い水準の教育が与えられる．むろん，その余裕の減少とともに教育水準は低下し，最終的に遺産動機がない場合の $e^*(\delta)$ に至るわけである[20]．きびしい貧困の中で教育を満足に受けられない子供たちは以上のような形で発生する．

最低消費の制約が現実にどれほど大きな意義をもつかは，時代と場所，労働市場の状況などの経済のマクロ的条件に大きく依存する．先進資本主義諸国の中でも貧困の問題を根強く抱える国は多い．貧困がもたらす最大の問題のひとつは，子供たちの教育が制限され，世代から世代へと貧困を再生産してしまう点である[21]．

人的資産を含む富の伝達のダイナミックス

慈愛心による遺産動機のある場合を想定しよう．世代間の富伝達曲線は，第1に，物的資産(b)から総資産(ω)へ軸の付け替えが必要なこと，第2に，非負の物的遺産の制約および最低消費の制約によっていくつか屈折点のできること

を除けば，前節7-3図とほぼまったく同様に描くことができる．そして，長期的なダイナミックスが ε/μ および r/n の大きさに依存するという性質もそのまま妥当する．したがって，前節の議論をここで繰り返す必要はない．

新たな留意点としては，第1に，安定な長期均衡点の存在する場合，それが複数の屈折点との対比でどこに位置するかに依存して，(i) プラスの物的資産と最適な教育水準，(ii) ゼロの物的資産と次善的な教育水準，そして (iii) ゼロの物的資産と最低消費に依存する低位の教育水準，という3つの状態のいずれかへ回帰する傾向が生まれることである．第2に，安定的な均衡点のほかにそれより上位に不安定な均衡点が存在する場合，一旦ある世代の富が不安定均衡の水準を超えると，以後，教育水準は一定のまま，物的資産のみ累積的に増大する過程が生まれる(もっとも，教育水準が一定となるのは教育効果曲線が不変の場合であり，その点をめぐっては次項で述べる留保がある)．第3に，安定な均衡点のほかにその左側に不安定な均衡の生まれる可能性もある．前記の2つの制約が富の低位部分で富伝達曲線に強い屈折をもたらす場合である．その場合，ある限度以下の富から出発した家計は，貧困の悪循環を脱却することができない．

以上から，親世代が子供世代の稼得能力を含む生涯資源に対して遺産動機をもつ場合，大づかみにいって富の中位以下の階層では教育への生前贈与が親から子へ伝達される富の主要な部分を占めることが分かる．実際，米国における遺産相続額をめぐる家計の標本調査の多くは，過半数の家計で物的資産の形での遺産がほぼゼロであることを示している．逆に言うと，物的遺産がゼロであるからといって遺産動機が不在であるということを意味するわけではないことに注意する必要がある．

親の富と子供の教育との相関：再論

子供の受けとる教育が親世代の富に依存する理由としては，すでに述べた非負の物的遺産の制約ないし最低消費の制約が有効である場合のほか，次の3つをあげることができる．(i) 資本市場が不完全で，親世代にとって借入れ制約が有効となる場合，(ii) 教育が投資財としてだけでなく，消費財としても需要

される場合,そして (iii) 教育効果曲線の形状が親世代の富と関連する場合である.

第1の,資本市場の不完全性の要因は,すでに 3.2 節で論じたとおりである.人的資産の場合,他の有形資産と異なり金融対象に担保能力がなく,それゆえ子供の教育費用の借入れが必要となる場合には,借入れ量は親世代が所有する有形資産のもつ担保能力に制約を受ける.奨学金制度や,比較的最近発達した教育機関・公的金融機関による教育貸付制度が借入れ制約を緩和させることは言うまでもない.

第2の,教育が消費財としての側面をもつ場合とは,非経済的な能力の獲得や価値志向・生活態度の研磨を目的とする場合である.その際選択される教育水準は,純粋に投資的観点からすれば過大となる.つまり,投資的価値(人的資産)の減少がもたらす限界不効用を,ちょうど教育それ自体の限界効用が相殺する点まで,教育は延長される[22].人的資産の低下は富伝達曲線を下方にシフトさせるが,同時に親の残す物的資産が代替的に増加する(むろん代替は完全でない)ため,そのシフトはかなりのところ相殺されてしまう.しかし,富の伝達の度合が弱められたといっても,生涯効用のタームで見ればそのようなことはない.

第3の,そしておそらくもっとも頻繁に実証的関心が寄せられた点は,親の富と教育効果曲線との関係であろう.人々の教育水準を異なったものにさせる重要な要因は,同じ資源の投入をどれだけ稼得能力の増大に変換できるかの効率の違いであり,それを規定するものとして各人の本源的能力(例えば IQ テストが測る認知容量)を強調する立場と,各人を育む家庭の社会経済的環境を強調する立場の間で実証的な論争が繰り返されたことは,すでに 4.3, 4.4 節で見たとおりである.

前者の立場に立つと,親の富(所得・職業を代理変数として)と子供の教育との間で観察される正の相関,ないしその背景にある親の富と教育効果の弾力性(効率性)との正相関には直接の因果連関はなく,むしろ遺伝のプロセスが生みだす見かけ上の相関だということになる.議論を極端な形で述べると,次のようである.いま,教育効果曲線の弾力性(以下,単に弾力性と呼ぶ)は完全に遺

伝的に決定され，その決定にあずかる遺伝子型(genotype)は世代間を通して厳密に継承されるものとする．また，初期世代は同一の物的資産(b_0)をもつと想定しよう．すると，7-3図の富伝達曲線は弾力性を高める優れた遺伝子型を持った人ほど，上方に位置することになる．それゆえ，数世代が経過した後では，大きな物的資産を所有する家計は必ず高い弾力性をもつことになる(なお，この点は，7-3図(A)，(B)のどのパターンであっても変わらない)．家計の富と子供の教育水準との間の相関は，遺伝子が歴史を通して作り上げた見かけ上の相関だというわけである．

すでに述べたように，遺伝的要素が世代間のIQ指数の継承にある程度介在していることは認められている．しかし，稼得収入関数をめぐる実証研究は，ほぼコンセンサスとして，専門的，管理的職業など一部の限られた職種を除き，IQ要因がそれ自体として稼得収入や人的資産価値に与える影響は徴々たるものでしかないことを示している．言いかえれば，教育効果の弾力性に対するIQ要因の影響はごく限られた職種にその余地を残すだけである．したがって，子供の教育と親世代の富との相関の大部分を遺伝的原因による見かけ上の相関だとする説明は説得力をもたない．むしろ，その相関の背後には4.3，4.4節で論じたいくつかの直接的な因果連関があると考えた方がよい．

教育効果の弾力性が親世代の富(生涯資源の和)と直接の関連をもつ場合には，子供世代の稼得能力は親世代の富の増加関数となる．したがって，7-3図で描いた富の伝達曲線は，親世代の富の増加とともに上方にシフトしてゆく．結局，

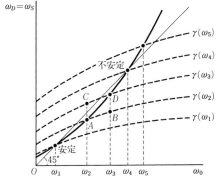

7-5図 教育効果の弾力性が親世代の富に影響される場合の富伝達曲線

連続的にシフトする曲線上の点を結んで新しい富伝達曲線が引かれる．7-5図は，その様子を示したものである（教育効果曲線の弾力性を γ で表記している）．簡単のため作図上，非負の物的遺産および最低消費の制約の影響（曲線の屈折）は一切捨象している．太い実線で表わした曲線が新しい富の伝達曲線である．特徴的なことは，弾力性と親世代の連関が十分強い場合，図が示すように $\varepsilon<\mu$ でありもともと均衡水準への回帰傾向が強く作用する場合であっても，富伝達曲線の勾配が急になり，富の発散的な累積過程をもたらす不安定な均衡点を作り出す可能性のあることである．また，もともと不安定な均衡点のある $\varepsilon>\mu, r>n$ のケースでも，不安定領域の境界を押し下げる．結論として，初期世代の富保有の大きさに依存して，一方で人的資産，物的資産両面で世代間を通じて長期的均衡水準への回帰傾向をもつ階層と，他方で累積的に双方の富を増大させる階層とに二極分解する可能性を高めることが分かる．

結　語

遺産の存在は，必ずしもそれ自体として家計間の富の大きな格差，とくに所得の分布と比べた際のはるかに大きな格差を説明するものではない．遺産が存在しても，なお世代から世代への移り変わりに際して富の平均水準への回帰をかなり期待することができるからである．

しかし，世代間の富の伝達を通して富に大きな格差の生まれる場合もある．遺産が奢侈財である場合，一旦ある境界水準以上の大きな富を取得した家計は，世代から世代へとめどない富の蓄積を図る．また，たとえ遺産が奢侈財でなくても，親の富と教育効果曲線との連関が強い場合には，富の増大が富を蓄積する環境自体を改善するという理由で，ある水準以上の富を保有する家計に上方への累積過程をスタートさせてしまう．他方，ある限度以下の低保有層にとっては，親の富の不足が子供の過小な人的資産を導き，さらにそれが次の世代へと伝えられる貧困の悪循環を生みだす可能性がある．これら両極端の現象の一方または両者が，年齢や恒常的稼得所得の差異に帰着されない富保有上の大きな格差を生みだすのだと考えられる．

こうした仮説の統計的検証は，データ上の制限から容易でない．実際にいま

まで統計的な分析にかけられた資料も，前節末で紹介したMenchik = David [1983]のデータを含めごく少数に過ぎない．すでに説明したとおり，メンチク = デービッドは，物的な遺産が少額で，しかも生涯所得に対する弾力性の小さな大半の家計層と，多大な物的遺産と大きな弾力性で特徴づけられる少数の富裕層の二極に分かれることを示している．

人的資産と物的資産の代替可能性の余地を検証の目的としたのは，Tomes [1981]の米国クリーブランド市における1964-65年の相続家計の標本聞きとり調査にもとづく研究である．トムは，親の推定恒常所得（親の富の代理変数）を制御したうえで物的遺産と子供の稼得所得との間に統計的に有意な負の関係があること，つまり，遺産としての物的資産は子供の稼得能力の差異を補償する役割をもつことを示している．さらにトムは，物的遺産の親の推定恒常所得に対する弾力性が子供の稼得所得を制御しない（独立変数に含めない）場合に1.7，子供の所得を制御する場合に0.8という推定結果をもとに，物的資産と人的資産との代替関係の存在が世代間を通ずる富の平均への強い回帰傾向をもたらしていると論じている（Tomes[1981：947]）[23]．

しかし，トムの結論に対してはいくつか留保を置く必要がある．第1に，富の平均への回帰の度合を規定しているのは，トムの議論とは異なり，子供の所得を制御せずに測った遺産の弾力性でなければならない．この点は，7-5図の4つの点 A, B, C, D を比較しながら考えると分かりやすい（この図の伝達曲線は，家計間の平均的傾向を表わすもので，実際には富の水準（ω_0）をそれぞれ同一にする多数の家計が伝達曲線の周囲上下方向に分布していると考える）．A と B，および C と D は，それぞれ子供の教育水準と稼得所得を等しくするペアであることに注意しよう．すでに説明したように，親の富の影響は A と D の比較を通して正しく測定される．これに対して子供の稼得所得を制御したうえで測るということは，A と B（ないし C と D）を比較していることに等しい．したがって，後者の弾力性が1を下回るといっても，本来の弾力性を過小に評価してしまうことになる．それゆえ，むしろ前記1.7という弾力性の数値が意味をもつのである．また，そう判定することでMenchik = David[1983]やAdams[1980]の結論とも整合的になる．したがって，物的資産と人的資産

の間に代替性が認められるとしても,それだけで平均への十分強い回帰傾向が生まれるわけではない.

　第2に,トムは同じデータから,(i) 親の推定恒常所得一定のもとで物的遺産が子供の稼得所得に対しマイナスの弾力性(−1.92 ないし −0.74)を示す,(ii) 親の推定恒常所得の増加は子供の稼得所得を高める,という結果を同時に導いている.(ii)は7-5図のちょうど A から D への移動に対応する事実である.この点については,同一データを分析対象としたアダムスもまた,子供の学歴年数が親の所得に対して弾性値 0.3-0.4 を示す,と同様の結論を示している(Adams[1980：Table IV]).(i)の結論は,遺産としての人的資産と物的資産の間のきわめて強い代替性を示唆するものである.しかし,他の推定結果と必ずしも整合的とはいえない.もし(ii)の性質が正しいなら,7-5図の B は親の恒常所得を同一にする階層内で平均より低い人的資産しか保有していないことになる.すると(i)より B の家計の方が D に位置する家計より多くの物的遺産を獲得しているはずである.しかし,そうすると物的遺産の親の恒常所得に対する弾力性の推定値が子供の稼得所得を制御しない場合より制御した場合の方が大きいという先に見た結果と矛盾する[24].

　第3に,Menchik = David[1983]の見いだした,遺産の弾力性は富の分布上の相対位置に依存し,しかも上位層で急上昇するような強い非線形性を示すという証拠は,人的資産と物的資産の代替度についても親の富の相対的位置の移動によって大きく変化する可能性を示唆している.しかし,トムの計測式はそうした非線形効果を検出できる定式化になっていない.

　以上のような留保点にもかかわらず,人的資産が富の伝達上大きなウェイトを占め,しかもそれが物的資産とある程度代替的な関係にあること,したがって人的資産を含めた形で富の世代間流動性を考えなければならないことを実際のデータから検証した点で,トムの貢献は評価すべきであろう.富の世代間伝達をめぐる実証研究は,いまなお将来の発展に多くを残す分野である.

7.3 収益率の決定と長期的な富の分配

これまでの議論は，マクロ的な要素価格体系を所与として，家計行動の差異が富の形成とその分配に対してもつ意義を検討したものである．しかし，労働力・資本の要素価格，そして金融資産の収益率もまた，富の分配と深くかかわりをもつ．そこで本節ではマクロ的な市場の連関に考察の対象をひろげ，要素間の所得分配や資産収益率がいかに決定されるかを見つつ，長期的な富の分配の決定要因を検討したい．

われわれが分析対象とするのは，現実を単純化した家計，企業，そして銀行＝貨幣当局の3者によって構成されるマクロ経済である．投資主体としての企業行動はすでに5.4節で見たとおりであるが，ここでは投資の金融諸手段と資産構成をめぐる家計の選好との相互作用を通じて，企業にとっての資金コストないし投資家にとっての収益率が決定される点を分析のひとつの焦点としたい．収益率の決定は，本書全般を通じて所与としてきた変数の決定を意味しており，本書の分析枠組をマクロ的に完結させる意義をもっている．

以下で構築するマクロ・モデルは，貨幣供給様式の差異が利子率に及ぼす影響をめぐるメッツラー(Metzler [1951])の古典的な分析の枠組に依拠している．銀行＝貨幣当局は投資金融の必要に応じ信用を供与しつつ，物価の安定を図る主体である．信用の供与は企業が新規に発行する証券(株式)と引き換えに銀行が貨幣を供給する形で行なわれる．物価の制御は，証券の公開市場操作を通じて貨幣量を調節することで達成されるものと想定する．家計の富は，こうして供給される貨幣と家計の保有する証券の価値和として定義される．収益率の決定要因と家計間の富保有分布の決定要因がどう相互関連するかが，分析のもうひとつの焦点である．

富の分配を論ずるためには，まず家計間にどのような構造的差異があるかを定義しなければならない．ここではあらかじめ2種類の家計の存在する余地を仮定する．第1は，労働しつつ，自らもしくは家族の安全保障のための富を確保しようと貯蓄する「勤労者階層」，第2は，収入の支配的部分が資産所得であ

り,それ自体として富の蓄積を追求する「資産家階層」である.もちろん2つの階層が存在しうるからといって,それらが必ずしも実在する必要はない.2つの階層が持続して存在するか,それとも単一の階層に還元されるかの条件を検討することもまた,分析の重要な目標である.

マクロ経済の枠組[25]

企業,家計および銀行部門によって構成される経済を考えよう.金融資産としては,貨幣と株式の2種類が存在し,家計がその需要主体である.企業の金融資産需要は捨象する.企業については,5.4節と同じ投資行動を想定する.しかし,労働面では簡略化して,すべての労働者は同質であり,訓練の必要もないと仮定する.

企業の資本設備(K)の成長率gを達成するための(生産物のタームで測った)投資費用は$\phi(g)K$である.減耗する資本の補塡費用もこの中に含まれている.企業は,投資費用のうち一部をカレントな利益(RK,ここでRは利潤率)からの内部留保で,残りを新株発行で賄う.企業の貯蓄率s_fは一定だと仮定する.したがって,企業の内部留保額は$s_f RK$,新規株式発行高は実質タームで$(\phi(g)-s_f R)K$となる.

銀行部門は,信用創造の機関であり,かつまた貨幣政策の遂行者としての地位を併せもつ.企業が発行する新株は一旦すべて銀行によって引き受けられ,それをもとに新たな貨幣が供給されるものと想定する.銀行=貨幣当局は,各期の期首に開かれる資産市場で株式の売買オペレーションを行ない,各期を通じて物価水準が一定に保たれるよう信用量(貨幣供給量)を調節するものとする[26].

次に株式市場について述べよう.人々が資本1単位当りの利潤率Rおよび株式収益率rの将来の推移に関し静学的期待を抱くとの前提のもとでは,代表的企業の企業価値を最大にする投資計画は,

$$(7\text{-}19) \qquad \frac{R-\phi(g)}{r-g} = \phi'(g)$$

を満たす一定の成長率g ($g<r$)を,今期以降継続するものとなる(Uzawa [1969]).最大化された(実質)企業価値Vは,(7-19)を満たすgのもとで

(7-20) $$V = \phi'(g) \cdot K$$

として表わされる．投資が借入れなしで金融されるので，V は企業の株式総価値に等しい．さらに，次期の期首における企業価値＝株式総価値は，資本の増加を反映して，それと同率で成長すると予想される．したがって

(7-21) $$\Delta V^e = gV$$

が株式総価値の期待される増分である．ところで，この値は新規発行株式の価値と既存株式に期待されるキャピタル・ゲインの和である．前者は $(\phi(g) - s_f R)K$ であるから，期待キャピタル・ゲインの部分（G^e と表記する）は，

(7-22) $$G^e = \{\phi'(g) \cdot g - (\phi(g) - s_f R)\}K$$
$$\equiv \{s_f R + \psi(g)\}K$$

として評価される．$\psi(g)K$ を企業の成長を反映する「成長プレミアム」と呼ぼう．成長プレミアムは一般に負または正の値を取り，資本の成長率 g とともに増加する．

株式収益率 r は，配当利回りと期待キャピタル・ゲイン率の和として定義される．V が株式総価値，$(1-s_f)RK$ が配当に等しいことと，(7-20)，(7-22) を用いて，

(7-23) $$r = \frac{(1-s_f)R}{\phi'(g)} + \frac{\{s_f R + \psi(g)\}}{\phi'(g)}$$

という関係が成り立つ．期待キャピタル・ゲインが内部留保額と成長プレミアムの和に等しいという事実は，当期の利益を配当として受けとるか，受けとらないかは投資家の収益という観点からは無差別となることを意味している．左辺の r を市場で投資家が要求する収益率，右辺を実際に企業が達成する収益率と見なすと，この等式は市場投資家の裁定条件を示している．しかし，(7-23) は (7-19) と同等の関係である．最適投資条件 (7-19) は，実は株式投資家にとっても満足のゆくものなのである．

家計については，すでに述べたように2種類の階層の存在をあらかじめ想定する．第1は，労働力を供給し，賃金収入を含めた総所得の一定割合 s_w を貯蓄する家計である．標準的な勤労者階層だといってよい．第2は，収入の大部分を資産収益が占め，しかも勤労者家計よりはるかに高い貯蓄性向 s_c をもつ資

産家階層である．この階層は（近似的に）一切労働しないものとする．

　富は，家計が各期期首に保有する貨幣および株式の実質価値額の合計として定義される．貨幣と株式の間で富をどのように分割するか，つまりポートフォリオの選択は株式収益率 r に依存する．実質貨幣残高 (M/p) に対する需要は，富保有額の一定割合 $l(r)$ $(l'(r)<0)$ として形成されるものと想定する．さらに，ポートフォリオ選択行動は2つの階層間で共通だと仮定しよう．以下では，発行済株式のうち家計が保有する割合を λ，銀行が保有する割合を $1-\lambda$，さらに家計の中で勤労者階層が保有する割合を λ_w，資産家階層が保有する割合を λ_c と表記する（$\lambda=\lambda_w+\lambda_c$ である）．ポートフォリオ選択行動の共通性から，貨幣総額のうち (λ_w/λ) の割合は勤労者，(λ_c/λ) の割合は資産家によって保有される．かくして，実質貨幣残高を資本1単位当りで表わした額 (M/pK) を m で表記すると，勤労者家計の富 (W_w) および資産家家計の富 (W_c) は，それぞれ

(7-24) $\qquad W_w = (\lambda_w/\lambda)\{m+\lambda\phi'(g)\}K$

(7-25) $\qquad W_c = (\lambda_c/\lambda)\{m+\lambda\phi'(g)\}K$

として表わされる．

　家計部門の所得は，賃金，配当，そして期待キャピタル・ゲインの和として定義される．また，銀行部門にもその保有する株式に応じて配当および期待キャピタル・ゲインが発生する．銀行＝貨幣当局は，純粋な金融機関としての性格上，所得からの支出はせず，配当所得はすべて戻し税として勤労者と資産家にそれぞれの収入の比に応じて移転するものと想定しよう．産出物に占める利潤のシェアを π で表わすと，その比は $(1-\pi+\lambda_w\pi):\lambda_c\pi$ である．各階層は銀行保有の株式に期待されるキャピタル・ゲインについても，配当と同じ比率で移転を受けるものと想定する．すると，勤労者家計の所得および資産家家計の所得は，資本1単位当りで表わして，

(7-26) $\quad \begin{aligned} y_w = & \frac{1-\pi}{\pi}R+\lambda_w\{(1-s_f)R+(s_fR+\phi(g))\} \\ & +\frac{(1-\pi(1-\lambda_w))(1-\lambda)}{1-\pi+\lambda\pi}\{(1-s_f)R+(s_fR+\phi(g))\} \end{aligned}$

(7-27) $\quad y_c = \lambda_c\{(1-s_f)R+(s_fR+\phi(g))\}$

$$+\frac{\lambda_c \pi (1-\lambda)}{1-\pi+\lambda\pi}\{(1-s_f)R+(s_f R+\psi(g))\}$$

となる．勤労者所得(y_w)の第1項は賃金収入，第2項は配当および期待キャピタル・ゲイン収入，第3項は，銀行部門の配当および期待キャピタル・ゲインの移転額を表わしている．同様に，資産家所得(y_c)の第1項は配当および期待キャピタル・ゲイン収入，第2項は銀行部門からの配当およびキャピタル・ゲイン移転額を表わしている．

マクロ定常成長均衡

以上のような企業，銀行，家計行動によって特徴づけられるマクロ経済では，各期，生産物，貨幣，株式および労働力の4つの市場において均衡が達成される．そのありさまは，標準的な *IS-LM* 分析の枠組で説明することができる．ただし，労働力については完全雇用が必ずしも達成されるとは限らず，実質賃金が何らかの理由で固定され，非自発的失業の発生する場合もある．この体系では，就業人口の増加(ΔN)や資本設備の蓄積(ΔK)によって，刻々，経済成長が生じている．

以下では，体系の長期的性質に焦点をあて，資本および就業人口が一定の率 g で成長する場合に議論を限定しよう．完全雇用が達成される場合には，g は労働人口の成長率(=自然成長率)に等しく，利潤率 R および利潤分配率 π は限界生産力仮説に従って決定される．他方，実質賃金率が外生的に固定される場合には，利潤率 R および利潤分配率 π が先行して決定され，成長率 g は内生的に決定される．結局，どちらの局面が達成されるかに応じて，R または g のいずれかが外生的に与えられることになる．

定常成長均衡は，(i) 各期の生産物市場の均衡，(ii) 各期の貨幣市場の均衡，(iii) 企業の最適投資率と定常成長率との均等条件，(iv) 成長に伴う貨幣の補填需要と新規貨幣供給との均等条件，そして (v) 勤労者，資産家間の富の分布の不変性の5つをその成立の要件とする．

(i)の条件は，期待キャピタル・ゲインを所得の定義中に含めて考えていることを考慮すると，

貯蓄 = 投資 + 期待キャピタル・ゲイン

という条件に置きかえられる[27]．定常成長の状態では，実際に発生するキャピタル・ゲインは期待キャピタル・ゲインに等しい．それゆえ，(7-26), (7-27) を用いて，

$$(7\text{-}28)\quad s_w\left\{\frac{1-\pi}{\pi}R+\frac{\lambda_w+(1-\lambda)(1-\pi)}{1-\pi+\lambda\pi}\{R+\psi(g)\}\right\}+s_c\frac{\lambda_c}{1-\pi+\lambda\pi}\{R+\psi(g)\}=\phi(g)+\psi(g)$$

と表現される(表現は資本1単位当り，以下同様である)．企業貯蓄(s_fR)は，辺々相殺されてしまっていることに注意しよう．

貨幣市場の均衡条件(ii)は，各階層の富の定義式をもとに

$$(7\text{-}29)\quad l(r)\{m+\lambda\phi'(g)\}=m$$

として表わされる．このような簡単な表現は，階層間でポートフォリオ選択様式が共通だという仮定に依存している．(iii)の条件は，企業の投資決定基準(7-19)ないし(7-23)を書きかえることで

$$(7\text{-}30)\quad r\phi'(g)=R+\psi(g)$$

として与えられる．(iv)の条件は毎期の信用創造が企業の新株発行に見合うことを想起して，

$$(7\text{-}31)\quad \phi(g)-s_fR=g\cdot m$$

と書くことができる．右辺が，経済成長によって目減りする貨幣の補塡需要を表わしている．

(v)の条件は，勤労者および資産家の富の蓄積率($\Delta W_w/W_w$ および $\Delta W_c/W_c$)が相等しいことを要求する．各階層の富の蓄積額は(7-28)の左辺の第1項および第2項が示す貯蓄額であり，これらと(7-24)ないし(7-25)との比をとることで，(v)の条件は，

$$(7\text{-}32)\quad \frac{s_w}{\lambda_w}\left\{\frac{1-\pi}{\pi}R+\frac{\lambda_w+(1-\lambda)(1-\pi)}{1-\pi+\lambda\pi}\{R+\psi(g)\}\right\}=\frac{s_c}{1-\pi+\lambda\pi}\{R+\psi(g)\}$$

と書くことができる．

以上の5つの方程式により，未知数である r, m, λ, λ_w，そして R または g の

5つが決定される。われわれが関心を持つのは、株式収益率 r の決定要因と、λ_w/λ の比率に示される勤労者と資産家の間の富の分配の状況、そして成長率が内生的である場合の g の決定要因である。

パシネッティの定理

一方の階層の所得源が資産のみである場合、2つの階層間の富の分布が定常的であるという(v)の条件は、「パシネッティの定理」(Pasinetti [1962])と呼ばれる興味深い性質を示す。完全雇用局面での体系の収益率、要素価格および要素間分配 (r, w, R, π) ないし非自発的失業を含む局面での体系の収益率および成長率は、勤労者の貯蓄率 (s_w) および勤労者の富保有率 (λ_w) からは独立だというものである。

そのような命題が成立するための重要な論理的ステップは、経済全体としての家計貯蓄が勤労者の貯蓄率および勤労者の富保有率とは無関係になるという性質である。そうした性質がなぜ発生するかを理解することは、それほど難しくない。資産家にとっては資産だけが所得源であるので、富の成長率は現行の富保有率 λ_c から独立である。それゆえ、勤労者と資産家が同じ率で富を蓄積させる状態が成立するとすれば、勤労者の貯蓄(=富の増分)は、ちょうど勤労者が保有する資産を仮にすべて資産家に譲り渡したときに資産家が生みだす貯蓄と等しいはずである。したがって家計の総貯蓄たるこの2つの階層の貯蓄の合計は、資産家が富をすべて保有した場合に生まれる貯蓄に等しい。結局、家計貯蓄は、資産所得(直接・間接の配当およびキャピタル・ゲイン)に資産家の貯蓄率を乗じたものとして決定されるのである。

実際、(7-32)の辺々に λ_w を乗じたうえ、その右辺を(7-28)の左辺第1項に代入することで、財市場の均衡条件は、

$$(7\text{-}33) \qquad \frac{s_c \lambda}{1-\pi+\lambda\pi}\{R+\psi(g)\} = \phi(g)+\psi(g)$$

と、s_w, λ_w を一切含まない形に書き改められる。マクロ体系の他の均衡条件 (7-29), (7-30), (7-31) も、勤労者と資産家間の共通のポートフォリオ選択行動の想定を反映して s_w, λ_w を一切含んでいない。こうして s_w, λ_w は、自然成長率

を与件とする体系の収益率,利潤率および利潤分配率の決定に何ら参与しないことが確かめられる.同様にして,利潤率を与件として収益率と体系の成長率が決定される場合にも,それらの内生変数の決定と独立になる.

結局,勤労者の貯蓄率は,勤労者と資産家間の富保有比率の決定に影響するだけである.実際,勤労者の富が民間(非銀行)部門の富全体に占める比率は

$$(7\text{-}34) \quad \frac{\lambda_w}{\lambda} = \frac{s_w}{s_c - s_w} \frac{s_c\{R + \pi \cdot \phi(g)\} - \pi\{\phi(g) + \psi(g)\}}{\pi\{\phi(g) + \psi(g)\}}$$

として求められる[28].勤労者の貯蓄率が高ければ高いほどこの比率が高くなるのは明らかである.

もっとも,この定理の適用範囲には明らかに制限がある.勤労者は民間部門全体の水準を超える富を保有することができない.当然のことながら,勤労者貯蓄率が資産家貯蓄率に比べ十分大きな場合には,勤労者が民間のすべての富を保有する($\lambda_w/\lambda=1$)ことになり,資産家は実質的に経済から淘汰されてしまう.つまり単一階層の経済に帰着してしまうわけである[*7].

二階層の完全雇用定常成長均衡

パシネッティの定理が適用される範囲を二階層の世界と呼ぶ.次に,二階層が存在し,しかも完全雇用が達成される経済における成長均衡の特徴を調べよう.自然成長率 g の値は所与とする.

7-6図は,そのような世界で収益率 r がどのように決定されるかを図示したものである.横軸には,実質貨幣残高・民間保有株式残高比率($m/\lambda\phi'(g)$),縦軸には収益率(r)をとっている.図の Z^D 曲線は(7-29)を表現したもので,所与の r を貨幣市場の均衡と整合的にさせる $m/\lambda\phi'$ の値を示している.貨幣の株式に対する相対的需要の大きさを表わすといえる.曲線は右下がりであり,その形状は家計の流動性選好関数 l の形に依存する.他方,Z^s 曲線は,(7-30),(7-31)そして(7-33)を組み合わせて導いた $m/\lambda\phi'$ と r の関係である.長期における貨幣の株式に対する相対的供給の大きさを表わしている.この曲線の傾きの方向は確定しない[29].しかし,収益率が長期的に安定であるためには,Z^D が Z^s を上回る場合に r は上昇し,下回る場合に r は下落しなければ

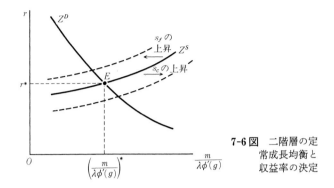

7-6図 二階層の定常成長均衡と収益率の決定

ならない。したがって、Z^S 曲線は Z^D 曲線に対し左下から右上へ横切らなければならない。

以下では、収益率の長期的安定性の条件が満たされる場合を仮定する。Z^S 曲線は、企業内部留保率 s_f の上昇によって左方に、資産家貯蓄率 s_c の上昇によって右方に、それぞれシフトする。定常成長均衡の収益率は両曲線の交点 E として決定される。

二階層の定常成長均衡は、次に述べるような比較静学的性質をもつ。第1に、収益率はメッツラーのいう貨幣的利子率であり、貨幣供給を変更させる原因はすべて収益率 r の決定に参与する。ところで株式収益率 r と利潤率 R の間には1対1の裁定関係(7-30)があるので、貨幣的要因は要素間の分配にも影響する。貨幣供給をつかさどる主要な要因は企業の内部留保率 s_f である。内部留保率の上昇は、銀行の信用供給を抑制するため、家計部門の貨幣需要を供給に比べ相対的に過多とさせる。したがって、株式収益率 r は上昇し、利潤率 R も上昇する。この場合、R の上昇は資産家階層に対する勤労者階層の富保有率を上昇させる効果をもつ(数学注*7参照)。このように、企業貯蓄は各期たとえそれ自体として何らマクロ的意義をもたないとしても、長期的には要素価格および富の分配の決定に参与する。

第2に、収益率の決定には、もちろん実物的要因も加わる。資産家貯蓄率 s_c の上昇は、利潤率 R が変わらない限り同一の貯蓄額を維持するために民間部門が保有すべき株式の比率(λ)を低下させる((7-34)を参照)。そこでより大き

な割合の株式が銀行部門に吸収されることになり,貨幣供給は需要に比べ相対的に過多となる.したがって,株式収益率を低下させる力が働き,最終的に収益率 r および利潤率 R は下落するのである.勤労者・資産家階層間の富の分布については,資産家貯蓄率の上昇によって直接,間接(R の下落を通じて)に資産家の富保有率が高められる.自然成長率 g の上昇は,通常,収益率 r および利潤率 R の上昇をもたらすと予想されるが,貨幣的要因の介在によって必ずしも明確には示されない[30].

第3に,すでに見たとおり勤労者貯蓄率の上昇は収益率および要素価格には何ら影響しない.勤労者の資産家に対する富保有比率のみを上昇させる.

単一階層の完全雇用定常成長均衡

勤労者の富保有比率 λ_w/λ が1となるのは,勤労者が民間のすべての富を手にした場合に生みだす貯蓄と,同じ富をすべて資産家が保有した場合に資産家が生みだす貯蓄とがちょうど等しい場合である.すなわち,$\lambda_w/\lambda=1$ を達成する境界としての勤労者貯蓄率を $s_w{}^*$,産出量を Q と表記するとき,

(7-35) $\quad s_c(R+\phi(g))\lambda K = s_w{}^*(1-\pi+\lambda\pi)(Q+\phi(g)K)$

が成立する場合である[31].勤労者の貯蓄率 s_w が $s_w{}^*$ を上回る場合には,経済には実質的に勤労者しか存在しなくなる.その場合,生産物市場の均衡条件(7-28)は,

(7-36) $\quad s_w\left\{\dfrac{R}{\pi}+\phi(g)\right\} = \phi(g)+\phi(g)$

として表現される.キャピタル・ゲイン項の含まれることを除けば,新古典派の定常成長均衡とまったく同一の条件である[32].

単一階層の世界は二階層の世界と大いに特徴を異にしている.第1に,収益率は実物の収益率である.この点は(7-36)が単独で利潤率 R を決定することから明らかである.自然成長率 g の上昇は R の上昇,家計貯蓄率 s_w の上昇は R の下落をもたらす.株式収益率 r は裁定関係(7-30)より R と同方向に変化する(Z^s 曲線はこうして決定される r の水準で水平になる).第2に,企業貯蓄率は実質貨幣の実物資本に対する相対的な供給比率(m)の決定にあずかるの

みで，マクロ的役割はミニマムである．貨幣市場は，すでに決定された r および m と整合的な民間株式保有率 λ を決めるに過ぎない．

非自発的失業を含む定常成長均衡

5.5節では，労働市場で効率賃金が達成され非自発的な失業の存続する状況と，競争的に賃金が決定され完全雇用が達成される状況の2種類の長期的均衡が可能であることを説明した．その議論は，人口が自然成長率で増加し資本も蓄積されてゆく成長経済にそのまま拡張することができる[33]．以下では，プロトタイプとしての効率賃金仮説を採用して，実質賃金が最適誘因賃金のレベルで決定される場合の収益率と富の分布の決定様式を検討しよう．

実質賃金が決定されると，それに付随して利潤率 R および利潤分配率 π も決定される．したがって(7-29)-(7-31)および(7-33)のマクロ体系は，r, m, λ と体系の成長率 g を決定するものとなる．(7-30)より，収益率 r と成長率 g の間には，一方の上昇が他方を下落させる関係がある．利潤率 R が所与であるので，市場の要求する収益率(r)が上昇すれば，当然，投資は抑制されるのである．

二階層の存在する局面では，4つの変数はすべて同時に決定される．すでに見た完全雇用の場合同様，収益率は貨幣的収益率の性格をもち，その水準は，7-6図とまったく同様に描くことのできる Z^D 曲線，Z^S 曲線両者の交点として定められる．貨幣市場の長期的安定性を仮定したうえでの定常成長均衡の比較静学的性質は，完全雇用の場合とほとんど変わらない．完全雇用の場合に利潤率 R の変化を介して生まれた効果は，今度は成長率 g の変化を介して生まれるに過ぎないのである．たとえば企業内部留保率(s_f)の上昇は完全雇用の場合と同じ理由で収益率 r を押し上げ，成長率 g を押し下げる．成長率 g の下落は，勤労者の富保有比率(λ_w/λ)を引き上げる．資産家の貯蓄率(s_c)の上昇は，やはり完全雇用の場合と同じ理由で収益率 r を低下させ，その結果成長率 g は上昇する．成長率の上昇は，貯蓄率の差の拡大の効果を増幅する形で勤労者の富保有率を引き下げる(数学注*7参照)．

勤労者の単一階層が存在する定常成長均衡についても，やはり利潤率 R と

成長率 g の果たす役割を交換すればよく，比較静学的性質は完全雇用の場合とほとんど変わりない．生産物市場の均衡条件(7-36)が単独で成長率を決定する．貯蓄率が高ければ高いほど成長率が高いという点は，古典学派的特徴である．株式収益率 r は，こうして決定された成長率 g および所与の利潤率 R と市場で適合的な水準に決まる．まったく実物的な収益率である．実質貨幣供給 m および民間の株式保有比率 λ はもっぱら受動的に決定される．企業貯蓄率には実質貨幣供給の決定にあずかる以外，マクロ的役割はない．

問題なのは，内生的に決定された成長率と自然成長率とのギャップである．第1に，前者が後者を上回る場合，遅かれ早かれ必ず完全雇用の天井に到達する．むろん，労働節約的な技術進歩の促進，婦人・高齢者労働力の掘り起こし，あるいは海外からの出稼ぎ労働力の導入など，自然成長率自体が実質的に上昇してギャップの埋められてゆく場合もある．第2に，前者が後者を下回る場合，失業率は限りなく上昇してゆく．その場合，経済構造の何らか大幅な調整が行なわれるのは必定であろう．

階層内の富の分配

以上，マクロ的な富の分布の決定要因を見たわけであるが，定常成長の過程における各階層内の富の分布についても，いくつか一般的特徴を述べることができる．その特徴は，完全雇用，非自発的失業いずれの局面が達成されるかとは無関係である．

第1に，勤労者階層内では，家計間で貯蓄率および賃金所得が同一である限り，初期資産保有の差異は時間とともに解消し，資産保有は完全な均等化へと向かう．その点を確認するため，初期時点で大きな富を保有する家計と小さな富を保有する家計の2種類の家計が存在するものとしよう．資産所得は各家計の富の水準と比例的であるが，賃金所得(厳密には，それに銀行＝貨幣当局の配当，キャピタル・ゲインのうち賃金に配分される移転所得を加えた所得)は同一であるため，すでに保有する富に対するカレントな貯蓄の比，つまり富の成長率は，富の小さな家計の方が富の大きな家計より必ず高くなる．かくして，家計間には富の均等化の力が恒常的に作用する．これは Stiglitz[1969] の示し

た点である．勤労者間で富保有の差異が長期にわたって存続するのは，収益率ないし貯蓄率が異なるか，あるいは賃金所得が異なるかのいずれかのためである．他方，もし収益率，貯蓄率にめだった差のない場合には，勤労者家計間で富の保有水準は(恒常)賃金所得の差異に比例するものとなる．したがって，恒常賃金所得の均等化は，当然富の分配の均等化をもたらす．

第2に，資産家階層が顕在する場合，その階層の内部では勤労者の場合のような富の均等化傾向はまったく発生しない．家計間で収益率，貯蓄率が同一である限り，富の成長率は富の水準と独立であり，初期の富保有の差異は時間の経過とともにそのまま温存されるからである．

経済全体としての長期的な富の分配

以上見たように，勤労者階層と資産家階層では，富の平均水準への回帰が前者では作用するのに後者では作用しないという点で特徴に大きな違いがある．それゆえ，マクロ経済が単一階層の均衡を生みだすか，それとも二階層の均衡を生みだすかは，家計間の富の分布のあり方に大きな影響を与える．前者の場合，恒常稼得所得の差異に依存する部分を除けば富の分配に均等化傾向がある．結局，富の均等化の問題は稼得所得の均等化の問題に帰着する．これに対して後者の場合には，勤労者階層内で均等化が進むとしても，もともと大きな富保有で特徴づけられる資産家階層で平均水準への回帰が存在しないため，長期的に富の全体としての分布は低位に厚く，高位に裾野の長く広がった(正の歪みをもつ)形となる．とくに稼得所得の分布よりはるかに歪みの大きな分布が生まれる．これは，現実に観察される富の分布の特徴と符合する．

以上は，無限に存続する家計という仮定のもとでの議論だという点で，その現実妥当性に制約がある．家計の生涯が有限だという点を考慮すると，たとえ富保有の水準と富の成長率が逆相関するとしても，十分な均等化が達成される以前の段階で富の成長プロセスが停止してしまうかもしれない[34]．その場合，親世代の稼得能力や富が子供世代にどのように，またどれだけ伝達されるかが重要な問題となる．世代の交代にあたって稼得能力や富の十分な再配分が起きるなら，上記の世代内均等化傾向とは独立の均等化傾向が生まれる．こうした

話題は，すでに前節で論じたとおりである．

要約と結語

本節では，資産収益率や労働力・資本の要素価格がどのようにして決定されるかを，家計の貯蓄，企業の投資・貯蓄，そして銀行部門の貨幣供給の行動を含むマクロ均衡成長モデルを構成して考察した．二重労働市場仮説を考慮すると，非自発的失業の存在する場合と完全雇用の場合の2種類の定常成長均衡が生じうる．前者では社会的に決定される実質賃金率と整合的になるよう，体系の収益率と成長率が同時決定されるのに対し，後者では，自然成長率を達成する投資率を生みだすように体系の収益率と利潤率が同時決定される．

われわれのモデルが標準的なマクロ・モデルから乖離したひとつの点は，異なった貯蓄動機をもつ家計の存在を認めたことである．つまり，通常の勤労者家計に加え，富を自己目的的に蓄積し，しかも資産所得が全所得の支配的部分を占める資産家階層の存在である．もっともそのような階層が経済の中で実際に目に見える存在となるかどうかは自明でない．勤労者は全産出量の中で大きなシェアを占める賃金所得からも貯蓄するわけであるから，たとえ貯蓄率は小さくても勤労者の貯蓄が資産家の貯蓄を蓄積率のうえで凌駕する事態も生ずる．そのような場合，長期的にみて経済は勤労者のみで構成されることになる．労働し，貯蓄する均質な家計によって経済が構成されるという新古典派的な世界像は，まさにこのようなケースにほかならない．勤労者のみ存在する単一階層の定常成長均衡では，収益率はメッツラーのいう実物的収益率となる．その結論は，労働市場で完全雇用が達成されるかどうかに依存しない．

しかし，資産家階層が可視的地位を占める成長均衡もありうる．しかも，パシネッティの定理として知られているように，その場合，体系の収益率は勤労者の貯蓄率からは独立だという性質がある．そればかりでない．本節がパシネッティの定理の拡張として示したことは，資産家・勤労者双方が存在する二階層の定常成長均衡では，収益率はメッツラーのいう貨幣的収益率となる．したがって，家計の資産選好のパターンあるいは貨幣供給の根拠となる投資金融のあり方も収益率や要素価格の決定に参画する．特に企業の内部留保率の上昇は

銀行信用の必要度を減ずることで貨幣供給の相対的低下をもたらし，資産収益率を高める．それはまた，勤労者と資産家の富保有比率を勤労者の側に有利な方向に変化させるという性質を示す．それゆえ，たとえ企業貯蓄が各期，家計貯蓄と1対1の代替関係にあったとしても，長期的にはマクロ経済に有意な影響を与えるのである．

以上のように，経済が単一階層から成るか，それとも資産家を含む二階層から成るかで，体系のマクロ的性質は大きく異なる．完全雇用か否かという点は，前者のように利潤率が内生的か，それとも後者のように成長率が内生的かの違いを生みだすことはあっても，収益率が実物的か貨幣的かという点の区別にはかかわらない．そもそも体系が単一階層，二階層いずれの世界を生みだすかは，資産家・勤労者間の貯蓄率の差以外に，二階層の世界で収益率決定に関与する諸要因に依存する．収益率を高める効果をもつ企業貯蓄率の上昇は，勤労者の富保有シェアを高めるからである．

経済が単一階層か，二階層かという区別はまた，（個々の）家計間の富の分配の推移をめぐっても特徴ある差異を生みだす．勤労者のみの経済の場合，個々の家計間の貯蓄率に大きな差がなければ，富は時間とともに均等化する傾向がある．最終的には家計間の(恒常)賃金所得と比例的な富保有の分布がもたらされる．二階層の世界では，勤労者階層内部で先と同様の均等化傾向が作用するが，資産家階層にはそのような力は働かない．富の分布が賃金所得に比べはるかに歪んだ分布を示す理由の一端は，上層の部分で平均への回帰が発生しないことにある．

経済が単一階層か，二階層かという論点は，すぐれて実証的な話題である．階層の境界を具体的にどのように引くか，定常成長均衡外の局面にどのように議論を適用するかなど現実には難しい問題があるものの，各国経済を異なる時期について比較したり，国際間で比較する場合に有効な視点を提供すると考えられる．

第2次大戦後の日本経済の推移を長期時系列データの存在する家計の金融資産の保有分布について見ると，1960年代の高度成長の過程を通じて，一旦資産保有の均等化が進行したが，1970年代後半から1980年代後半にかけて再び不

均等化傾向が出現しているように見てとれる(1.2節，注7))．あたかも日本経済が二階層の世界から単一階層の世界へ，そして再びまた二階層の世界へと彷徨を続けているようである．こうした変化は高度成長期を通ずる勤労者貯蓄率の急速な上昇と1970年代以降の緩やかな下降という事実に根ざすところが大きいと考えられる((7-34)を想起のこと)．人口の急速な高齢化の時代を迎える今日，勤労者の貯蓄率が引き続き下降するかどうかは，公的年金制度の変化や高齢者就業機会の変化，あるいは家族的老人介護のあり方の変化など多くの要因に依存して必ずしも明白でない．しかし，1970年代前半のような高貯蓄率に復帰することはまず期待しにくい[35]．したがって，他の条件に大きな変化のない限り日本経済が今後二階層の世界へ向かって進行する可能性を決して排除できないように思われる．

　他方，英国や米国では家計間にはなはだしい富の不平等が存在していることをわれわれは見た(1.2節)．これらの国に見られる勤労者の低い貯蓄率とあわせ，本節の二階層の世界を典型的に表現しているように見える．こうした印象論に対し厳密な定量的評価を与えることを，将来の課題として残したい．

7.4　資産価格の変動と情報力の分配

　富の分布がごく短期間のうちに大きく変化しうることは，最近(1985-87年)の日本経済の事例が示すとおりである．このような富保有の変化は，年々の可処分所得から生みだされる貯蓄とはとうてい比較にならないような大規模なものである(1.2節)．同様の事実は，ミクロ面で家計間の富の分布の変化についても該当する．家計が保有する富の変化を理解するには，前節で論じた貯蓄行動の理解だけでは十分でない[36]．

　ところで資産価格の変化を通した富の分配の変化を見る場合には，(i)価格がなぜ変化するか，という当然の設問に加えて(ii)価格の変化がどれだけの人に予見されているかについても考察する必要がある．というのは，すべての人が将来価格の上昇を見通している場合と，そのような情報がまったく存在しないか，またはごく一部の人に限られる場合とでは，価格変化の規模，タイミン

グ,そして富の評価益の帰属先も異なってくるからである.前者の場合,現行価格はただちに上昇,初期保有の価値は一様に,そしてフルに上昇し,事後の保有者には市場の平均的収益率以上の収益(キャピタル・ゲインを含む)が生まれることはない.他方,情報を持つ投資家の需要が市場で目に見えるようなシェアを占めるに至らない場合,将来価格上昇の予測にもかかわらず現行価格はほとんど影響を受けず,評価益は事後的な保有者,それも優れた情報を持つ資産保有者に相対的に集中して発生する.しかし,こうした主張に対し反論もある.それは効率的資本市場仮説と呼ばれる考え方である.人々が現行の価格を通して他人の情報を学びとる結果,市場の均衡においては優れた情報を持つ人のレントは解消してしまうというものである.

本節では,資産市場を代表するものとして株式市場を取りあげ(i)の設問に答えるとともに,(ii)の設問に関連して,効率的資本市場仮説を厳密な議論として再構成しつつ,情報のよしあしの差が富の分配にどのような影響を与えるか,検討したい.

株式市場と大きな価格変動の発生理由

市場経済は生産的な収益機会の探索,達成への経営的努力とそれに必要な資金調達のための金融市場とを分離させることで大きな発展を遂げた.前者を生産的投資機会,後者を金融的投資機会(アーヴィング・フィッシャーの用語による)と呼べば,前者における成功の前提は独創性と革新,向上へのたゆまぬ努力,後者におけるそれはリスクに対する的確な判断と決断力であるという特徴がある.むろん両者いずれにとっても実際の成功は幸運に左右されるところが大きい.

この両者の接点としてもっとも大事な役割を果たすのが,株式市場である.生産的投資機会の重要な特徴は,革新および経営努力の成果としての新しい知識がその保有者によって相当長い期間にわたって独占されることを許容する点である.知識の模倣と実際の投資,生産組織の編成には時間がかかるからである.しかし,株式市場では新たな知識は即座に当該企業の株価を変化させる.そこでは収益率を均等化させる力が強く働いている.ところで新たな利益機会

や革新の発生は確率的現象として捉えられるので，株価の変動も当然，確率的現象として記述されることになる．Thurow[1975：149]の表現を借りれば，たまたま新たな知識がまさに株式市場で資本化される直前に株式を購入した人が成功者となる．

以上述べたように，株式価格を変動させる第1の，そしてもっとも基本的な源泉は，企業活動の果実として予想される将来配当流列の変化である．しかし，それだけにとどまらない．株式が将来の市場で自由に売買できるという点を想起すると，予想配当流列の評価から一旦遊離した将来価格の期待が時間とともに自己充足的に（しかも収益の裁定条件を満たしつつ）累積運動する「合理的バブル」現象をよびおこす可能性がある[37]．バブル現象の最大の特徴は，それが投資家全体を包む社会心理的現象であって，いつ発生し，いつ消滅するか，事前に何ら予測することのできない点である．加えて，Shiller[1984]が論じたような純粋に群衆心理的な付和雷同・気まぐれ（非合理的バブル）による株式需要もあり，いかに非論理的行動とはいえ，株価を累積的に変動させる理由となる．合理的バブルの場合と同様，この要因もそれが発生する期間の始まりと終わりを予測することはできない．いずれにせよ，こうした社会心理的要因が株価の大きな変動をもたらす第2の源泉である．

第3に，株価の急激な変化は純粋に貨幣的ないしマクロ的現象としても生ずる．一般的物価上昇を伴うことなく将来収益の割引率としての利子率が変動する場合である[38]．たとえば閉鎖経済で生産能力に余裕のある（ケインズ的）局面で貨幣供給が増大すると，利子率が低下し，債券と不完全な代替関係にある株式への需要が高まり，株価は急上昇すると予想される．そのような場合，初期保有としての株式価額が（他の条件が一定である限り）一様に増加するわけで，もともと株式を持つ者と持たない者との間で保有する資産の価値に大きな差が生まれる[39]．

情報力の分配

株式投資の成否を左右するひとつの重要な鍵は，各資産がどれだけの収益を上げるか，できるだけ正確に評価する能力とそれに資する情報の質であろう

(両者は正相関すると考えられる). 以下では, 情報の質と評価能力を合わせ, 「情報力」と呼ぶことにする. 情報力は, 信託会社など専門的な資金管理機関——機関投資家——を誕生させる重要な源泉になると考えられる. 優れた情報力をもつ主体はそうでない主体より高い収益をあげ, その不確実性を減少させることができる. したがって, 情報力の差異は富の分配に大きな影響を与える可能性がある.

ところで, このような考え方に対し根強い反論が企業財務論の分野で存在する. Fama[1970]の要約に従うと, 市場は投資家の持つ情報をすべて現行の価格に反映させるので, 個々の投資家が手にする収益はそれぞれの情報力の差異には依存しないというものである.「効率的資本市場」仮説と呼ばれている. この仮説は, 情報力の差異と富の分配とは無関係だということを含意している. 専門的な資金管理機関についても, 投資家の単なる取引代行機関としての役割しかないことになる. 果たしてどちらの考え方が正しいのだろうか?

拡張されたグロスマン・モデル

Grossman[1976]は理論的構造が必ずしもはっきりしない効率的資本市場の考え方を厳密に定式化する貢献を果たした. グロスマン自身は各投資家が同質の情報を獲得するという想定で議論したが, 以下ではわれわれの問題関心に照らして, 人々が手にする情報に優劣のある世界に拡張したうえで議論を再構成しよう. また, 絶対的危険回避度が一定だというグロスマンの仮定を, より現実的な(Friend = Blume[1975])相対的危険回避度が一定で, 人々のリスク資産に対する需要が富の水準に依存するという仮定に置きかえる.

2期間の株式市場を考えよう. 投資家は, 一定の利子率 r を保証された安全資産と, 収益率が不確かな株式との間でポートフォリオ選択を行ない, その結果株式需要が生みだされるとしよう. 安全資産の利子率は外生的に与えられているものとする. 株式収益は, キャピタル・ゲインないしキャピタル・ロスという形でのみ発生する. つまり, 第1期(現行)の株式市場価格を P_0, 第2期(将来)の株式価格を P_1 とするとき, 株式収益率 r_s は,

$$(7\text{-}37) \qquad r_s = \frac{P_1 - P_0}{P_0}$$

として定義される．現行の価格は市場で既知となるので，収益率が不確実であるということは，将来価格が不確実であるということと同値である．以下では，P_1 の不確実性を直接の考慮の対象とするが，必要とあれば随時議論を収益率のタームに置きかえることができるということを念じておこう．

P_1 の変動については次のような仮定をおく．P_1 について客観的確率分布 $g(P_1)$ が存在し，それは平均値 $\underline{P}_1$，分散 σ^2 の正規分布に従うこと，また，そのことはすべての投資家にとって既知であると仮定する．自然はあらかじめ真の値をこの分布の中から選ぶと想定する[40]．現行時点で人々は真の将来価格を直接知ることはできないが，真の値の周りでそれと関連する情報を入手する．情報のよしあしは真の値からの誤差の大きさで定義される．投資家は n 人おり，それぞれ情報の質を異にしているものとしよう．真の値に関する情報の値を y_i $(i=1, 2, \cdots, n)$ とすると，

$$(7\text{-}38) \qquad y_i = P_1 + \varepsilon_i$$

であり，ε_i は平均値 0，分散 σ_i^2 の正規分布に従うものとする．各人の予想誤差 $\varepsilon_i, \varepsilon_j$ は相互に独立である．いずれの情報も不偏性の要件は満たすが，予想誤差の分散の大小に人々の間の情報力の差異が現われるものと理解するのである．情報力の差異については，n 人の分散の調和平均が 1 であると基準化しよう．

$$(7\text{-}39) \qquad \frac{1}{n} \sum_{i=1}^{n} \frac{1}{\sigma_i^2} = 1$$

この仮定は，n が有限である限り人々の間の情報力の差もまた有限であり，誰かが真の値を完全に知ることはないということを暗黙のうちに意味している（この想定が妥当しない場合については後述する）．

各人には，それぞれ初期保有としての富があるものとする[41]．すべての投資家の富保有総額を W_0，各人のシェアを w_i $(\sum w_i = 1)$ としよう．各人の予算制約式は，安全資産への投資量を B，株式への投資量を X とすると，

$$(7\text{-}40) \qquad P_0 X_i + B_i = w_i W_0$$

として表わされる．第2期の富保有額 W_{1i} は，

$$(7\text{-}41) \qquad W_{1i} = (1+r)B_i + P_1 X_i$$

となる．P_1 が確率変数であるため，W_{1i} もまた確率変数となる．各投資家は W_{1i} の期待効用を最大化するよう行動するものとする．各人の相対的危険回避度は一定で，それぞれ $c_i(>0)$ であるとしよう．以上の仮定のもとで株式に対する需要が

$$(7\text{-}42) \qquad X_i = \frac{E(P_1|I_i) - (1+r)P_0}{c_i \operatorname{Var}(P_1|I_i)} \{w_i W_0\}$$

(ここで I_i は P_1 の予想形成の際，各人が取り入れる情報の集合)として形成されることは，よく知られている．すなわち，株式需要はリスク資産単位当りの期待収益率のプレミアムと初期保有の水準に正比例し，相対的危険回避度およびリスクの大きさに反比例する[42]．I_i の内容については後述する．

最後に，株式の総供給量 $\underline{X_0}$ を所与としよう．すると株式市場は，

$$(7\text{-}43) \qquad \sum_{i=1}^{n} \frac{E(P_1|I_i) - (1+r)P_0}{c_i \operatorname{Var}(P_1|I_i)} \cdot w_i = \frac{\underline{X_0}}{W_0}$$

を満たすよう，現行価格 P_0 を決定する[43]．以上がこれから考察する株式市場の一般的枠組である．将来の株価 P_1 は企業の収益配当込みの元利合計に対する請求権を表わし，そうした請求権の現行時点での市場評価が P_0 にほかならない．このモデルは永続的に事業を展開する企業の株価を対象としていないという点で非現実的であるが，株式市場が人々の情報をどう集計するかというわれわれの関心に対しては十分本質を見通す力を与えてくれる．

個別情報のもとでの市場均衡

各人の P_1 に関する予想形成が各人の情報 y_i に全面的に依存する場合，すなわち $I_i = \{y_i\}$ となる場合には，本節冒頭で述べたように情報の質の差が人々の投資の成果に影響する．この場合，y_i の観察値入手後の P_1 の事後的確率分布は，ベイズの定理を利用して，

$$(7\text{-}44) \qquad E(P_1|y_i) = \frac{1}{1+\theta_i \sigma^2} \underline{P_1} + \frac{\theta_i \sigma^2}{1+\theta_i \sigma^2} y_i$$

$$\text{(7-45)} \qquad \text{Var}(P_1|y_i) = \frac{1}{1+\theta_i\sigma^2}\sigma^2$$

の正規分布となる。ここで $\theta_i \equiv 1/\sigma_i^2$ は、個人 i の情報の質の高さないし情報力の大きさを表わす指標である。当然、情報の質が高ければ高いほど、期待値の評価にあたって投資家自身の情報に高いウェイトを置くことになる。また、不確実性の程度（分散）も小さい。(7-44)および(7-45)を市場均衡の条件(7-43)に代入して整頓すると、市場株価 P_0 は、

$$\text{(7-46)} \qquad P_0 = \frac{\underline{P_1}\sum_{i=1}^{n}\frac{w_i}{c_i} - \sigma^2\frac{X_0}{W_0}}{(1+r)\sum_{i=1}^{n}\frac{w_i}{c_i}(1+\theta_i\sigma^2)} + \frac{\sigma^2\sum_{i=1}^{n}\frac{w_i}{c_i}\theta_i y_i}{(1+r)\sum_{i=1}^{n}\frac{w_i}{c_i}(1+\theta_i\sigma^2)}$$

として決定される。(7-46)の右辺第2項に注目すると、P_0 は各人の情報を各人の富のシェアと相対的危険回避度の逆数、そして情報の質の高さに比例するウェイトで取り込んでいることが分かる。

それでは情報力の大きな人には情報力の小さい人に比べ、どのような優位があるだろうか？　まず第1に、(7-44)の表わす将来価格の予測値は、真の価格 P_1 と比べ、P_1 が $\underline{P_1}$ より大きい場合には平均的に過小評価、P_1 が $\underline{P_1}$ より小さい場合には平均的に過大評価となること、また過小評価・過大評価いずれのバイアスの程度も、平均的に見て情報力の高い人ほど小さいことが分かる[*8]。したがって、情報力のある人はそうでない人に比べ、将来価格が高くなると予想する場合には投資を増やし、逆に将来価格が低くなると予想する場合には相対的に投資を控えることになる。こうして情報力の高い人ほど株式投資から全体として多くの収益を手にすることになる。

第2に、(7-45)が示す情報入手後の株式のリスクは、明らかに情報の質が高ければ高いほど小さい。したがって、他の条件を同一とすれば、情報の質が高ければ高い人ほど、株式への投資が盛んになる。

第1の点より情報力の高い人ほど収益力の高い投資を行なうとすれば、これらの人たちの全体の株式保有に占めるシェア、ひいては全体の富の中に占めるこれらの人たちの富のシェアは次第に大きくなると考えられる。むろん株価の変動は確率的であるから、富の分布の推移は単調でない。このような株式市場

が繰り返し開かれる場合，情報力のある人たちは各時点での個々の株式のリスクはいかに小さいにせよ時間とともにより大きな富を投入してゆくことになるので，彼らの富の変動額自体は増大する．したがって，必ずしも θ_i 最大の人が究極的に富のすべてを手に入れる(すなわち $w_i \to 1$ となる)必然性はない[44]．こうした動学過程を分析することは興味深いが，ここでは立ち入らない．次に，以上のような人々の予想形成のパターンは余りにも素朴だという批判を検討しよう．

価格を通ずる情報の学習と効率的資本市場仮説

現行価格が(7-46)の示すように人々の情報を集約したものだという市場の構造が理解されたなら，各人は予想形成に際し現行の価格から他の人の情報を学ぶことができる．とくに情報の質が相対的に低い人は，市場価格に反映される他の人の予想からできるだけ多くを学ぼうとする．また，情報の質の高い人にとっても他の人が自己と独立の情報を得ている限り，やはりそれを幾分かでも取り入れる価値がある．こうしてすべての人が自分自身の情報をどれだけカウントするか，そのウェイトを異にしつつも，市場価格を通して他の人の予想を学ぶ態勢が整う．

こうした行動により，最初の均衡(7-46)は取引が実施される前に崩され，新たな模索過程が開始される．そこで展開する事態は，次の3点によって特徴づけられる．

第1に，新たな模索過程の初期段階では，各人が現行価格から他人の情報を取り入れる割合は各人の情報の質の高さと逆比例している．したがって，新たに需給が均衡する価格は，間接的ないし婉曲にではあるが，他人の情報をより良く織り込んだ各人の需要を反映したものとなる．つまり価格の情報集約度は以前よりはるかに向上する．他方，その分だけ情報の質の高い人が持つ固有の情報の優位は弱められ，その人たちが新たに成立した価格から学ぶ割合は上昇する．また，情報の質の低い人にとっても，これらの人たちは現行価格からすでに多くを学んでいるわけであるが，新たな価格がより豊かな情報を集約している以上，さらに大きな割合で現行価格から学ぶことになる．こうして再び需

第7章　富の形成と分配　385

要が改訂され，需給バランスが図られる．つまりこの模索過程は，どのような質の情報を持つ人にとっても自己固有の情報のウェイトを希釈するプロセスにほかならず，そのウェイトが完全に消滅するまで持続する．その結果，最終的に到達する均衡では各人の情報の質の差異の影響は完全に消失してしまう．情報力の差異の実質的解消というこの最後の点は，もともと情報が均質なグロスマン・モデルでは出現しえなかった性質である．

　第2に，(7-46)が示す初期の価格は，各人の情報を質の差異で割り引いて集計するだけでなく，富保有のシェアおよび危険回避度の逆数によってもウェイトづけして集計している．たとえば，いかに優れた情報を持った人でもその人の富のシェアが無視できるほど小さいなら価格形成に微々たる影響しか与えない．つまり選好所与のもとで金銭的投票の様相を呈している．しかしよく考えてみると，各人の富の大きさや各人の選好パターンは，それ自体として情報のよしあしとは無関係のはずである．実際，われわれの模索過程は，本来の情報の質とは無関係な要因の影響を希釈し，情報の集計機能から分離させる過程でもある．この点は，需要が常に富保有量から独立となる絶対的危険回避度一定の選好を想定したグロスマン・モデルではやはり登場しえなかった側面である．

　果たして金銭的投票の様相は払拭できるだろうか？　第1の点を思い起こそう．模索過程の最終局面では各人の需要形成に際し本人固有の情報ウェイトがゼロとなり，人々の情報の質の差異は実質上解消することをすでに指摘した．すると株式の期待収益プレミアムとリスク((7-42)の分子と分母に表現されている)の比率は各人共通となる．それゆえ，その比率に各人の危険回避度の逆数と富のシェアを乗じて得られる株式需要の合計が総供給に一致するという市場均衡の条件(7-43)において，富の保有シェアの分布は，結局，市場全体の平均的なリスク回避度(厳密には加重調和平均)を決定する役割を果たすのみとなる．したがって，富のシェアが市場価格に対して及ぼす影響力そのものは残存するものの，価格がもつ情報の適切な集計機能の作用には何らの影響も与えない．特殊な場合として，もし人々の相対的リスク回避度が共通ならば，富保有のシェアは市場の均衡にまったく影響を与えない．

　第3に，以上の2点の論理的系として，初期の均衡で見られた情報の質の高

い人の収益力の高さ，ないし情報の質の差異にもとづく(平均的な)事後的収益率の差異はすっかり解消してしまう．誰も市場を恒常的にだし抜くことはできない．専門的な知識を備えた資金管理機関においても然りである．

　新しい予想形成の仮定のもとでの最終的な市場均衡の姿を厳密に述べておこう．人々の多様な情報の効率的な集計が可能であるということは，統計学的には未知母数である P_1 の真の値に関する観察値ベクトル $\{y_1, \cdots, y_n\}$ の十分統計量が存在するということに帰着する．そして市場が情報を効率的に集約するということは，需給を均衡させる価格 P_0 がそうして定義された P_1 の十分統計量を顕示するということである．人々は価格という単一の指標からは単一次元の情報を獲得するに過ぎない．しかし，もしその情報が十分統計量であれば，各人の個別情報 y_i には真の値を顕示する何ら追加的な情報も含まれない．価格は人々の情報を文字どおり「すべて」織り込んでいることになる．ここでの市場均衡は，単にある価格のもとで需給均衡が成立するということだけでなく，情報的にも人々がその価格から読みとった十分統計量をもとに行動しつつ，なおその価格が支持されるという意味で予想の自己充足的均衡としての性格をもつ(以下では，簡単に「予想均衡」と呼ぶことにする)．

　われわれが考察している市場では，実際にいま述べた性質をもつ十分統計量の存在することを示すことができる．それは人々の情報 y_i を各人の情報力の大きさ θ_i のウェイトで加重平均した値である．すなわち，P_1 の真の値に関する十分統計量を $\bar{x}$ とすると，$\sum \theta_i = n$ を考慮して

$$(7\text{-}47) \qquad \bar{x} = \frac{1}{n}\sum_{i=1}^{n} \theta_i y_i$$

として定義される[*9]．

　この統計量は，もし各人の情報ベクトル $(y_1, \cdots, y_n)$ を直接知ることのできる社会的計画主体がいたとすれば，その計画主体が予想誤差平方和を最小化するという基準で選ぶ最適予測量と一致する[45]．市場の予想均衡がもつひとつの驚くべき性質は，人々の情報を社会的に最適な形で集計しているという点である．情報の「効率的集計」という言葉の中には，実はすでに説明した，すべての情報を単一指標の中にもれなく要約するという意味のほかに，社会的に見て

最適なウェイトでそれぞれの情報を集計するという,もうひとつの意味があるのである.

さて,模索過程の進行を通して人々の相異なる情報が情報の質のウェイトで集計され,最終的にすべての人が十分統計量の値を知る予想均衡が成立する可能性を述べたが,実際にそのような予想均衡が成立するためには,情報の十分統計量 $\bar{x}$ と現行価格 P_0 との間に一義的な対応関係——数学的に単調な関数関係——が成立し,しかもその構造を人々が知っているという状況が生まれなければならない.言うまでもなく,人々は価格を通してしか $\bar{x}$ の情報を手にしないからである.この対応関係は P_0 から $\bar{x}$ へと,逆に $\bar{x}$ から P_0 へとそれぞれの方向につき異なる経済的意義をもつ.前者は,価格をもとに人々が $\bar{x}$ を推し量ることができるという点であり,後者は,そうして人々が得た $\bar{x}$ の情報をもとにして生まれる市場の均衡価格を表わすという点である.市場の予想均衡は,ある価格 P_0 から出発したプロセスが,実際に人々の得た情報ベクトル $(y_1, y_2, \cdots, y_n)$ のもとでの P_1 の十分統計量 $\bar{x}$ を顕示し,それが再び最初の P_0 を需給均衡価格として戻す場合として達成される.ところで市場が予想均衡を成立させるという一般的性質は,何らか特定の $\bar{x}$ の値の場合にのみそのような P_0 が存在するということでなく,任意の $\bar{x}$ の値について上記の性質を満たす P_0 が存在するということでなければならない.それが予想均衡は $\bar{x}$ と P_0 との間の関数関係として発生すると述べた理由である.その関係を「均衡価格スケジュール」と呼ぶことにする.

いま仮に均衡価格スケジュールが存在し,人々がその形を知っているとしてみよう.すると人々は現行の価格 P_0 を見て $\bar{x}$ を知ることになる.ところで $\bar{x}$ が既知であるという条件のもとでの P_1 の期待値および分散は,$\bar{x}$ が十分統計量であるという事実を反映して,

$$E(P_1|\bar{x}) = \frac{P_1 + n\sigma^2 \bar{x}}{1 + n\sigma^2} \tag{7-48}$$

$$\mathrm{Var}(P_1|\bar{x}) = \frac{\sigma^2}{1 + n\sigma^2} \tag{7-49}$$

として求められる[*10].また,各人の拡大された情報の集合 $I_i = \{y_i, P_0\}$ は,以

上の議論と均衡価格スケジュール存在の仮定から十分統計量 $\bar{x}$ を唯一の元とする集合と同等となる。したがって I_i を $\bar{x}$ に置きかえた(7-43)に(7-48),(7-49)を代入することにより,任意に与えられた $\bar{x}$ のもとでの市場均衡価格 P_0 は,

$$(7\text{-}50) \qquad \sum_{i=1}^{n}\left(\frac{w_i}{c_i}\right)\frac{\dfrac{\underline{P_1}+n\sigma^2\bar{x}}{1+n\sigma^2}-(1+r)P_0}{\dfrac{\sigma^2}{1+n\sigma^2}}=\frac{\underline{X_0}}{W_0}$$

として定められる。上式を P_0 について解くと,

$$(7\text{-}51) \quad P_0=\frac{\underline{P_1}\cdot\sum_{i=1}^{n}\dfrac{w_i}{c_i}-\sigma^2\dfrac{\underline{X_0}}{W_0}}{(1+r)(1+n\sigma^2)\sum_{i=1}^{n}\dfrac{w_i}{c_i}}+\frac{n\sigma^2}{(1+r)(1+n\sigma^2)}\bar{x}$$

となる。すなわち市場均衡としての P_0 は $\bar{x}$ の線形増加関数として表現される。逆に,もし人々に市場の構造パラメータ

$$I_S=\{n,\underline{P_1},\sigma^2,W_0,\underline{X_0},\textstyle\sum(w_i/c_i)\}$$

の知識があれば,人々が(7-51)をもとに価格から情報 $\bar{x}$ を推量する限り,任意に与えられた $\bar{x}$ のもとでの予想均衡が成立する。すなわち,(7-51)はわれわれの株式市場の均衡価格スケジュールにほかならない。こうして最初は仮定として導入した均衡価格スケジュールの存在は,そのようなスケジュールが実際に導出できることを示すことで,仮定でなく,論理的帰結として確かめられたわけである。

　効率的資本市場仮説の主張は,市場調整のプロセスはきわめて迅速で,ここで導出した予想均衡が各期達成されるというものである。(7-46)で定義した個別情報にもとづく市場均衡を一方の極とし,(7-51)の定義する予想均衡を他方の極とすれば,現実は両者の中間にあるといえる。しかし,株式市場で投資家に求められる知識は経営者の知識とはきわめて異質な,リスク・クラスという概念に象徴されるようなかなり規格化され,限定された構造をもつもので,現行価格を通した情報の学習を速やかに達成する余地を残している。したがって,現実は予想均衡の方に近いという主張にも一理あるといえよう。しかしながら,予想均衡に特徴的な性質は厳密な予想均衡状況においてのみ成立するという事

情に留意する必要がある．実際，もし情報学習の模索過程が一市場日内で完結しない場合には，情報力の差異が収益力の格差を発生させることはないという効率的資本市場仮説の主要な命題は崩れることになる．

株価変動のランダム・ウォーク仮説

上記のモデルには2期間モデルだという制約があり，時間を通して富の分布がいかに変化するかを厳密に論ずることはできない．しかし2期目の(粗)収益が繰り返し投資される状況を想定することで，近似的な議論は可能である．すでに上記の議論中「平均的」という言葉を何度か用いているが，それは同一の設定のもとで投資が何度も繰り返される事態を暗黙のうちに想定していたわけである．

以下では，効率的資本市場仮説が完全に妥当する状況を仮定しよう．市場で決定された予想均衡価格 P_0 と将来価格 P_1 の間には，(7-48)を(7-51)に代入し，さらに $E(P_1|\bar{x})=E(P_1|P_0)$, $\mathrm{Var}(P_1|\bar{x})=\mathrm{Var}(P_1|P_0)$ である事実を用いて，

$$(7\text{-}52) \quad E(P_1|P_0) = (1+r)P_0 + \frac{\sigma^2 \dfrac{X_0}{W_0}}{(1+r)(1+n\sigma^2)\sum_{i=1}^{n}\dfrac{w_i}{c_i}}$$

$$(7\text{-}53) \quad \mathrm{Var}(P_1|P_0) = \frac{\sigma^2}{1+n\sigma^2}$$

の関係がある．すなわち，P_1 の期待値は，現行の市場価格に安全資産の粗収益率を乗じたものとリスク・プレミアムの和に等しい．むろん，この期待値は市場に参加するすべての投資家に共通のものである．なお，富の保有シェア(w_i)は市場の平均的なリスク回避度の決定を通じてリスク・プレミアム要因に影響を与えるが，もし各投資家の相対的リスク回避度が共通なら，影響は皆無となる．初期保有としての富総額 W_0 が大きければ大きいほど，また株式の総供給 X_0 が小さければ小さいほど，他の条件を同一としてリスク・プレミアムは低減する．P_1 の分散は P_0 の水準とは無関係である．

(7-52)は，将来について十分な予測のある資産市場では，価格(厳密には価格/$(1+r)$)はランダム・ウォークするという仮説に対応するものである．も

ともと株式価格の変動がランダム・ウォークとして記述されるということは実証面から指摘されてきた(Cootner[1964])が,それを合理的予想のもとでの論理的帰結として示したのはSamuelson[1965],[1973]である.投資家がリスク回避的選好を持つ場合には厳密なランダム・ウォークにはならないが,近似性はある(LeRoy[1973]).上式は,その点を2期間モデルについて確認するものである.実際,リスク・プレミアム項の値に時間を通じて低下の可能性があるものの,(7-52)の右辺第1項および(7-53)が示す真のランダム・ウォーク仮説と共通の表現は解消することはない.この点を相異なる銘柄(σの表わすリスク・クラスは同一とする)が多数存在する現実の世界に翻訳すれば,投資家間の富保有における平均への回帰は生ぜず,資産保有額の分布の分散は時間とともに増大するということを意味している.

効率的資本市場仮説に対する留保点

以上のモデルによって説明した効率的資本市場仮説に対する留保点を述べておこう.第1に,相異なる情報の数(n)が有限だということは,議論の大事な制約である.もしnが限りなく大きい場合には,(7-49)からも明らかなように収益の不確実性は解消し(大数の法則),株式は安全資産に退化してしまう.しかし,この点は見かけほどモデルの信頼性を失わせるものではない.というのは,一部の人たちは情報としてまったく共通の指標を観察していると考えられるからである.これらの人たちを情報を共有するひとつのグループとして見なすと,市場にはいくつか異なるグループが存在することになる.さらに同一の情報に対する評価能力の違いでグループがさらに分化する余地もある.しかし,いずれにせよ,市場には情報力を異にする比較的少数のグループがいるというモデルの想定は,無数の投資家がそれぞれ独立の情報を手にするという交替的仮定よりむしろ現実的だといえる.

第2に,投資家(グループ)間の情報力の格差が有限であるということを含意する基準化の想定(7-39)が妥当せず,ある投資家(グループ)が将来価格を確実に言いあてることができる(すなわち,あるkについて$\theta_k \to \infty$)という場合はどうであろうか? この場合,市場で所与となる価格が割安か割高になること

に対応して資金の借入れないし株式の空売りを行なうことで,この投資家(グループ)は限りなく鞘とりを追求するであろう.結局,市場価格は安全資産の収益率を確保する水準で均衡する.この結果は,他の投資家が現行の価格から情報を読みとる,とらないにかかわらず成立する((7-46)を参照).結局,裁定が完全になされた後で実際の取引がなされる限り,確実な情報を持つ投資家の手に何ら特別の利益が発生することはない.この投資家が特別な利益を獲得できるとすれば,それは市場に何らか不完全性のある場合である.たとえば(i)資金の借入れ,あるいは空売りに制約があり,この投資家の需要が市場全体で目に見える大きさを占めるに至らない場合,(ii)投資家が意図的に情報の秘匿をはかり,市場での需要を制限する場合,そして(iii)実際の株式取引が市場の需給調整の途上でなされるような非模索市場の場合である.

第3に,株式の供給面に不確実性があり,総供給量(X_0)を現行市場で直接観察できない場合には,現行価格は将来価格および供給量に関する2種類の情報の集計量とはなっても,一般に将来価格のみの情報の十分統計量とはならない.したがって,上述の予想均衡は成立しない(Grossman[1976:583], Bray[1981:591]).しかし,株式の供給量が市場開幕後も観察できないという事態は,現実には余り心配する必要はないと思われる.

第4の,より本質的な点として,各人の情報には公共財的要素があることに注意しよう.もし情報収集自体に費用がかかるなら,各投資家に現行価格を通して他人の情報にただ乗りする誘因が生まれ,上記の予想均衡は崩壊してしまう.しかし,そうだからといって誰も何ら情報を収集しない均衡が成立するわけではない.抜駆けの功名は常に可能だからである.実際,完全に誰も情報を収集しない状況では,投資家1人ひとりに費用をかけても情報を得ようとする誘因が働く.しかし同様に行動する人が増加するにつれ,情報収集しない人に価格を通ずる情報の学習が生じ,情報を収集した人の利益は低下する.結局,情報費用が存在するもとでの最終的な予想均衡は,各人が情報を収集してもしなくても無差別になる状況として達成される.これはGrossman = Stiglitz[1980]が論じた点である.そこでは人々の間で(平均的な)事後的収益率に格差が生まれるが,それは均等化差異の原則が妥当する性質のものである.

第5に，たとえ情報収集自体の費用は無視できるとしても，情報の質が異なる世界では，費用の投下によって情報の質自体を高める行動が発生しうる（人的投資と同様である）．議論の前提として情報力——情報の質および情報の評価能力——は外生的に所与と考えてきたことを想起しよう．しかし結局，この場合にも第4と類似の点が成立する．すなわち，仮に費用をかけることで情報力を改善することができるとしても，各人とも他人の優れた情報力にただ乗りしようとするだけで，個別に情報力を改善しようという誘因は発生しない．効率的資本市場のもとでは，個々の情報のみならず情報の質および評価能力も公共財となるのである．しかし，そうだとすると市況情報紙の繁盛や機関投資家の活発な情報力投資を正当化する根拠は見いだしにくい．この点は，効率的資本市場仮説が少なくとも完全には妥当しない重要な証左だと考えられる．

第6，そして最後に，人々に要求される構造パラメータ集合 I_S の知識は，相当強い要求事項であることに注意しなければならない．とりわけ，分権的な市場経済の中で各投資家が情報力を異にする投資家のグループ数(n)や，富のシェアで加重された平均的リスク回避度($\sum(w_i/c_i)$)といった他の投資家の属性に関する知識をどのようにして手に入れるのか，自明でない．しかも，実は要求される知識は I_S にとどまらない．予想均衡に到達する前の模索過程の段階では，すでに見たように個々の投資家は自分自身の保有する情報力が市場の平均的な参加者の情報力と比べどの程度優れたものであるかを知っていなければならないのである．

要約と結語

以上の考察からの結論を整理するとともに，関連する実証研究と対比してみよう．株式市場の存在を通して所有と経営が分離した経済においては，生産活動における収益環境の変化や知識の革新は，企業の請求権としての株式の価格に大きな変動をもたらす．たまたまそうした株式を保有する投資家に巨大なキャピタル・ゲインが生まれる．古典的な企業経営者の創業者的革新による巨大な富の形成と並んで，株式市場を通した蓄財が短期間における富形成の代表的な事由である．土地・不動産や商品在庫をめぐる投機的活動も株式市場におけ

る投資活動と類似の性質をもつものとして理解することができる．本節では，株式のキャピタル・ゲインがもつ性質に焦点をあてた．

　短期間に大きなキャピタル・ゲイン(ロス)が生まれるのは，実質利子率の変動あるいはバブルの発生といったマクロ的要因ないし社会心理的要因を別にすると，生産環境のさまざまな規定要因の変化が確率的に発生すること，また実物的な生産設備，生産組織には可塑性が欠け，そうした変化への対応(新規企業の参入，既存企業の退出を含む)に時間がかかるのに対し，株式市場ではほぼ即座に資産間の収益率を均等化させる裁定の力が働くからである．しかも実際の世界では，株価ないし株式収益率の変動が，通常の偶然的変動にあてはまる正規分布と比べ左右の裾野が広く，しかも非常に大きなプラスの変化をより頻繁に生みだすような，正の方向に歪んだ，尖度の高い分布で記述されることが確かめられている(Mandelbrot [1963], Fama [1976: Chapter 1])という追加的事情もある．つまり滅多に起こらないはずの大きな変化が比較的頻繁に起きるというのである[46]．

　このように企業環境の推移をめぐる不確実性が株式収益変動の直接的源泉であるが，企業の将来の姿を指し示す情報が何ら存在しないわけではない．むしろそのような情報をある程度現行株価に織り込むという機能を，株式市場が果たしていると考えられる．そこで富の分配という観点から興味ある問題が発生する．人々の間で企業の将来の収益力に関する情報の質やその情報を評価する能力(情報力と呼んだ)が異なる場合に，優れた情報力を持つ人たちがそうでない人たちに比して株式投資から高い収益をあげやすい状態が生まれるかどうかである．われわれはこの問題について Grossman [1976] の株式市場モデルを人々の情報力に相違がある場合に拡張して考察した．そこで得られた結論は次のとおりである．

　各人の投資行動が個別に得られた情報にもとづく限り，相対的に情報力の優れたものに平均的な意味で高収益が生まれる．ただし一部の人の情報が完全に真であり，しかも市場が無限の裁定を許す場合にはその限りでない．その人たちは秘かな鞘とりに満足しなければならない．

　人々が現行価格から他の人たちの情報を読みとることが考えられる．読みと

った情報をもとに需要が改訂されるというフィードバックの過程が進行する結果，最終的に市場がすべての情報を情報の質でウェイトづけして現行価格に織り込む均衡が達成される．そのような均衡を予想均衡と呼んだ．効率的資本市場仮説は，現実の株式市場はそのような予想均衡を各市場日ごとに達成させていると主張するものである．それが妥当する状況では，各人の情報力の差異は完全に帳消しとなる．

投資行動が個別情報にもとづく場合を一方の極とし，効率的資本市場仮説が成立する状況を他方の極とするとき，投資家間の富の蓄積のダイナミックスも当然異なってくる．前者の場合，情報力に優れた投資家が相対的に高収益率を達成するため，長期的に市場を席捲する可能性もある．Shiller[1984：463-464]は，スマートな投資家と普通の投資家の間でたとえ平均して年率2,3％程度の収益率の差があっても，一家計の生涯として30年間蓄積したところでそれほど大きな富の差は生まれないと論じている．たしかに期待値のみで比較すれば正しい議論といえるかもしれない．しかし，情報力に優れた投資家は，毎期の収益の分散も小さくできるのであって，同じ期間のうちに一定額以上の大きな富を蓄積する確率は普通の情報力の人に比べはるかに高くなるといえよう．その意味でシラーの主張は情報力の差が富の分布に与える影響について過小評価していることになる．他方，後者の場合には，富の蓄積は個々の投資家の情報力とは無関係である．

短期間に巨大な富保有が生みだされる傾向を強化する要因としてしばしば指摘されるのは，成功した投資家の富保全行動である(Thurow[1975：151-152])．たまたま大きなキャピタル・ゲインによって富保有が増加したとしても，同一対象に再投資される限り増加した富の水準を維持できる保証はない．そこで投資家は資産構成を多様化してリスクの分散を図るというわけである．本節のモデルで表現するならば，投資家のリスク回避選好(c_i)が富の水準($w_i W_0$)とともに実質的に増大するケースである[47]．そのような行動は，富の分布の上方への歪みをいっそう強化する役割を果たす．

現実の株式市場において効率的資本市場仮説が妥当するかどうか，現在も引き続き行なわれている実証研究の長い歴史がある．Fama[1970]に代表される

初期の研究は,株価の変動は少なくともそれ自身の過去の時系列の情報をすべて織り込んでいるという意味で効率的であると判定した.株価データがランダム・ウォークを示すのは,そのためだというわけである.しかし,最近はむしろ懐疑的な評価の傾向が強い.

　第1に,収益率の変動に時系列的相関が残ることは初期の実証的評価と整合的でなく,むしろ市場が情報を完全には利用していないことの反映だと解されている(Summers[1986], Friedman = Laibson[1989]).また,そもそも初期の検定の統計的検出力が低かったという反省もある(Shiller[1984], Summers[1986]).

　第2に,株価の変動が事後的な配当の変動に比べ大き過ぎるという主張がある.株価が将来期待される配当流列の現在価値を表わすものである限り,株価時系列の分散は事後的な配当時系列の分散によって一定の理論的制約を受けるはずであるが,現実の株価の変動はそのような制約をはるかに超えているというのである(Shiller[1981], [1984], LeRoy = Porter[1981]).

　第3に,株価の変動を十分予測できないからといって,必ずしも効率的資本市場仮説が妥当する必要はない.需要が社会心理的要因という予測不可能な要因に依存する場合にも,価格はランダムに変動する(Shiller[1984]).

　第4に,もし情報力の差異が収益力を高める意義がなければ,機関投資家の近年ますます活発化している情報に対する投資行動を正当化することはできない.これは,本節のモデルの含意としてわれわれが導いたものである.

　効率的資本市場仮説の現実妥当性を疑わせる理論上の前提をあげるとすれば,第1に,各投資家は市場に参加する他の投資家の属性(情報力の違いや選好の違い)についてかなり踏み込んだ知識が必要であり,それらの知識をどのようにして手にするか,自明でない点である.第2に,実際の取引は予想均衡が成立して初めて行なわれるという模索過程市場の仮定も,現実に文字どおり満たされることはない.市場を見ながら予想が急速に改訂されるということは正しいとしても,それはむしろ売買のオファー,成約と同時進行でなされると理解するのが現実的であろう.これら2つの仮定が厳密に満たされない状況では情報力の差異による利得が発生する[48].

現実の市場参加者間の情報力の差異を具体的にどのように定量化するか,そしてその差異が投資収益にどれだけの違いをもたらすかを調べる実証的作業は,今後の研究に待ちたい.

第7章 数学注

*1) 家計の貯蓄行動は,

(A-1) Maximize $\quad u(c_1)+(1-p)N\cdot v(b_D)+p\{u(c_2)+N\cdot v(b_S)\}$
s.t.
(A-2) $\quad c_1 = b_0+y-a-s$
(A-3) $\quad N\cdot b_D = \rho\cdot s$
(A-4) $\quad N\cdot b_S = \rho\cdot s+\rho_a\cdot a-c_2$

として定式化される.(A-3),(A-4)の両辺を N で割って得られる b_D および b_S の表現を(A-1)に代入したうえ,(A-2)の制約のもとで(A-1)を最大化するための c_1, c_2, a, s についての1階条件を求めると,ラグランジュ係数を λ として,それぞれ順に

(A-5) $\quad u'(c_1) = \lambda$
(A-6) $\quad p\cdot u'(c_2) = p\cdot v'(b_S)$
(A-7) $\quad p\cdot \rho_a\cdot v'(b_S) = \lambda$
(A-8) $\quad \rho\{(1-p)\cdot v'(b_D)+p\cdot v'(b_S)\} = \lambda$

が得られる.これらの表現の中に N が直接入ってこないことに注意しよう.(A-6)は,7-2図の第2象限の曲線 OB に対応する.(A-7),(A-8)から λ を消去し,$p\cdot\rho_a=\rho$ の関係を用いて,

(A-9) $\quad v'(b_D) = v'(b_S)$

が導かれる.もし家計がリスク回避的であれば,(A-9)は完全保険の状況 $b_D=b_S$ を意味する.もともとの制約式(A-3),(A-4)に戻ると,それは

(A-10) $\quad c_2 = \rho_a\cdot a$
(A-11) $\quad b_D = b_S = \dfrac{\rho}{N}s$

を意味する.つまり,本文で述べた貯蓄手段の完全特化の性質である.

第1期と第2期の消費の限界代替率(以下,MRS_c と略記)については,(A-5),(A-6),(A-8)より

(A-12) $\quad MRS_c \equiv \dfrac{u'(c_1)}{p\cdot u'(c_2)} = \rho_a$

の性質が得られる.

*2) 年金保険に数量制約 $a \leqq \bar{a}$ のある場合, $\bar{a} \geqq a^*$ ならばその制約は無視できる. 以下では制約が有効となる $\bar{a} < a^*$ のケースを検討する. この場合, *1)の1階条件(A-5), (A-6)および(A-8)は不変で, (A-7)は

$$a = \bar{a} \quad \text{かつ} \quad p \cdot \rho_a \cdot v'(b_S) - \lambda > 0$$

に置きかえられる. この不等式と(A-8)から

$$v'(b_D) < v'(b_S)$$

であり, $b_D > b_S$ および $c_2 > \rho_a \cdot \bar{a}$ を意味することが分かる. 第2期の消費は通常貯蓄 s によっても手当てされるわけである. また, (A-5), (A-6), (A-8)より

$$MRS_c \equiv \frac{u'(c_1)}{p \cdot u'(c_2)} = \rho \left\{ 1 + \frac{1-p}{p} \cdot \frac{v'(b_D)}{v'(b_S)} \right\}$$
$$\equiv \rho \{1 + MRS_b\}$$

ここに MRS_b は, b_D と b_S の間の限界代替率である. この表現より MRS_c が ρ と ρ_a の中間の値をとることは明らかである.

*3) この結果は, Sheshinski = Weiss[1981]が最初に導いたもので, Barro[1974]のネオ・リカード定理(1対1の代替性)が崩れるケースとして指摘されたものである. 本文の2期間モデルにおける証明は, 次のとおりである.

(証明) 数量制約のない場合の最適解を $(c_1^*, c_2^*, a^*, s^*, b_D^*, b_S^*)$, また, 数量制約下の次善的な貯蓄の組み合わせを $(c_1, c_2, \bar{a}, s, b_D, b_S)$ と書く. むろん, $\bar{a} < a^*$ である.

最初に, もし $s = s^*$, つまり何ら通常貯蓄による代替がなければ, 次善的均衡とはなりえないことを示す. 実際, $s = s^*$ ならば, (i)年金貯蓄の減少を反映して c_1 は増加する, (ii) b_D は, $(\rho/N)s^*$ のまま不変, (iii) b_S は, 第2期の消費可能資源の減少により低下する.

(i), (ii)は自明である. (iii)については, (A-2)より b_S を解き, それを(A-6)に代入して得られる条件

$$(\text{A-13}) \quad u'(c_2) = v'\left(\frac{\rho}{N} s^* + \frac{\rho_a}{N} \bar{a} - \frac{1}{N} c_2 \right)$$

を満たす c_2 は, 最適水準 c_2^* より必ず小さくなければならない(さもないと, 左辺は必ず右辺より小となる). したがって,

$$(\text{A-14}) \quad v'(b_S^*) = u'(c_2^*) < u'(c_2) = v'(b_S)$$

であり, それは $b_S < b_S^*$ を意味する. こうして(iii)の成立することが確かめられた.

次善的均衡のもうひとつの条件は，(A-5)，(A-8)より

$$(\text{A-15}) \quad (1-p)\cdot v'(b_D)+p\cdot v'(b_S) = \frac{1}{\rho}u'(c_1)$$

が成立することである．しかし，(ii), (iii)より，左辺は最適解の場合より増加するのに対し，右辺は，(i)より最適解の場合と比べ減少する．したがって，(A-15)は満たされず（過小貯蓄の事態である），$s=s^*$ は次善的均衡とはなりえない．なお，この点は $\bar{a}$ の大きさの如何にかかわらず妥当する．

次に，通常貯蓄が年金貯蓄の不足分を完全に代替する場合には，逆に過大貯蓄となることを示そう．ただし，この性質は $\bar{a}$ が a^* の近傍にとどまる場合に妥当する．完全代替とは，

$$(\text{A-16}) \quad a^*+s^* = \bar{a}+s$$

の成立する場合である．この場合，ただちに分かることは，(i') c_1 は，c_1^* のまま不変であること，(ii') b_D は，通常貯蓄の増加を反映して増加することである．しかし，完全代替とはいえ $\rho<\rho_a$ であるから，第2期の消費可能資源が減少することについては先の場合と何ら変更がない．したがって，(A-13)および(A-14)とまったく同様にして，(iii') b_S は減少することが分かる．

以上から，(A-15)の右辺は，最適解の場合そのままであるが，左辺は，b_D と b_S の背反する動きを反映して，一般にはいずれの方向にも動くことが分かる．しかし，$\bar{a}$ が a^* の近傍にとどまる場合には，次に示すように左辺の動きの方向を確定することができる．

(A-15)の左辺を s の関数とみて，s^* の回りでテイラー展開し，1次項のみをとると，

$$(\text{A-17})\quad \begin{aligned}& (1-p)\cdot v'(\rho s)+p\cdot v'(\rho s+\rho_a\bar{a}-c_2) \\ &= (1-p)\cdot v'(\rho s^*)+(1-p)\cdot v''(\rho s^*)\cdot\rho(s-s^*) \\ &\quad +p\cdot v'(\rho s^*)+p\cdot v''(\rho s^*)\cdot(\rho s+\rho_a\bar{a}-c_2-\rho s^*) \\ &= v'(\rho s^*)+v''(\rho s^*)\cdot\{\rho(s-s^*)+p(\rho_a\bar{a}-c_2)\}\end{aligned}$$

となる．最後の{ }内の第2項は，

$$\begin{aligned}p(\rho_a\bar{a}-c_2) &= p(\rho_a a^*-c_2^*)+p\rho_a(\bar{a}-a^*)-p(c_2-c_2^*) \\ &= \rho(\bar{a}-a^*)-p(c_2-c_2^*)\end{aligned}$$

と書き直すことができる（第2の等号は，最適解における完全特化の条件と $\rho=p\rho_a$ の性質を用いて得たものである）．この表現を(A-17)に代入し，さらに完全代替性の条件(A-16)を利用すると，最終的に(A-15)の左辺は，近似的であるが

$$(1-p)\cdot v'(b_D)+p\cdot v'(b_S) = v'(\rho s^*)-p\cdot v''(\rho s^*)\cdot (c_2-c_2^*)$$

として表わされる.すでに見たように,この場合 $c_2<c_2^*$, $c_1=c_1^*$ であるから,

$$(1-p)\cdot v'(b_D)+p\cdot v'(b_S) < v'(\rho s^*) = \frac{1}{\rho}\cdot u'(c_1^*) = \frac{1}{\rho}\cdot u'(c_1)$$

が成立する.すなわち,完全代替性のもとでは過大貯蓄となる.以上の2点より,通常貯蓄は数量制約 $\bar{a}$ が最適量 a^* の近傍に位置する状況下で,年金保険を不完全にしか代替しない(証明終わり).

以上の性質を,数量制約 $\bar{a}$ が緩むという逆向きの場合について言いかえたものが,本文の表現である.

*4) 以下の議論は,Atkinson [1971(a)] の世代間伝達のモデルを2期間の場合に簡略化したものである.発生するダイナミックスのパターンおよび分類をつかさどる条件は同一である.

$$u'(c_i) = c_i^{-\varepsilon} \quad (i=1,2)$$
$$v'(b_j) = b_j^{-\mu} \quad (j=D,S)$$

を1階条件(A-6), (A-10), (A-11), (A-12)に代入し,さらにその結果を第1期の予算制約式の中に代入して整理することで,

(A-18) $$b_0+y = \{p\cdot \rho^{-1}+\rho^{-\frac{1}{\varepsilon}}\}b_S^{\frac{\mu}{\varepsilon}}+\frac{N}{\rho}b_S$$

が得られる.この関係をグラフに表わしたのが,世代間の富伝達曲線である. b_S が b_0 と単調増大の関係にあることは明らかであるが,グラフの形状は, ε/μ が1より大きいか,小さいかで異なる.

(a) $\varepsilon/\mu>1$ の場合,(A-18)の右辺第1項は b_0 の上昇とともにゼロに収束するので,

$$b_0\to \infty \text{ のとき,} \quad b_S \to \frac{\rho}{N}\{b_0+y\}$$

となる.したがって,$(\rho/N)>1$ なら45度線と2回交差し,$(\rho/N)\leq 1$ なら45度線と1回だけ交わる.

(b) $\varepsilon/\mu=1$ の場合,グラフは直線となり,

$$\frac{p}{\rho}+\left(\frac{1}{\rho}\right)^{\frac{1}{\varepsilon}}+\frac{N}{\rho}>1$$

の場合にのみ,45度線と交わる.この不等式は,$\rho\leq N$ ならば必ず満たされ,ρ が N より十分大きい場合に限って逆向きの不等号が成立する.

(c) $\varepsilon/\mu<1$ の場合, (A-18) より

$$\frac{d(b_0+y)}{db_s} = \frac{\mu}{\varepsilon}(p\cdot\rho^{-1}+\rho^{-\frac{1}{\varepsilon}})b_s^{\frac{\mu}{\varepsilon}-1}+\frac{N}{\rho}$$

$$\to \infty \quad (b_0\to\infty \text{ のとき})$$

となる.言いかえれば,富伝達曲線の傾きはやがて水平になる.この場合,45度線とは1回だけ交わる.

なお,(b) のケースについては図示していないが,ρ が N より十分大きい場合には 7-3(B)図(ケース(a))同様,上方に発散,それ以外($\rho\leq N$ を含む)なら唯一の長期均衡に収束してゆく.

*5) 家計の貯蓄行動は, *1) のわずかな修正によって

(A-19) Maximize $\quad u(c_1)+(1-p)N\cdot v(\omega_D)+p\{u(c_2)+N\cdot v(\omega_S)\}$
s. t.

(A-20) $\qquad c_1 = \omega_0+N(\delta-e)y(e)-a-s$

(A-21) $\qquad N\cdot(\omega_D-y(e)) = \rho\cdot s$

(A-22) $\qquad N\cdot(\omega_S-y(e)) = \rho\cdot s+\rho_a\cdot a-c_2$

として定式化される.(A-21),(A-22)から s を消去し,続いて(A-20)を用いて a を消去すると,親世代の2期間にわたる予算制約式

(A-23) $\quad c_1+\dfrac{pc_2}{\rho}+\dfrac{p}{\rho}N\omega_S+\dfrac{1-p}{\rho}N\omega_D = \omega_0+N\left(\delta-e+\dfrac{1}{\rho}\right)y(e)$

が得られる.これが本文で述べた,次世代の生涯資源を取り入れた予算制約式である.(A-23)の制約のもとで(A-19)を最大化するには,明らかにまず(A-23)の右辺を最大にする必要がある.親と子供の共同資源プールの最大化である.その1階条件が本文の(7-10)である.他の変数に関する1階条件は,*1)において ω_D, ω_S を b_D, b_S に置きかえただけとなるので省略する.

*6) (A-19)を(A-23)のほかに(7-12),(7-13)の制約下で最大化することを考えよう.(7-12),(7-13)の制約が無効となる局面の特徴はすでに*5)で説明したとおりである.いま,(A-23)について λ,(7-12)について λ_D ($\lambda_D\geq 0$),(7-13)について λ_S ($\lambda_S\geq 0$) のラグランジュ乗数を導入して,クーン=タッカーの条件を求めると,

(A-24) $\qquad u'(c_1) = \lambda$

(A-25) $\qquad pu'(c_2) = \dfrac{\lambda}{\rho_a}$

第7章 富の形成と分配　401

(A-26) $\quad (1-p)N\cdot\left\{v'(\omega_D)-\dfrac{\lambda}{\rho}\right\}+\lambda_D=0$

$\qquad \lambda_D\geqq 0,\ y(e)\leqq\omega_D$ および $\lambda_D\{y(e)-\omega_D\}=0$

(A-27) $\quad pN\cdot\left\{v'(\omega_S)-\dfrac{\lambda}{\rho}\right\}+\lambda_S=0$

$\qquad \lambda_S\geqq 0,\ y(e)\leqq\omega_S$ および $\lambda_S\{y(e)-\omega_S\}=0$

(A-28) $\quad \lambda N\cdot\left\{\left(\delta-e+\dfrac{1}{\rho}\right)y'(e)-y(e)\right\}-(\lambda_D+\lambda_S)y'(e)=0$

が得られる。$\lambda_D=\lambda_S=0$ のケースは，すでに*5)で考察済みである。それ以外のケースとして，λ_D, λ_S の双方がプラスになるケースと，λ_D, λ_S のいずれか一方がプラスになるケースとが考えられる。

しかし，λ_D, λ_S いずれか一方だけがプラスになるケースは起こりえないことを示すことができる。実際，もし $\lambda_D>\lambda_S=0$ であるならば，

$$(1-p)N\cdot\left\{v'(\omega_D)-\dfrac{\lambda}{\rho}\right\}=-\lambda_D$$
$$<0=pN\cdot\left\{v'(\omega_S)-\dfrac{\lambda}{\rho}\right\}$$

が成り立つ。したがって，$v'(\omega_D)<v'(\omega_S)$ であり，これは $\omega_D>\omega_S$ を意味する。しかし，仮定より $\omega_D=y(e)$ であるから，$\omega_S<y(e)$ となり，$\omega_S\geqq y(e)$ と矛盾する。まったく同様にして，$\lambda_S>\lambda_D=0$ の場合にも矛盾が生ずる。よって，いずれかがプラスであれば，他方も必ずプラスでなければならない。

$\lambda_D>0, \lambda_S>0$ の場合には，(A-26), (A-27)より $\omega_D=\omega_S=y(e)$ となる。すなわち，(7-12), (7-13)の制約が有効となる場合にも完全保険の条件の成立することが分かる。

また，(A-25)より

(A-29) $\quad v'(\omega_S)-\dfrac{\lambda}{\rho}=v'(\omega_S)-u'(c_2)$

$\qquad\qquad\qquad =-\dfrac{\lambda_S}{pN}<0$

そして，完全保険の条件を用いて(A-26)と(A-27)とを比較することにより，

(A-30) $\qquad\qquad (1-p)\lambda_S=p\lambda_D$

となる。(A-29)より本文の不等式(7-15)が示された。最後に，本文の(7-14)は，(A-29), (A-30)を(A-28)に代入して導かれる。

*7) λ_w/λ の比率は,すでに見たように体系の利潤率および成長率から影響を受けることはあっても,それらの変数に影響を与えることはない.それでは,利潤率や成長率それぞれに対してはどのように依存するだろうか? ここでは,定常成長状態下での富の分配比率をめぐる比較静学分析を厳密に展開しておこう.

まず,利潤率については,

$$(\text{A-31}) \quad \text{sign}\frac{\partial(\lambda_w/\lambda)}{\partial R} = \text{sign}\frac{\partial\left\{\frac{R+\pi\psi(g)}{\pi}\right\}}{\partial R}$$
$$= \text{sign}\frac{\pi-\pi'\cdot R}{\pi^2} = \text{sign}\frac{\sigma}{\pi} \geqq 0$$

が成立する.ここで σ は生産関数の代替の弾力性である.つまり,要素間の代替がわずかでも可能な限り,正の符号をとることが分かる.

ここでの符号の評価は,自然成長率を所与とする完全雇用局面で内生変数としての利潤率が変化する場合に相当する.代替の弾力性が1を超える場合には,R の上昇は資本から労働力への大きな要素代替を引き起こすので π は低下する.したがって,資産家から勤労者へ貯蓄のウェイトが移動し λ_w を引き上げる力の働くことは直観的にも納得がゆく.

実際,貨幣のない本来のパシネッティ・モデルでは要素分配率の動きが勤労者の富保有比率にとって決定的な要因である.その世界で(7-32)に相当する条件は

$$(\text{A-32}) \quad s_c R(1-\lambda_w) = s_w\left(\frac{1-\pi}{\pi}R + \lambda_w R\right)$$

であり,これより λ_w ($\lambda \equiv 1$ であることに注意)は

$$\lambda_w = \frac{s_w}{s_c-s_w}\frac{1-\pi}{\pi}$$

$$\text{sign}\,\lambda_w'(R) = \text{sign}(\sigma-1) \gtreqless 0 \quad \Leftrightarrow \quad \sigma \gtreqless 1$$

となるからである.

しかし,貨幣を含むわれわれのモデルでは,議論はそれだけでは済まない.貨幣部門から家計への移転所得も存在するからである.さらに,R および π の変化は生産物市場の均衡を維持するために同時に家計部門全体としての株式保有率 λ(これは内生変数である)をも変化させる.π が上昇すると,そのままでは家計貯蓄率が投資の必要を上回ってしまうので,他の内生変数である λ を引き下げる必要が生まれるからである.

第7章 富の形成と分配　403

実際，注28)の(7-33′)からλとRの関係を見ると，

(A-33) $\quad \lambda'(R) = \dfrac{\phi+\psi}{\{s_c(R+\psi)-\pi(\phi+\psi)\}^2} Z(R)$

ここで

(A-34) $\begin{aligned} Z(R) &= -\{s_c(1-\pi)+\pi'(R)\{s_c(R+\psi)-(\phi+\psi)\}\} \\ &= -s_c\Big\{(1-\pi)+\dfrac{(R+\psi)\pi}{R}(1-\sigma)\Big(1-\dfrac{\phi+\psi}{s_c(R+\psi)}\Big)\Big\} \end{aligned}$

となることが確かめられる．ところで(7-33)を変形すると，任意の$0\leqq\lambda\leqq1$につき

(A-35) $\quad \dfrac{\phi+\psi}{s_c(R+\psi)} = \lambda+(1-\lambda)\dfrac{\lambda\pi}{1-\pi+\lambda\pi} \leqq 1$　（等号は$\lambda=1$のとき）

であるから，$\sigma\leqq1$を十分条件として$Z(R)<0$である．したがって，$\sigma\leqq1$なら必ず$\lambda'(R)<0$であり，逆方向の関係の生まれるのは，σが1より十分大きいときのみである．

次に，λ_wとRの関係を見よう．注28)の(F-1)の右辺{ }内を$Y(R)$と記すと，

(A-36) $\begin{aligned} \lambda_w'(R) = -\dfrac{s_w}{s_c-s_w}\dfrac{1}{R+\psi}\Big\{&\Big(\dfrac{\pi(1-\sigma)}{R}+\dfrac{1-\pi}{R+\psi}\Big)Y(R) \\ &-(1-\pi)\Big(\dfrac{\sigma}{\pi}-\dfrac{(\phi+\psi)Z(R)}{\{s_c(R+\psi)-\pi(\phi+\psi)\}^2}\Big)\Big\} \end{aligned}$

として表わされる．ここで$Y(R)$は常に正である．また，$Z(R)$は(A-34)で定義した表現であり，すでに見たようにσが1より十分大きくない限り負である．$\sigma\leqq1$の場合，(A-36)の右辺{ }内第1項はプラス，第2項はマイナスとなる．前者は，すでに述べた利潤分配率上昇の効果を表わすもので，λ_wを引き下げる効果をもつ．後者は，λが下落することにより賃金所得に分配される戻し税分が厚くなる効果を反映するもので，λ_wを引き上げる効果をもつ．ネットとしてどちらの効果が優勢になるかは，一概に言えない．それゆえ，λ_wとRとの関係は，一般に単調ではない．しかし，(A-31)が示すように，(λ_w/λ)の比率は，たとえ$\sigma\leqq1$であってもなお，Rの上昇とともに上昇するのである．分母を引き下げる効果が十分強力に作用するからである．

もっとも，以上の議論は内生変数である利潤率の上昇がどのような外生変数の変化によってもたらされるかを問わないまま行なってきた．もし，それが(7-34)の右辺に含まれるパラメータの変化によってもたらされたとすれば，その効果も併せ考慮しなければならない．本文の以下の部分ではs_c, s_fの変化の効果に言及している

が，s_f は(7-34)の右辺に含まれないため，s_f の上昇による R の上昇(本文後述)は，上記の議論が純粋にあてはまるケースとなる．これに対し s_c の上昇の場合には，R は下落する(これについても本文後述)ので，それが λ_w を引き下げる効果が s_c の上昇による λ_w に対する直接の効果(これは方向が必ずしも明確でないが，通常 λ_w を押し下げると考えられる)に加わることになる．また，自然成長率 g の上昇の効果は，(A-37)に見るように直接には λ_w を引き下げる力を発揮するが，もしそれが通常(新古典派的局面と同様)期待されるように内生変数である利潤率 R を上昇させるとすれば，上で見たように λ_w を引き上げるような反対の力も発生することになる(もっともわれわれのモデルでは，自然成長率の上昇が r および R を上昇させるかどうか，明確ではない)．結局，その場合には，ネットとして λ_w がどちらの方向に変化するか，一般に答えを出すことはできない．

λ_w/λ と成長率との間の関係についても，以上と同様に論ずることができる．結論的に，(A-31)に対応する表現として

$$(\text{A-37}) \quad \text{sign} \frac{\partial (\lambda_w/\lambda)}{\partial g} = \text{sign} \frac{\partial \left\{ \frac{R+\pi\psi(g)}{\phi(g)+\psi(g)} \right\}}{\partial g}$$
$$= \text{sign} \left\{ -\frac{\phi'(R+\pi\psi) + \phi''g(R-\pi\phi)}{(\phi+\psi)^2} \right\} < 0$$

が得られる．最後の表現の分子が正となることは，ϕ 関数の強凸性，および(7-19)より $R>\phi$ であることから確かめられる．すなわち，成長率の上昇は他の条件一定のもとで勤労者の富保有比率を低下させる．なお，この性質についても g が内生変数である場合と外生変数である場合とでそれぞれ注意深く利用する必要のあることは，利潤率の場合と同様である．

*8) 証明は容易である．真の値と予測値との差で定義される予測誤差(e_i)の平均は，(7-38)を(7-44)に代入したうえ，$E(\varepsilon_i|P_1)=0$ に留意して，

$$E(e_i|P_1) = \frac{1}{1+\theta_i\sigma^2}(P_1 - \underline{P_1})$$

となるので，$P_1 > \underline{P_1}$ のときには平均的に予測値は真の値を過小評価，$P_1 < \underline{P_1}$ のときには平均的に過大評価することを意味している．また，その程度は，$\theta_j > \theta_i$ である任意の i, j について

$$E(e_j - e_i|P_1) = \frac{(\theta_i - \theta_j)\sigma^2}{(1+\theta_i\sigma^2)(1+\theta_j\sigma^2)}(P_1 - \underline{P_1})$$

であるから，過小評価，過大評価いずれの程度も情報の質の高い人ほど小さいことが分かる．一例として，$\underline{P_1}=21$, $\sigma^2=4$, $n=2$, $\theta_1=3/2$, $\theta_2=1/2$ である場合，

$$E(e_1) = \frac{1}{7}(P_1-\underline{P_1}) \qquad E(e_2) = \frac{1}{3}(P_1-\underline{P_1})$$

であり，

$$E(e_1-e_2) = -\frac{4}{21}(P_1-\underline{P_1})$$

となる．それゆえ，偶然 $P_1=\underline{P_1}$ となる場合を除き，$\underline{P_1}$ からの乖離分の 20% 弱の相違がある．

*9) この点の証明は，グロスマンの証明を各人の情報誤差の分散が不均一な場合に拡張したものである．Danthine [1978：90] は，グロスマンと同様のモデルを検討する中で，投資家間で情報の分散が不均一な場合には十分統計量は存在しないと述べているが，以下の議論が示すように，少なくともグロスマンのオリジナルなモデルではそれは正しい言明でない．

各人の情報 y_i に各人の情報力の大きさ θ_i を乗じた値を x_i と定義しよう．各人にとって自己の θ_i は既知であるから，y_i も x_i も情報として同等である．本文で定義した統計量 $\bar{x}$ は，x_i の単純平均となる．以下，人々が $\bar{x}$ さえ知ることができれば，各人固有の情報 x_i はそれぞれの人の行動の基礎となる P_1 を予測するうえでまったく余分な情報となるということを示そう．また，このことが未知母数である P_1 の真の値に関する情報ベクトル $(y_1, y_2, \cdots, y_n)$ の十分統計量が存在するという命題の正確な意味である．

任意の P_1 が与えられたもとでの $(x_i, \bar{x})$ の条件付き結合分布を求めよう．まず，(7-47) の定義と (7-38)，そして (7-39) の基準化の仮定を用いて，

$$E(x_i|P_1) = E(\theta_i(P_1+\varepsilon_i)|P_1) = \theta_i P_1$$

$$E(\bar{x}|P_1) = \frac{P_1}{n}\sum_{i=1}^{n}\theta_i = P_1$$

$$\mathrm{Var}(x_i|P_1) = \theta_i^2 E(\varepsilon_i^2|P_1)$$
$$= \theta_i$$

$$\mathrm{Var}(\bar{x}|P_1) = \frac{1}{n^2}E\left\{\left(\sum_{i=1}^{n}\theta_i\varepsilon_i\right)^2 \middle| P_1\right\}$$
$$= \frac{1}{n^2}\sum_{i=1}^{n}\theta_i = \frac{1}{n}$$

$$\mathrm{Cov}(x_i, \bar{x}|P_1) = E\{(x_i - E(x_i))(\bar{x} - E(\bar{x}))\}$$
$$= E\{\theta_i \varepsilon_i \cdot \frac{1}{n}\sum_{i=1}^{n}\theta_i \varepsilon_i\}$$
$$= \frac{\theta_i}{n}$$

となることが確認できる．したがって，確率密度関数を $h_i(x_i, \bar{x}|P_1)$ と表記すれば，定義より，

(A-38)
$$h_i(x_i, \bar{x}|P_1) = (2\pi)^{-1} \cdot \begin{vmatrix} \theta_i & \theta_i/n \\ \theta_i/n & 1/n \end{vmatrix}^{-\frac{1}{2}}$$
$$\times \exp\left\{-\frac{1}{2}\begin{bmatrix} x_i - \theta_i P_1 \\ \bar{x} - P_1 \end{bmatrix}' \begin{bmatrix} \theta_i & \theta_i/n \\ \theta_i/n & 1/n \end{bmatrix}^{-1} \begin{bmatrix} x_i - \theta_i P_1 \\ \bar{x} - P_1 \end{bmatrix}\right\}$$

である．行列式と指数関数の $\{\ \}$ 内 2 次形式を評価すると，$h_i(x_i, \bar{x}|P_1)$ は

(A-39)
$$h_i(x_i, \bar{x}|P_1) = (2\pi)^{-1} \cdot \frac{n}{\sqrt{\theta_i(n-\theta_i)}}$$
$$\times \exp\left\{-\frac{1}{2}\frac{n}{\theta_i(n-\theta_i)}(x_i^2 - 2\theta_i x_i \bar{x})\right\}$$
$$\times \exp\left\{-\frac{1}{2}n\left[(P_1 - \bar{x})^2 - \frac{(n-1-\theta_i)\bar{x}^2}{n-\theta_i}\right]\right\}$$

と書きかえられる．第 1 の指数関数項には P_1 は含まれないので，最初の定数項と第 1 の指数関数の積を $g_1(x_i, \bar{x})$ と表記し，また第 2 の指数関数には x_i は含まれないので，それを $g_2(P_1, \bar{x})$ と表記すると，

(A-40) $$h_i(x_i, \bar{x}|P_1) = g_1(x_i, \bar{x}) \cdot g_2(P_1, \bar{x})$$

と略記できる．このように一方は x_i と $\bar{x}$ だけの表現，他方は P_1 と $\bar{x}$ だけの表現へと分離できるのは，(A-38)の $\{\ \}$ 内 2 次形式を展開して現われる x_i と P_1 の 2 つのクロス項 $-(\theta_i P_1 x_i/n)$ と $(\theta_i P_1 x_i/n)$ とがちょうど符号反対で相殺しあうためである(もともとの情報 y_i を θ_i 以外のウェイトで集計する統計量を作った場合には，こうした性質は得られない)．

さて，われわれの主要な命題は，$\bar{x}$ および x_i が与えられたもとでの P_1 の事後的確率分布と，$\bar{x}$ のみが与えられたもとでの P_1 の事後的確率分布とが一致するというものである(そうであれば，個別情報 x_i はたしかに余分な情報である)．いま，前者の密度関数を $m_i(P_1|\bar{x}, x_i)$，後者の密度関数を $m(P_1|\bar{x})$ と表記しよう．前者は，ベイズの定理より，

第7章 富の形成と分配　407

$$m_i(P_1|\bar{x}, x_i) = \frac{g(P_1)h_i(x_i, \bar{x}|P_1)}{\int_{-\infty}^{\infty} g(P_1)h_i(x_i, \bar{x}|P_1)\,dP_1}$$

として定義される．この式に(A-40)を代入して P_1 を含まない $g_1(x_i, \bar{x})$ 項を分母の積分の外に出すと，

(A-41) $$m_i(P_1|\bar{x}, x_i) = \frac{g(P_1)g_2(P_1, \bar{x})}{\int_{-\infty}^{\infty} g(P_1)g_2(\bar{x}|P_1)\,dP_1}$$

という表現が得られる．

　他方，後者については，まず $h_i(x_i, \bar{x}|P_1)$ をもとに $\bar{x}$ の限界分布

$$f(\bar{x}|P_1) = \int_{-\infty}^{\infty} h_i(x_i, \bar{x}|P_1)\,dx_i$$

を定義しよう．右辺に(A-40)を代入して，$g_2(P_1, \bar{x})$ が x_i を含まないことに注意すると，

(A-42) $$f(\bar{x}|P_1) = g_2(P_1, \bar{x})\int_{-\infty}^{\infty} g_1(x_i, \bar{x})\,dx_i$$

と書きかえられる．すると $\bar{x}$ のみを条件とする P_1 の事後的確率分布は，

$$m(P_1|\bar{x}) = \frac{g(P_1)f(\bar{x}|P_1)}{\int_{-\infty}^{\infty} g(P_1)f(\bar{x}|P_1)\,dP_1}$$

として定義される．$f(\bar{x}|P_1)$ に(A-42)を代入して，$\int_{-\infty}^{\infty} g_1(x_i, \bar{x})\,dx_i$ を分子，分母で払うと，

(A-43) $$m(P_1|\bar{x}) = \frac{g(P_1)g_2(P_1, \bar{x})}{\int_{-\infty}^{\infty} g(P_1)g_2(P_1, \bar{x})\,dP_1}$$

との表現が得られる．(A-41)と(A-43)の比較から，たしかに2つの密度関数は一致することが示された．したがって，$\bar{x}$ は市場の情報ベクトル $(y_1, y_2, \cdots, y_n)$ の十分統計量である．

*10)　(A-43)で定義した $m(P_1|\bar{x})$ が正規分布であることは明らかである．その平均および分散を求めよう．まず(A-43)の分子に着目すると，

$$g(P_1)g_2(P_1, \bar{x}) = \frac{1}{\sqrt{2\pi}\sigma}\exp\left\{-\frac{1}{2}\cdot\frac{1}{\sigma^2}(P_1-\underline{P_1})^2\right\}$$
$$\times \exp\left\{-\frac{1}{2}n\left[(P_1-\bar{x})^2 - \frac{(n-1-\theta_i)}{n-\theta_i}\bar{x}^2\right]\right\}$$

$$= \frac{1}{\sqrt{2\pi}\sigma} \exp\left\{-\frac{(P_1-\bar{P_1})^2}{2\sigma^2} - \frac{n}{2}(P_1-\bar{x})^2 + \frac{n(n-1-\theta_i)}{2(n-\theta_i)}\bar{x}^2\right\}$$

となる．さらに{ }内を展開して整理すると，{ }内は

$$-\frac{1}{2}\frac{\left(P_1-\frac{P_1+n\sigma^2\bar{x}}{1+n\sigma^2}\right)^2 + \frac{\sigma^2}{1+n\sigma^2}\left(\frac{P_1^2}{\sigma^2}+\frac{n\bar{x}^2}{(n-\theta_i)}\right) - \frac{(P_1+n\sigma^2\bar{x})^2}{(1+n\sigma^2)^2}}{\frac{\sigma^2}{1+n\sigma^2}}$$

と書きかえられる．ところで(A-43)の分母の被積分変数 P_1 は，上の表現の中で分子の第1項にしか現われず，それ以外の項は(A-43)の分子・分母から約分して払うことができる．したがって $m(P_1|\bar{x})$ は

$$E(P_1|\bar{x}) = \frac{P_1+n\sigma^2\bar{x}}{1+n\sigma^2}$$

$$\text{Var}(P_1|\bar{x}) = \frac{\sigma^2}{1+n\sigma^2}$$

の正規分布である．かくして(7-48)と(7-49)の成立することが示された．

第7章 注

1) もっとも，現在の国民経済会計上，耐久消費財である住宅購入は投資として，教育支出は消費と分類されている．したがって，借入れをして住宅を購入しても負の金融資産と正の実物資産が相殺しあい，ネットの資産ポジションに変化はないが，教育支出の場合には負の金融資産のみ記録され，資産ポジションはマイナスになる．しかし，どちらの場合も事後的貯蓄の生まれることに変わりはない．

2) この点が厳密に成り立つのは，異時点間の消費が相似拡大的(homothetic)な場合である．つまり恒常消費が恒常所得に比例するというフリードマンの仮説が成立する場合である．フリードマンの比例性仮説に対する実証的証拠はさまざまで確定しない(初期の実証研究の要約は Mayer[1972] を参照)が，最近では King = Dicks-Mireaux[1982:265]が，カナダの家計富保有データ(推計した公的年金価値を含む)にもとづき，比例性仮説と整合的な結果を得ている．しかしながら，この仮説の妥当性をめぐる検証の結果は元来捕捉しにくい高所得・高資産保有家計(1.2節参照)をどれほど分析対象とするデータの中に取り込むことができるかに大きく左右されると思われる．実際，後述する Menchik = David[1983]では，高額資産層における遺産弾力性が1よりはるかに大きく，明らかに非線形性(非比例性)の存在

することが示されている(7-1表を参照)．

3) 家族行動を論ずる場合，社会学者からの次の警句に留意する必要がある．
「われわれは余りによく家族のことを知っているために，かえって客観的に，そして容易に家族のことを研究することができない．さまざまな家族の行動を眼の前にして，われわれの感情はすぐに高まってしまい，自分の家族以外の家族のパターンはおかしいとか，正しくないとか思いがちである．実際どのようになっているのかを冷静に示さずに，何が正しいのかをすぐ論じてしまう．」(Goode [1964：3])

4) 以下は，Yaari [1965], Barro = Friedman [1977], Sheshinski = Weiss [1981] によって展開された議論を2期間モデルに簡略化したものである．ここで得られる諸性質は，より一般的に生涯の長さが連続的なモデルにおいても成立する．

5) なお，各国の公的年金制度は，実際には本文のモデルの想定にある完全な積立方式でなく，賦課方式に大きく偏った形で運営されている．しかし，そのような運営方式の差異は，ここでの議論の本質には関係しない．実際，Sheshinski = Weiss [1981] は，2つの方式が貯蓄および所得の再分配上まったく同一の状況を達成するよう設計できることを示している．

6) 生命保険付き借入れは，年金保険のちょうど正反対の概念である．確実な債券の販売と純粋な生命保険の購入とが同時に行なわれるものである．

7) b_s を第2期期首時点の評価値で測るという点の意味を説明しておこう．第2期も生存する親世代は，実際には子供1人当り b_s を第2期末まで再投資して ρb_s を獲得し，死亡時点(第3期期首)で ρb_s を遺産として残す．しかし，もし資金市場が完全であれば，子供世代は誕生時点(＝親世代にとっての第2期期首時点)で借入れを行ない，b_s を前もって手にすることができる．したがって，資金市場が完全である場合には，遺産額の決定と相続をいつ行なうかのタイミングの決定とはまったく無関係である．しかし，市場が不完全で借入れ制約が有効となる場合は，その限りでない．Ishikawa [1974] は，借入れ制約下での遺産額と相続のタイミングの決定を検討している．

8) Bernheim = Shleifer = Summers [1985] は後者の側面を敷衍し，親が老後になっても引き続き子供の関心を失わないよう，遺産をいわば戦略的に用いると論じて予備的なデータ分析を示している．この場合も遺産は死亡時点まで保有される．

9) コトリコフ＝スピバックはさらに進んで，(i) 家族が完全な保険市場の相当程度の代替機能をもつということが，家族形成そのものへの強い誘因を与える，

(ii) 米国における近年の家族の崩壊は，公的ないし私的年金の整備・普及によって家族の形成・維持に対する誘因が弱められたことによるところが大きいと主張している．しかし，本文で述べたように，家族の果たしうる機能と家族が実際に果たす機能との間には信頼の存在という，自動的には備わることのない留保点があり，前者をもって家族そのものが形成される理由になるという議論は短絡的に過ぎる．

10) 1985年『国勢調査』によれば，65歳以上の高齢者を含む世帯は930万世帯（全世帯の25%）で，そのうち子供世代との同居世帯は53.2%である．1970年の数字と比較すると，590万世帯（全世帯のうち22%）のうち同居世帯は65.5%であった．この15年間，同居世帯比率は漸減の傾向にあるが，いまなお欧米の社会と比べ非常に高い．高齢者の扶養をめぐる日本の現状については，Ishikawa[1988]を参照のこと．上記の数字については[同：420, Table 1]を参照されたい．

11) 現実の世代間富の伝達をめぐっては，本文の議論では捨象された相続制度および婚姻慣習など社会学的要因も重要な役割を演ずる．遺産の均等分割が単一子相続（たとえば，長子相続，末子相続）より平等化に寄与することは明らかである．単一子相続でない限り，婚姻のパターンも影響する．そのことは婚姻の成立がまったくランダムな場合と，完全に富の水準によって類別化される場合とを比較すれば明らかである．前者の場合には，富んだ者は，自分より富んだ者と結婚するより，自分より貧しい者と結婚する確率の方が高く，逆に貧しい者は，自分よりさらに貧しい者と結婚するより，自分より富んだ者と結婚する確率の方が高いので，婚姻が富の平等化要因となる．これに対し，後者の場合は，あたかもちょうど兄弟どうしで結婚するのと同様の状況が成立するので，婚姻は富の伝達にまったく中立的となる．本文の分析は，後者の中立的なケースを想定している．実際にはBlau = Duncan[1967：346-360]が示したように（米国の大規模標本調査にもとづくが，日本でも同様ではないかと思われる），教育水準を第1の要因とする類別婚が進んでいるが，教育と親世代の富とが相関をもつため，富の水準による類別婚も存在しているといえる．こうした要因の理論的分析は，Meade[1964：47], Blinder[1973]を参照のこと．また，遺産の分割方式をめぐる実証研究は，均等分割がデータ的に支持されるというMenchik[1980]の主張と，兄弟間で弱者に厚く配分する傾向があり，平等化要因として作用しているとのBecker = Tomes[1979]の主張との間で観察結果にくい違いがあり，決着はついていない．

12) この場合の富の分布に関する厳密な分析は，Abel[1985], Eckstein = Ei-

chenbaum = Peled[1985]を参照のこと．

13) もう1つの要因は，耐久消費財の扱いをめぐる問題である．ブラインダーは，コトリコフ=サマーズのモデルで耐久財の購入をすべて消費と見なす扱いから耐久財のサービスを消費する形に改めると，ライフ・サイクルの富の割合を26%ほど高めるというモディリアーニの主張について，そのように大きな数字は不可解だと評価している．耐久財の購入は年齢の若い階層で盛んなので，それを貯蓄と見なすことでライフ・サイクルの富が増える方向に働くことは，そのとおりである．しかし，モディリアーニは26%という数字が得られる具体的プロセスを示しておらず，ブラインダーの指摘するように説得的だとはいえない．コトリコフ=サマーズ自身は耐久消費財の扱いに変更を認めつつも，その定量的インパクトはせいぜい数パーセントだと主張している．この点でも論争に決着はついていない．

14) なお，長生きをした親世代の子供は，注7)で述べたように生涯資源として各自 $(\rho/N)\cdot s$ に相当する初期資源を保有すると想定して（これがその家計にとっての b_0 である）生涯の消費計画を立てるものの，誕生時点では実際にその額を受け取っているわけではない．したがって，家計間の富の分布は右表のように表わされる．ここで $p+N$ は，全世帯数である．

世帯頻度	富保有シェア
$\dfrac{p}{p+N}$	$\dfrac{\rho_a \cdot a + \rho \cdot s}{\rho(a+s)}$
$\dfrac{(1-p)N}{p+N}$	$\dfrac{\rho \cdot s}{\rho(a+s)}$
$\dfrac{p \cdot N}{p+N}$	0

15) グロスの遺産とネットの遺産の概念の相違を説明しよう．グロスの遺産とは，本文で定義した総資産，すなわち人的資産と物的資産の和であり，前節注7)と同様，子供の経済的独立時点で評価したものである．しかし，人的資産は教育投資ゼロのもとでの稼得能力（以下の表記で $y(0)$）を含んでおり，その分を差し引いた額が親から子へのネットの貢献分，すなわちネットの遺産である．

16) この点は，たとえ教育の効率性が高く，$e>\delta$，すなわち教育過程が経済的独立時点を超えてなお進行するのが合理的となる場合でも変わらない．したがって，本文の $e<\delta$ という想定は，何ら本質的な仮定ではない．Ishikawa[1975：991-995]の連続的時間のモデルを用いた分析を参照のこと．

17) 内点解の存在する場合とは，$V(e;\delta)$ の極大値が $V(0;\delta)=\delta\cdot y(0)$ より大きい場合である．教育の限界収益が初期的には十分大きいことを想定している．

18) Ishikawa[1975：脚注18,19]は，本文で指摘した親と子の相互扶養契約が双方にとってのパレート改善となる——すなわち，教育投資の最適水準を回復させ

19) 非負制約が有効となる局面での最適行動の比較静学的性質は，Tomes [1981]によって示された．

20) 以上の議論が意味をもつのは，親の富 ω_0 が

$$\omega_0 \geq \frac{1}{N}\underline{c_1} + \frac{1}{N\rho_a}\underline{c_2} + \{\delta - e^*(\delta)\} \cdot y(e^*(\delta)) \equiv \omega_m$$

の場合である．これ以下の富では，$\underline{c_1}, \underline{c_2}$ の消費は可能でない．なお，最低消費の制約(7-16), (7-17)が双方とも有効になる状況をもたらす境界の ω_0 を ω_{crit} と表記すると，$\omega_{crit} < \omega_0 < \underline{\omega}$ であって，しかも片方の期の消費制約のみ有効となる場合が検討の対象として残っている．しかし，その場合には制約のない期の消費と教育の間で最適な内点解が追求され，定性的にすでに見た物的遺産がゼロの場合に近いので，ここではくわしい分析は省略する．

21) たとえば，米国都市の貧困問題を扱った Banfield [1968] は，貧困の解決を阻む要因として，人々に将来の展望を開くために現在を犠牲にすることを求めない，つまり近視眼的ないし刹那的な行動性向(サブ・カルチャー)の存在と，そうした行動性向の世代から世代への再生産を強調している．この議論は，貧困の文化論として論争を呼んだものである．しかし，バンフィールド自身，そのような人々の性向が経済的資源の制約に強く規定されていることを認めており，悪循環を断つために大規模な資源移転の必要なことを指摘している[同書：219-220]．

22) 学歴の増加とともに各期の稼得収入が引き続き上昇するにもかかわらずなぜ人的資産が低下するかというと，収入上昇の鈍化に比して教育の延長に伴う就労期間の短縮の効果が上回るからである．

23) 推定は，およそ40％強の標本で遺産がゼロ(正確には500ドル未満)である事実を考慮して，トービット法ないしヘックマンの2段階推定法によって行なわれている．遺産の子供の年間所得に対する弾力性および子供の所得を制御した場合の親の推定所得に対する弾力性は，同論文 Table 2, eq. 1 および Table 3, eq. 5 から，また子供の所得を制御しない場合の弾力性は，Table 2, eq. 6 より計算されている（なお，弾力性はすべて標本内の平均的な遺産額の点で測ったものである）．親の推定恒常所得は，子供の年間収入から稼得収入関数を推定し，それに親世代の対応する属性データをあてはめて推定したもので，明らかに第1次近似的なものである．

第7章　富の形成と分配　413

24)　こうした不整合性の原因としては，子供の稼得能力を一時的変動にさらされやすい年間所得の大きさで測ることによる誤差の影響や，推定に際し同時に制御する他の変数との複雑な相互作用の影響をあげることができる．また，メンチク＝デービッドが指摘するように，親の恒常所得の推定の仕方にも問題が残る．

25)　本節のモデルは，石川[1980]をベースにしている．その論文は，資本蓄積の金融面を扱ったKaldor[1966], Moore[1975]らの考察を，貨幣，株式というストックを含むマクロ一般均衡体系に拡張したものである．上記論文からの本節の変更点は，第1に，家計が各期の実収入と期待キャピタル・ゲインを所得の構成因として無差別に扱い，双方から同率で貯蓄すると想定した点，第2に実質賃金一定のケースを体系の完結に関する交替的な仮定として追加的に考察した点である．第1の点をめぐっては，本節の仮定の方が家計の合理性の想定に忠実だという点で論理整合的であるが，実証的には疑問も数多く提起されている．

26)　本節の関心はインフレーションにはないため，物価上昇率をゼロとして分析を簡単化している．なお，ここでの資産市場の定式化は，いわゆる期首アプローチに従っている．つまり，各期の所得・支出フローの予算制約式とは独立したストックのバランス・シート制約式が期首時点で有効であり，資産は期首時点で交換されると想定するのである．したがって，貨幣供給量の調節は新規発行株式の引受け量というフロー量(すなわち ΔM)の調節を通じてではなく，次期の期首に開かれる株式市場における公開市場操作によって達成されると理解するわけである．なお，期間中に発行される追加的な貨幣は，投資資金として利用された後，生産過程を通じて家計に分配され，最終的に同額の家計貯蓄として帰結する．したがって，家計が今期のフローとしての貯蓄を貨幣と株式の間でどのように割り振るかの意思決定は存在せず，強いていえば次期の期首に資産構成の調整を行なった時点で，それは事後的に決定される．このような不自然さは期首アプローチのもつ弱点である．期首モデルと期末モデルの対比については，Foley[1975]を参照されたい．

27)　この関係式は，次のようにして導出される．まず，

$$貯蓄 \equiv 所得 - 消費$$

の定義を用いて

$$生産物需要 = 消費 + 投資$$
$$= (所得 - 貯蓄) + 投資$$

である．他方，

$$\text{所得} \equiv \text{産出量(生産物供給)} + \text{期待キャピタル・ゲイン}$$

であるから，生産物需要＝産出量(生産物供給)の条件は，

$$\text{貯蓄} = \text{投資} + \text{期待キャピタル・ゲイン}$$

と同値となる．

28) (7-33)をλについて解くと，

$$(\text{7-33}') \qquad \lambda = \frac{(1-\pi)(\phi(g)+\psi(g))}{s_c(R+\psi(g))-\pi(\phi(g)+\psi(g))}$$

が得られる．(7-33')を(7-32)に代入し整理すると，勤労者の株式保有率は

$$(\text{F-1}) \qquad \lambda_w = \frac{s_w}{s_c - s_w} \frac{1-\pi}{R+\psi(g)} \left\{ \frac{R}{\pi} + \frac{s_c\{R+\psi(g)\}-\{\phi(g)+\psi(g)\}}{s_c\{R+\psi(g)\}-\pi\{\phi(g)+\psi(g)\}} \psi(g) \right\}$$

として求められる．この表現と(7-33')の比をとることで，本文の(7-34)が出る．

なお，本文の説明から明らかなように，パシネッティ定理の妥当性にとって重要な前提は唯一の資産家階層が存在することであり，勤労者階層については，その内部に賃金所得，貯蓄率を異にする複数のサブ・グループがあってもかまわない．その場合，本文のs_wは勤労者内部の(加重)平均として理解すればよい．また，本節のパシネッティ定理の説明は，貨幣，株式など金融資産を含む体系におけるパシネッティ定理の成立可能性をめぐる Kaldor [1966] (特にその Appendix) の混乱した議論や，Davidson [1972] の否定的見解の双方を正す役割をもっている．

29) Z^D 曲線は，

$$\frac{m}{\lambda \phi'(g)} = \frac{l(r)}{1-l(r)}$$

として描かれる．他方，(7-31)と(7-33')から

$$(\text{F-2}) \qquad \frac{m}{\lambda \phi'(g)} = \frac{(\phi(g)-s_f R)\{s_c(R+\psi(g))-\pi(\phi(g)+\psi(g))\}}{(1-\pi)(\phi(g)+\psi(g))^2}$$

の関係が得られるが，右辺のπはRの関数，そしてRは(7-30)を通じてrの関数であることに注意すると，もうひとつのrに関する曲線が得られる．それがZ^S曲線である．Z^S曲線がs_fの上昇とともに左方にシフト，s_cの上昇とともに右方にシフトすることは明白であろう．なお，与件としての自然成長率gがZ^S曲線をどちらの方向へシフトさせるかは，Rおよびπとrとの関係自体が変化することもあり，明らかではない．

なお，後述の不完全雇用の場合にも，(F-2)を出発点として今度はRおよびπを一定におき，gが(7-30)を通じてrの関数であることに注意すれば，同様のZ^S曲

線が描かれる．s_f, s_c の変化が引き起こす曲線のシフトの方向もまったく同じである．

30) もともとのパシネッティ定理では，利潤率 R (収益率 r) は

$$R = \frac{g}{s_c}$$

として決定され，成長率と資産家貯蓄率以外のいかなる要因にも依存しないのに対し，本節の世界における対応する表現は，(7-33)を書きかえることで

$$r = \left(\frac{g}{s_c}\right) \bigg/ \left(\lambda + \frac{\lambda\pi(1-\lambda)}{1-\pi+\lambda\pi}\right)$$

として与えられる．λ, π の決定に実物的要因のみならず貨幣的要因も加わる点で，もともとのパシネッティ定理が収益率の決定に関してもつ強い主張は成立しない．

31) 勤労者の貯蓄率が本文で定義した境界の貯蓄率 s_w^* に等しい場合，依然 (7-33), (7-34) が成立する．そこで (7-34) の左辺を 1 とおいて s_w^* を解くと，

(F-3) $$s_w^* = \frac{\phi(g)+\psi(g)}{\left(\frac{R}{\pi}+\psi\right)}$$

が得られる．この表現は，

$$(\phi(g)+\psi(g))K = s_w^*(Q+\psi(g)K)$$

と同等である．すなわち，体系が必要とする投資額を勤労者がすべてその直接，間接の所得から過不足なくファイナンスする場合にほかならない．また，(F-3) を (7-33) に代入して整理すると，

(F-4) $$s_w^* = s_c \frac{R+\psi}{R+\pi\psi} \frac{\lambda\pi}{1-\pi+\lambda\pi}$$

が得られる．(F-4) が本文の (7-35) と同等であることは容易に確認できよう．ここで求めた二階層の世界と単一階層の世界とを隔てる境界の貯蓄率 s_w^* の表現 (F-3) および (F-4) は，Samuelson＝Modigliani [1966] が求めた，実物資本のみ存在する世界における境界の貯蓄率の表現

(F-5) $$s_w^* = g \cdot \frac{\pi}{R} = s_c \cdot \pi$$

を拡張したものとなっている．

32) 投資と貯蓄の均等で収益率が決定される世界は，貸付資金説として知られている．しかし，本節のモデルではストックの市場はあっても，フローの貸付資金市場は存在しない．収益率はあくまでストックの資産市場で調整される．この式は，

資産市場で叫ばれた収益率がちょうど生産物市場の均衡を保証する収益率の水準と一致して初めて各期の収益率の調整が終了することを意味するに過ぎない．

33) いま，資本1単位当りの生産量が，労働・資本比率（$n=N/K$）と労働の効率iの積として表わされるものとしよう．各期の企業の利潤は

$$\Pi = K\{f(i(w)n) - wn\}$$

として表わされる．各期，K は所与であるから，企業にとっての賃金率および雇用量の選択は，すでに蓄積した資本量 K から独立となる．したがって，効率賃金仮説を定常成長の世界に拡張することは容易である．

34) 生涯が有限であるという事実は，収益率の不確実性が引き起こす富保有の確率的拡散という側面（7.4節）では，むしろ分布のレンジを抑制するという意味で均等化作用を発揮する．したがって，均等化作用を抑える側面だけを強調するのは適切でない．

35) 日本の家計貯蓄率の時系列的推移と国際的にみた高貯蓄率の理由をめぐる実証分析の周到な文献的展望として，Horioka [1990] を参照されたい．

36) キャピタル・ゲインによる短期間の大きな富の形成の重要性を強調したのは Thurow [1975：Chapter 6] である．サロウの議論は，（後述の）効率的資本市場仮説に立脚した資産価格のランダム・ウォーク仮説に依拠しつつ，価格変動の確率分布における正方向への歪みの存在と，一旦大きな富を取得した者の資産保全行動の存在によって富の分布の大きな歪みを説明しようとしたものである．こうした主張に対する批判的吟味が本節の課題である．情報力という概念を導入し，これが果たす役割について述べる．すでに同様の関心からなされた分析として Figlewski [1978] があるが，後述のように（注44）参照）議論の仮定に不整合性があり，市場が最大の情報集計機能を発揮する予想均衡の概念が正確に定義されていない．以下の叙述は，その分析を正すことも意図している．

37) 今期（t 期）の株価を p_t，所与の情報のもとでの，今期末に支払われる配当を $E(d_t|I_t)$，来期の株価の期待値を $E(p_{t+1}|I_t)$，そして割引率を r（リスク・プレミアムを含む）と表記しよう．すると資産間の裁定条件より

(F-6) $$p_t = \frac{E(d_t|I_t)}{1+r} + \frac{E(p_{t+1}|I_t)}{1+r}$$

が成立しなければならない．こうした裁定条件が将来の各期について成立すると予想されることから，逐次的期待の法則を用いて今期の情報のもとでの将来の株価の

期待値に関する1階の定差方程式が生まれる．問題は，初期条件をどのようにして設定するかである．もし $t \to \infty$ のとき，

$$\text{(F-7)} \qquad \left(\frac{1}{1+r}\right)^n E(p_{t+n}|I_t) \to 0$$

であれば，今期の株価 p_t は将来の期待配当流列の現在価値和として求められる．これが，いわゆるファンダメンタル解に対応する．しかし(F-7)が満たされる先験的な保証はない．一般には，ファンダメンタル解に，たとえば

$$\text{(F-8)} \qquad c_t = \frac{1}{1+r} E(c_{t+1}|I_t)$$

を満たす任意の c_t を加えたものも(F-6)の解となる．この項を合理的バブルと呼ぶ（「合理的」というのは，各時点の裁定条件を満たしているからである）．(F-8)からバブルは発散的であることが分かる．実際に(F-8)を満たす形で価格の径路が進行するとき，バブルは自己充足的に累積拡大してゆく．あるとき突然バブルが消滅する可能性は，(F-8)に若干修正を施し純粋な確率的死亡過程を導入することで達成される（その場合には，割引率が死亡確率を反映して高められる）．

38) より一般的に，実質利子率が変化する場合と言ってもよい．また，投資家がリスク回避的な選好を持つ場合には，その選好の変化によるリスク・プレミアムの変化が生ずる場合でもよい．前者の要因については Grossman = Shiller [1981]，後者の要因については，Poterba = Summers [1986] の実証研究を参照のこと．日本では，Ueda [1990] が後者の要因をテストしている．

39) 1985-87年の日本で，たまたま株式を保有していた家計や首都およびその近郊に土地を保有していた家計に巨額のキャピタル・ゲインが生じ，富の分布に大きな不平等が発生したことについては，高山ほか[1989]，橘木[1989]が詳細に記述している．マクロ面での莫大なキャピタル・ゲインとあわせ，なぜこのような現象が発生したかをめぐるひとつの説明は，この期間のマクロ的要因にもとづく貨幣供給の増大が国内資金余剰をもたらし，それが土地，株式に対する投機的需要に向かったというものである．英国でも同期間に，日本に比べ規模は小さいが，土地，株式資産価格に同様の変化があったことは，国際マクロ・金融政策上の連関が作用していた可能性の強いことを示唆している．浅子 = 加納 = 佐野 [1990] は，バブル現象の可能性を強く示唆している．また，税制上の歪みなど，マクロ的現象以外の要因が作用した余地も大きい．

40) 交替的な想定は, $g(P_1)$ がベイジアン的立場での事前分布で, 各人が共通の事前分布を持つというものである. 以下の議論が変更を受けることはない.

41) 本来は安全資産と株式それぞれの初期保有を考える方がよいが, ここでは簡単に貨幣額としての初期保有を考えるわけである.

42) (7-42)の導出は標準的である. (7-40),(7-41)を用いて W_{1i} を $w_i W_0$ のタームで表わし, 次に効用関数 $U(W_{1i})$ を $w_i W_0$ の周囲でテーラー展開して2階までの近似式を得た後, 期待値をとって極値を求めればよい. 1階条件が(7-42)である. P_1 に関する確率分布は, 当該個人の情報に依存することに注意する必要がある.

43) 収益率のタームでの同等の表現は,

$$\sum_{i=1}^{n} \frac{E(r_S|I_i)-r}{c_i \text{Var}(r_S|I_i)} \cdot w_i = \frac{P_0 X_0}{W_0}$$

である.

44) Figlewski[1978]は, このような動学過程をマルコフ過程として近似したうえで, 情報力の高い人たちの富のシェアが1となるケースのほかに, 0と1の間で期待値が定常的な値をとる解のあることを示している. しかし, 彼の分析では需要形成にあたって情報力の高い人も情報力の低い人も同一の歴史的リスクを株式リスク((7-42)の分母に登場する $\text{Var}(P_1|I_i)$) の値として利用すると想定している点で, 最初に設定した情報力の差異の仮定が有効に生かされていないという難点がある.

45) 計画主体の予測統計量を

$$t = \sum_{i=1}^{n} \alpha_i y_i$$

と表記しよう. 計画主体は予測誤差の期待平方和 $E\{(t-P_1)^2|(y_1, y_2, \cdots, y_n)\}$ を最小化するように $\{\alpha_i\}$ を選ぶものと想定する. すなわち, 最適化問題は,

$$\text{Min } E\left\{\left(\sum_{i=1}^{n} \alpha_i y_i - P_1\right)^2 \Big| (y_1, y_2, \cdots, y_n)\right\}$$

$$\text{s.t.} \quad \sum_{i=1}^{n} \alpha_i = 1$$

として表現される. 目標関数は, (7-38)および各人の情報誤差の独立性を用いて,

$$E\left\{\left(\sum_{i=1}^{n} \alpha_i \varepsilon_i\right)^2\right\} = \sum_{i=1}^{n} \alpha_i^2 \sigma_i^2$$

に帰着する. 最適なウェイトは, 明らかに

$$\alpha_i = \frac{1}{n\sigma_i^2} = \frac{\theta_i}{n}$$

46) 日々の株価の変化(ないし収益率)が本文のような性質をもつことについては，Fama [1976: Chapter 1] を参照されたい．

「もし，日々の(株式)収益が正規分布から生起してくるものとすれば，どの銘柄の株式の収益についても，平均の水準から標準偏差の4倍を超える収益が生まれる割合は，50年に1回となる．実際には，これだけ大きい日ごとの収益が5年に4回の割合で出現している．同様にして，正規分布のもとでは，平均の水準から標準偏差の5倍を超える日ごとの収益が発生するのは，7000年に1回の割合であるはずであるが，実際にはそのような事例が3,4年に1回の割合で起きている．」(Fama [1976: 21])

月々の収益率で見ても，ほとんど同様の性質が成立する．Mandelbrot [1963] は，安定的パレート分布の族でそうした尖度，歪みの特徴を捉えることができること，さらにその分布については，日々の分布も月々の分布も同じ分布の族に属するという加法性の要件を満たすことを主張した．ファーマ自身は，分析の容易さゆえ近似的に正規性を仮定してもよいとする立場をとっている(本節のモデル分析もその立場を踏襲している)．しかし Friedman = Laibson [1989] は通常の偶然的変動と比べ異常に大きな変動の要素を直視する必要性を指摘するとともに，収益率をノーマルな変動の部分と，ポアソン過程に従って生起する，もうひとつの正規変動の和として捉えるというモデルを提唱し，ある程度の実証的成功を収めている．

47) 投資家の資産保全行動は必ずしもリスク回避度の増大によるものとは限らない．たとえば第3章注42)で説明した Shorrocks [1988] のモデルは家計の選好自体はリスク中立的であっても，高収益を生みだす資産へのアクセスに一定水準以上の富が必要だといった障壁——市場の不完全性——があれば，一旦獲得した市場アクセスを維持するため，投資家にリスク回避行動が生まれることを示している．

なお，富保全行動は相続税の節税など，税制との関連で論じられることが多いが，本書では捨象する．

48) 近年，内部者取引の規制，企業の情報公開制度の充実などの動きが盛んである．こうした動きは情報へのアクセスを投資家間で公平にする役割と，そうすることでリスク資産への投資誘因を高めることが意図されたものだといえよう．

第8章 結　　論

　本書では，所得と富の分配の形成をめぐる経済理論を展望した．労働所得の分配形成については，労働供給をめぐる比較優位と均等化差異，人的資源の蓄積，雇用機会をめぐる競争と割当て，そして生産性誘因の問題を中心に検討した．また，富の分配については，富の世代内形成と世代間伝達の現象，資産収益率の決定と富の階層分化，資産価格の変動と将来の変動に関する情報力の分配の意義をめぐって検討を加えた．また，以上の主題にかかわる実証研究についても，それが新しい理論的課題を提起することに貢献した部分を焦点に展望した．この分野は，経済学全体の中で理論作業と実証作業がおそらくもっとも実りある交互作用を達成しているひとつだと言ってよい．

　本書の新たな貢献は，新古典派的競争労働市場と二重労働市場という2つの相対立する労働市場観のそれぞれの主張を体系的に整理したうえ，雇用量と所得の決定という側面につき両者の理論的統合を図った点にある．そうした側面では2つの市場観は相互排他的というより，むしろ本来同一の制度・組織が生みだす2つの違った局面（レジーム）としての意味をもつ．すなわち，市場の競争が優越し，完全雇用の達成される局面と，制度的分配機構が有効となり，市場に非自発的な外部労働や失業の生まれる局面である．雇用機会の不均等や，均等化差異の現象では説明できない所得格差は後者の局面で発生する．そのような非対称性は，一見，ケインズの賃金下方硬直性の主張と類似している．しかし，下方硬直性の生ずるメカニズムと条件を明らかにした点にわれわれの議論の発展がある．果たしてどのような局面が成立するかは，市場の需給要因の相対的強さに加え，労働者各人の内発的労働意欲の発生を規定する要因，雇い主に費用負担を強いる労働者の協調的行動の（潜在的）度合など，社会的・制度的要因にも依存する．

　統合化された労働市場の理論は，他の事情一定のもとで，企業部門の資本蓄積が加速される局面で個人間の稼得所得分配が改善し，資本蓄積が停滞ないし

減速する局面で稼得所得分配の不均等が発生することを意味している．基本的に経済成長と賃金所得の均等化とは両立する．したがって，経済成長の促進は，一般に所得分配上も好ましい効果を生みだす．しかし他方で，もし資本蓄積が企業家の長期的収益期待以外に，貯蓄の供給あるいは資源・環境問題など外的要因から制約を受ける場合には，分配問題は独自の政策課題として浮上することになる．その場合，公的な雇用創出，労働者の再訓練など従来から指摘されている政策のほかに，本書では内発的な労働意欲の向上を達成するような仕事の質，労働過程の構造変化の促進(必要なら政策的誘導)によって所得不均等の重要な原因となる雇用割当て現象を止揚できる余地のあることを示した(5.5節)．

　本書はまた，統合化された労働市場の理論が現実の日本の労働市場を理解するうえで有効な枠組となることを，参入料・保証金効果をめぐる実証研究を通じて示した(6.2節)．1960年代初めから70年代前半までの高度成長期は新古典派的競争局面，逆に1970年代半ばから80年代前半までの低成長期は非自発的な雇用の割当てが発生するような，二重労働市場仮説に特有な局面として把握できるというのが結論的主張である．高度成長期に日本の個人間所得分布が大きく平等化したことはよく知られた事実であるが，それはこの時期の労働市場が新古典派競争市場として振る舞ったということに大きく起因している．急速な資本蓄積から派生した労働需要が労働所得一般を相対的に上昇させるだけでなく，学歴・熟練のもたらす高所得の機会が盛んな人的投資を招来し，労働所得間の平準化をもたらしたからである．他方，所得分布の平等化傾向は1970年代半ば以降，停止ないし反転したと言われている．そのような事実は労働市場が非自発的な割当てを含む局面にあるというわれわれの評価と符合するものである．もっとも，本書の実証研究は初歩的なもので，未検討のまま残した短期の雇用・所得の変動過程の分析とあわせ引き続きより厳密な検証をめざして努力を重ねる必要がある．

　しかし，二重労働市場仮説の中で未だその分配上の含意を十分論じ尽くしていない問題もある．分業の形態がどのように決定されるかの問題である．所与の生産関数のもとでの雇用量の選択でなく，生産関数自体がどのように選択さ

れるかの問題だといってよい．とくに仕事の数，個々の仕事の範囲，付随する学習機会の大きさの選択には，アダム・スミスのピン製造の逸話が示す専門化・細分化の利益だけでは到底理解できない側面がある．雇い主による分配上の動機とそのための従業員管理の必要に由来する部分も大きい(5.2節)．当然，異なる分業の形態は，仕事における権限，責任の異なる分配をもたらすとともに，個人間の所得分配をも異なったものにする．

職場の中で仕事を指示する者と指示される者との間には，双方が生きた人間である以上，不可避的に力関係の要素が入り込む．労働意欲の内発性の度合，ないし外的誘因の必要性とその経済的費用といった前述の問題は，仕事のもたらす学習機会の豊かさと同時に仕事における権限や責任の分配という事柄と深くかかわっている．暗唱的で単調な仕事，裁量の余地のない仕事を前提とすれば，所得，余暇，そして低密度の労働が労働者にとって目標となるのもごく自然である．誘因依存交換仮説として定式化した，一方における高賃金と，他方における解雇の可能性という外的誘因の導入が不可避となる世界は，こうして生まれる．保証金制度がそうした世界に生まれる資源配分の歪みと非自発的所得格差を解消させることができるかどうかという設問は，あくまで仕事の内容は変更できないという想定のもとでの議論にほかならない．

欧米における仕事の再設計に関する多くの実験が示したように，一人ひとりの職務の拡大と個人・グループによる作業管理といった，労働者により大きな主体性を保証するような職場の組織編成が量・質両面での生産性を大きく向上させるのだとすれば，われわれの歴史はいまだ効率的でしかも人間的な生産の体制を十分編成できていないことになる．

他方，日本の基幹労働者(内部労働者下位層)の間で複数の仕事の階梯間を移動する比較的幅広い職場学習が行なわれているという指摘は，こうした前人未到の生産体制を方向性においてある程度先取りしたものと見なせないこともない．実際，日本の製造業における労働者の高い生産性と技術革新導入への柔軟な態度という国際的に注目される事実は，各人の仕事の多様性と幅広い学習機会の存在に裏打ちされた労働意欲の内発性に依るところが大きいのかもしれない．

しかし，現状においてすでに十分分業の多様な再編の可能性が試され，位階的な権限や責任配分の秩序に実質的な変更が加えられたとは見なしがたい．効率的でしかも個人個人の主体的な労働意欲と調和する分業体制の構築はわれわれの次の世代がその英知と才覚を傾ける課題となるだろう．

また同時に，日本の現状で比較的幅広い職種と職場学習を含む仕事の生活を経験できる階層は，大企業の基幹労働者など，ごく一部を占めるに過ぎないことに留意しよう．中小企業では，大企業に比べ用意された学習機会の幅も小さく，またそのような経験を取得できる労働者も限定されていることは実態調査の結果として指摘されている(6.1節)．本書冒頭(1.2節)で見たように，日本では中小，零細企業に所属する労働者が圧倒的に多い．さらに近年，特に主婦パート労働など，総じて学習機会のきわめて乏しい外部労働力への依存度を雇い主が高めている傾向が見受けられる．こうした傾向を，元来労働力へのコミットメントの低い人たちに対して補助的所得の獲得を可能にする多種多様な雇用機会が供給されたこととして歓迎するだけで本当に良いのか，その点に懐疑の念を抱くのはおそらく著者だけではあるまい．労働時間の長さと仕事の質とは，本来別個の問題として考えられるからである．

以上の要約が示すように，労働過程の成果としての所得の差異だけでなく，所得の発生プロセス，とりわけ労働過程の内容的差異に関心を寄せた点に本書のひとつの特色がある．それは，哲学者ロールズによって喚起された社会的公正の要件をめぐっての著者のささやかな応答でもある．ロールズが所得と富という経済財と並んで，仕事における権能と責任ある地位を地位財と呼び人間にとっての社会的基本財の一翼として設定したことをここで思い起こそう(2.4節)．地位財のより平等な分配は，人々の自尊の念を助長し，一人ひとりのより大きな努力を引き出す役割が期待される．さらに，各人の自尊の念は，同様に努力する他人を尊敬し，互いの共感の念を生み出す原動力となる．他人の不運・不遇をいとおしみ，自己の幸運を進んで他人と分かちあおうとする動機は，こうして強固なものになるのだと考えられる．本書で検討対象外として残した所得再分配の問題を考える原点はそこにあるといっても過言でない．共感の強さは共感がどのようにして生みだされたかに依存すると思われるからである．

次に,富の形成と分配の問題に話題を転じよう.われわれは,家計の富がどのように形成されるか,3つの時間的段階を区分して論じた.第1は,家計の同一世代内の蓄積,第2は,家計の世代間の富の伝達,第3は,ごく短時間における富の水準の変動である.

第1の側面の富は,家計の生計を維持するうえで必要な最小限の所得の継続的発生源,老後などライフ・サイクル上予見される将来の購買力の必要に対する備え,予測不可能な経済的困難に対する備えなど,家計の異時点にわたる消費の実現ないし家計の生活保障的動機から保有される富を意味している.「ライフ・サイクルの富」と呼べる.第2の側面の富は,家計の親世代が子供世代に意図的ないし非意図的に残す富(遺産)である.「遺産としての富」と呼べよう.その中には,金融資産ないし土地,住宅などの実物資産を含む有形資産もあれば,子供の教育のような無形の資産もある.また,一回的な移転(相続)として伝達される場合もあれば,連続的な生前贈与の形で伝達される場合もある.第3の側面の富は,保有資産の急速な価格上昇を通じて短時間に集中して発生する富である.「キャピタル・ゲインによる富」と呼べよう.市場における資産価格の形成に際し,投資家の将来価格期待が重要な構成要件となること,しかもその期待自体がバブル,群衆心理と呼ばれるような投機的自己実現運動をする余地のあることによって価格変動はさらに増幅される.資産市場は本来的に不安定性を許容する市場である.

本書では,これら富形成のさまざまなルートが富の分配に対してもつ含意を検討した.経済は,同一時点でさまざまなライフ・ステージにある家計を含むため,ライフ・サイクルの富の水準も家計間で当然異なってくる.また,その種の富は公的年金制度の有無などの事情によって大いに影響を受ける.したがって,現実の富の分布は主としてライフ・サイクルの富の相違によって説明できるのではないかという解釈が提起されることに理由がないわけではない.もし,事実としてそうであれば,富の不均等は基本的に(恒常)労働所得の不均等に還元されることになり,それ自体に固有の意味はなくなる.しかし,そのような解釈には現実との対比で明らかな無理がある.実際,家計世帯主の年齢階層を制御して富の分布を調べても,全年齢層を一緒にして見た分布と同程度の

不平等度が示されるからである(1.2節)．そのことは，他のタイプの富が重要であることを何よりも雄弁に物語っている．

　意図的な遺産としての富については，それが親世代による一方的な慈愛的行為を反映する場合と，家族の信頼を前提にした親子間のリスク・シェアリングの行動を反映する場合とが考えられる．しかし，富の長期的な分配という観点からは，親の富の水準と子供が受け継ぐ富の水準との間に，どちらの場合もほぼ同様の富の伝達関係が生まれるという点が重要である．もし親世代の自己消費に比べ将来世代の消費が必需財となる(遺産の弾力性が1より小さい)か，または奢侈財となる(遺産の弾力性が1を超える)場合でしかも親の富がある閾値を超えない範囲では，世代の交代を通じ富の平均への回帰傾向が生ずる．つまり，長期的に富の平等化をもたらす力が働く．しかし，後者のケースで親の富がある閾値を超える場合には，世代間でとめどない富の累積が生じてしまう．そのような場合には富の水準に明確な階層分化が発生することになる(7.1, 7.2節)．

　われわれはまた，以上のような家計の行動を集計したマクロ経済においても，顕著な資産階層分化を伴う経済が成立する場合と，平均への回帰の作用を通じて均質な勤労者単一階層経済の達成される場合の2つのタイプの成長均衡が発生しうることを見た(7.3節)．

　キャピタル・ゲインとしての富がもたらすインパクトの大きさについては，1980年代後半の日本経済で起きた地価，株価の高騰現象を観察した者には多言を要しないだろう．資産市場では，将来価格をより正確に予想できるようにする努力が超過利益をもたらす場合がある．本書は，その点を効率資本市場仮説の厳密な検討とともに示した．情報力に対する投資，取引のタイミングを通した利ざやとりなど，種々のマネー・ゲームが盛況を呈する事態も容易にうなずける(7.4節)．

　米国の遺産行動をめぐる実証研究は，親世代高資産層の間で平均的に遺産弾力性の値が1よりはるかに高い事実を示している．その事実は資産保有における平均への回帰の力が作用しない階層の存在を示唆している．こうしたミクロの検証結果は，マクロで見た米国における富の分配の著しい歪み，そして明白

な資産階層分化の様相と対応するものである．

もっとも，高資産保有層の高い遺産弾性値に示される行動をあくまで前述の慈愛心ないし家族のリスク・シェアリングのモデルに従って解釈しなければならない必要はない．むしろ，富の蓄積自体が世代交代を超越する形で自己目的化された事態として解釈することもできるかもしれない．自己目的化された富は，単に自己保全を図るだけでなく，政治，経済のさまざまな局面で影響力を行使しつつ自己増殖を果たそうとする自然の性向をもつ．むろん，富はそれ自体として力（社会的影響力）を発揮するわけではないが，他の人の行動に影響を与えようとする者の保有する富が大きければ大きいほど，そうした働きかけに伴う経済的費用を容易に負担できる(Harsanyi[1962])という意味で，富は力の基盤となる．富が政治過程に介入し，しばしばそれを歪める事例は，枚挙に暇がない．

日本では，公表統計を通して見る限り，目だった資産階層分化は検出されていない．資産保有はたしかに年々の所得に比べると分布の歪みが大きいものの，英国・米国の資産分布と比較して富の集中の程度ははるかに穏やかである（1.2節．もっとも公表統計にいくつか限界のあることを同時に指摘した）．

このような分布の形成にあたって第2次大戦直後の農地改革や財閥解体などの戦後諸改革を通じた富の意図的な平準化，さらにはドッジ・インフレによる金融資産価値の崩壊という歴史的事件が貢献したことは明らかである．その後，1950年代末から70年代前半にかけての高度成長期を通じて，稼得所得の著しい上昇と平準化があったこと，若年人口の増加と都市への大規模な移動によって住宅など耐久財の需要が増進したこと，家計の生活保障動機から所得の成長と歩調を合わせるだけでなく，さらにそれを上回る金融資産の蓄積が望まれたこと，社会保障（とりわけ老後の所得保証）の制度としての整備が遅れたため，家計の金融資産蓄積を一層進める必要のあったこと，といった事情から，国際的にも稀な高家計貯蓄率が生まれた．こうした事情が，単一勤労者階層の世界という理論モデルによって近似されるような状況を生んだのだと考えられる．

ところで，1980年代後半の地価，株価の高騰による急激な資産保有格差の発生前の段階で，すでに1970年代後半から，家計間の金融資産保有をめぐる最上

位層と最下位層間の格差が増大のきざしを示している(1.2節). このような傾向と折々の資産価格の急騰現象が将来も引き続き生ずるならば, 英米型ないし日本の戦前に見られたような勤労者と資産家の区分の明確な階層分化社会に(再び)行き着かないとも限らない. 富の分配の平等という観点からは, 事態の推移を注意深く見守る努力が必要であろう.

　本書の理論的検討を通して, 民間資産保有の唯一の主体は家計だと想定してきた. 企業の保有する資産は家計の保有する株式価値の中にすべて還元されるため, 企業発行株式の価値を負債として減じた企業の純資産(富)は恒等的にゼロだという想定である. しかし, そうした想定は現実には満たされていない. マクロ資産統計で見て, 1985年末の日本では企業部門の富は家計部門の富の3割の大きさにも及んでいる. しかも, 日本では企業間の緊密な株式持ち合いによって企業の経営者が株主による統制を免れていると指摘されている. それゆえ(少なくとも)企業部門に蓄積された富は, 実質的に企業経営者の裁量下の富だといえる. また, それは典型的な意味での自己目的化された富である. 言うまでもなく, 企業の富についてはその集中度も高い(石川[1990]).

　経営者の階層に巨大な富が集中しているという事実はどのように評価したらよいのだろうか？　もともと経営的知識や才覚, 革新的器量を稀少な人的資源と見る事実認識からすれば, 経営者にある程度大きな富への裁量権を与えることには社会的な合理性がある. 私的所有経済は, 企業の私的な富形成誘因を許すことでそのような人的資源の最大限の利用を図るという効果を期待している. それと同時に, 知識の更新や革新の機会が才覚を持つ人間の新旧交代を促すため, 特定の個人や社会的出自に企業経営者としての地位と裁量権が固定されることがない. 時間を通じた階層間の流動性という意味で社会的公平性が達成されるという期待もある.

　たしかに, 日本の大企業の経営者が株主の統制を離れ, 幅広い裁量権を持つに至ったということは, 前述したような基幹労働者に対して幅広い学習を伴う雇用機会をオファーする余裕を与え, それがまた雇用の安定と高い生産性をもたらすようなプラスの相乗作用を現出させた可能性がある. しかし同時に, 彼らがその巨大な富を背景に既得権の擁護のために政治的な発言力, 影響

力を繰り返し行使してきたことも事実である．日本の政治における民主主義の実践が，その所得や富の高さとは不釣合いなほど成熟さを欠いているのではないかという疑問が内外から指摘される今日，富の一部階層への集中と，有効な対抗力の欠如とがそのような事態の一因をなしていないか，反省が必要だと思われる．ともあれ，これらの点は本書の範囲を超える事柄であり，将来の一層の検討に待ちたい．

　本書で扱いえなかった問題を指摘して，筆を閉じよう．国際間の所得と富の不均等問題，公共財の負担と便益の分配を含む所得再分配の問題は，分配問題の中で明らかに重要な一翼を占める．しかし，これらの問題の扱いには本書とは異なる接近方法が必要である．その検討と評価は将来の機会に委ねたい．

参 照 文 献

Abel, Andrew B., "Precautionary Saving and Accidental Bequests," *American Economic Review*, 75 (September, 1985): 777-791.
Adams, James D., "Personal Wealth Transfers," *Quarterly Journal of Economics*, 95 (August, 1980): 159-179.
Akerlof, George A., "The Market for 'Lemons': Qualitative Uncertainty and the Market Mechanism," *Quarterly Journal of Economics*, 84 (August, 1970): 488-500.
Akerlof, George A., "Labor Contracts as Partial Gift Exchange," *Quarterly Journal of Economics*, 97 (November, 1982): 543-569.
Akerlof, George A. and Yellen, Janet, "A Near-Rational Model of the Business Cycle, with Wage and Price Inertia," *Quarterly Journal of Economics*, 100 (Supplement, 1985): 823-838.
Alchian, Armen and Demsetz, Harold, "Production, Information Costs, and Economic Organization," *American Economic Review*, 62 (December, 1972): 777-795.
Altonji, Joseph, "The Intertemporal Substitution Model of Labor Market Fluctuations: An Empirical Analysis," *Review of Economic Studies*, 49 (Special Issue, 1982): 783-824.
Aoki, Masahiko, "A Model of the Firm as a Stockholder-Employee Cooperative Game," *American Economic Review*, 70 (September, 1980): 600-610.
Aoki, Masahiko, "Equilibrium Growth of the Hierarchical Firm: Shareholder-Employee Cooperative Game Approach," *American Economic Review*, 72 (December, 1982): 1097-1110.
Arrow, Kenneth J., *Social Choice and Individual Values*, Second edition, New Haven: Yale University Press, 1963 (『社会的選択と個人的評価』(第2版) 長名寛明訳, 日本経済新聞社, 1977年).(a)
Arrow, Kenneth J., "Uncertainty and the Welfare Economics of Medical Care," *American Economic Review*, 53 (December, 1963): 941-973.(b)
Arrow, Kenneth J., "Models of Job Discrimination," in Anthony H. Pascal (ed.),

Racial Discrimination in Economic Life, Lexington, Mass.: D. C. Heath, 1972: 83-102.

Arrow, Kenneth J., "Some Ordinalist-Utilitarian Notes on Rawl's Theory of Justice," *Journal of Philosophy*, 70 (May, 1973): 245-263.(a)

Arrow, Kenneth J., "Higher Education as a Filter," *Journal of Public Economics*, 2 (July, 1973): 193-216.(b)

浅子和美・加納悟・佐野尚史「株価とバブル」, 西村清彦・三輪芳朗(編)『日本の株価・地価——価格形成のメカニズム』東京大学出版会, 1990年: 57-86.

Ashenfelter, Orley and Card, David, "Time Series Representations of Economic Variables and Alternative Models of Labour Market," *Review of Economic Studies*, 49 (Special Issue, 1982): 761-781.

Atkinson, Anthony B., "On the Measurement of Inequality," *Journal of Economic Theory*, 2 (September, 1970): 244-263.

Atkinson, Anthony B., "Capital Taxes, the Redistribution of Wealth and Individual Savings," *Review of Economic Studies*, 38 (April, 1971): 209-227.(a)

Atkinson, Anthony B., "The Distribution of Wealth and the Individual Life-Cycle," *Oxford Economic Papers*, 23 (July, 1971): 239-254.(b)

Atkinson, Anthony B. and Harrison, Alan J., *Distribution of Personal Wealth in Britain*, Cambridge: Cambridge University Press, 1978.

Aumann, Robert J. and Kurz, Mordecai, "Power and Taxes," *Econometrica*, 45 (July, 1977): 1137-1160.

Averitt, Robert, *The Dual Economy: The Dynamics of American Industry Structure*, New York: Norton, 1968.

Banfield, Edward C., *The Unheavenly City: The Nature and the Future of Our Urban Crisis*, Boston: Little Brown, 1968.

Barro, Robert J., "Are Government Bonds Net Wealth?" *Journal of Political Economy*, 82 (November/December, 1974): 1095-1117.

Barro, Robert J. and Friedman, James, "On Uncertain Lifetimes," *Journal of Political Economy*, 85 (August, 1977): 843-849.

Becker, Gary S., "Investment in Human Capital: A Theoretical Analysis," *Journal of Political Economy*, 70, Supplement (October, 1962): 9-49.

Becker, Gary S., *Human Capital: A Theoretical and Empirical Analysis, with Special Reference to Education*, New York: Columbia University Press, 1964,

Second edition, 1975.

Becker, Gary S., *Human Capital and the Personal Income Distribution : An Analytical Approach*, Woytinski Lecture No. 1, Ann Arbor : University of Michigan Press, 1967. Reprinted in *Human Capital* (Second edition): 94-144.

Becker, Gary S., "A Theory of Social Interactions," *Journal of Political Economy*, 82 (November/December, 1974): 1063-1093.

Becker, Gary S. and Stigler, George, "Law Enforcement, Malfeasance, and Compensation of Enforcers," *Journal of Legal Studies*, 3 (January, 1974): 1-18.

Becker, Gary S. and Tomes, Nigel, "An Equilibrium Theory of the Distribution of Income and Intergenerational Mobility," *Journal of Political Economy*, 87 (December, 1979): 1153-1189.

Behrman, Jere R. and Taubman, Paul, "Intergenerational Transmission of Income and Wealth," *American Economic Review*, 66 (May, 1976): 436-440.

Ben-Porath, Yoram, "The Production of Human Capital and the Life Cycle of Earnings," *Journal of Political Economy*, 75 (August, 1967): 352-365.

Bernheim, B. Douglas, Shleifer, Andrei and Summers, Lawrence H., "The Strategic Bequest Motive," *Journal of Political Economy*, 93 (December, 1985): 1045-1076.

Blau, Peter M. and Duncan, Otis D., *The American Occupational Structure*, New York : John Wiley, 1967.

Blaug, Mark, *An Introduction to the Economics of Education*, Baltimore and Middlesex : Penguin, 1972.

Blaug, Mark, "The Empirical Status of Human Capital Theory: A Slightly Jaundiced Survey," *Journal of Economic Literature*, 14 (September, 1976): 827-855.

Blinder, Alan S., "A Model of Inherited Wealth," *Quarterly Journal of Economics*, 87 (November, 1973): 608-626.

Blinder, Alan S., "Comments on Chapter 1 and Chapter 2," in Denis Kessler and Andre Masson(eds.), *Modelling the Accumulation and Distribution of Wealth*, Oxford : Clarendon Press, 1988 : 68-76.

Blinder, Alan S. and Weiss, Yoram, *Human Capital and Labor Supply : A Synthesis*, Princeton : Princeton University Press, 1974.

Blumenthal, Tuvia, "Scarcity of Labor and Wage Differentials in the Japanese

Economy," *Economic Development and Cultural Change*, 17 (October, 1968): 15-32.

Bodmer, Walter F. "Race and IQ : The Genetic Background," in K. Richardson and D. Spears(eds.), *Race and Intelligence : The Fallacies Behind the Race-IQ Controversy*, Baltimore : Penguin, 1972.

Boorman, Scott A., "A Combinatorial Optimization Model for Transmission of Job Information through Contact Networks," *Bell Journal of Economics*, 6 (Spring, 1975): 216-249.

Bowles, Samuel, "Schooling and Inequality from Generation to Generation," *Journal of Political Economy*, 80 (May/June, 1972): S219-S251.

Bowles, Samuel and Gintis, Herbert, *Schooling in Capitalist America : Educational Reform and the Contradictions of Economic Life*, New York : Basic Books, 1976(『アメリカ資本主義と学校教育』(I), (II) 宇沢弘文訳, 岩波書店, 1986, 87年).

Bowles, Samuel, Gintis, Herbert and Meyer, Peter, "The Long Shadow of Work : Education, the Family, and the Reproduction of the Social Division of Labor," *Insurgent Sociologist*, 5 (Summer, 1975): 3-22.

Bowles, Samuel, Gordon, David and Weisskopf, Thomas, *Beyond the Waste Land : A Democratic Alternative to Economic Decline*, New York : Anchor Press, 1983 (『アメリカ衰退の経済学:スタグフレーションの解剖と克服』都留康・磯谷明徳訳, 東洋経済新報社, 1986年).

Bowles, Samuel and Nelson, Valerie, "The 'Inheritance of IQ' and the Intergenerational Reproduction of Economic Inequality," *Review of Economics and Statistics*, 56 (February, 1974): 39-51.

Braverman, Harry, *Labor and Monopoly Capital : The Degradation of Work in the Twentieth Century*, New York : Monthly Review Press, 1974(『労働と独占資本』富沢賢治訳, 岩波書店, 1978年).

Bray, Margaret, "Futures Trading, Rational Expectations, and the Efficient Markets Hypothesis," *Econometrica*, 49 (May, 1981): 575-596.

Brenner, Marshall H., "Use of High School Data to Predict Work Performance," *Journal of Applied Psychology*, 52 (February, 1968): 29-30.

Brittain, John A., *Inheritance and the Inequality of Material Wealth*, Washington, D. C.: The Brookings Institution, 1978.

Brown, Charles, "Equalizing Differences in the Labor Market," *Quarterly Journal of Economics*, 95 (February, 1980): 113-134.

Buchanan, Allen, "Revisability and Rational Choice," *Canadian Journal of Philosophy*, 5 (November, 1975): 395-408.

Bulow, Jeremy and Summers, Lawrence H., "A Theory of Dual Labor Market with Application to Industrial Policy, Discrimination and Keynesian Unemployment," *Journal of Labor Economics*, 4 (July, 1986): 376-414.

Cain, Glen, "The Challenge of Segmented Labor Market Theories to Orthodox Theory: A Survey," *Journal of Economic Literature*, 14 (December, 1976): 1215-1257.

Calvo, Guillermo, "Quasi-Walrasian Theories of Unemployment," *American Economic Review*, 69 (May, 1979): 102-107.

Calvo, Guillermo and Wellisz, Stanislaw, "Supervision, Loss of Control, and the Optimum Size of the Firm," *Journal of Political Economy*, 86 (October, 1978): 943-952.

Calvo, Guillermo and Wellisz, Stanislaw, "Hierarchy, Ability and Income Distribution," *Journal of Political Economy*, 87 (October, 1979): 991-1010.

Carmichael, Lorne, "Can Unemployment Be Involuntary?: Comment," *American Economic Review*, 75 (December, 1985): 1213-1214.

Chamberlin, Gary and Griliches, Zvi, "Unobservables with a Variance-Components Structure: Ability, Schooling, and the Economic Success of Brothers," *International Economic Review*, 16 (June, 1975): 422-449.

Chamberlin, Gary and Griliches, Zvi, "More on Brothers," in Paul Taubman(ed.), *Kinometrics: Determinants of Socioeconomic Success Within and Between Families*, Amsterdam: North-Holland, 1977: 97-124.

Champernowne, David G., "A Model of Income Distribution," *Economic Journal*, 63 (June 1953): 318-351.

Clower, Robert, "The Keynesian Counter-Revolution: A Theoretical Appraisal," in F. Hahn and F. Brechling(eds.), *The Theory of Interest Rates*, London: Macmillan, 1965: 103-125.

Coase, Ronald, "The Nature of the Firm," *Economica* (New Series), 4 (November, 1937): 386-405.

Cooter, Robert and Rappoport, Peter, "Were the Ordinalists Wrong about Welfare

Economics?" *Journal of Economic Literature*, 22 (June, 1984): 507-530.

Cootner, Paul H. (ed.), *The Random Character of Stock Market Prices*, Cambridge, Mass.: MIT Press, 1964.

Daniels, Norman, *Reading Rawls: A Critical Studies of 'A Theory of Justice'*, Oxford: Basil Blackwell, 1975.

Danielsen, Albert L. and Okachi, Katsuji, "Private Rates of Return to Schooling in Japan," *Journal of Human Resources*, 6 (Summer, 1971): 391-397.

Danthine, Jean-Pierre, "Information, Futures Prices and Stabilizing Speculation," *Journal of Economic Theory*, 17 (February, 1978): 79-98.

Dasgupta, Partha, "On Some Criteria for Justice between Generations," *Journal of Public Economics*, 3 (November, 1974): 405-423.

Davidson, Paul, *Money and the Real World*, New York: John Wiley, 1972.

Davies, James, "Uncertain Lifetime, Consumption, and Dissaving in Retirement," *Journal of Political Economy*, 89 (June, 1981): 561-577.

Davis, Louis E. and Trist, Eric L., "Improving the Quality of Work Life: Sociotechnical Case Studies," in James O'Toole (ed.), *Work and the Quality of Life: Resource Papers for Work in America*, Cambridge, Mass.: MIT Press, 1974: 246-280.

Denison, Edward, *Why Growth Rates Differ: Postwar Experience in Nine Western Countries*, Washington, D. C.: The Brookings Institution, 1967.

Diamond, Peter and Hausman, Jerry, "Individual Retirement and Savings Behavior," *Journal of Public Economics*, 23 (February/March, 1984): 81-114.

Dickens, William and Katz, Lawrence, "Inter-Industry Wage Differences and Industry Characteristics," in Kevin Lang and Jonathan Leonard (eds.), *Unemployment and the Structure of Labor Markets*, Oxford: Basil Blackwell, 1987.

Dickens, William and Lang, Kevin, "A Test of Dual Labor Market Theory," *American Economic Review*, 75 (September, 1985): 792-805. (a)

Dickens, William and Lang, Kevin, "Testing Dual Labor Market Theory: A Reconsideration of the Evidence," NBER Working Paper # 1670, July, 1985. (b)

Doeringer, Peter and Piore, Michael, *Internal Labor Markets and Manpower Analysis*, Lexington, Mass.: D. C. Heath, 1971.

Donaldson, David and Eaton, B. Curtis, "Firm-Specific Human Capital: A Shared

Investment or Optimal Entrapment?" *Canadian Journal of Economics*, 9 (August, 1976): 462-472.

Duncan, Otis D., Featherman, David L. and Duncan, Beverly, *Socioeconomic Background and Occupational Achievement : Extensions of A Basic Model*, Final Report Project No. 5-0074 (EO-191), Bureau of Research, Office of Education, U. S. Department of Health, Education, and Welfare, May, 1968.

Dworkin, Ronald, "The Original Position," in N. Daniels (ed.), *Reading Rawls*, Oxford : Basil Blackwell, 1975 : 16-53.

Eaton, B. Curtis and White, William, "Agent Compensation and the Limits of Bonding," *Economic Inquiry*, 20 (July, 1982): 330-343.

Eckstein, Zvi, Eichenbaum, Martin S. and Peled, Dan, "The Distribution of Wealth and Welfare in the Presence of Incomplete Annuitiy Markets," *Quarterly Journal of Economics*, 100 (August, 1985): 789-806.

Edwards, Richard C., "Personal Traits and 'Success' in Schooling and Work," *Educational and Psychological Measurement*, 37 (Spring, 1977): 125-138.

Edwards, Richard C., *Contested Terrain : The Transformation of the Workplace in the Twentieth Century*, New York : Basic Books, 1979.

Edwards, Richard C., Gordon, David M. and Reich, Michael, *Segmented Work, Divided Workers : The Historical Transformation of Labor in the United States*, Cambridge : Cambridge University Press, 1982 (『アメリカ資本主義と労働――蓄積の社会的構造』河村哲二・伊藤誠訳, 東洋経済新報社, 1990年).

Eichenbaum, Martin S. and Peled, Dan, "Capital Accumulation and Annuities in an Adverse Selection Economy," *Journal of Political Economy*, 95 (April, 1987): 334-354.

Fägerlind, Ingemar, *Formal Education and Adult Earnings : A Longitudinal Study on the Economic Benefits of Education*, Stockholm : Almqvist and Wiksell International, 1975.

Fallon, Peter and Layard, Richard, "Capital-Skill Complementarity, Income Distribution, and Output Accounting," *Journal of Political Economy*, 83 (April, 1975): 279-301.

Fama, Eugene F., "Efficient Capital Markets : A Review of Theory and Empirical Work," *Journal of Finance*, 25 (May, 1970): 383-424.

Fama, Eugene F., *Foundations of Finance : Portfolio Decisions and Securities*

Prices, New York : Basic Books, 1976.

Figlewski, Stephen, "Market 'Efficiency' in a Market with Heterogeneous Information," *Journal of Political Economy*, 86 (August, 1978): 581-597.

Foley, Duncan K., "On Two Specifications of Asset Equilibrium in Macroeconomic Models," *Journal of Political Economy*, 83 (March/April, 1975): 303-324.

Friedman, Benjamin M. and Laibson, David I., "Economic Implications of Extraordinary Movements in Stock Prices," *Brookings Papers on Economic Activity*, 2, (1989): 137-189.

Friedman, Milton, "Choice, Chance and the Personal Distribution of Income," *Journal of Political Economy*, 61 (August, 1953): 277-290.

Friedman, Milton, *Capitalism and Freedom*, Chicago : University of Chicago Press, 1962(『資本主義と自由』熊谷尚夫・西山千明・白井孝昌訳, マグロウヒル好学社, 1975年).

Friend, Irwin and Blume, Marshall E., "The Demand for Risky Assets," *American Economic Review*, 65 (December, 1975): 900-922.

舟橋尚道『日本的雇用と賃金』法政大学出版局, 1983年.

Gibrat, R., *Les Inégalités Economiques*, Paris, 1931.

Gintis, Herbert, "Education, Technology, and the Characteristics of Worker Productivity," *American Economic Review*, 61 (May, 1971): 266-279.

Gintis, Herbert and Ishikawa, Tsuneo, "Wages, Work Intensity and Labor Hoarding under Uncertain Demand: A State Contingent Recontracting Model," Discussion Paper 86-F-4, University of Tokyo, October, 1986.

Gintis, Herbert and Ishikawa, Tsuneo, "Wages, Work Intensity and Unemployment," *Journal of the Japanese and International Economies*, 1 (June, 1987): 195-228.

Goode, William J., *The Family*, Englewood Cliffs, N. J. : Prentice Hall, 1964.

Granovetter, Mark S., *Getting a Job : A Study of Contracts and Careers*, Cambridge, Mass. : Harvard University Press, 1974.

Green, Jerry and Stokey, Nancy, "A Comparison of Tournaments and Contracts," *Journal of Political Economy*, 91 (June, 1983): 349-364.

Griliches, Zvi, "Capital-Skill Complementarity," *Review of Economics and Statistics*, 51 (November, 1969): 465-468.

Griliches, Zvi, "Estimating the Returns to Schooling : Some Econometric Problems," *Econometrica*, 45 (January, 1977): 1-22.

Griliches, Zvi, "Sibling Models and Data in Economics: Beginnings of a Survey," *Journal of Political Economy*, 87 (October, 1979): S37-S64.

Griliches, Zvi and Mason, William M., "Education, Income, and Ability," *Journal of Political Economy*, 80 (May/June, 1972): S74-S103.

Grossman, Sanford, "On the Efficiency of Competitive Stock Markets Where Traders Have Diverse Information," *Journal of Finance*, 31 (May, 1976): 573-585.

Grossman, Sanford J. and Stiglitz, Joseph E., "On the Impossibility of Informationally Efficient Equilibrium," *American Economic Review*, 70 (June, 1980): 393-408.

Grossman, Sanford J. and Shiller, Robert J., "The Determinants of the Variability of Stock Market Prices," *American Economic Review*, 71 (May, 1981): 222-227.

Hammond, Peter J., "Why Ethical Measures of Inequality Need Interpersonal Comparisons," *Theory and Decision*, 7 (October, 1976): 263-274.

Hanoch, Giora, "An Economic Analysis of Earnings and Schooling," *Journal of Human Resources*, 2 (Summer, 1967): 310-329.

Hansen, Lee, "Total and Private Rates of Return to Investment in Schooling," *Journal of Political Economy*, 71 (April, 1963): 128-140.

Harbury, C. D., "Inheritance and the Distribution of Personal Wealth in Britain," *Economic Journal*, 72 (December, 1962): 845-868.

Harbury, C. D. and Hitchens, D. M. W. N., "The Inheritances of Top Wealth Leavers: Some Further Evidence," *Economic Journal*, 86 (June, 1976): 321-326.

Harbury, C. D. and McMahon, P. C., "Inheritance and the Characteristics of Top Wealth Leavers in Britain," *Economic Journal*, 83 (September, 1973): 810-833.

Harris, John R. and Todaro, Michael P., "Migration, Unemployment and Development: A Two Sector Analysis," *American Economic Review*, 60 (March, 1970): 126-142.

Harris, Milton and Holmstrom, Bengt, "A Theory of Wage Dynamics," *Review of Economic Studies*, 49 (July, 1982): 315-333.

Harsanyi, John C., "Cardinal Utility in Welfare Economics and the Theory of Risk-taking," *Journal of Political Economy*, 61 (October, 1953): 434-435.

Harsanyi, John C., "Cardinal Welfare, Individualistic Ethics and Interpersonal Comparisons of Utility," *Journal of Political Economy,* 63 (August, 1955): 309-321.

Harsanyi, John C., "Approaches to the Bargaining Problem before and after the Theory of Games: A Critical Discussion of Zeuthen's, Hicks's and Nash's Theories," *Econometrica*, 24 (January, 1956): 144-157.

Harsanyi, John C., "The Dimension and Measurement of Social Power," *Behavioral Science*, 7 (1962): 67-80.

Hashimoto, Masanori, "Wage Reduction, Unemployment and Specific Human Capital," *Economic Inquiry*, 13 (December, 1975): 485-504.

Hashimoto, Masanori and Raisian, John, "Employment Tenure and Earnings Profiles in Japan and the United States," *American Economic Review*, 75 (September, 1985): 721-735.

Hayashi, Fumio, Ando, Albert, and Ferris, Richard, "Life Cycle and Bequest Saving: A Study of Japanese and U. S. Households Based on the 1984 NSFIE Data and Data from the Survey of Consumer Finances," *Journal of the Japanese and International Economies*, 2 (December, 1988): 450-491.

Hayek, Friedrich A., *Constitution of Liberty*, London, 1960.

Helpman, Elhanan, "International Trade in the Presence of Product Differentiation, Economies of Scale and Monopolistic Competition: A Chamberlin-Heckscher-Ohlin Approach," *Journal of International Economics*, 11 (August, 1981): 305-340.

Hicks, John, "Elasticity of Substitution Again: Substitutes and Complements," *Oxford Economic Papers*, 22 (November, 1970): 289-296.

Higuchi, Yoshio, "Japan's Changing Wage Structure: The Impact of Internal Factors and International Competition," *Journal of the Japanese and International Economies*, 3 (December, 1989): 480-499.

Hindle, Brooke, *Emulation and Invention*, New York: Norton, 1981.

Horioka, Charles, "Why is Japan's Household Saving Rate So High?: A Literary Survey," *Journal of the Japanese and International Economies*, 4 (March, 1990): 49-92.

Hutchison, Terrence W., *'Positive' Economics and Policy Objectives*, London: Allen and Unwin, 1964.

稲田献一『弱者の経済学』東洋経済新報社, 1977年.

Ishikawa, Tsuneo, "Imperfection in the Capital Market and the Institutional Arrangement of Inheritance," *Review of Economic Studies*, 41 (July, 1974): 383-404.

Ishikawa, Tsuneo, "Family Structures and Family Values in the Theory of Income Distribution," *Journal of Political Economy*, 83 (October, 1975): 987-1008.

石川経夫「企業貯蓄・金融市場と巨視的分配」『経済学論集』46(1980年7月): 20-48.

石川経夫「労働意欲の決定要因としての'エミュレーション'効果について」『経済学論集』47(1981年4月): 2-15.

Ishikawa, Tsuneo, "Dual Labor Market Hypothesis and Long-Run Income Distribution," *Journal of Development Economics*, 9 (August, 1981): 1-30.

Ishikawa, Tsuneo, "Learning Opportunity and Job Hierarchy," A paper presented at the American Studies Seminar, Doshisha University, Kyoto, August, 1984.

石川経夫「家計貯蓄の構造要因と金融税制」, 浜田宏一・堀内昭義・黒田昌裕編『日本経済のマクロ分析』東京大学出版会, 1987年: 177-210.

石川経夫「人的投資の費用概念と国民所得計算」, 鬼塚雄丞・岩井克人(編)『現代経済学研究——新しい地平を求めて』東京大学出版会, 1988年: 328-346.

Ishikawa, Tsuneo, "Saving and Labor Supply Behavior of Aged Households in Japan," *Journal of the Japanese and International Economies*, 2 (December, 1988): 417-449.

石川経夫「賃金二重構造の理論的再検討」, 土屋守章・三輪芳朗(編)『日本の中小企業』東京大学出版会, 1989年: 117-140.

石川経夫「家計の富と企業の富——日本における富の集中をめぐって」, 西村清彦・三輪芳朗(編)『日本の株価・地価——価格形成のメカニズム』東京大学出版会, 1990年: 231-262.

石川経夫・玄田有史「労働市場における割当てと年功賃金」東京大学経済学部 Discussion Paper, 89-J-9, 1989年9月.

石崎唯雄『日本の所得と富の分配』東洋経済新報社, 1983年.

伊東光晴「二重構造論の展望と反省」, 川口弘・篠原三代平・長洲一二・宮沢健一・伊東光晴(共著)『日本経済の基礎構造』春秋社, 1962年: 169-212.

Jencks, Christopher, *Inequality: A Reassessment of the Effect of Family and Schooling in America*, New York: Basic Books, 1972.

Jensen, Arthur R., "How Much Can We Boost IQ and Scholastic Achievement?" *Harvard Educational Review*, 39 (Winter, 1969): 1-123.

Johnson, William R., "A Theory of Job Shopping," *Quarterly Journal of Economics*, 92 (May, 1978): 261-277.

Johnston, John, *Econometric Methods* (Second edition), New York: McGraw-Hill, 1972.

Jones, Ronald W., "The Structure of Simple General Equilibrium Models," *Journal of Political Economy*, 73 (December, 1965): 557-572.

Jorgenson, Dale W. and Griliches, Zvi, "The Explanation of Productivity Change," *Review of Economic Studies*, 34 (July, 1967): 249-283.

Jovanovic, Boyan, "Job Matching and the Theory of Turnover," *Journal of Political Economy*, 87 (October, 1979): 972-989.

貝塚啓明・石田祐幸・石山行忠・原孝裕・小野久子『勤労者世帯の所得分配の研究:人的資本理論とライフ・ステージ別所得分配』(経済研究シリーズ34), 経済企画庁, 1979年.

Kaldor, Nicholas, "Marginal Productivity and the Macro-Economic Theories of Distribution," *Review of Economic Studies*, 33 (October, 1966): 309-320.

Kalecki, Michal, "On the Gibrat Distribution," *Econometrica*, 13 (April, 1945): 161-170.

Kanbur, S. M. Ravi, "Of Risk Taking and the Personal Distribution of Income," *Journal of Political Economy*, 87 (August, 1979): 769-797.

Kant, Immanuel, *Groundwork of the Metaphysic of Morals*, 1785, translated by H. J. Patton, New York: Harper(『道徳形而上学原論』篠田英雄訳, 岩波文庫, 1976年).

Kant, Immanuel, Über den Gemeinspruch: Das mag in der Theorie richtig sein, taugt aber nicht für die Praxis," *Die Berlinische Monatsschrift* (September, 1793)(「理論と実践」,『啓蒙とは何か』篠田英雄訳, 岩波文庫, 1974年所収).

経済企画庁総合計画局(編)『所得・資産分配の実態と問題点:所得分配に関する研究会報告』, 1975年.

Keynes, John M., *The General Theory of Employment, Interest and Money*, London: Macmillan, 1936(『雇用, 利子および貨幣の一般理論』塩野谷九十九訳, 東洋経済新報社, 1949年).

Killingsworth, Mark R., *Labor Supply*, Cambridge: Cambridge University Press,

1983.

King, Melvyn A. and Dicks-Mireaux, L-D. L., "Asset Holdings and the Life-Cycle," *Economic Journal*, 92 (June, 1982): 247-267.

Knight, Frank H., "The Ethics of Competition," *Quaterly Journal of Economics*, 37 (August, 1923): 579-624. Reprinted in *The Ethics of Competition*, Chicago, 1935.

Kohn, Melvin L., *Class and Conformity : A Study in Values*, Homewood, Illinois : Dorsey, 1969.

Kohn, Melvin L. and Schooler, Carmi, "Occupational Experience and Psychological Functioning : An Assessment of Reciprocal Effects," *American Sociological Review*, 38 (February, 1973): 87-118.

小池和男「賃金水準」, 労働問題文献研究会(編)『文献研究・日本の労働問題』(増補版) 総合労働研究所, 1971年: 112-129.

小池和男『職場の労働組合と参加』東洋経済新報社, 1977年.

小池和男『中小企業の人材形成』同文館, 1981年(a).

小池和男『日本の熟練』東洋経済新報社, 1981年(b).

Kotlikoff, Laurence and Spivak, Avia, "The Family as an Incomplete Annuities Market," *Journal of Political Economy*, 89 (April, 1981): 372-391.

Kotlikoff, Laurence and Summers, Lawrence, "The Role of Intergenerational Transfers in Aggregate Capital Accumulation," *Journal of Political Economy*, 89 (August, 1981): 706-732.

Kotlikoff, Laurence and Summers, Lawrence, "The Contribution of Intergenerational Transfers to Total Wealth : A Reply," in Denis Kessler and Andre Masson (eds.), *Modelling the Accumulation and Distribution of Wealth*, Oxford : Clarendon Press, 1988 : 53-67.

Krueger, Alan and Summers, Lawrence H., "Efficiency Wages and the Interindustry Wage Structure," *Econometrica*, 56 (March, 1988): 259-293.

Landes, David S., *The Unbound Prometheus : Technological Change and Industrial Development in the Western Europe from 1750 to the Present*, Cambridge : Cambridge University Press, 1972.

Lazear, Edward, "Why Is There Mandatory Retirement?" *Journal of Political Economy*, 87 (December, 1979): 1261-1284.

Lazear, Edward and Rosen, Sherwin, "Rank-Order Tournaments as Optimum

Labor Contracts," *Journal of Political Economy*, 89 (October, 1981): 841-864.

Leibowitz, Arleen, "Family Background and Economic Success: A Review of the Evidence," in Paul Taubman(ed.), *Kinometrics: Determinants of Socioeconomic Success Within and Between Families*, Amsterdam: North-Holland, 1977: 9-33.

Leigh, Duane, "Occupational Advancement in the late 1960s: An Indirect Test of the Dual Labor Market Hypothesis," *Journal of Human Resources*, 11 (Spring, 1976): 155-171.

LeRoy, Stephen F., "Risk Aversion and the Martingale Property of Stock Prices," *International Economic Review*, 14 (June, 1973): 436-446.

LeRoy, Stephen F. and Porter, Robert D., "The Present-Value Relation: Tests Based on Implied Variance Bounds," *Econometrica*, 49 (May, 1981): 555-574.

Levhari, David and Weiss, Yoram, "The Effect of Risk on the Investment in Human Capital," *American Economic Review*, 64 (December, 1974): 950-963.

Levitan, Sar A. and Werneke, Diane, "Worker Participation and Productivity Change," *Monthly Labor Review*, 107 (September, 1984): 28-33.

Lillard, Lee A., "Inequality: Earnings vs. Human Wealth," *American Economic Review*, 67 (March, 1977): 42-53.

Lindbeck, Assar and Snower, Denis, "Wage Setting, Unemployment, and Insider-Outsider Relations," *American Economic Review*, 76 (May, 1986): 235-239.

Lucas, Robert E. and Rapping, Leonard, "Real Wages, Employment and Inflation," *Journal of Political Economy*, 77 (September/October, 1969): 721-754. Reprinted in R. E. Lucas, *Studies in Business Cycle Theory*, Cambridge, Mass.: MIT Press, 1981.

Malinvaud, Edmond, *Lectures on Microeconomic Theory* (Second edition), Amsterdam: North Holland, 1977(『ミクロ経済理論講義』(第4版) 林 敏彦訳, 創文社, 1981年).

Mandelbrot, Benoit, "Paretian Distributions and Income Maximization," *Quarterly Journal of Economics*, 77 (February, 1962): 57-85.

Mandelbrot, Benoit, "The Variation of Certain Speculative Prices," *Journal of Business*, 36 (October, 1963): 394-419.

Marglin, Stephen A., "What Do Bosses Do? The Origins and Functions of Hierarchy in Capitalist Production," *Review of Radical Political Economics*, 6

(Summer, 1974): 60-112((邦訳)青木昌彦編著『ラディカル・エコノミックス』中央公論社, 1973 年所収: 93-146).

Marris, Robin, *The Economic Theory of 'Managerial' Capitalism*, London: Macmillan, 1964.

Marshall, Alfred, *Principle of Economics*, 8th edition, London: Macmillan, 1920 (『マーシャル経済学原理』(1, 2) 馬場啓之助訳, 東洋経済新報社, 1965, 66 年).

Marx, Karl, *Das Kapital: Kritik der politischen Oekonomie, I*, Hamburg, 1867(『資本論』第1巻, 向坂逸郎訳, 岩波書店, 1967 年).

Marx, Karl, *Critique of the Gotha Programme*, 1875, New York: International Publishers, 1938(『ゴータ綱領批判』望月清司訳, 岩波文庫, 1975 年).

Mayer, Thomas, *Permanent Income, Wealth, and Consumption: A Critique of the Permanent Income Theory, the Life-Cycle Hypothesis, and Related Theories*, Berkeley: University of California Press, 1972.

Meade, James E., *Efficiency, Equality, and the Ownership of Property*, Cambridge, Mass.: Harvard University Press, 1964.

Meade, James E., "The Outcome of the Pasinetti Process: A Note," *Economic Journal*, 76 (March, 1966): 161-165.

Medoff, James and Abraham, Katherine, "Experience, Performance and Earnings," *Quarterly Journal of Economics*, 95 (December, 1980): 703-736.

Medoff, James and Abraham, Katherine, "Are Those Paid More Really More Productive? The Case of Experience," *Journal of Human Resources*, 16 (Spring, 1981): 186-216.

Menchik, Paul L., "Intergenerational Transmission of Inequality: An Empirical Study of Wealth Mobility," *Economica*, 46 (November, 1979): 349-362.

Menchik, Paul L., "Primogeniture, Equal Sharing, and the U. S. Distribution of Wealth," *Quarterly Journal of Economics*, 94 (March, 1980): 299-316.

Menchik, Paul L. and David, Martin, "Income Distribution, Lifetime Savings, and Bequests," *American Economic Review*, 73 (September, 1983): 672-690.

Metzler, Lloyd A., "Wealth, Saving, and the Rate of Interest," *Journal of Political Economy*, 59 (April, 1951): 93-116.

Mill, John S., *Utilitarianism*, 7th edition, London, 1879(「功利主義論」伊原吉之助訳『ベンサム・ミル』(世界の名著38), 中央公論社, 1967 年): 459-528.

Mill, John S., *Principles of Political Economy*, London, 1848; 9th edition, London:

Longmans, 1885(『経済学原理』(全5冊) 末永茂喜訳, 岩波文庫, 1959-63年).

Mincer, Jacob, "Investment in Human Capital and Personal Income Distribution," *Journal of Political Economy*, 66 (August, 1958): 281-302.

Mincer, Jacob, *Schooling, Experience and Earnings*, New York: Columbia University Press, 1974.

Mincer, Jacob and Higuchi, Yoshio, "Wage Structures and Labor Turnover in the United States and Japan," *Journal of the Japanese and International Economies*, 2 (June, 1988): 97-133.

Mirer, Thad, "The Wealth-Age Relation among the Aged," *American Economic Review*, 69 (June, 1979): 435-443.

Miyazaki, Hajime, "The Rat Race and Internal Labor Markets," *Bell Journal of Economics*, 8 (Autumn, 1977): 394-418.

Mizoguchi, Toshiyuki and Takayama, Noriyuki, *Equity and Poverty under Rapid Economic Growth: The Japanese Experience*, Tokyo: Kinokuniya, 1984.

Modigliani, Franco, "Measuring the Contribution of Intergenerational Transfers to Total Wealth: Conceptual Issues and Empirical Findings," in Denis Kessler and Andre Masson(eds.), *Modelling the Accumulation and Distribution of Wealth*, Oxford: Clarendon Press, 1988: 21-52.

Moggridge, Donald, *Keynes*, London: Macmillan, 1976(『ケインズ』塩野谷祐一訳, 東洋経済新報社, 1979年).

Moore, Basil J., "Equities, Capital Gains, and the Role of Finance in Accumulation," *American Economic Review*, 65 (December, 1975): 872-886.

Morishima, Michio, "Wage Differentials in Japan: 1958-85," A Paper Presented at Japan-Italy Workshop, October 11-12, 1988.

Mortensen, Dale T., "Specific Capital and Labor Turnover," *Bell Journal of Economics*, 9 (Autumn, 1978): 572-586.

Nash, John F., "Bargaining Problem," *Econometrica*, 18 (April, 1950): 155-162.

Negishi, Takashi, *History of Economic Theory*, Amsterdam: North-Holland, 1989.

野口悠紀雄『土地の経済学』日本経済新聞社, 1989年.

Nozick, Robert, *Anarchy, State and Utopia*, Oxford: Basil Blackwell, 1974.

尾高煌之助『労働市場分析——二重構造の日本的展開』岩波書店, 1984年.

大橋勇雄「不完全情報・労働の準固定性・企業内選抜」『季刊理論経済学』29 (1978年8月): 97-108.

Oi, Walter, "Labor as a Quasi-Fixed Factor," *Journal of Political Economy*, 70 (December, 1962): 538-555.

Okun, Arthur M., "Upward Mobility in a High-Pressure Economy," *Brookings Papers on Economic Activity*, 1, (1973): 207-261.

Okun, Arthur M., *Equality and Efficiency: The Big Tradeoff*, Washington, D. C.: The Brookings Institution, 1975(『平等か効率か』新開陽一訳, 日本経済新聞社, 1976年).

小野旭『戦後日本の賃金決定』東洋経済新報社, 1973年.

小野旭『日本的雇用慣行と労働市場』東洋経済新報社, 1989年.

Oster, Gerry, "A Factor Analytic Test of the Theory of the Dual Economy," *Review of Economics and Statistics*, 61 (February, 1979): 33-39.

Osterman, Paul, "An Empirical Study of Labor Market Segmentation," *Industrial and Labor Relations Review*, 28 (July, 1975): 508-523.

Osterman, Paul, "Reply," *Industrial and Labor Relations Review*, 30 (February, 1977): 221-224.

Osterman, Paul, *Getting Started: The Youth Labor Market*, Cambridge, Mass.: MIT Press, 1980.

O'Toole, James(ed.), *Work and the Quality of Life: Resource Papers for Work in America*, Cambridge, Mass.: MIT Press, 1974.

Oulton, Nicholas, "Inheritance and the Distribution of Wealth," *Oxford Economic Papers*, 28 (March, 1976): 86-101.

Parsons, Talcott, "The School Class as a Social System: Some of Its Functions in American Society," *Harvard Educational Review*, 29 (Fall, 1959): 297-318.

Pasinetti, Luigi, "Rate of Profit and Income Distribution in Relation to the Rate of Economic Growth," *Review of Economic Studies*, 29 (October, 1962): 267-279.

Pazner, Elisha A. and Schmeidler, David, "A Difficulty in the Concept of Fairness," *Review of Economic Studies*, 41 (July, 1974): 441-443.

Pazner, Elisha A. and Schmeidler, David, "Social Contract Theory and Ordinal Distributive Equity," *Journal of Public Economics*, 5 (April-May, 1976): 261-268.

Phelps, Edmund S., "Introduction," in *Microeconomic Foundations of Employment and Inflation Theory*, New York: Norton, 1970: 1-23.

Phelps, Edmund S., "The Statistical Theory of Racism and Sexism," *American*

Economic Review, 62 (September, 1972): 659-661.

Pigou, Arthur C., *The Economics of Welfare*, London: Macmillan, 1932(『ピグウ厚生経済学(1-4)』気賀健三訳, 東洋経済新報社, 1966年).

Piore, Michael J., "Fragments of 'Sociological' Theory of Wages," *American Economic Review*, 63 (May, 1973): 377-384.

Piore, Michael J., "Note for a Theory of Labor Market Stratification," in Richard C. Edwards, Michael Reich and David M. Gordon(eds.), *Labor Market Segmentation*, Lexington, Mass.: D. C. Heath, 1975: 125-150.

Piore, Michael J., "Dualism as a Response to Flux and Uncertainty," in Michael Piore and Suzanne Berger, *Dualism and Discontinuity in Industrial Societies*, Cambridge: Cambridge University Press, 1980: 15-54.(a)

Piore, Michael J., "The Technological Foundations of Dualism and Discontinuity," in Michael Piore and Suzanne Berger, *Dualism and Discontinuity in Industrial Societies*, Cambridge: Cambridge University Press, 1980: 55-81.(b)

Piore, Michael J. and Sabel, Charles F., *The Second Industrial Divide: Possibilities for Prosperity*, New York: Basic Books, 1986.

Polanyi, Karl, "Aristotle Discovers the Economy," 1957, in George Dalton(ed.), *Primitive, Archaic and Modern Economies: Essays of Karl Polanyi*, Boston: Beacon, 1968: 78-115(『経済の文明史』玉野井芳郎・平野健一郎訳, 日本経済新聞社, 1975年: 187-234).

Polanyi, Karl, *The Livelihood of Man*, edited by Harry W. Pearson, New York: Academic Press, 1977(『人間の経済(I)』玉野井芳郎・栗本慎一郎訳, 岩波現代選書, 1980年).

Poterba, James M. and Summers, Lawrence, H., "The Persistence of Volatility and Stock Market Fluctuations," *American Economic Review*, 76 (December, 1986): 1142-1151.

Psacharopoulos, George and Layard, Richard, "Human Capital and Earnings: British Evidence and a Critique," *Review of Economic Studies*, 46 (July, 1979): 485-503.

Raisian, John, "Cyclic Patterns in Weeks and Wages," *Economic Inquiry*, 17 (October, 1979): 475-495.

Rasmusen, Eric, *Games and Information: An Introduction to Game Theory*, Oxford: Basil Blackwell, 1989.

Rawls, John, *A Theory of Justice*, Cambridge, Mass.: Harvard University Press, 1971(『正義論』矢島鈞次監訳, 紀伊國屋書店, 1979年).

Rawls, John, "Reply to Lyons and Teitelman," *Journal of Philosophy*, 69 (October, 1972): 556-557.

Rawls, John, "Kantian Constructivism in Moral Theory," *Journal of Philosophy*, 77 (September, 1980): 515-572.

Reder, Melvin, "The Theory of Occupational Wage Differentials," *American Economic Review*, 45 (December, 1955): 833-852.

Riley, John G., "Competitive Signalling," *Journal of Economic Theory*, 10 (April, 1975): 174-186.

Riley, John G., "Informational Equilibrium," *Econometrica*, 47 (March, 1979): 331-359.

Robbins, Lionel, *The Nature and Significance of Economic Science*, London: Macmillan, 1932.

Rosen, Sherwin, "Learning by Experience as Joint Exchange," *Quarterly Journal of Economics*, 86 (August, 1972): 366-382.(a)

Rosen, Sherwin, "Learning and Experience in the Labor Market," *Journal of Human Resources*, 7 (Summer, 1972): 326-342.(b)

Rosen, Sherwin, "Hedonic Prices and Implicit Markets," *Journal of Political Economy*, 82 (January/February, 1974): 34-55.

Rosen, Sherwin, "Human Capital: A Survey of Empirical Research," in Ronald G. Ehrenberg(ed.), *Research in Labor Economics*, Vol. 1, Greenwich, Conn.: JAI Press, 1977: 3-39.

Rosen, Sherwin, "Substitution and Division of Labour," *Economica* (New Series), 45 (August, 1978): 235-250.

Rosenberg, Nathan, "The Direction of Technological Change: Inducement Mechanisms and Focusing Devices," in *Perspectives on Technology*, Cambridge: Cambridge University Press, 1976: 108-125.

Rothschild, Michael and Stiglitz, Joseph E., "Equilibrium in Competitive Insurance Markets: An Essay on the Economics of Imperfect Information," *Quarterly Journal of Economics*, 90 (December, 1976): 629-649.

Roy, A. D., "Some Thoughts on the Distribution of Earnings," *Oxford Economic Papers*, 3 (June, 1951): 135-146.

Sabel, Charles F., *Work and Politics : The Division of Labor in Industry*, Cambridge : Cambridge University Press, 1982.

Salop, Joanne and Salop, Steven, "Self-Selection and Turnover in the Labor Market," *Quarterly Journal of Economics*, 90 (November, 1976): 619-627.

Samuelson, Paul A., "Proof That Properly Anticipated Prices Fluctuate Randomly," *Industrial Management Review*, 6 (Spring, 1965): 41-50.

Samuelson, Paul A., "Proof that Properly Discounted Present Values of Assets Vibrate Randomly," *Bell Journal of Economics and Management Science*, 4 (Autumn, 1973): 369-374.

Samuelson, Paul A. and Modigliani, Franco, "The Pasinetti Paradox in Neoclassical and More General Models," *Review of Economic Studies*, 33 (October, 1966): 269-301.

Sato, Ryuzo and Koizumi, Tetsunori, "On the Elasticities of Substitution and Complementarity," *Oxford Economic Papers*, 25 (March, 1973): 44-56.

Sawyer, Malcolm, "Income Distribution in OECD Countries," *OECD Economic Outlook Occasional Studies* (July, 1976): 3-36.

Schultz, Theodore W., "Capital Formation by Education," *Journal of Political Economy*, 68 (December, 1960): 571-583.

Schultz, Theodore W., *Investment in Human Capital : The Role of Education and Research*, New York : Free Press, 1971.

Schwartz, Adina, "Moral Neutrality and Primary Goods," *Ethics*, 83 (July, 1973): 294-307.

Scitovsky, Tibor, *The Joyless Economy : An Inquiry into Human Satisfaction and Consumer Dissatisfaction*, Oxford : Oxford University Press, 1976.

Sen, Amartya, *Collective Choice and Social Welfare*, San Francisco : Holden Day, 1970.

Sen, Amartya, *On Economic Inequality*, Oxford : Basil Blackwell, 1973(『不平等の経済理論』杉山武彦訳, 日本経済新聞社, 1977年).

Sen, Amartya, "Rawls versus Bentham : An Axiomatic Examination of the Pure Distribution Problem," in N. Daniels(ed.), *Reading Rawls*, Oxford : Oxford University Press, 1975 : 283-292. Originally published in *Theory and Decision*, 4 (February/April, 1974): 300-309.

Sen, Amartya, "On Weights and Measures : Informational Constraints in Social

Welfare Analysis," *Econometrica*, 45 (October, 1977): 1539-1572.

Sen, Amartya, "Personal Utilities and Public Judgements: Or What's Wrong with Welfare Economics?" *Economic Journal*, 89 (September, 1979): 537-558.

Sewell, William H. and Hauser, Robert M., *Education, Occupation, and Earnings: Achievement in the Early Career*, New York: Academic Press, 1975.

Shapiro, Carl and Stiglitz, Joseph E., "Equilibrium Unemployment as a Worker Discipline Device," *American Economic Review*, 74 (June, 1984): 433-444.

Sheshinski, Eytan and Weiss, Yoram, "Uncertainty and Optimal Social Security Systems," *Quarterly Journal of Economics*, 96 (May, 1981): 189-206.

Shiller, Robert J., "Do Stock Prices Move Too Much to be Justified by Subsequent Changes in Dividends?" *American Economic Review*, 71 (June, 1981): 421-436.

Shiller, Robert J., "Stock Prices and Social Dynamics," *Brookings Papers on Economic Activity*, 2,(1984): 457-498.

Shimada, Haruo, *Earnings Structure and Human Investment: A Comparison between the United States and Japan*, Ph. D. Dissertation, University of Wisconsin, 1974. Published by Tokyo: Kogakusha, 1981.

Shinohara, Miyohei, *Structural Changes in Japan's Economic Development*, Tokyo: Kinokuniya, 1970.

塩野谷祐一『価値理念の構造：効用と権利』東洋経済新報社, 1984 年.

Shorrocks, Anthony F., "The Age-Wealth Relationship: A Cross-Section and Cohort Analysis," *Review of Economics and Statistics*, 57 (May, 1975): 155-163.

Shorrocks, Anthony F., "Wealth Holdings and Entrepreneurial Activity," in Denis Kessler and Andre Masson(eds.), *Modelling the Accumulation and Distribution of Wealth*, Oxford: Clarendon Press, 1988: 241-256.

Shoup, Carl S., *Federal Estate and Gift Taxes*, Washington, D. C.: The Brookings Institution, 1966.

Simon, Herbert, "A Formal Theory of the Employment Relationship," *Econometrica*, 19 (July, 1951): 293-305. Reprinted in *Models of Man, Social and Rational: Mathematical Essays on Rational Human Behavior in a Social Setting*, New York: John Wiley, 1957: 183-195.

Smith, Adam, *An Inquiry into the Nature and Causes of the Wealth of Nations*, Volumes I and II(Edwin Cannan [ed.]), London: Methuen, 1904 (Originally published in 1776)(『諸国民の富』I, II, 大内兵衛・松川七郎訳, 岩波書店, 1969年).

Smith, Robert, "Compensating Wage Differentials and Public Policy: A Review," *Industrial and Labor Relations Review*, 32 (April, 1979): 339-352.

Smith, James D., "The Concentration of Wealth in the United States: Trends in the Distribution of Wealth among American Families," Joint Economic Committe, United States Congress, July, 1988.

Solow, Robert, "Alternative Approaches to Macroeconomic Theory: A Partial View," *Canadian Journal of Economics*, 12 (August, 1979): 339-354.

Solow, Robert, "Insiders and Outsiders in Wage Determination," *Scandinavian Journal of Economics*, 87 (2, 1985): 411-428.

Spence, Michael, "Job Market Signalling," *Quarterly Journal of Economics*, 87 (August, 1973): 355-374.

Spence, Michael, "Competitive and Optimal Responses to Signals," *Journal of Economic Theory*, 7 (March, 1974): 296-332.

Stiglitz, Joseph E., "Distribution of Income and Wealth among Individuals," *Econometrica*, 37 (July, 1969): 382-397.

Stiglitz, Joseph E., "Wage Determination and Unemployment in L. D. C.'s," *Quarterly Journal of Economics*, 88 (May, 1974): 194-227.

Stoikov, Vladimir, "Size of Firm, Worker Earnings, and Human Capital: The Case of Japan," *Industrial and Labor Relations Review*, 26 (July, 1973): 1095-1106.

Stone, Katherine, "The Origins of Job Structures in the Steel Industry," *Review of Radical Political Economics*, 6 (Summer, 1974): 113-173.

Summers, Lawrence H. "Does the Stock Market Rationally Reflect Fundamental Values?" *Journal of Finance*, 41 (July, 1986): 591-602.

鈴村興太郎『経済計画理論』筑摩書房, 1982年.

Tachibanaki, Toshiaki, "Wage Determinations in Japanese Manufacturing Industries——Structural Change and Wage Differentials," *International Economic Review*, 16 (October, 1975): 562-586.

Tachibanaki, Toshiaki, "Further Results on Japanese Wage Differentials: Nenko Wages, Hierarchical Position, Bonuses, and Working Hours," *International Economic Review*, 23 (June, 1982): 447-461.

橘木俊詔「若年における失業問題について」『日本労働協会雑誌』第307号, 1984年: 12-22.

橘木俊詔「若年層の就業, 労働問題について」, 労働大臣官房政策調査部(編)『労働力需給の長期予測』, 1988年6月: 1-29.

橘木俊詔「資産価格変動と資産分布の不平等」『日本経済研究』(日本経済研究センター) 18号 (1989年3月): 79-91.

高山憲之『不平等の経済分析』東洋経済新報社, 1980年.

高山憲之・舟岡史雄・大竹文雄・関口昌彦・渋谷時幸「日本の家計資産と貯蓄率」『経済分析』(経済企画庁) 116号(1989年9月): 1-93.

高山憲之・舟岡史雄・大竹文雄・関口昌彦・渋谷時幸・上野大・久保克行「家計資産保有額の年次推移と家計貯蓄率の2時点比較」『経済分析』(経済企画庁) 118号 (1990年3月): 75-121.

Tawney, Richard H., *The Acquisitive Society*, New York: Harcourt, Brace and World, 1920.

Tawney, Richard H., *Equality*, 1931; 4th edition, London: Unwin, 1952. Reprinted by New York: Barnes and Noble, 1964.

Teitelman, Michael, "The Limits of Individualism," *Journal of Philosophy*, 69 (October, 1972): 545-556.

Thurow, Lester C., "Toward a Definition of Economic Justice," *Public Interest*, 31 (Spring, 1973): 56-80.

Thurow, Lester C., *Generating Inequality: Mechanisms of Distribution in the U. S. Economy*, New York: Basic Books, 1975(『不平等を生み出すもの』小池和男・脇坂明訳, 同文館, 1984年).

Thurow, Lester C., *Dangerous Currents: The State of Economics*, New York: Random House, 1983.

Titmuss, Richard M., "Introduction," to R. H. Tawney, *Equality*, London: Unwin, 1952(Barnes and Noble edition: 9-24).

Tobin, James, "Inflation and Unemployment," *American Economic Review*, 62 (March, 1972): 1-18.

Tobin, James, *Asset Accumulation and Economic Activity: Reflections on Contemporary Macroeconomic Theory*, Chicago: University of Chicago Press, 1980 (『マクロ経済学の再検討——国債累積と合理的期待』浜田宏一・藪下史郎訳, 日本経済新聞社, 1981年).

富樫光隆「我国勤労者世帯における富の分配の研究」『一橋論叢』81 (1979年6月): 766-777.

Tomes, Nigel, "The Family, Inheritance, and the Intergenerational Transmission of Inequality," *Journal of Political Economy*, 89 (October, 1981): 928-958.

Ueda, Kazuo, "Are Japanese Stock Prices Too High?" *Journal of the Japanese and International Economies*, 4 (December, 1990): 351-370.

氏原正次郎「京浜工業地帯における大工場労働者の性格」「京浜工業地帯における労働市場の模型」(1954年),『日本労働問題研究』東京大学出版会, 1966年所収: 351-425.

United States Department of Health, Education, and Welfare, *Work in America*, Cambridge, Mass.: MIT Press, 1973.

Ure, Andrew, *The Philosophy of Manufactures: An Exposition of the Scientific, Moral, and Commercial Economy of the Factory System of Great Britain*, London, 1835.

Uzawa, Hirofumi, "On the Two-Sector Model of Economic Growth," *Review of Economic Studies*, 29 (October, 1961): 40-47.

Uzawa, Hirofumi, "The Penrose Effect and Optimum Growth," *Economic Studies Quarterly*, 19 (March, 1968): 1-14.

Uzawa, Hirofumi, "Time Preference and the Penrose Effect in a Two-Class Model of Economic Growth," *Journal of Political Economy*, 77 (July/August, 1969): 628-652.

Varian, Hal R., "Equity, Envy and Efficiency," *Journal of Economic Theory*, 9 (September, 1974): 63-91.

Varian, Hal R., "Distributive Justice, Welfare Economics, and the Theory of Fairness," *Philosophy and Public Affairs*, 4 (Spring, 1975): 223-247.

Vickrey, William S., "Measuring Marginal Utility by Reactions to Risk," *Econometrica*, 13 (October, 1945): 319-333.

Vickrey, William S., "Utility, Strategy, and Social Decision Rules," *Quaterly Journal of Economics*, 74 (November, 1960): 507-535.

Vickrey, William S., *Microstatics*, New York: Harcourt, Brace and World, 1964.

Wachtel, Paul, "The Effect of School Quality on Achievement, Attainment Levels, and Lifetime Earnings," *Explorations in Economic Research*, 2 (Fall, 1975): 502-536.

Wachter, Michael, "Primary and Secondary Labor Market : A Critique of the Dual Approach," *Brookings Papers on Economic Activity*, 3, (1974): 637-693.

Weiss, Andrew, "Job Queues and Layoffs in Labor Markets with Flexible Wages," *Journal of Political Economy*, 88 (June, 1980): 526-538.

Weitzman, Martin, "Increasing Returns and the Foundations of Unemployment Theory," *Economic Journal*, 92 (December, 1982): 787-804.

Weitzman, Martin, "Some Macroeconomic Implications of Alternative Compensation Systems," *Economic Journal*, 93 (December, 1983): 763-783.

White, Betsy B., "Empirical Tests of the Life Cycle Hypothesis," *American Economic Review*, 68 (September, 1978): 547-560.

White, Harrison C., *Chains of Opportunity*, Cambridge, Mass. : Harvard University Press, 1970.

Williamson, Oliver, *Markets and Hierarchies*, New York : Free Press, 1975(『市場と企業組織』浅沼萬里訳, 日本評論社, 1980年).

Willis, Robert J. and Rosen, Sherwin, "Education and Self-Selection," *Journal of Political Economy*, 87 (October, 1979): S7-S36.

Willis, Robert J., "Wage Determinants : A Survey and Reinterpretation of Human Capital Earnings Functions," in Orley Ashenfelter and Richard Layard(eds.), *Handbook of Labor Economics*, Vol. I, Amsterdam : North-Holland, 1986 : 525-602.

Wilson, Charles, "A Model of Insurance Markets with Incomplete Information," *Journal of Economic Theory*, 16 (December, 1977): 167-207.

Wolff, Edward N., "Estimates of Household Wealth Inequality in the U. S.," *Review of Income and Wealth*, 33 (September, 1987): 231-256.

Yaari, Menham, "Uncertain Lifetime, Life Insurance, and the Theory of the Consumer," *Review of Economic Studies*, 32 (April, 1965): 137-150.

Yellen, Janet, "Efficiency Wage Models of Unemployment," *American Economic Review*, 74 (May, 1984): 200-205.

Young, Allyn, "Increasing Returns and Economic Progress," *Economic Journal*, 38 (December, 1928): 527-542.

Zeuthen, Frederik, *Problems of Monopoly and Economic Warfare*, London, 1930.

人名索引

A

Abel, A. B.　410
Abraham, K.　156
Adams, J. D.　350, 360, 361
Akerlof, G. A.　105, 260, 276, 335
Alchian, A.　266
Altonji, J.　265
Ando, A.　21, 333
青木昌彦　273
Aristoteles　51, 59
Arrow, K. J.　38, 49, 50, 54, 58, 59, 104, 113, 335
浅子和美　417
Ashenfelter, O.　265
Atkinson, A. B.　18, 59, 333, 345, 399
Aumann, R. J.　273
Averitt, R.　271

B

Banfield, E. C.　412
Barro, R. J.　275, 397, 409
Becker, G. S.　79, 87, 95, 99, 103, 158, 194, 266, 279, 352, 410
Behrman, J. R.　198
Bentham, J.　34, 38, 39
Ben-Porath, Y.　85
Bernheim, B. D.　409
Blau, P. M.　196, 410
Blaug, M.　149, 194
Blinder, A. S.　85, 345, 347, 410, 411
Blume, M. E.　380
Blumenthal, T.　323
Bodmer, W. F.　181
Boorman, S. A.　155

Bowles, S.　179, 189, 191, 264
Braverman, H.　269
Bray, M.　391
Brenner, M. H.　189-191, 199
Brittain, J. A.　333
Brown, C.　265
Buchanan, A.　59
Bulow, J.　261

C

Cain, G.　227, 228
Calvo, G.　260, 277-279
Cannan, E.　35
Cantillon, R.　276
Card, D.　265
Carmichael, L.　279
Chamberlin, G.　183, 184
Champernowne, D. G.　73
Clower, R.　239
Coase, R.　266
Cooter, R.　57
Cootner, P. H.　390

D

Daniels, N.　58
Danielsen, A. L.　159
Danthine, J.-P.　405
Dasgupta, P.　58
David, M.　333, 348, 349, 360, 361, 408, 413
Davidson, P.　414
Davies, J.　337
Davis, L. E.　270
Demsetz, H.　266
Denison, E.　148

Diamond, P.   333
Dickens, W.   228, 229, 265
Dicks-Mireaux, L.-D. L.   333, 408
Doeringer, P.   223, 226, 266, 287, 289, 290, 293
Donaldson, D.   94
Duncan, B.   179, 183
Duncan, O. D.   179, 183, 196, 410
Dworkin, R.   41

E

Eaton, B. C.   94, 279
Eckstein, Z.   410
Edwards, R. C.   188, 189, 216, 226, 267, 272
Eichenbaum, M. S.   336, 411

F

Fägerlind, I.   179, 180, 182, 196, 197
Fallon, P.   204, 205
Fama, E. F.   380, 393, 394, 419
Featherman, D. L.   179 183
Ferris, R.   21, 333
Figlewski, S.   416, 418
Fisher, I.   35, 378
Foley, D. K.   413
Friedman, B. M.   395, 419
Friedman, J.   409
Friedman, M.   26, 32, 78, 147, 148, 408
Friend, I.   380
舟橋尚道   156
舟岡史雄   15-17

G

玄田有史   324
Gibrat, R.   73
Gintis, H.   186, 189, 191, 260, 277-280
Goode, W. J.   409

Gordon, D. M.   216, 226, 264, 267, 272
Granovetter, M. S.   155
Green, J.   277
Griliches, Z.   148, 176-185, 191, 195, 196, 198, 205
Grossman, S. J.   380, 391, 393, 405, 417

H

Hammond, P. J.   38
Hanoch, G.   158-162, 168, 193
Hansen, L.   158
Harbury, C. D.   333, 348
Harris, J. R.   272
Harris, M.   129, 141, 142, 144, 156, 322
Harrison, A. J.   18
Harsanyi, J. C.   49, 273, 427
橋本正紀   282, 316, 322, 323
Hauser, R. M.   182
Hausman, J.   333
林 文夫   21, 333
Hayek, F. A.   26, 32, 57
Heckman, J.   412
Helpman, E.   145
Hicks, J.   37, 264
樋口美雄   295, 317, 324, 327
Hindle, B.   56
Hitchens, D. M. W. N.   333, 348
Hobbes, T.   40
Holmstrom, B.   129, 141, 142, 144, 156, 322
堀岡, チャールズ   416
Hume, D.   38
Hutchison, T. W.   55

I

稲田献一   55
石川経夫   7, 8, 18, 19, 21, 87, 89, 91,

231, 260, 271, 273, 275-280, 320, 324, 333, 352, 409-411, 413, 428
石崎唯雄　10, 20
伊東光晴　322

J

Jencks, C.　179
Jensen, A. R.　181
Johnson, W. R.　125, 127, 128
Johnston, J.　196
Jones, R. W.　63
Jorgenson, D. W.　148
Jovanovic, B.　155

K

貝塚啓明　163, 170, 263
Kaldor, N.　413, 414
Kalecki, M.　73
Kanbur, S. M. R.　148
Kant, I.　54, 58, 59
加納 悟　417
Katz, L.　265
Keynes, J. M.　32, 57, 58, 87, 243, 282, 421
Killingsworth, M. R.　271
King, M. A.　333, 408
Knight, F. H.　55, 56
Kohn, M. L.　183, 188
小池和男　282, 285, 293, 294, 321, 323
幸泉哲紀　264
Kotlikoff, L.　341, 345, 347, 409, 411
Krueger, A.　265
Kurz, M.　273

L

Laibson, D. I.　395, 419
Landes, D. S.　268, 269
Lang, K.　228, 229
Layard, R.　149, 163, 165, 168, 169, 194, 204, 205
Lazear, E.　277, 279
Leibowitz, A.　198
Leigh, D.　227
LeRoy, S. F.　390, 395
Levhari, D.　150
Levitan, S. A.　270
Lillard, L. A.　180
Lindbeck, A.　266
Locke, J.　40
Lucas, R. E.　207

M

Malinvaud, E.　265
Mandelbrot, B.　74, 393, 419
Marglin, S. A.　213-216, 221, 266, 267
Marris, R.　273
Marshall, A.　24, 25, 35, 37, 53
Marx, K.　24, 30, 46, 214, 215, 266-268
Mason, W. M.　176-182, 185, 191, 196
Mayer, T.　408
McMahon, P. C.　333, 348
Meade, J. E.　410
Medoff, J.　156
Menchik, P. L.　333, 348, 349, 360, 361, 408, 410, 413
Metzler, L. A.　362, 370, 375
Meyer, P.　189, 191
Mill, J. S.　23-25, 29, 31, 33-35, 37-39, 51, 55-57
Mincer, J.　79, 99, 148, 157, 161-165, 167-172, 194, 195, 295, 324
Mirer, T.　333
宮崎 元　121
溝口敏行　10
Modigliani, F.　345-348, 411, 415
Moggridge, D.　58
Moore, B. J.　413

森嶋通夫　320
Mortensen, D. T.　155

N

Nash, J. F.　120, 273
根岸 隆　266
Nelson, V.　179
野口悠紀雄　21
Nozick, R.　55

O

尾高煌之助　282, 285, 323
大橋勇雄　156, 322
Oi, W.　266
岡地勝二　159
Okun, A. M.　55, 227
小野 旭　315, 316, 322, 323
Oster, G.　272
Osterman, P.　155, 228, 271
大竹文雄　15-17
O'Toole, J.　270
Oulton, N.　333, 345

P

Pareto, V.　57, 77, 117, 118
Parsons, T.　186
Pasinetti, L.　368
Pazner, E. A.　56
Peled, D.　336, 411
Phelps, E. S.　207
Pigou, A. C.　24, 25, 35, 37, 53, 146
Piore, M. J.　92, 213, 223, 225, 226, 266, 267, 270, 271, 280, 287, 289, 290, 293, 312
Polanyi, K.　44, 59
Porter, R. D.　395
Poterba, J. M.　417
Psacharopoulos, G.　149, 163, 165, 168, 169, 194

R

Raisian, J.　282, 316, 322, 323
Rapping, L.　207
Rappoport, P.　57
Rasmusen, E.　153
Rawls, J.　24, 25, 29, 30, 32, 38-54, 56-59, 424
Reder, M.　315, 327
Reich, M.　216, 226, 267, 272
Riley, J. G.　115, 117, 120, 121, 138, 152, 153
Robbins, L.　24, 37
Rosen, S.　85, 145, 147, 148, 195, 270, 277
Rosenberg, N.　267, 269
Rothschild, M.　153, 335
Rousseau, J.-J.　40
Roy, A. D.　73

S

Sabel, C. F.　267, 268, 280
Salop, J.　94
Salop, S.　94
Samuelson, P. A.　37, 390, 415
佐野尚史　417
佐藤隆三　264
Sawyer, M.　20
Schmeidler, D.　56
Schooler, C.　188
Schultz, T. P.　164
Schultz, T. W.　79
Schwartz, A.　59
Scitovsky, T.　59
Sen, A.　38, 50, 57, 59
Sewell, W. H.　182
Shapiro, C.　277, 278
Sheshinski, E.　397, 409
Shiller, R. J.　379, 394, 395, 417

島田晴雄　163, 170, 295
篠原三代平　282, 321, 322
塩野谷祐一　58, 59
Shleifer, A.　409
Shorrocks, A. F.　154, 333, 419
Shoup, C. S.　340, 341
Sidgwick, H.　39
Simon, H.　266
Smith, A.　24, 38, 55, 78, 79, 147, 148, 212-214, 219, 221, 266-268, 276, 423
Smith, J. D.　19
Smith, R.　205, 206
Snower, D.　266
Solow, R.　266, 277
Spence, M.　104, 105, 107, 113, 117, 121
Spivak, A.　341, 409
Stigler, G.　279
Stiglitz, J. E.　153, 260, 277, 278, 335, 373, 391
Stoikov, V.　323, 324
Stokey, N.　277
Stone, K.　216, 222, 267-269, 277
Summers, L. H.　261, 265, 345, 347, 395, 409, 411, 417
鈴村興太郎　59

T

橘木俊詔　156, 317, 320, 323, 417
高山憲之　10, 15-17, 19, 21, 417
Taubman, P.　198
Tawney, R. H.　56
Teitelman, M.　59
Thurow, L. C.　31, 195, 204, 230, 231, 235, 241, 266, 273, 379, 394, 416
Titmuss, R. M.　56
Tobin, J.　207, 274, 275
Todaro, M. P.　272
富樫光隆　15, 16

Tomes, N.　350, 360, 361, 410, 412
Trist, E. L.　270

U

植田和男　417
氏原正次郎　270, 287, 289, 321, 323
Ure, A.　214, 215, 266
宇沢弘文　63, 272, 274, 363

V

Varian, H. R.　30
Vickrey, W. S.　49, 145

W

Wachtel, P.　198
Wachter, M.　228
Weiss, A.　312, 327
Weiss, Y.　85, 150, 397, 409
Weisskopf, T.　264
Weitzman, M.　280, 327
Wellisz, S.　279
Werneke, D.　270
White, B. B.　345
White, H. C.　155
White, W.　279
Wicksell, K.　347
Williamson, O.　266
Willis, R. J.　195, 196
Wilson, C.　120, 335
Wolff, E. N.　18

Y

Yaari, M.　409
Yellen, J.　260, 277, 279
Young, A.　213, 266

Z

Zeuthen, F.　273

事 項 索 引

( )内の数字は，数学注または注のページを表わす．

あ 行

IQ
　形質の遺伝　174, 181, 185, (198), 358
　指標　175-176, 179, 188-189, (196-197)
　所得規定要因としての評価　181, 184, 298
アトキンソン尺度　(59)
暗黙の契約
　——を反映した遺産　344
　親子間の資産のプーリング　341-342, 352
　親子間の相互扶養契約　353, (411)
　完全な年金保険の代役機能　341, 353
遺産
　——乗数法　18
　——としての教育　→世代間の富の伝達
　——としての富　346-348, 425
　——の限界効用の弾力性　343
　——の弾力性の計測　348-350, 360-361, 426
　公正の観点からみた相続　32
　婚姻慣習　(410)
　相続制度　(410)
遺産動機
　慈愛心による——　(148), 337-340, 342-344, 346, 352, 355, 426
　純粋に偶然の遺産　340
　戦略的動機　(409)
　力の動機　340-341
　非自発的な遺産　337
　リスク・シェアリング動機　341-342, 344, 426
一般的訓練　83　→学習機会
因果的相関　178
ウィルソン均衡　120-121, (152)
羨みなしの規準　30, (56)
エミュレーションの性向
　発明・発見における——　33
　労働意欲における——　(278)
追越し点(overtaking point)
　——の定義　167
　——の検証　168-170, 171-172, (195)
親子の共同資源プール　352, (400)
親の養育態度　183

か 行

下位層　→企業内部労働市場
外部労働市場
　定義と特徴　225
　——における所得形成　230, (271)
　——への労働供給　226, (271)
　形成の根拠　225-226
　生産性誘因としての——　246
　統計的把握　226-229
学習機会(職場訓練機会)
　一般的な——　82-86, 224
　——の定義　83
　——の価格　83, (148-149)
　最適な学習密度の選択　83-85, (149)
　使用者費用アプローチによる説明　90-92

不確実性下の学習密度　96-98, 102, (150)
模倣可能性　(148-149)
——と労働意欲　1, 423-424
——の性格と労働市場の分類　223-225
企業に特有な——　92-96
　——の定義　92
　機会の独占可能性　93, 290-291, (321)
　——と借入れ制約　295
　——としての情報的学習　294, (322)
　共同(分益)投資　95-96, (274), 289
　交渉力の基盤として　210-211, 230, (266)
　最適な学習密度の選択　93-94
　労働力の固定性の根拠として　210-211
　仕事をしながらの学習　→遂行学習
学習曲線(learning curve)　86
学習資産の価値　(192-193)
学歴パラドックス　205, 230, 240, 262
　——の定義　204-205
　学歴インフレーション　(276)
　需要制約下の割当て現象　240-241, 262
学歴プレミアム(負の参入料)
　——の定義　235-236
　新規労働市場の需給調整機能　237-239, 262
　——の現実妥当性　242
　——の非対称性の可能性　242-243
家計貯蓄
　遺産動機　334-335, 337-340, (396-399), (400-402)
　債券貯蓄(通常貯蓄)と年金貯蓄の完全特化　335, (396)

債券貯蓄・年金貯蓄間の代替性　336-337, 339-340, (397-399)
生涯の長さの不確実性　333-337
日本の家計貯蓄率　377, (416), 427
予備的動機　333-334, 335-337, 340, (397)
ライフ・サイクル貯蓄　332-333, 344
家族内の暗黙の保険契約　→暗黙の契約
学校教育　→教育
家庭の社会経済的背景要因　174, 175, 179, 181
　稼得収入規定要因として　173-175, 177, 184, (198)
　教育・訓練効果の規定要因として　80, 172
　実証的評価をめぐって　181-183, (197)
稼得収入関数
　——の定義　99, 173
　——の説明力　99, 204
　グリリカス・メイソン標本の推定結果　176-179, 180-181, 182
　再帰的構造　174, 176
　内部労働市場・外部労働市場間の相違　228-229, (271)
　日本の推定結果　163, 170, 295, (322-323)
　マルメ標本の推定結果　179-181, 182, (196-197)
　ミンサーの回帰方程式　163, 167-170
感情容量(性格特性)
　実証的評価　189-192
　生産性規定要因としての——　73, 187, (198), 224
完全保険の条件　339, 352, (396), (401)
機会の均等(平等)　28-29, (55)

事項索引　463

　　形式的な―― 28-29
　　公正な―― 29, 46-47
機会費用　80, 87, 125, (149)
企業規模間二重構造
　　実証的定義　227-229, (271-272),
　　　282, 287-288
　　勤続確率の差異　296-297
　　真の賃金格差
　　　その定義　286-287
　　　発生理由　289-295, (321)
　　　その過小評価バイアス　299
　　賃金格差　283-284, (320)
　　日本の就業者の規模別構成　13
　　能力差仮説　285, 298-299
企業内部留保(貯蓄)　376
　　家計貯蓄との代替性　376, (413)
　　株式キャピタル・ゲインとの関連
　　　364
　　――と信用貨幣供給との関係　363,
　　　367, 370, 372
　　収益率の決定への参与　370-371,
　　　372-373, 376
企業内部労働市場
　　下位層
　　　――の定義と特徴　223-224, 230
　　　――における所得形成　233-234,
　　　　244-247, 248-257
　　　――における労働者の交渉力
　　　　232-234, 238, 248-249, 256, 257
　　上位層
　　　――の定義と特徴　12, 223
　　　――における所得形成　223, (270
　　　　-271)
　　職人層　224-225
　　その歴史的形成過程　216-220
企業の成長費用　232, 363
企業部門の富　8, 428
基本財　→ロールズの公正原理
逆選択(adverse selection)　105, 335,

　　342
キャピタル・ゲインによる富
　　株価変動分布自体の歪み　(419)
　　多大なキャピタル・ゲインの発生する
　　　理由　378-380
　　短期間の富保有格差変動の規定要因と
　　　して　378, 425, 426
　　日本の経験　8-9, 426
急進派経済学　(267), (270)
q-補完性尺度　→生産要素間の補完性
教育
　　機会の平等化　→学歴パラドックス
　　――の経済的役割
　　　認知能力的機能　176-181, (196-
　　　　197), 223-224
　　　シグナルとしての機能　105-107,
　　　　157
　　　社会統合化機能　186-189
　　――投資
　　　遺産(生前贈与)として　(148),
　　　　351-353, (411)
　　　――効果曲線　351, 356, 357, 358
　　　最適水準の決定　78-82, (136-
　　　　137)
　　　投資を制約する事情　100-103,
　　　　353-355, 357, (412)
　　――の質　182, (197), (198)
限界的な収益率
　　稼得収入関数の学歴係数として
　　　167, 173
　　――の推定　168, 174-175, 178,
　　　181-182, 184, 204
　　日本における推定　159-160, 170,
　　　(263-264)
　　能力バイアス　160-161, 175, 178,
　　　184-185, (194)
(私的)内部収益率
　　――の定義　158, (193), (195)
　　事後的内部収益率の推定　158-

　　　　161, 162
　　　リスク・プレミアム　　（195）
　　社会的収益率　79
　　消費財としての――　103, 357
共感　52, 424
金銭的投票　27, 385-386
均等化差異
　　アダム・スミスの均等化差異論
　　　（147）,（276）
　　企業規模間賃金格差をめぐって
　　　285
　　教育・学習（訓練）機会の利用をめぐっ
　　　て
　　　　原則の完全な作用のもとでの所得分
　　　　　配　82, 99,（148）,（194）
　　　　実証的検証結果　161-167, 171
　　――の原則（原理）　74-78,（135-136）
　　　　各人にとっての均等化差異　75,
　　　　　77
　　　　嗜好に関する情報的学習のもとでの
　　　　　――　　（155）
　　　　市場の均等化差異　77-78,（146）
　　　　実効相対賃金比　76,（136）
　　　　所得分布への影響　77-78,（147-
　　　　　148）
　　実証的評価　205-206,（265）
　　情報獲得のための費用支出をめぐって
　　　391
　　リスク選択行動をめぐって　（148）,
　　　285, 299
グロスの遺産　351-353,（411）
経済成長と所得の平等化との両立可能性
　　243, 262-263, 422
結合交換
　　学習（職場訓練）機会　82,（148）, 223,
　　　（270）
　　――市場　262, 312
　　職場の環境　（147）
　　保険契約　129-130

限界生産力原理
　　資源需要者側の主体的均衡条件として
　　　61
　　市場の分配形成論理として　26-27,
　　　（55）, 61, 203, 232, 366
　　実証的評価　204-205
　　その公正性　29
交渉解
　　ゲーム論的解釈　（273）
　　交渉フロンティア　234
　　労働者の交渉力　234, 240, 241, 257
恒常所得　（194）,（197）, 349-350, 361
　　富の分配の規定要因として　359,
　　　374, 408, 425
公正原理　→ロールズの公正原理
合成固定要素　232
公正な分配　→分配の公正
公的年金制度
　　積立方式と賦課方式　（409）
　　年金保険市場の補完的制度として
　　　336,（397-399）
公平な賭け　28,（148）
公平無私な観察者　34, 37, 39, 40-41,
　　（59）
功利主義
　　ミルの定義　33-35,（57）
　　契約論的基礎づけ　49
　　最大幸福原理　34, 39
　　調停原理としての――　33, 50,（57）
　　ロールズによる批判　39-40
効率賃金仮説　244-247, 248, 277, 291,
　　312, 372,（416）
　　効率賃金（最適賃金率）　245, 254,
　　　372
　　――の限界　247
　　情報選別の観点からの――　312-
　　　313,（327）
　　生産性誘因の観点からの――　244-
　　　247,（277）

事項索引　465

弾力性条件　245, 254
　非自発的失業の発生理由としての――
　　246, (277), 372, (416)
　保証金制度による崩壊　→保証金制度
効率的資本市場仮説
　――の命題　378, 380
　グロスマン・モデルによる定式化
　　384-389
　――に対する留保点　390-392
　ランダム・ウォークの性質　389-
　　390, 392, 394, 395, (416)
効率的生産技術
　――の定義　208-209, 210, (265)
　技術的に優越した生産過程　208
効率と公正との両立可能性　37, 39-40,
　　47, 50, 53, (56)
国民資産バランス・シート　7, 18
国民純資産（国富）　8
国民所得の構成　5
個人間の効用比較　37, 38, 54, (57),
　　(59)
固定要素レント　232
雇用の安全地帯　211, 224, 232-234,
　　(272-273)
雇用の割当て
　現象としての非自発的失業　206-
　　207, 256-257, 258, 260, 262, 301, 368,
　　372-373
　仕事競争仮説　230-231
　真の賃金格差説明要因としての――
　　289-292
　実証研究　228-229, 300-313
　数量制約現象として　239-241, (275
　　-276), 300, 422
ゴルトン＝ピグー・パラドックス　73,
　　(148)
コントラクト・システム　217

さ　行

サーチ失業　(155), 207
差別
　人種間の雇用――　229
　男女間の雇用――　260-261, (280)
　賃金――　260
　統計的差別の理論　(280)
サンク・コスト効果　→年齢-所得曲線
参入料　236, 242, 290
　――の定義　236
　――・保証金メカニズムの実証
　　300-320
　――・保証金メカニズムの非対称性
　　242-243, 301
　年功賃金形態での――　302-303
　負の――　262, 303
時間給　244
シグナリング
　シグナルの定義　104
　均衡概念の困難　114-120
　均衡の条件　107-108, (153)
　シグナルとしての教育　105
　　期待能力位置　105
　　賃金スケジュール　107
　情報の非対称性　104, (151)
　情報分離均衡　108, 336
　　過剰投資を含む非効率的な――
　　　112-114
　　効率的な――　112, (137)
　プーリング契約　117, 118, 120
自己充足的均衡（予想均衡）　386, 387,
　　388, 391, 392, 395
仕事をしながらの学習　→遂行学習
仕事競争仮説　→雇用の割当て
仕事試しの行動　125-128
　――の定義　125
　実証的評価　(155)
　就業選択基準　126-128

所得リスク　127, 128, (154)
仕事の階梯(job ladder)　219, (269), 423
　　職務のローテーション　293-295, 423
仕事の再設計　221, (270), 423
自己目的化された富　350, 375, 427
資産収益率
　　市場収益率(利子率)の決定　362-373
　　　　貨幣的利子率　370, 372
　　　　実物的利子率　371, 373
自然成長率　234, 366, 371, 372, 373, (404)
自然的基本財　→ロールズの公正原理
次善的(second best)均衡　113, 336, 340, (397-398)
自尊の念　→ロールズの公正原理
ジニ係数　16, 17, (20)
自発的失業　207, 251, 256, (278)
自発的離職　207, 219, 260, 261, (273-274), (280)
自発的労働密度供給態度　30, 211, 219, 247, 256
　　公正な交換の意識のもとでの――　253
　　市場均衡の局面規定要因としての――　256, 262-263
　　体系の内生変数としての――　263, 293, 422-424
資本市場の不完全性　100-102, (195), 242, 259, 356, (409)
社会・経済的地位指標　→ダンカン指数
社会的基本財　→ロールズの公正原理
社会的選好の集計手順　38, 54, (59)
社会的ミニマム　48-49
社会的連鎖(social tie)　(155)
社会保険原理　48
十分統計量　386, (405-407)

周辺部門　(271), (272)
純粋な運
　　所得決定要因としての――　204
　　ランダム・プロセス・モデル　73
純粋の規模間賃金格差　298
使用者費用　87-88, 90, (150)
　　負の――　90, 92
ショート・サイドの原則　239
消費の限界効用の弾力性　343
情報的学習
　　価格を通した他人の期待に関する――　384-385
　　労働能力に関する――
　　　　――の定義　122-124
　　　　企業に特有の学習として　294
　　　　嗜好に関する――　(155)
　　　　仕事特有の能力の場合　125-129
　　　　仕事に共通の能力の場合　124-125
　　　　実証的懐疑論　(155)
　　　　――と配置転換　(156)
　　　　――の価値　127
情報の効率的集計　386-387, (418)
情報分離均衡　→シグナリング
情報力
　　――の定義　380
　　公共財的側面　391-392
　　――の差の希釈　384-385, 386
正味賃金曲線　302
職人層　224
職場訓練　79, 82, 85, 91, 160, 165-168, 171, 172, 211, 224, 227, 232, 235, 303, (321)　→学習機会
所得の再分配　36, 38, 53, (148)
所得分布　72-74, 77
　　右方への歪み　72, (148)
　　高所得層の低捕捉率　10, (20)
　　資産所得の過小報告バイアス　10, (20), (21)

事項索引　467

　　日本の規模別　　10-11, 12-15, 311, 422
　　日本の男女別　　15
　　年齢に伴う分散増大傾向　　133, 165-167
人的資産と物的資産の代替可能性　　360-361
人的投資(資本)理論　　79, 98, 103
遂行学習(learning-by-doing)　　79, 86-92, (149), (155), (270-271)
　　機会費用アプローチ　　87, 90-91, (150)
　　使用者費用アプローチ　　87-92, (150)
スウィッチ回帰分析　　228
数量制約　　239, 246, (275)
ストルパー＝サミュエルソンの定理　　70
スライディング・スケール・システム　　217, 218
性格特性　　→感情容量
生活保障のための富　　350, 362, 425
生産性賃金　　244　→効率賃金
生産要素間の補完性
　　q-補完性尺度　　(264)
　　資本と熟練労働間の補完性　　205, 231
生前贈与　　340, 348, 351, 356, 425
制度(組織)の無力化　　257, 258, (275)
制度派労働経済学　　31-32, 202, (267)
生命保険付きの借入れ　　337, (409)
世代間の所得分配　　(58)
世代間の富の伝達　　342-344, 351-362, (410), (412), 425
　　――曲線　　343-344, 355, 357, 358, (399)
　　――ダイナミクスのパターン　　343-344, 355-356, (399-400)
　　――をめぐる実証研究　　348-350, 360-361, (412-413)
潜在変数(latent variable)　　183-184
先任権ルール　　220
羨望の念　　(56)
総資産　　354, 355
相対賃金仮説　　32
相対的窮乏　　31-32
総和問題(adding up problem)　　347
組織内再配分効果　→年功賃金勾配

た　行

対応原理　　189-192
大企業と中小企業の二重構造　→企業規模間二重構造
対抗的均衡(reactive equilibrium)　　120-121, (153)
対数正規分布　　73
達成意欲　　183, 184, 186
ダンカン指数　　177, (196)
地位財　→ロールズの公正原理
チームの要素　　210
逐次的期待則　　(144), (156), (417)
中心部門　　(271), (272)
賃金下方硬直性　　243, 282, 301, 421
賃金スケジュール　→シグナリング
賃金等高線(wage contour)　　32
賃金二重構造　　281
通時代替(intertemporal substitution)仮説　　207, (265)
テイラーの科学的工程管理　　218
デフォールト(契約不履行)　　(156), 242, 259, (274)
動機づけ　　244, (273), (279)
統合化された労働市場の理論　　261-262, 421
同時性バイアス　　(195), (326)
特許制度　　33
富
　　適度な――　　44

──伝達曲線 →世代間の富の伝達
──の階層分化 2, 359, 360, 377, 426-428
　単一階層の社会 371-372, 373-377, (415)
　二階層の社会 370-371, 372-377, (415)
──の伝達 →世代間の富の伝達
──の発揮する力 427
──の平均への回帰 2, 344, 351, 356, 359, 361, 374, 390, 426
──の保全行動 (154), 394, (416), (419)
──の累積的蓄積 2, 343, 351, 356, 359, 426
物的資産としての── 329
富の分布
　英国における── 19, 377
　金融資産の過小報告 18, (21), 348
　高資産層の低捕捉率 18, 19
　──の右方への歪み 329, 374, 394, (416), 427
　日本における── 16-18
　年齢階層ごとの富保有分布 17-18, 333
　米国における── 18-19, 377
トランケーション・バイアス 227, (323)
取引費用 (266)
トレーナビリティ 86, 97, 100, 185, 189, 230, 284, 299

な行

内部者-外部者的接近 (266)
内部昇進制 219, 224, 256, (269), (273), (279), 293, 312, (323)
内部労働市場 →企業内部労働市場
ナッシュ均衡 (153), (278)
二重構造 222, (270), 287, (321)

二重労働市場 202
　──仮説 222-226, 262, (267), 287, 375, 422
　──の統計的検証 226-227, (271-272)
認知能力 73, 175, 176, 177, 180-182, 185, 223, 225
年金保険(annuity) 334-337, 339, 342, 353, (399)
　完全な── 334-335, 337-340, 342-344, 352
　市場の不完全性 335-336, 344
　貯蓄 →家計貯蓄
　──の数量制約 (397-399)
年功賃金 133, (156), 259, (279), 293, 305, 306
　勾配 303-311, 314-320
　──クロス・セクション効果 318-320, (327)
　サンク・コスト効果 316-317, 318, (324)
　純粋の── 304, 305, 318,
　生活費保障仮説 (156), (322-323)
　組織内再配分効果 315-316, 318, 319, (324)
　──と景気指標の間の逆相関 310
年齢-所得曲線 85, 86, 132, (149), 159, 160, 162, 164-166, 226, 303, 317
　所得の分散の増大傾向 133, 164, 165, 166-167
　メドフ＝アブラハム・パラドックス (156)
能力主義(meritocracy) 46
能力の多様性 66
能力の分布と仕事の分布の親和度 72

は行

パート・タイム労働　12, 13, 14
パートナーシップ　209, 214, 217, 218
パシネッティの定理　368-369, 375, (414), (415)
パス係数　174-175, 179
パス分析　174, 178-179
バッファー機能　225, 232, (271), 288
　外部労働のもつ——　225, 232, 288, 298
発明・発見への誘因　33, (56-57)
バブル現象　379, 393, (417), (417)
パレート分布　73
半熟練　218, (268-269)
比較優位　201
　原則(基準)　68, 89, 99, (145)
　原則(基準)からの乖離　75-77, 99, 126, 129, (151), (154)
　尺度　68, 69, (134)
非競争集団　260
非自発的失業　→雇用の割当て
貧困の悪循環　355, 356, 359, (412)
貧困の文化論　(412)
歩合給
　最適な支払い形態としての——　(277)
　歴史的な困難　244-245, (277)
プーリング契約　→シグナリング
不確実性　204
　収益率の——　381-382
　生涯の長さの——　333-337, 341-342
　能力の——　122-134
　——下の人的投資　96-98, 103, (150)
物的厚生　35-37, (57)
　——学派　30, 35-38, 44, 53, 54, (57)
部門間労働移動　227-228, 260

分割された労働市場(segmented labor market)　202, 211, 225
分業
　アダム・スミスの分業論　212-214, (267)
　収穫逓増の要因　212, (266)
　——の編成形態　209-210, 214-215, (268), 422
　労働者管理仮説　214-216, 220, 221
分配の公正　23
　結果の公正　27, 49
　公正基準
　　貢献に基づく分配　24, 29, 30, 34
　　努力に基づく分配　24, 31-33, 34
　　必要に基づく分配　29, 30-31, 34
　手続きの公正　27, 48-49
ベイズの定理　(406)
偏相関係数　177, (196)
ホームステッド・ロックアウト　218
補完の弾力性　(264)
保険契約　129-133
　——下での保険プレミアム　131-133
　——下での保証賃金　130, 131
　——下での労働者の市場価値　131
保険数理上の公平性　334, 336
保証金制度　257-259, (279), 301, 302, 423
本源的能力　80, 157, 173-174, 184

ま行

マクシミン原理(規準)　47, 49, 50
マクロ的雇用創出政策　262, 422
見かけ上の相関　175, 178, 179, 357
モラル・ハザード　335, 342

や行

誘因依存交換仮説　202, 211, 244-261, 423

解雇率　248, 254
　　——曲線　254
外部効用所得　250, 253, 255, 256
グループ均衡　253, 254, (279)
個人的動機　249
再雇用　249, 250, 261
社会的動機　249
集団的な結束力　255, 257, 262
賃金曲線　254
労働契約　248
留保効用　251, 255
要素価格フロンティア　233
要素間所得分配　70-71
予想均衡　→自己充足的均衡

ら 行

ライフ・サイクル　154, 331-348, 353
　生涯の長さの不確実性　334-341
　退職後の資産の取り崩し　333, 337, 341
　——貯蓄　→家計貯蓄
　——の富　345-348, 425
ランダム・ウォーク仮説　389-390, (413)
ランダム・プロセス　73
利潤分配制度　(280)
利他主義　39, 41, 52
リプチンスキーの定理　71, 76
留保賃金　207, (271), (272), 312, (327)
レイオフ　92, 207, 260
歴史的資格原理　(55)
レント(差額準地代)　208-209

労働意欲　→自発的労働密度供給態度
労働過程の質的改善　263, 423
労働供給フロンティア　68, 76, (134-137), (146)
労働市場
　——の二重構造　281
　——の不完全性　201, 202
　——の分割　225
労働者管理仮説　→分業
労働節約的技術進歩　(267), 373
労働力　201, 203, 210, (266)
ロールズの公正原理　24-25, 38-52, 53-55
　オリジナル・ポジション　40-41, 43-45, 47, 49, 50, 52, 53, (59)
　格差原理　45-51, 53
　基本財　42-45, 49, (57)
　　自然的基本財　42, 44, (57)
　　社会的基本財　30, 40, 42-45, 46, 50-51, 53, 54, 424
　　——としての自尊の念　42, 45, 46, 51-52, 54, 424
　　——の内容をめぐる二律背反　43
　緊密に編みこまれた性質(close knit-tedness)　47, 50, 53
　地位財　42, 45, 46, 48, 50-51, 54, 424
　秩序のとれた社会　52
　道徳的人間　42-43, 52
　——に対する批判　47-51
ローレンツ曲線　16, 18, (20)

わ 行

割当て　→雇用の割当て

■岩波オンデマンドブックス■

モダン・エコノミックス 13
所得と富

```
1991 年 3 月 28 日   第 1 刷発行
2010 年 5 月 20 日   第 2 刷発行
2016 年 1 月 13 日   オンデマンド版発行
```

著　者　　石川経夫
　　　　　（いしかわつねお）

発行者　　岡本　厚

発行所　　株式会社　岩波書店
　　　　　〒101-8002　東京都千代田区一ツ橋 2-5-5
　　　　　電話案内　03-5210-4000
　　　　　http://www.iwanami.co.jp/

印刷／製本・法令印刷

Ⓒ 石川幹子 2016
ISBN 978-4-00-730356-2　　Printed in Japan